普通高等教育经管类专业系列教材

销售管理实务

（第4版）

安贺新　主编

清华大学出版社
北　京

内容简介

销售管理是市场营销专业学生必修的核心课程之一。本书从销售经理的角度，按照销售管理活动的程序，分7篇对销售管理介绍、建立销售组织、销售规划管理、销售对象管理、销售货品管理、销售人员管理和销售控制管理等进行了系统的阐述，几乎涵盖了销售管理的所有重要问题，反映了销售理论和实践方面的新发展。

本书体系完整，结构清晰，案例丰富，配有教学课件，以备教师教学之需，能满足高等院校课程量的设置及高校培养学生创新能力和实务操作能力的要求，适合作为大学本科经济管理专业的教材和参考资料。此外，本书兼顾了实际工作者的需要，所以也适用于不同层次、不同领域的企业管理人员自学。

本书封面贴有清华大学出版社防伪标签，无标签者不得销售。
版权所有，侵权必究。举报：010-62782989，beiqinquan@tup.tsinghua.edu.cn。

图书在版编目(CIP)数据

销售管理实务 / 安贺新主编. —4版. —北京：清华大学出版社，2023.1（2024.7重印）
普通高等教育经管类专业系列教材
ISBN 978-7-302-62330-4

Ⅰ.①销… Ⅱ.①安… Ⅲ.①销售管理-高等学校-教材 Ⅳ.①F713.3

中国版本图书馆CIP数据核字(2022)第257957号

责任编辑：高 岫
封面设计：周晓亮
版式设计：思创景点
责任校对：马遥遥
责任印制：沈 露

出版发行：清华大学出版社
网　　址：https://www.tup.com.cn, https://www.wqxuetang.com
地　　址：北京清华大学学研大厦A座
邮　　编：100084
社 总 机：010-83470000
邮　　购：010-62786544
投稿与读者服务：010-62776969，c-service@tup.tsinghua.edu.cn
质 量 反 馈：010-62772015，zhiliang@tup.tsinghua.edu.cn

印 装 者：三河市君旺印务有限公司
经　　销：全国新华书店
开　　本：185mm×260mm　　印　张：20.25　　字　数：557千字
版　　次：2009年9月第1版　2023年2月第4版　　印　次：2024年7月第3次印刷
定　　价：79.00元

产品编号：099617-01

前　言

销售是企业实现利润目标最重要的环节之一。只有成功地进行销售，企业才可能获得利润，企业才能实现持续生存和发展。一般来讲，在其他条件相同的情况下，企业竞争的胜负取决于销售的成败。因此，发达国家非常重视销售和销售管理。据估算，美国工商企业营销预算的75%是用于人员销售和销售管理的。现代销售活动已不像从前那样只通过个人的努力就能完成，而要从市场战略的大视野出发，精心组织、科学安排。本书正是基于销售的重要性，为满足现代销售活动的管理需要而编写的。

销售管理是一门建立在市场营销学、管理学、行为科学等学科基础上的应用学科，是企业营销实践的产物。在美国，大学营销专业一般都开设销售管理课程，并建有销售管理研究机构，如哈佛大学的销售研究中心世界闻名。在我国，随着互联网、大数据、人工智能、物联网等现代科学技术的发展，企业与企业之间的销售竞争愈演愈烈，形式也精彩纷呈，但学者们专门针对销售和销售管理的研究却比较滞后。编者近年来一直从事销售管理教学工作，深感销售管理教材建设与完善的必要性和紧迫性。为了满足大学本科教学和企业培训的需要，在清华大学出版社的关心和大力支持下，我们于2009年组织力量编写了《销售管理实务》教材，并于2010年成功申报成为北京市高等教育精品教材立项项目，后分别于2014年、2019年出版了《销售管理实务(第2版)》《销售管理实务(第3版)》，本次再版是在第3版的基础上进行补充和完善的。

全书共分7篇，从销售经理的角度，按照销售管理活动的程序，对涉及的销售管理介绍、建立销售组织、销售规划管理、销售对象管理、销售货品管理、销售人员管理和销售控制管理等进行系统的阐述。此外，编者还结合销售管理实务的发展，更新了书中的案例，力求与时俱进。

第一篇是"销售管理介绍"。销售与销售管理是企业经营管理的重要内容，企业的投资只有通过销售活动才能收回。本篇主要阐述销售和销售管理的相关概念、销售管理的职能和内容、销售及销售管理的发展趋势，即第一章。

第二篇是"建立销售组织"。建立高效率的销售组织体系，是确保销售工作高效完成的前提。因此，销售部门的组织模式是企业销售战略的重要内容。在我国企业销售工作中，有不少企业在销售组织的建设上还没有明确的思路，尤其是不能从战略高度来进行组织设计，从而制约了销售组织功能的正常发挥。本篇主要阐述销售组织的功能及特点、销售组织的建立和销售组织的职责，即第二章。

第三篇是"销售规划管理"。销售经理的首要任务应该是对企业的销售业务通盘考虑，进行销售规划。本篇主要从销售计划管理、销售区域的设计与管理、销售渠道建设与管理、促销策划4个方面进行阐述，包括第三～六章。

第四篇是"销售对象管理"。这里的销售对象是指客户。客户是企业重要的无形资产，是企业利润的源泉，对客户进行科学的管理越来越受到企业的重视。本篇主要阐述客户管理、中间商客户管理和服务管理等方面的内容，包括第七～九章。

第五篇是"销售货品管理"。货品是销售的三要素之一，货品管理是销售管理的重要组成部分。本篇主要阐述订单、发货、退货的管理,终端管理和窜货管理等内容,即第十章。

第六篇是"销售人员管理"。销售人员是企业与客户之间的桥梁,一支素质和能力过硬的销售队伍是出色完成企业销售任务的保障。销售队伍建设与管理是企业销售经理的主要职责之一。本篇主要阐述销售人员的招募、甄选与培训,销售人员的激励,销售人员的考评与报酬等方面的内容,包括第十一~十三章。

第七篇是"销售控制管理"。在销售过程中,会有许多意想不到的事情发生,使实际销售结果与销售目标发生偏差。因此,销售管理人员必须不断地将执行结果与计划目标相比较,诊断与分析销售出现偏差的原因,及时调整销售策略与计划,制订出能与环境变化相适应的新的销售策略与计划。本篇主要阐述销售诊断、分析与评价等内容,即第十四章。同时,我们把销售过程管理(销售准备、销售展示、处理顾客异议、促进成交)的内容,以二维码的形式展示给需要了解的读者,感兴趣的读者可以通过扫下方二维码了解相关内容。

销售准备　　　销售展示　　　处理顾客异议　　　促进成交

与国内现有同类教材相比,本书的特点及创新体现在以下几个方面。

第一,结构设计合理、体系完整,具有较强的系统性。本书以销售活动的程序和相关内容为主线设计销售管理内容体系,力求直截了当、系统而全面地介绍销售和销售管理的基本理论、基本策略和技巧。

第二,内容丰富。本书不仅涵盖了销售经理从事销售管理活动所要掌握的基本理论、基本策略与基本技能,而且介绍了当今销售管理理论的新领域与新概念,并结合21世纪的特点,从战略的高度重新审视销售管理理论体系,具有内容丰富的特点。

第三,理论联系实际。本书理论精练,充分吸取了销售管理的最新理论成果。结合党的二十大精神,本着求真务实的思想,本书有效地联系销售管理的实践,并结合我国的现实情况,力求有一定的理论深度又便于实际操作,注重学生的操作能力和实践能力的培养。在体例编排上,每章除设有本章小结及复习思考题外,还附有学习目标、思政目标、实例及案例讨论题,以期让读者在案例分析中能够身临其境地感受所学所知,加深对有关销售管理理论的理解,从而提升销售管理能力。

第四,前瞻性强。本书对销售及销售管理的新趋势进行了研究,如对多重销售渠道、复合关系销售、系统销售、团队销售的研究。

第五,思政体系完善。本书依照《高等学校课程思政建设指导纲要》文件精神,秉承"课程承载思政,思政寓于课程"的理念,对全书的思政体系进行了规划和完善。本书根据课程内容,深入挖掘思政元素,融入习近平新时代中国特色社会主义经济思想、社会主义核心价值观、中国商文化、职业理想与职业道德等方面的思政内容。每章设计思政目标和思政大纲,引导学生把国家、社会、公民的价值要求融为一体,自觉把小我融入大我,将社会主义核心价值观内化为精神追求,外化为自觉行动。

第六,广泛的适用性。本书针对高等院校课程的设置及高校培养学生的创新能力和实务操作能力的要求编写,非常适合作为大学本科经济管理专业的教材和参考资料。同时,由于本书具有很强的实践性,兼顾实际工作者的需要,所以也适用于不同层次、不同领域的企业管理人员自学。

前言

本书提供配套的教学资源，以备教师教学之需，读者可扫右侧二维码获取。

本书由中央财经大学安贺新教授任主编，负责全书的框架体系设计，并统稿、修改与定稿。参加本书编写的人员有孙均秀、王乙臣、陈海涛、汪榕、原廉轶、潘纪璇、张伊、赵欣然、董文康、宋依麟等。

在本书的编写过程中，我们参考和引用了大量文献，在此向原作者致以诚挚的谢意。书中不当之处敬请读者批评指正，提出宝贵意见。

教学资源

安贺新

2023年1月

目 录

第一篇 销售管理介绍

第一章 销售管理概述 ………………… 3
第一节 销售和销售管理 ………………… 4
一、销售的概念和基本范畴 …………… 4
二、销售管理的内涵和基本范畴 ……… 7
第二节 销售管理的职能和内容 ………… 7
一、销售管理的职能 …………………… 7
二、销售管理的内容 …………………… 8
第三节 销售及销售管理的发展趋势 …… 10
一、销售的发展趋势 …………………… 10
二、销售管理的发展趋势 ……………… 13
本章小结 …………………………………… 14
复习思考题 ………………………………… 17
思政大纲 …………………………………… 17

第二篇 建立销售组织

第二章 销售组织的建立及职责 ……… 21
第一节 销售组织概述 …………………… 22
一、销售组织的含义 …………………… 22
二、销售组织的功能及特点 …………… 23
第二节 销售组织的建立 ………………… 23
一、销售组织建立的原则 ……………… 23
二、销售组织建立的影响因素 ………… 24
三、销售组织建立的程序 ……………… 25
四、销售组织的类型 …………………… 26
五、销售人员规模设计 ………………… 28
第三节 销售组织的职责 ………………… 30
一、销售组织职责概述 ………………… 30
二、销售经理的作用和职责 …………… 33
三、销售人员的作用和职责 …………… 34
四、实现从销售人员向销售经理的转变 … 35
本章小结 …………………………………… 37
复习思考题 ………………………………… 39
思政大纲 …………………………………… 39

第三篇 销售规划管理

第三章 销售计划管理 ………………… 43
第一节 销售计划 ………………………… 44
一、销售计划的内涵 …………………… 44
二、销售计划的重要性 ………………… 44
第二节 销售预测 ………………………… 45
一、销售预测及其相关概念 …………… 45
二、销售预测的前期准备 ……………… 46
三、制订销售预测计划 ………………… 46
四、确定销售目标 ……………………… 50
第三节 销售定额 ………………………… 54
一、销售定额的作用 …………………… 54
二、销售定额的类型 …………………… 55
三、销售定额的分配 …………………… 57
第四节 销售预算 ………………………… 58
一、销售预算的概念和作用 …………… 58
二、销售预算的编制程序 ……………… 58
三、销售预算的编制方法 ……………… 59
四、销售预算的控制 …………………… 61
第五节 销售计划的编制 ………………… 62
一、分析现状 …………………………… 62
二、确定目标 …………………………… 62
三、提出并确定销售策略 ……………… 62

四、编制销售计划书……………… 62
　本章小结…………………………… 63
　复习思考题………………………… 64
　思政大纲…………………………… 65

第四章　销售区域的设计与管理……… 66
　第一节　销售区域的设计………… 67
　　一、销售区域设计的意义………… 67
　　二、销售区域设计的原则………… 68
　　三、销售区域划分的方法………… 68
　　四、销售区域设计的程序………… 70
　　五、销售区域的调整……………… 71
　　六、现代信息技术在销售区域划分
　　　　中的作用……………………… 72
　第二节　销售区域的管理………… 73
　　一、充分了解销售区域…………… 73
　　二、合理利用销售区域地图……… 74
　　三、巩固与开拓销售区域………… 74
　　四、销售区域的时间管理………… 75
　本章小结…………………………… 77
　复习思考题………………………… 79
　思政大纲…………………………… 79

第五章　销售渠道的建设与管理……… 80
　第一节　销售渠道的构成………… 82
　　一、渠道成员……………………… 82
　　二、渠道结构……………………… 84
　第二节　销售渠道的设计与开发… 87
　　一、渠道设计的影响因素………… 87
　　二、渠道设计的原则……………… 89
　　三、渠道设计的流程……………… 91
　第三节　销售渠道的管理………… 95
　　一、选择渠道成员………………… 95
　　二、激励渠道成员………………… 96
　　三、渠道冲突管理………………… 98
　　四、评估渠道成员……………… 101
　本章小结…………………………… 103

　复习思考题……………………… 105
　思政大纲………………………… 105

第六章　促销策划…………………… 106
　第一节　促销沟通理论………… 107
　　一、促销概述…………………… 108
　　二、沟通过程模式……………… 109
　第二节　广告策划……………… 110
　　一、广告的含义………………… 110
　　二、广告的策划………………… 111
　第三节　公共关系策划………… 115
　　一、公共关系概述……………… 115
　　二、公共关系策划……………… 116
　第四节　销售促进策划………… 118
　　一、销售促进概述……………… 118
　　二、销售促进决策……………… 120
　本章小结………………………… 123
　复习思考题……………………… 125
　思政大纲………………………… 126

第四篇　销售对象管理

第七章　客户管理…………………… 129
　第一节　客户关系管理………… 130
　　一、客户关系管理概述………… 130
　　二、客户组合、分析与筛选…… 133
　　三、客户等级管理……………… 137
　　四、客户投诉管理……………… 138
　　五、新客户开发………………… 142
　　六、CRM 系统实施……………… 144
　第二节　客户信用管理………… 147
　　一、客户信用调查……………… 147
　　二、制定信用政策……………… 149
　　三、应收账款管理……………… 150
　本章小结………………………… 154
　复习思考题……………………… 156
　思政大纲………………………… 157

第八章 中间商客户管理 …………… 158
第一节 经销商管理 ………………… 159
一、经销商及其经销方式 ………… 160
二、经销商的选择 ………………… 161
三、生产商与经销商的权责关系 … 163
四、经销商的激励 ………………… 164
第二节 代理商管理 ………………… 166
一、代理商的种类和作用 ………… 166
二、代理方式的选择 ……………… 169
三、代理商的选择 ………………… 170
第三节 特许经营商管理 …………… 170
一、特许经营概述 ………………… 170
二、特许经营利弊分析 …………… 172
三、特许经营组织的建立 ………… 173
四、加盟者的选择 ………………… 177
五、特许合同的拟定和签订 ……… 177
六、加盟管理与沟通 ……………… 178
本章小结 ………………………………… 180
复习思考题 ……………………………… 181
思政大纲 ………………………………… 182

第九章 服务管理 ……………………… 183
第一节 服务质量管理 ……………… 184
一、服务的含义与特征 …………… 184
二、服务质量的含义 ……………… 185
三、服务质量评价与测定 ………… 186
四、服务质量的综合管理及改善 … 188
第二节 客户服务管理 ……………… 193
一、客户服务概述 ………………… 193
二、客户服务技巧 ………………… 194
第三节 客户满意度和忠诚度管理 … 199
一、客户满意度管理 ……………… 199
二、客户忠诚度管理 ……………… 203
本章小结 ………………………………… 206
复习思考题 ……………………………… 208
思政大纲 ………………………………… 208

第五篇 销售货品管理

第十章 销售货品管理概述 …………… 211
第一节 订单、发货与退货的管理 … 212
一、订单管理 ……………………… 212
二、发货管理 ……………………… 214
三、退货管理 ……………………… 216
第二节 终端管理 …………………… 218
一、终端管理的常见问题 ………… 218
二、终端管理的主要内容 ………… 219
三、终端管理的要求 ……………… 221
第三节 窜货管理 …………………… 221
一、窜货概述 ……………………… 221
二、窜货的原因及管理 …………… 223
本章小结 ………………………………… 225
复习思考题 ……………………………… 227
思政大纲 ………………………………… 227

第六篇 销售人员管理

第十一章 销售人员的招募、甄选与培训 …………………………… 231
第一节 销售人员的招募 …………… 232
一、招募原则 ……………………… 232
二、招募工作要点 ………………… 233
三、销售人员的招募渠道 ………… 234
第二节 销售人员的甄选 …………… 236
一、申请表 ………………………… 236
二、面试 …………………………… 237
三、测试与书面考试 ……………… 240
四、录用 …………………………… 241
第三节 销售人员的培训 …………… 241
一、销售人员培训的作用 ………… 241
二、培训的原则 …………………… 242
三、培训的内容 …………………… 243
四、销售培训的程序 ……………… 245
本章小结 ………………………………… 247
复习思考题 ……………………………… 248

思政大纲……………………249

第十二章 销售人员的激励……………250
第一节 激励的原理与作用……251
一、激励及其相关概念……………251
二、激励的过程……………………252
三、激励原理………………………252
四、激励的作用……………………258
第二节 激励的方法………………259
一、激励销售人员的方式…………259
二、销售竞赛………………………262
本章小结………………………………264
复习思考题……………………………265
思政大纲………………………………266

第十三章 销售人员的考评与报酬……267
第一节 销售人员的业绩考评……268
一、销售人员业绩考评的意义……268
二、业绩考评的原则………………269
三、业绩考评的程序………………271
第二节 销售人员的报酬制度……277
一、销售人员报酬的含义…………277
二、销售报酬的作用………………278
三、建立销售人员报酬制度的原则……279
四、确定销售报酬水平时应考虑的因素……………………………281

五、销售报酬制度的类型…………282
六、销售报酬制度的目标模式……283
七、销售人员报酬制度的实施……284
本章小结………………………………284
复习思考题……………………………286
思政大纲………………………………286

第七篇 销售控制管理

第十四章 销售诊断、分析与评价……289
第一节 销售诊断……………………290
一、销售诊断的步骤………………290
二、销售诊断的内容………………291
第二节 销售分析与评价……………296
一、销售分析与评价的作用………296
二、销售分析与评价的步骤………297
三、销售活动分析的方法…………298
四、销售分析与评价的指标………302
五、撰写销售活动分析报告………307
本章小结………………………………309
复习思考题……………………………310
思政大纲………………………………311

参考文献……………………………312

第一篇 销售管理介绍

➢ 第一章 销售管理概述

第一章
销售管理概述

学习目标

学完本章后,应当能够:
(1) 了解销售和销售管理的相关概念;
(2) 掌握销售管理的职能和内容;
(3) 了解销售和销售管理的发展趋势。

思政目标

(1) 熟悉销售管理的职能和内容,明确销售管理人员的职责和担当。
(2) 理解企业销售管理政策,从而实现商业效益和公共利益的协同发展。

导入案例

2022年5月7日,在上线不到两年后,腾讯旗下的电商业务"小鹅拼拼"即将关停,并且该业务板块的员工也将转岗至其他项目。

从2006年的拍拍网,到此后的QQ网购、QQ商城,腾讯在PC互联网时代选择了紧跟淘宝,并在京东起势后收购易迅、模仿京东,并于2014年选择了以"电商资源+资金"入股京东。然而在经历了移动互联网时代"培育"出拼多多后,腾讯方面似乎认为微信能助力拼购模式"起飞""我上我也行",因此也就有了"拼多多色彩"浓厚的小鹅拼拼。

既有着腾讯方面的支持,又赶上了近年来社交电商、种草[①]、团购的浪潮,小鹅拼拼为什么倒下得如此之快,甚至几乎没有溅起太多水花呢?

小鹅拼拼的核心问题就在于进入社交电商赛道太晚。在这一领域,最先跑出来的反而是"野路子"的微商模式,紧接着就是拼多多了。在现有一轮微商的"轰炸",再来一波拼多多的"砍一刀"后,微信的社交关系链,特别是微信群几乎变成了一块

---

① 种草:网络流行语,本义即播种草种子或栽植草这种植物的幼苗,后指专门给别人推荐好货以使人购买的行为。

"盐碱地"。

再加上,种草与社交电商其实并不太契合。社交电商本质上强调以社交媒体为营销工具,以人为载体来获取新客户和维护老客户,不停地将流量滚动起来、循环利用才是关键,其重点是社交而非电商。可种草则是纯粹为电商服务的,是为无目的性购物需求准备的,类似用户在网上闲逛时,被种草某一款商品,进而冲动消费。

简而言之,腾讯缺少社交电商行业的经验,造成了很多成本浪费。客户选择这些App都是奔着铺天盖地、看起来很诱人的促销活动来的,而促销结束之后很少有公司能挽留住客户。

(资料来源:https://36kr.com/p/1629192733865737)

"小鹅拼拼"之所以失败,简单来说是由于企业没有把握好促销的范围和程度。一般来讲,推广阶段的产品需要让消费者尽快地尝试购买,所以促销较多采用免费品尝、样品派送、赠品捆绑等手法。深入剖析,我们可以发现:销售的过程不是一个简单的卖的动作,而是一个复杂的过程。为什么生产同样产品的企业,产品的销量和利润却有很大的差别?请在本章中寻找答案。

第一节　销售和销售管理

一、销售的概念和基本范畴

(一)销售的概念

销售是指企业将生产和经营的产品或服务出售给顾客的一种活动,是买卖双方在一定的社会经济环境下达成的一种契约或协议。

企业作为一个以盈利为目的的经济组织,在生产、销售自己的产品和服务为社会造福的过程中,通过销售取得收入和利润实现自己的生存和发展。因此,在如今买方市场的市场经济条件下,企业要想获得更多的利润不是取决于它能够生产出多少产品或提供多少服务,而是取决于它能销售多少产品和服务。

销售不同于营销。营销活动贯穿企业的所有活动中,而销售只是营销的一个环节。美国著名营销学家菲利普·科特勒把营销定义为通过创造、交换产品和价值,满足个人或集体的需要和欲望的一种社会管理过程。因此,销售活动不等同于营销活动,企业在实际的操作中,应当注意区分,不能以销售活动取代营销活动。

对于销售,不同层次的人有不同的理解。一般来说,可以分为以下三个层次。
① 基层销售人员,销售的目的就是如何尽可能多地卖出商品,提高销售额。
② 中层经理人员,销售的目的就是如何提高商品的市场占有率,守住既有市场,开拓新市场。
③ 高层决策人员,销售的目的就是如何保持企业的品牌形象价值,提高企业声誉。

（二）销售的作用

在市场经济条件下，市场竞争越来越激烈，"酒香不怕巷子深"这句老话已经渐渐地不再适用了。企业必须积极地展开销售活动，将产品和服务放到顾客面前，如果产品或服务销售不出去，购买者不接受，一切企业活动都将徒劳无功。英国著名管理学家罗杰·福尔克说过："一个企业，如果它的产品和劳务不能销售出去，那么即便它的管理工作是世界上最优秀的，对于企业的前途和命运来说也毫无意义。"经过市场竞争的实践与市场经济的洗礼，现代企业家已达成共识，即企业的前途和命运取决于销售。耐克、阿迪达斯、可口可乐等大型跨国公司都把销售作为公司最重要的工作，投入了大量的人力、物力，并且都有一套自己的销售模式，销售的成功也使得这些公司获得了巨大的成功。

在买方市场的条件下，企业的收入是通过销售来最终实现的，企业的营销战略必须通过人员推销和销售管理来执行。在发达国家，一个企业的营销预算的75%是用于人员推销和管理。因此，销售是企业的核心活动之一，具有不可替代的作用。

既然销售在企业活动中的地位如此重要，我们应该对其有正确的认识。首先，销售额的多少直接决定了企业的收入，也决定了企业的成败。因此，应当合理设置企业的组织结构，将销售部门作为企业的核心部门之一，提高销售人员在企业中的地位。其次，企业应当协调好销售部门和其他部门之间的关系，形成相互支持的部门职能。销售的成败不仅仅是销售部门的事情，只有所有部门相互合作才能获得成功。

（三）销售活动的基本特征

与其他活动相比，销售活动具有以下几个主要特征。了解这些特征，不仅有助于理解销售活动的概念，而且有助于更好地掌握销售活动的基本规律。

1. 销售的核心是说服

销售是指一切以说服销售对象接受某种观点或采取某种行动为主要特征的活动过程。所谓销售就是服务，并让顾客接受你的观点、产品和劳务。说服顾客的最终目的是使顾客购买企业的产品。因此，说服是销售的重要手段，也是销售的核心。

2. 销售活动的双重性

销售活动实现的应该是双赢的局面，销售人员既卖出了商品，顾客在获取商品的过程中也满足了自己的需求。因此，优秀的销售人员在考虑自己的销售任务的同时，也要注意考虑顾客的购买目的和购买动机，并在适当的时机以适当的方式做一些妥协，使交易在互相妥协中达成，从而使销售活动获得成功。销售活动的双重性决定了销售人员要赚取利润，顾客要获得商品的使用价值。

3. 销售活动的三要素

销售活动必不可少的三个要素是销售人员、销售对象和销售商品。销售人员是主动向顾客销售商品的销售主体，是企业与顾客之间的桥梁和纽带，其行为决定着销售过程的最终结果。销售人员必须具备良好的素质，掌握销售活动所必需的市场营销知识，善于运用行之有效的销售方法与技巧。销售对象主要包括消费者、中间商、生产者。此外，各种非营利性组织，如政府机关、学校、社团等，也属于销售对象。销售商品包括各种有形商品和无形商品，是被销售对象接受的标的物。销售商品是唯一的销售客体，能够满足顾客的某种需要。

销售人员、销售对象、销售商品三者之间既相互依赖又相互制约，共同构成销售活动过程和销售管理矛盾的统一体，缺一不可。销售既是一个销售客体转移的过程，又是一个销售主体联系、主客互动的过程。销售过程与销售目的一样具有双重性,销售者要善于利用,将销售商品的销售与顾客的需要满足联系起来,把销售过程看作顾客的购买过程,这样有利于销售人员工作的开展。

(四)销售工作的意义

现在社会上有很多人对销售工作有误解,认为销售人员为了达到销售目的,会将顾客不需要的产品销售给顾客。而事实是,要想成为一名优秀的销售人员,应该有崇高的职业道德,以顾客的需求为中心。

销售人员要认识到自己对社会、对企业、对顾客做出的贡献。销售不仅提供了大量的就业机会,而且通过销售人员的努力,使新产品、新技术能够进入市场,在社会上得到广泛运用,从而促进技术创新,为提高人们的物质生活和社会进步做出重要的贡献。销售人员为企业销售产品,创造利润,避免产品积压,同时为企业收集顾客信息,对企业的发展有着不可替代的作用。销售人员为顾客提供充足的信息,设法满足顾客的实际需要,帮助顾客解决实际问题,把最能满足顾客需要的商品介绍给顾客。

销售人员要有充分的心理准备,因为销售是一项充满挑战性的工作,需要面对各式各样的顾客。据不完全统计,在现代社会,大部分的高层管理人员来自营销部门,因为他们最接近顾客,知道顾客的需求和潜在的需求,最了解市场的状况,能够做出正确的决策。因此,在企业的整个营销战略中,营销人员起到了决定性作用。随着我国经济的发展,越来越多高学历的人加入销售队伍中,许多大学生,甚至硕士、博士都开始从事销售工作,销售人员的总体素质有了很大提高,销售在人们心目中的地位和形象有了很大的变化。销售不再是不入流的行业,而是一种高尚的职业,为我们的生活做出了巨大的贡献。

实例1-1 ⬇ ⬇

所谓"小白",是当下流行的网络语言,意思是没有经验的新手。江小白刚刚面世的2012年前后,通过拿自己开涮来缓解生活压力的自嘲文化,一度在网络上盛行。对年轻人而言,尤其需要一种日常生活的消费品来表达某种情绪,字面意思被重新解读的江小白,恰好是"给打瞌睡的人送上了枕头"。

认识到产品的"表达"功能后,江小白开始在文案上狠下功夫,并写出了"快乐喝小酒,寂寞唱老歌""人在江湖走一走,吃饭喝酒耍朋友"等经典段子,被一大批年轻的粉丝转发到微信朋友圈。陶石泉因此大受启发:用户才最清楚自己要表达什么,为啥不能发动他们来参与写文案,亲自表达呢?顺势而为,2016年夏天,江小白推出了新品"表达瓶"。瓶身上有个二维码,扫后进入互动页面,消费者可写下想说的话,上传自己的照片,定制出自己的"表达瓶",在微信朋友圈分享。通过筛选后,这些话还可以被印到"表达瓶"的纸套上。换言之,任何消费者都有机会成为江小白的代言人。

除了一人小饮,两人对饮,你可以选择定制自己的"表达瓶"。除此之外,年轻人还有三五好友、十人的聚会。于是,江小白在2021年推出三五挚友、拾人饮系列,这些产品光从名字上来看,就能感受到具体的消费场景。

江小白正是从用户思维出发,设计产品的名字、规格、包装,尽可能满足用户需求,解决用户场景下的问题。"日复一日,表达瓶诉说着小白们的心情故事。说着说着,消费者与江小白的距离自然就近了。"陶石泉这样描述"表达瓶"的产品逻辑。

(资料来源:http://m.xinhuanet.com/cq/2018-06/18/c_1122999069.htm)

二、销售管理的内涵和基本范畴

（一）销售管理的内涵

对于销售管理的含义，国内外专家有许多不同的认识，其中在国外得到广泛认同的是美国销售管理专家查尔斯·M. 富特雷尔(Charles M. Futrell)的定义，即销售管理就是通过计划、人员配备、培训、领导及对组织资源的控制，以一种高效的方式完成组织的销售目标。

我国对于销售管理的理解分为两种：一种是狭义的销售管理，即对销售人员的销售管理，销售管理是企业营销活动中促销的一部分；另一种是广义的销售管理，即对企业所有销售活动的管理，销售管理应该包括企业促销的所有活动。

因此，本书将销售管理概括为对企业中与销售有关的所有活动进行计划、组织、指导和控制的过程。

（二）销售管理的艺术性和科学性

销售管理既是一门艺术也是一门科学。称其为艺术是因为其实务性比较强，很多技能在书本里是学不到的，必须在实践中获得；又称其为科学，是因为可以通过大量的知识和已有的经验告诉我们什么是销售管理，以及如何进行销售管理。而这些知识都是可以从书本中获得的。例如，有关计划、实施、评价的系统和知识可以帮助销售经理更好地理解其所需要的技能、所扮演的角色和管理销售人员所需要的各种方法。

成为一名成功的销售经理的过程，不仅是一系列正规学习和实践的结合，也是科学和艺术的结合。过去，人们总是通过经验来管理销售人员，但是在竞争越来越激烈的现代社会，这已经不够了。销售经理必须通过正规的销售管理培训才能成为一名优秀的销售管理人员。

第二节　销售管理的职能和内容

在本章的第一节我们解释了销售管理的含义，本节将对销售管理的具体职能和内容进行介绍。

一、销售管理的职能

查尔斯·M. 富特雷尔关于销售管理的定义中就包含了销售管理职能的内容，即计划、人员配备、培训、领导、控制五项职能。结合管理的一般原理和企业的销售实践，本书认为销售管理的职能包括：制订销售规划、设计销售组织、指导和协调销售活动、控制销售活动。

（一）制订销售规划

销售管理者的首要任务就是对企业的销售业务通盘考虑，并进行科学的规划。销售业务规划主要包括设计销售配额和编制销售预算在内的销售计划、设计与管理销售区域、建设销售渠道、编制促销计划等。

（二）设计销售组织

任何销售计划的实现都离不开人，只有合理地设计销售组织结构，在合适的岗位上配备合适的销售人员，才能实现企业的销售目标。销售组织形式的选择受本企业销售人员现状、企业发展规划、企业实力、产品特性、所面对的市场及竞争对手等各种因素的影响。在设计销售组织的过程中，销售经理应当根据预测的销售目标、销售预算、销售区域的大小等因素决定销售组织的规模。

（三）指导和协调销售活动

销售人员从事具体的销售活动，销售经理负责指导和协调销售人员的活动。销售经理应当把预期的目标和营销的策略传达给每一个销售人员，使每一个销售人员都有不断改善自身业绩的愿望，促使他们为了实现目标不断努力。销售经理对销售人员的指导与协调主要体现在销售对象管理、销售货品管理、销售人员管理、销售过程管理等方面。

（四）控制销售活动

这里的控制包括两个方面：评价和改进。销售经理应当时刻关注销售人员的情况，对其销售活动进行评估，通过评估与考核对整体的销售情况进行控制，在发现问题时及时进行调整。通过控制，不断改进组织的目标和计划，调整销售人员的活动，提高销售人员的绩效，实现企业的销售目标。

二、销售管理的内容

关于销售管理包含的内容，不同的专家学者有不同的观点。菲利普·科特勒认为，销售管理涉及三个方面的内容：一是销售队伍的设计，它研究的是公司在设计销售队伍时应做什么决策的问题；二是销售队伍的管理，它涉及公司应该怎样招聘、训练、指导、激励和评价它们的销售队伍；三是销售队伍的有效改进，它涉及怎样改进销售人员在推销、谈判和建立关系上的技能。销售管理的内容如图1-1所示。

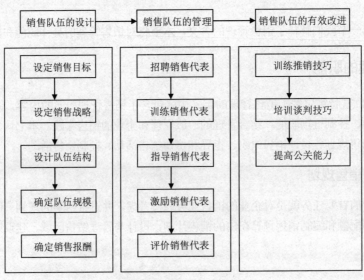

图1-1 销售管理的内容(1)

美国学者威廉·J. 斯坦顿认为，销售管理的主要内容包括以下几个部分，如图1-2所示。

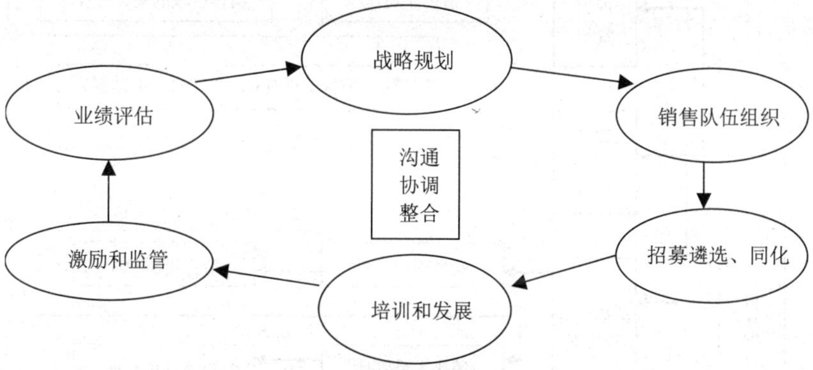

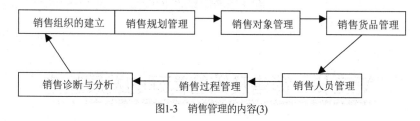

图1-2　销售管理的内容(2)

笔者基本上同意菲利普·科特勒和威廉·J. 斯坦顿的观点，但结合销售及销售管理的实际情况，笔者认为销售管理包括的内容因管理者把握销售管理工作的角度不同其表述亦有所区别。如果管理者是从销售活动的程序和相关内容的角度来进行销售管理工作，那么，销售管理的内容主要包括：销售组织的建立、销售规划管理、销售对象管理、销售货品管理、销售人员管理、销售过程管理和销售诊断与分析，如图1-3所示。

图1-3　销售管理的内容(3)

如果管理者是从管理职能的角度来进行销售管理工作，那么，销售管理的主要内容包括：销售规划管理，建立销售组织，销售指导与协调，销售诊断、分析与控制，如图1-4所示。本书关于销售管理内容的阐述是立体的、全方位的，是上述两种角度的结合，主要是沿着销售活动的程序及相关内容这条主线来阐述的。

销售规划管理和销售组织的建立在前面已有所述及，此处不再赘述。

销售对象管理即指客户管理，众所周知，在买方市场条件下，客户是企业最重要的资产，是企业的核心资源，因此客户管理越来越被企业所重视。客户管理主要包括客户关系管理、中间商客户管理、客户服务管理等内容。

货品是销售的三要素之一，所以销售货品管理是企业销售管理的重要组成部分。销售货品管理包括订单、发货与退货管理、终端管理和窜货管理等。

销售人员管理是企业销售管理重要的一环，销售管理的核心是对销售人员的管理。如同作战一样，赢得一场战役需要一队精兵强将，销售作战也情同此理。销售人员管理包括挑选和培训销售人员，制定销售激励机制，考评销售人员并为其安排富有激励性的薪酬等。

销售过程管理是指对整个销售过程进行指导和控制，使销售的具体实施过程符合制订好的销售计划，取得预想的销售效果，包括如何做销售准备、访问顾客、处理异议、促成交易等。

销售诊断与分析是指根据销售活动中发现的问题，寻找问题存在的原因，及时调整销售计划，调整销售目标。

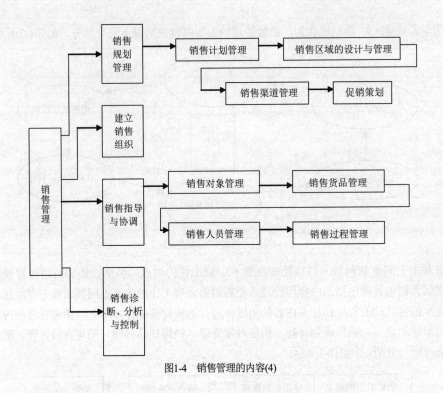

图1-4 销售管理的内容(4)

第三节 销售及销售管理的发展趋势

一、销售的发展趋势

（一）销售观念的转变

任何企业的销售活动都是在特定的观念指导下进行的，销售管理理论的发展是随着销售观念的变化而发展的。因为销售活动是营销活动中的一个环节，所以销售观念受到了营销观念的影响。营销观念经历了从传统营销观念到现代营销观念的转变过程，因此销售观念也经历了由传统销售观念向现代销售观念转变的过程。

1. 传统的销售观念

传统营销观念是在卖方市场条件下形成的，企业的活动以企业和产品为中心。因此，传统的销售观念是如何将产品推销给消费者，通过各种推销方式卖出去，并不考虑消费者是否真正需要这个产品。企业通过大量的广告和促销方式把自己产品的信息传达给消费者，刺激消费者购买企业的产品。

随着经济的发展、市场的变化，企业销售理念也在随之发生变化，从开始的完全以企业为中心逐渐转变为以顾客为中心，从只关注企业的利益到逐渐考虑顾客的需求与利益，销售理念的改变直接导致了销售模式的变化。

(1) "爱达"模式(AIDA模式)

"爱达"模式是指一个销售人员必须把顾客的注意力吸引或者转移到自己所销售的产品上，让顾客对产品产生兴趣，从而产生购买的欲望，最终促使顾客采取购买行动。此模式分为四个步骤：引起注意(attention)、使人产生兴趣(interesting)、激发渴望(desire)，并引发行动(action)。这一模式是1902年由薛尔敦(Arther Fredrick Sheledo)根据顾客刺激反应理论提出的，是所有销售理论的基础，即使到了今天仍然被广泛使用。

(2) "吉姆"模式(GME模式)

"吉姆"模式是一种为培养销售人员的自信心，提高其说服顾客能力的销售模式。这一模式的要点是培养销售人员的自信心，使其相信自己所推销的产品(goods)、相信自己的公司(enterprise)、相信自己的能力(man)。通过提高销售人员的自信和素质，从而达到提高销售业绩的目的。

(3) "费比"模式(FABE模式)

"费比"模式是指销售人员通过将自己的产品与其他产品进行对比从而促使顾客购买的推销模式。"费比"模式分为四个步骤：介绍产品特征(feature)、分析产品优势(advantage)、介绍产品给顾客带来的利益(benefit)、以证据说服顾客购买(evidence)。这一模式的最大特点是考虑到顾客的需求和利益，并将其与自己的产品结合起来，具有较强的说服力和针对性。

(4) "迪伯达"模式(DIPDA模式)

"迪伯达"模式是在"爱达"模式的基础上发展起来的，其最大的特点在于注意到了顾客需求这个环节，使得销售活动更加有效。此模式分为六个步骤：发现顾客需求(definition)、把需求与产品结合(identification)、证实需求与产品确有联系(proof)、促使顾客接受产品(acceptance)、激发顾客购买欲望(desire)、促使顾客购买(action)。虽然这个模式注意到了顾客的需求，但是和我们现在所称的"以顾客需求为中心"是不同的，其仍然是在"以企业为中心"的理念指导下将产品本身和顾客相联系，只是为了更好地将产品推销出去而将产品本身与顾客需求结合在一起。

2. 现代销售观念

第二次世界大战以后，随着各国经济的逐渐复苏，生产力的大幅度提高，产品数量大量增加，消费者收入水平有了很大的提高，消费者的购买行为发生了很大的变化，对于企业和产品的要求也越来越多，这迫使企业必须改变传统的销售观念，将过去的以企业为中心转向以消费者为中心，制定新的销售策略。因此，企业销售工作的重心不仅仅是将产品推销出去，而是通过识别顾客的需要来推销产品。现代销售观念的发展经历了以下三个阶段。

(1) 买卖双方互动观念

买卖双方互动是指在一定的环境下买卖双方通过互动达到销售活动的完成。因此，顾客是否购买所推销的产品，一方面取决于推销人员的销售技巧，另一方面取决于推销环境的影响，取决于双方是否有足够的信息和心理互动。

在现代市场经济条件下，推销人员只有充分调动顾客的积极性才能够完成销售任务。在买卖双方互动观念的指导下产生了三种销售模式：问题式销售、利益式销售和咨询式销售。

问题式销售是指将所销售的产品和服务与顾客面临的问题结合起来，为其提供解决问题的方法。利益式销售是指通过向顾客陈述其所销售产品给顾客及企业所带来的利益促成交易达成。咨询式销售是指卖方要认真研究顾客的需求，为顾客提供其需要的产品和服务，从而实现短期或者长期战略目标的过程。这三种模式的共同点在于都是通过发掘顾客的需求，刺激其进行购买的行为。在激烈的市场竞争中，咨询式销售逐渐成为企业销售的主要模式。现代顾客的需求越来越复杂，只有那些真正能够帮助他们满足需要的企业才能获得他们的支持。

表1-1将传统销售模式和咨询式销售进行了比较。

表1-1 传统销售模式和咨询式销售比较

项　　目	传统销售模式	咨询式销售
销售人员的角色	产品推销员	团队成员、商业顾问、合作伙伴
销售人员与顾客的互动	几乎没有	经常
信息流动	单向：从销售人员到顾客	双向
关注点	产品或服务的特征	解决方法是否满足顾客的潜在需求
所需知识	所在公司	所在公司和顾客
所需技能	基本销售技巧	基本销售技巧、解决问题的能力、团队合作能力
参与顾客的决策	不参与	参与
是否参与售后服务	不参与	参与

从表1-1可以看出，咨询式销售人员所需的能力比传统的销售人员多得多，不仅要为顾客提供产品，还要提供咨询服务。通过参与顾客的决策过程，与顾客建立起良好的合作关系，帮助顾客解决问题，充分交流信息，创造双赢的局面。

(2) 买卖双方组织联系观念

买卖双方组织联系观念是指通过销售人员的努力，使买卖双方的组织之间建立起联系的一种观念。现代企业要求销售人员作为企业的代表，不仅仅要推销商品，还要成为组织之间联系的桥梁。

(3) 关系销售观念

关系销售观念认为顾客不应当被看作上帝，而应该是朋友、商业伙伴，销售的目的应当是买卖双方建立起长期的互惠互利的关系。在现在的商业贸易中，许多买卖活动的完成在某种程度上是建立在买卖双方之间相互信任的基础上的，销售人员需要与每一个可能对购买决定产生影响的人发展私人之间的业务关系，并使之转化为所在公司与顾客之间长期合作的关系。

（二）销售层次升级

在现代销售观念指导下，销售人员的销售活动发生了一定的变化，从最初的乞求型销售、交易型销售到顾问型销售、战略型销售。

1. 乞求型销售

乞求型销售是目前国内最普遍的一种销售模式，因为企业的产品没有什么特色，缺少与众不同的价值，无法在产品上做文章，只好依靠销售人员软磨硬泡的功夫与客户周旋，建立所谓的友好关系，希望把客户服务好，从而拿到订单。

2. 交易型销售

交易型销售是销售的第二个层次。因为客户大多是老顾客，知道要买什么，对不同企业的产品也了如指掌，企业通过为客户提供物美价廉的产品，让客户觉得公平合理，并且简化交易过程促成交易。销售人员的作用是让本企业的产品成为客户的首选，让客户感到省事愉快，不浪费大家的时间。

3. 顾问型销售

顾问型销售是销售的第三个层次。如果企业的产品有独到之处，不管是技术方面的、功能方面的、还是材料方面的、设计方面的，只要有特点，销售人员就可以卖"思想"。尽管客户可能知道自己需要什么样的产品，但是他们也愿意听取"专家"的意见，愿意了解新产品、新技术、新材料、新工艺等。在这个阶段，销售人员是一个"专家顾问"，对客户的应用非常了解，具备行业知识，能站在更高的位置，从行业发展趋势和技术发展动向等方面来说服客户，使客户信服，让客户敬佩。

4. 战略型销售

战略型销售是销售的第四个层次。战略型销售是指把卖方的利益和买方的利益捆绑在一起，形成战略联盟，互惠互利。销售人员的诉求对象也从对方的采购人员改变为客户方的决策人员（公司高管），让客户能从长远合作的角度看问题，把关注点从产品本身转移到投资回报率、核心竞争力等宏观因素上来，成为客户的高级参谋。

总之，销售人员的销售层次越高，对客户、对企业来说其价值就越大，对客户、对市场的掌控能力就越强。因此，企业要想加强自己对市场的控制力，就要不断提升销售人员的销售层次，实现销售模式升级。

二、销售管理的发展趋势

党的二十大报告指出，从现在起，我们要以中国式现代化全面推进中华民族伟大复兴。为了深入贯彻党的二十大精神，企业的销售与销售管理也要与时俱进，实现理念、方式和方法的现代化。随着销售环境和销售观念的发展，销售管理的方式方法也在不断发展，由最初的单一销售渠道发展为多分销渠道，由单一产品的问题解决到整个产品体系的完善，由简单的销售行为转变为客户关系管理。以下介绍几种目前使用较广泛的销售管理方式。

（一）多分销渠道模式

为维持现有客户，削减成本，扩大市场覆盖面，许多公司使用多分销渠道模式进行销售活动。公司可以使用直销队伍，使用分销商，也可以使用直邮、电子邮件、电话销售和网络销售等方式，还可以采用特许经营的形式，甚至还出现了相关单位互为渠道等协同分销渠道模式。但是，新的销售渠道的使用，必然会遭到现有销售人员和渠道成员的抵触，影响销售的效率，销售经理必须协调好销售渠道内外的关系。

（二）客户关系销售模式

在买方市场条件下，客户忠诚度是企业所关注的一个重要问题。企业逐渐认识到，企业和客户的关系不应该仅仅是一次性交易关系，而应该是长远的合作伙伴关系。这种与客户建立联系的销售战略，我们称之为客户关系销售模式。

与一般的销售关系不同，客户关系销售模式中，销售人员会深入了解客户的公司、业务，帮助客户识别问题，寻找最优的解决问题的方法。

实例1-2

2021年，工银安盛人寿始终秉承"以客为尊，以人为本"的服务理念，推出"重疾先赔&大病预赔"暖心服务，"信守合约、应赔尽赔"，以实际行动兑现对客户的承诺，为客户提供快速、便捷、温暖的服务体验。2021年，河南分公司为客户提供了1 533人次的理赔服务，给付理赔款总额达到4 143.96万元。

2019年8月23日，聂先生投保工银安盛御立方五号重疾保险，保额40万元，已交保费80 556元。2021年11月9日聂先生因肺恶性肿瘤住院治疗。了解到客户情况后，工银安盛迅速联系客户协助办理理赔手续，经审核符合重疾先赔条件。2021年12月8日运营人员上门探视并协助客户办理理赔申请，当天40万理赔款到账，解决客户就医费用问题，客户对公司的主动热情服务和高效理赔表示非常满意。客户聂先生到公司送上"快速理赔显诚信，真诚服务暖人心"的锦旗，对公司的高效理赔再次表示真诚的感谢。

(资料来源：http://www.shangbw.com/news/show-47202.html)

（三）系统销售模式

由于全球化竞争越来越激烈，许多客户面临巨大的成本压力。为降低成本，企业一直在寻求更适合的采购方法。目前，客户需要的是能够帮助他们解决问题的供应商，而不仅仅是提供产品的供应商。也就是说，客户购买的是一整套问题解决方案，并为此成立由各部门相关人员组成的专门的购买团队或采购中心，他们希望供应企业能够系统销售所需要的问题解决方案。例如，IBM公司就应顾客之需，由一家提供计算机硬件的公司转型为一家为企业提供整体服务的服务商。

系统销售是指公司回应客户需求解决方法而采用的一种销售战略，它包括销售解决客户问题的产品、服务和相关专门技术的一揽子方案，即一个系统。现在越来越多的公司设立了系统工程部，为客户提供整套解决方案，通过提供高附加值来使其供给差异化，而且可以增加客户转换新供应商的成本。

（四）团队销售模式

面对客户的采购团队，企业根据特定的销售问题和任务，从销售部门或其他职能部门抽调具有相应专业技能的人员(设计工程师、质量控制师、财务专家、客户服务代表)，组成临时性的"销售团队"，接受决策层的授权，全权负责特定项目，直到任务完成。销售团队享有较大的决策权限，团队成员共同行动解决问题，在目标完成后解散。这种销售团队组建和解散容易、方便，有很大的灵活性，又可以避开传统的等级制度，打破部门隔阂和限制，直接从不同部门吸取具有不同技能的人员参与，团队成员知识互补，在共同的工作中相互学习，促进知识在企业内的横向流动和传递，使得不同的知识和技能得以综合运用，提高解决问题的能力和顾客满意度。

本章小结

销售是指企业将生产和经营的产品或服务出售给顾客的一种活动，是买卖双方在一定的社会经济环境下达成的一种契约或协议。销售是企业的核心活动之一，具有不可替代的作用。销售活动的基本特征有：说服顾客购买自己的产品；销售活动具有双重性；销售活动包括三要素(销售人员、销售对象、销售商品)。

销售管理是指对企业中与销售有关的所有活动进行计划、组织、指导和控制的过程，既是一门艺术，也是一门科学。销售管理的职能有制定销售规划、设计销售组织、指导和协调销售活动、控制销售活动等方面；销售管理的内容主要包括：建立销售组织、销售规划管理、销售对象管理、销售货品管理、销售人员管理、销售过程管理、销售诊断与分析。

任何企业的销售活动都是在特定的观念指导下进行的，销售管理理论的发展是随着销售观念的变化而发展的。销售观念经历了由传统销售观念向现代销售观念转变的过程。同时，销售人员的销售层次也有所提升。随着销售观念和销售模式的变化，销售管理的方式也在不断发展。目前使用较广泛的销售管理方式有多分销渠道模式、客户关系销售模式、系统销售模式和团队销售模式。

案例分析

泡泡玛特在短短的十年时间内迅速发展，成为国内潮流玩具行业的领军企业，其营销策略是值得研究和总结的。

每到新年，日本的诸多商家都会采用福袋销售的方式来进行新年的促销活动。在福袋中，商家通常会装入高于售卖价格的商品，但是消费者在购买之前无法看到福袋内的商品，每次购买都只能全凭运气。这就抓住了消费者追求刺激和冒险的消费心理，在销售过程中能够起到很好地促进消费的作用。目前，风靡市场的盲盒就是由福袋演变而来的。之所以称之为盲盒，就是因为消费者只能看到盒子的外包装和简单的图片或文字介绍，却无法真正地知晓盒子内所装的物品，因此购买盲盒被形象地称为"抽盲盒"，抽中什么商品完全是随机的。作为最早在中国引入盲盒的公司，泡泡玛特在短短五年的时间内，不仅让盲盒风靡全国，成为一种潮流现象，而且还让公司的资产迅速积累，成为目前中国最大且发展速度最快的潮流玩具公司之一。

一、泡泡玛特的发展背景

泡泡玛特文化创意有限公司成立于2010年，是一家旨在引领潮流、推广娱乐的文化创意公司。公司目前的主营业务是通过与国内外的知名设计师合作，自主设计与研发BJD娃娃、IP产品和其他二次元周边产品等，并以盲盒的形式来进行销售。泡泡玛特的成立时间相较于很多企业来说虽然不算长，但是它以一种触底反弹的发展方式引起了商业社会的广泛关注，直至发展成为目前中国潮玩行业的领军者。

泡泡玛特在短短三年的时间内获得净利润4.5亿元，并且复合收益率持续保持在每年225%左右，甚至在2020年新冠感染疫情的影响下，泡泡玛特也实现了全年净利润3亿元的良好收益。2020年底，泡泡玛特还成功在香港地区上市，开盘当日股价就上涨100%，公司市值直接突破千亿元。从整个潮玩市场来看，泡泡玛特依然还有巨大的发展空间。根据Mob研究院2020年针对盲盒市场的研究数据可以发现，虽然2019年泡泡玛特的净利润达到了4.5亿元，但是也仅占据了市场份额的8.5%。由此可见，盲盒市场的需求量是巨大的，泡泡玛特仍然有很多的发展和扩张机会。

二、泡泡玛特的营销策略

泡泡玛特的成功离不开其所采用的行之有效的营销策略。

1. 产品策略

在产品策略上，泡泡玛特主要是从三个方面着手来进行产品营销的。

泡泡玛特通过买断热门IP的版权并量产出形态各异的手办的方式，以此来吸引消费者购买。泡泡玛特2016年之所以能够触底反弹，就是因为当年泡泡玛特与知名设计师王信明签约，获得了Molly的版权，随后又与知名插画设计师毕奇签约，获得了Pucky的版权，从而量产出一系列的热门IP手办并以盲盒的形式进行出售，从而吸引了一大批IP粉丝进行盲盒的购买。这些基于热门IP所推出的盲盒为泡泡玛特赢得了巨大的销量。据泡泡玛特公司2019年年报可知，尽管2019年泡泡玛特的IP数量已达到85个，但是Molly和Pucky的销售额依然占到了近50%。所以说，热门IP产品是泡泡玛特的主要营收来源，正是热门IP的粉丝们在不断地为泡泡玛特的发展助力。

泡泡玛特在发展的过程中也在不断地推陈出新。发展至今，泡泡玛特已经拥有了93个运营IP，其中包括12个自有IP、25个独家IP和56个非独家IP。随着IP数量的不断增多以及手办类型的不断创新，截止到2020年底，泡泡玛特的自有IP的销售收入呈现出了稳步下降的态势，而独家IP的销售收入则呈现出稳步提升的态势，非独家IP的销售收入也占到了总收入的10%左右。这种产品的不断推陈出新不仅有利于分散消费者对于热门IP的集中关注度，而且有利于降低泡泡玛特的运营风险，使之能够更好地应对不断变化的市场竞争环境和竞争压力。

2. 价格策略

在价格策略上，泡泡玛特主要采取的是差别定价和心理定价两种方式。

泡泡玛特对于产品的差别定价主要体现在泡泡玛特所推出的潮玩价格与传统的潮玩价格有较大的区别。在泡泡玛特推出潮玩之前，潮玩又被定义为是艺术家的玩具，其受众并不是普通的消费者群体，而是艺术爱好者或者是手办收藏者。所以很长时间以来，手办的价格相较于普通玩具来说都居于很高的位置。例如知名的IP潮玩积木熊、奈良美智等，其售价通常都在千元以上，特别是具有稀缺性的潮玩甚至动辄万元以上，还被很多艺术爱好者和玩具收藏者所追捧。泡泡玛特对于产品的心理定价则主要体现在它对于隐藏款的定价与固定款是相同的。众所周知，盲盒实质上就是利用了消费者对于未知的追求这一冒险的心态。泡泡玛特在利用这一冒险心态刺激消费的基础之上，还通过推出限定数量的隐藏款来进一步地刺激消费者，使消费者能够产生一种心理上的依赖和行为上的上瘾。在目前市场上，泡泡玛特所推出的隐藏款热门IP手办，其价格已被炒作至上千元。如果消费者通过抽盲盒的方式抽到了这类隐藏款手办，那么其对于这一隐藏款手办的心理定价往往会高于本身的花费，这就会让抽中隐藏款手办的消费者产生一种刺激且侥幸的心理，在心态上类似于博彩中奖。正是这种中奖的心态，让消费者更加欲罢不能，从而起到极大地刺激消费的作用。

3. 渠道策略

购买泡泡玛特产品的消费者，其年龄往往偏小。据统计，"95后"的人群是泡泡玛特的主要消费群体。这类人群一直以来都受新兴社交方式和网络思维的影响，在信息接受形式和消费观念上与传统消费人群来说有着较大的区别。所以，在渠道策略上，泡泡玛特采用的是线上和线下渠道结合的方式来进行产品营销。

在线上渠道，泡泡玛特主要是利用淘宝、天猫和微信小程序来作为主要的营销渠道，同时打造自有的潮玩社区App。在这一App中来进行产品的发布和推荐，同时也为潮玩的爱好者提供一个沟通交流和产品分享的平台。葩趣这款泡泡玛特自主研发的App就是其主要消费群体进行社交和消费的线上平台。在这里，消费者可以互相交流IP手办的收藏经验，同时也能够第一时间获取到新品推出的信息。另外，泡泡玛特还在这款App中加入了下单的功能，消费者能够直接在这一App中进行IP手办的购买和交易。这种配套营销的方式可以有效地提升产品的销售数量和消费者对于产品的黏性。另外，淘宝、天猫和微信这种主流的线上消费平台也被泡泡玛特有效地进行了渠道应用。据统计，2019年"双11"期间，泡泡玛特是第1个成交过亿的玩具品牌，其营收能力远超万代和迪士尼这些国际知名玩具品牌。

在线下渠道，泡泡玛特主要以一、二线城市作为发力点。截止到2020年，泡泡玛特的线下零售店和无人售卖机基本上已经覆盖了中国一、二线所有城市，在几乎所有城市的热门商圈都能够见到泡泡玛特的实体店铺或实体无人售卖机，这也就使得消费者更容易接触到泡泡玛特所推出的盲盒。借助这一渠道优势，泡泡玛特也在短短几年时间内建立起了自身的品牌竞争力，使消费者能够对该品牌产生较深的印象。除此之外，泡泡玛特还接连主办了好几场大型的潮玩展览会，并邀请全球知名的玩具生产企业和设计师、艺术家等前来参展。这也就在世界范围内产生了更大的影响力，并且进一步对泡泡玛特这一品牌进行了推广和宣传，提升了泡泡玛特自身的知名度和影响力。

(资料来源：https://wenku.baidu.com/view/91a3c462322b3169a45177232f60ddccda38e6e2.html?_wkts_=1669462834941)

案例讨论题：
1. 该案例反映了销售管理的哪些职能？
2. 通过以上案例，请说出销售管理与营销管理的区别与联系。

复习思考题

1. 如何理解销售及销售管理的内涵？
2. 销售活动有哪些基本特征？
3. 为什么说销售管理既是一门科学又是一门艺术？
4. 销售管理的职能和内容有哪些方面？并举例说明。
5. 销售管理目前的发展趋势是什么？

思政大纲

章名	知识点	思政德育融入点
销售管理概述	销售和销售管理	江小白基于客户偏好，设计产品的名字、规格、包装等，体现其以客户为中心的经营理念；引导学生建立以客户为中心的思维方式，满足客户需求，解决客户消费场景的问题，从而达到客户和企业共赢
	销售及销售管理的发展趋势	通过案例介绍了工银安盛人寿"以客为尊，以人为本"的服务理念，引导学生立足时代、扎根人民、深入生活，树立"以人民为中心"的商业伦理思想；"懂商业、爱人民"，树立为人民幸福而工作的意识和信念，增强学生服务人民的使命感和责任感

第二篇　建立销售组织

➢ 第二章　销售组织的建立及职责

第二章
销售组织的建立及职责

学习目标

学完本章后，应当能够：
(1) 了解销售组织的基本概念；
(2) 掌握销售组织建立的原则和程序；
(3) 掌握销售组织的类型；
(4) 掌握销售人员规模设计方法；
(5) 了解销售经理和销售人员的职责。

思政目标

(1) 了解销售组织的基本概念、类型以及原则等，以便建立高效的销售组织。
(2) 探索能够兼顾组织效益与人文关怀的企业销售组织管理制度，提升团队凝聚力和归属感。

导入案例

　　2018年8月27日，良品铺子在品牌升级发布会上宣布将全面进军海外市场。据了解，良品铺子于2018年4月开始启动海外布局，在国外铺设多个销售网点，目前100多款零食已进入美国、澳大利亚、英国等20多个国家。同时，良品铺子还在海外发展跨境电商业务，通过天猫、京东、亚马逊等跨境电商平台，将30千克以内的小包裹通过跨境物流直接送到海外消费者手中。

　　良品铺子从零食专卖店起家，到全面拓展线上渠道，不断优化实体门店，经过十几年发展，良品铺子已成为国内休闲零食行业中，为数不多的拥有线上线下结构均衡，且高度融合的全渠道销售网络的品牌。至2021年，良品铺子在国内市场拥有2 700多家门店，覆盖167个城市，细分运营102个子渠道入口，及时准确地满足1.16亿会员、累计4亿消费者的休闲零食选购需求，2020年终端销售超100亿元。

　　良品铺子目前以1亿海外华人及留学生为目标消费者，以此切入海外市场。接下来

第二篇　建立销售组织

> 良品铺子将在海外寻找合作伙伴，共同研发适宜不同国家消费者口味的产品。
> 　　据了解，海外零食线下零售市场是主流消费市场，市占率高达90%。接下来，良品铺子将争取入驻海外大型连锁超市争夺线下零食零售市场，没有选择广开门店，也是基于成本和市场需求的考虑。渠道建设需要投入大量资金。良品铺子近期披露的招股书显示，公司拟在上交所公开发行不超过4 100万股，计划募集资金7.73亿元，投向全渠道营销网络建设、仓储与物流体系建设等四大项目。
> 　　良品铺子的海外计划看起来周密，然而，与在国内建设渠道类似，无论是营销网络还是建仓储物流体系都不是件容易的事情。
>
> （资料来源：https://zhuanlan.zhihu.com/p/414982973）

　　产品销售的好坏，除了需要有好的销售创意外，还需要充足的前期市场准备、良好的销售团队、完善的销售计划和良好的控制体系，详细了解市场特性、了解消费者需求也许就是促销高招的第一招。通过本章的学习，可以了解如何建立行之有效的销售组织，完成需要完成的销售任务。

第一节　销售组织概述

一、销售组织的含义

　　组织是个人为实现共同目标而结合成的有机统一体，一个企业不管其人、财、物多么丰富，总是需要经过一定的组织活动才能产生综合效用。因此，销售组织是企业为了实现销售目标而将构成企业销售能力的人、商品、资金、设备、信息等各种要素进行有机整合并使其充分发挥效用的统一体。

　　在销售组织中，确保销售目标实现固然与商品的特征、资金的保证度、服务、信息体系完善情况极为相关，而最终使销售活动能取得成功的关键因素还是销售人员的工作效果。人力资源专家认为应致力于建立一种能把人的问题与商品问题综合考虑的机制，即建立起合作协调的组织体系。因此，销售组织的最高管理者在构建销售组织时，必须对销售组织中的人这一特定群体予以足够的重视。

　　影响销售组织构建的最重要因素是实现目标的效率和有效性，而销售组织中的成员构成一个群体，具有群体的三个特征：共同的目标，成员之间在行为上相互依赖、相互影响，成员都承担相应的责任和义务。因此，如何提高成员之间的凝聚力和士气对于销售组织的效率起到非常重要的作用。销售成员相互影响和成员之间的感情对于销售队伍的工作效率起着重要的作用。一般来说，销售成员销售积极性越高，销售队伍的凝聚力高，销售的效率也越高；反之，如果销售成员的销售积极性低，而销售队伍的凝聚力高，那么销售效率就低。因此，企业在提高销售队伍凝聚力的同时，应当正确引导销售成员的工作态度，培养销售人员对于销售活动的认识，提高销售人员的销售积极性。

二、销售组织的功能及特点

（一）销售组织的功能

一个优秀的销售组织应该具有两个基本的功能：个体力量的汇聚功能和放大功能。销售组织的汇聚功能是指将销售企业中分散的各个要素汇集在一起，形成相互依托、相互补充的统一体。随着销售额的增加，企业规模的增大，这种汇聚效应会越来越明显。同时，销售组织并不是将各个要素简单地聚合在一起，而是通过有效的组织和分工，产生1+1>2的情况，即我们讲的放大效应。但是，管理者应该看到这种汇聚效应也可能产生1+1≤2的情形，这完全取决于销售管理组织是否有完备的沟通渠道和通畅的信息交流平台。通常，组织的汇聚功能和放大功能所取得的效应，理论上称之为合成效应。

（二）销售组织的特点

(1) 销售组织目标

销售组织的目标是通过各种销售活动，完成企业销售量，实现销售利润，提供令用户满意的售后服务，并努力扩大产品和服务的市场占有率，为企业发展创造条件。

(2) 销售组织形式

销售组织依据企业的商品特征、市场覆盖范围、流通渠道等因素构成不同的组织形式，可以是单一形式，也可以是复合形式。

(3) 销售组织运行

销售组织从运行来看，资源构成要素是人、财、物、信息、商誉等。其活动是按照企业的生产经营特点而分层次、按程序、依靠合作进行的。组织活动就是对各种资源的合理分配利用。

(4) 销售组织是一个开放的系统，它与环境发生着广泛而复杂的关系

销售组织必须适应企业的发展和环境的变化，随时调整和变革自身，为保证组织始终保持高的运行效率和自身的不断发展创造条件。

第二节 销售组织的建立

一、销售组织建立的原则

不同的组织由于其目标、环境及构成要素之间的不同其形式也不相同，但是其建立的基本原则是一样的，销售组织的建立需要满足以下几个基本原则。

（一）精简有效原则

精简有效原则是指要精简机构，提高效率。精简与效率是手段与目的的关系，只有精简才能提高效率。这里讲的精简有三层含义：一是组织应具备高素质的人和合理的人才结构，使人力资源得到合理而充分的利用，做到权责相等，人尽其才；二是按需设人而非按人设职；三是组织结构应有利于形成群体合力，避免内耗。

(二)统一指挥原则

统一指挥是管理学中一个非常重要的原则,明确组织中上下级的关系,有利于组织人员的管理。在现代销售组织越来越复杂的今天,统一指挥原则有利于销售组织提高效率,明晰权责。贯彻统一指挥原则应做到以下几点。

第一,统一指挥,使上下级之间形成一个等级链,必须是连续的,不能中断。

第二,任何下级都只有一个上级领导,只接受一个人的指挥。

第三,上级领导不能越级进行指挥,下级不可越级接受更高一级领导的指挥。因为多头领导会使组织产生混乱。

第四,组织内部的职能管理部门同样也应当执行统一指挥的原则。他们对上级有权力提出建议和意见,对执行系统起监督作用,但无权直接指挥执行系统的工作。

(三)管理幅度原则

管理幅度又称管理的宽度,是指经营管理者所直接而有效地管理其下层的人数。客观上讲,管理幅度是有限的。传统组织理论提倡高耸的组织结构,即管理层次多,管理幅度小;现代组织理论提倡扁平的组织结构,即管理层次少,管理幅度大。企业应根据自身的具体情况设置合理的管理幅度。

(四)权责对等原则

现代组织理论认为,在管理等级链上的每一个环节,每一个岗位都应规定其相应的权利和职责,必须遵循权责对等原则。组织中在一定职位上的人拥有多大的权利就必须承担相应的责任。

(五)分工协调原则

企业规模越大,专业化要求越高,分工也就越细。专业分工细化的结果,造成专业之间的依赖性增强,如何协调好不同专业之间的关系成为企业需要面对的重要问题。协调的核心是服从系统和互利目标的沟通、协作或合作。

二、销售组织建立的影响因素

(一)商品特征

商品的自然属性和产销特点不同,应采用不同的销售组织形式。在建立销售组织的过程中,应考虑产品的类型、用途、品质、体积、重量、技术含量等特点。例如,对于技术性强而又需要提供售前与售后服务的产品,如电器等,其销售组织与技术性弱和售前与售后要求低的产品的销售组织存在很大差异。

(二)销售方式

企业销售产品的销售方式和策略直接影响企业的组织结构形式,采用直销形式的企业,其销售队伍比较庞大,销售人员数量多,组织结构就比较复杂,一般是高耸的组织结构。而采用广告销售或网上直销的企业其组织结构多是扁平的组织结构,中间环节比较少,比如戴尔公司。

（三）商品销售的范围

商品的销售范围不同对销售组织也有较大的影响。一般来说，商品销售范围小，销售组织就简单；销售范围大，销售组织就比较复杂。

（四）商品销售渠道

商品销售渠道是指商品从生产者转移到消费者过程中经过的路径。企业依据自身销售的不同应当选择与之相适应的组织结构。

（五）环境变化

销售组织作为一个开放系统，它一定会与所处的环境进行物质和信息的交流，因而销售组织在构建时一定要考虑外部环境的影响，使其与之相平衡。然而市场环境是处于变化之中的，特别是随着技术的进步，企业面对的销售竞争环境越来越激烈，企业应当根据外部环境的变化适时改变企业的营销战略，进而调整企业的销售目标和形式，这必将导致企业销售组织结构发生变革。

三、销售组织建立的程序

一个健全的销售组织结构应包括以下几个内容：一是部门结构，即部门的设置以及部门间的相互关系；二是职责结构，即按销售计划的要求，确立各个部门的工作任务和职责范围；三是职能结构，即销售组织结构中各种职位之间的关系；四是职权结构，即按职位、职责授予相应的权利，规定权利范围，明确相互关系。

设立健全的组织结构必须遵循以下四个步骤。

（一）确立目标，专业分工

实现销售计划拟定的目标，是销售人员面临的总任务。设立销售组织的第一步是确定所要达到的总目标。其目标是企业的总目标分解到销售部门的总目标，主要包括销售量、销售利润、市场占有率、客户满意度等。

设计销售组织首先要考虑的问题是如何将总目标细分为具体的任务，并在组织的管辖范围内横向分解到底，纵向分解到底，无一遗漏。这样组织中的每个人都知道组织要完成的总目标，每个人都知道自己为完成总目标所承担的责任。

对工作进行细分有利于实现销售工作的专业化，提高效率。销售管理的专业化也成为现代销售管理发展的一个趋势。但是，专业化分工也有一定的限度，并不是越细越好。专业分工的不足之处有两个：一是由于一直重复相同的工作，容易造成人员的工作积极性下降，效率降低；二是过度细分容易增加组织的协调工作量以及协调的难度，从而抵消专业分工带来的好处。因此，我们在进行专业分工的过程中，应根据实际情况，适当分工。

（二）进行销售岗位分析，组成相关部门

岗位分析就是确定岗位和职务。一个岗位或职务至少包括三个要素：①任务；②责任；③使用资源的权利。从销售组织结构设计的高度来讲，一个职务或者工作岗位是组织结构设计中最基础也是最关键的环节。

岗位分析将组织的总任务具体到每一岗位。为了便于管理，发挥整体优势，必须对这些具体的

任务和工作岗位进行归类合并,形成若干部门,一般将相同或相似的工作和岗位归入同一部门,或按照其他一些特征进行归类。常见的划分部门的方法有:按职能组建部门,按产品组建部门,按顾客组建部门等。上述方法各有优势和不足,在具体操作中可根据实际情况,采用单一方法或几种方法并用。

(三) 按照销售岗位配置人员

根据已经确定的部门和岗位情况,应当确定各类销售人员的需求量、任职资格等,以便选择和任用合适的人员承当相应的工作,有岗有人,有人有责,避免出现岗位空缺,影响组织的正常运营。

(四) 明确职权关系

为了将各个职位、各个部门相互联结起来,形成运行有效、信息通畅、协调方便的有机整体,必须确定适当的职权关系。所谓职权,就是组织所赋予的合法的职责和权力。在现代组织中主要存在着两种职权关系:一是上下级之间的职权关系,即纵向职权关系;另一种是直线与参谋之间的关系,即横向职权关系。建立纵向职权关系的关键问题是授权,也就是说将完成某项任务、履行某种职责所必需的权力授予下级。但是,授权不是随意的,应有一定的度和程序。一般而言,授权有以下几种形式。

1. 充分授权

充分授权是指在下达任务的同时,将完成该项任务所需要的权力全部授予下属,允许下属自己决定行动方案,并自己创建完成任务的条件,即使失败,自己总结经验教训,以利于再次行动。这种授权方式能充分调动下属的积极性、主动性和创造性,并能减轻管理人员的工作负荷。

2. 不充分授权

不充分授权是指将完成一件任务所需的权力部分授予下属。

3. 弹性授权

弹性授权是指根据需要在完成一件任务的不同阶段采取不同的授权方式,它是一种动态授权,是充分授权、不充分授权几种形式根据具体情况的交替使用。

4. 制约授权

制约授权是指把某项任务的职权分解,授予两个或两个以上的职位和部门,使其相互制约,避免出现疏漏。

5. 明确工作标准及考核程序

销售组织构建完毕后就进入运行阶段,运行效果如何,必须通过考核。因此,明确组织以及各个部门、各人员的工作标准,并针对标准进行适时考核,对考核结果进行评估,从而提出组织改善的措施,这是使组织始终处于自主控制、自我完善状态的关键所在。

四、销售组织的类型

一般的组织结构理论将组织分为两种:高耸形组织与扁平形组织。销售组织的结构也是在这两种组织形态的基础上发展起来的,下面介绍四种常见的销售组织的类型。

(一)职能结构型销售组织

职能结构型销售组织按照其各项职能,由销售部门、计划部门、推销部门等组建。职能结构型组织构建时首先要做好各种不同功能的归类,通常有两种归类的方法可供选择。按服务功能与计划功能归类,一般将销售、广告、销售促进、市场调研、顾客服务等归入服务功能类,而将产品、市场、顾客等归入计划功能类;按规划功能与沟通功能归类,通常将企划、市场调研归于策划功能,而将销售人员、广告、销售促进等归于沟通功能。

这类销售组织结构较适宜规模大,销售网点多,商品品种多和销售人员要求高的企业。优点在于能够充分发挥职能专业人员在组织中的作用,有利于各种资源的合理配置,有利于培养专业化人才。缺点在于由于人员配置较多,可能导致销售成本增加,部门过多,销售工作量较大。

(二)区域结构型销售组织

区域结构型销售组织的具体建立方法是企业在各个区域设一个区域销售经理,全面负责企业的销售工作,根据企业销售点分布情况,将相邻的地区组合在一起,形成若干区域,由区域销售经理及销售人员全权负责本地区的销售工作并对销售总经理负责。销售组织在建立时必须考虑地区因素,因此,销售组织按地区分布构建时,为了保证组织的效用和有效性,统一管理是必要的,组织一定要构建完善、快捷、通畅的信息渠道,特别要明确授权,以保证区域经理在其授权范围内的有效决策和指挥。

区域结构型销售组织如图2-1所示。

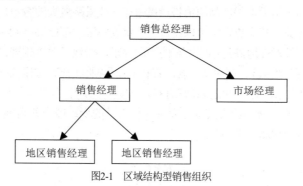

图2-1 区域结构型销售组织

按区域划分的销售组织是最常用的一种组织形式。对于那些经营单一或者类似产品,且产品的性能又不大复杂,同时客户的数量众多并分散于全国各地的企业,按区域划分构建销售组织是一种较为常见的方法。其优点在于业务人员专职负责某一地区的销售比较容易熟识当地的客户及所在地区的行业竞争情况,有利于提高顾客满意度,增强企业的竞争力,有利于调动区域经理的积极性,培养专门的销售管理人才。缺点是由于区域型组织相对独立,总部在控制和协调方面的难度增加,对销售人员会提出更高的要求。但是,对于那些经营产品性能复杂而产品种类又多的企业,这种结构就不太适合,因为不论业务人员多么努力,都很难同时对几种性能或技术复杂的产品有深入的了解。

(三)产品结构型销售组织

产品结构型销售组织的具体建立步骤是:在总部设立一名总产品销售经理,然后按每类产品分设一名经理,再按照产品品种设若干产品品牌经理,每个产品经理负责几项具体的产品。例如,宝洁公司安排专门的产品经理负责每种产品的具体开发和促销工作。

对于那些经营产品种类多，产品性能差异大的企业，产品结构型销售组织是被广泛采用的一种方式。其优点在于负责每一组产品销售的销售人员能够专注于其所负责的产品的销售工作，易于更好地满足客户日益专门化和复杂化的要求，有利于生产与销售之间的调整，有利于将销售人员培养成为某一产品或产品线的专家。缺点在于销售人员可能需要兼顾同一类产品在几个省份的销售工作，相对于区域销售组织中的销售人员，其出差的时间较多，可能影响其工作效率。

产品结构型销售组织如图2-2所示。

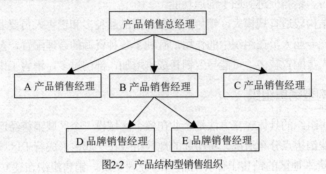

图2-2　产品结构型销售组织

（四）顾客结构型销售组织

顾客结构型销售组织的具体建立步骤是：将不同的顾客按照一定的方式进行分类，再根据顾客分类组建销售组织，不同类别的顾客由专门的销售人员负责服务。

这种销售组织结构适用于那些产品的销售量集中在一些采购量大的客户，或者客户的销售网点分散但是采购集中的企业。其优点在于可以使每一个重要的客户都能够得到由专人负责、高度集中的贴身服务，能够更有针对性地满足不同顾客的不同要求，体现了"以顾客需求为中心"的现代市场营销观念，有利于稳定老顾客，吸引新顾客，有利于收集顾客信息，加强与顾客之间的沟通交流，与顾客建立长久的合作关系，对业务的开拓很有利。其缺点在于针对同一区域不同顾客的不同需求，容易造成销售人员的重叠，增加销售成本，而且销售人员的变动或离职可能会对销售造成影响。

顾客结构型销售组织如图2-3所示。

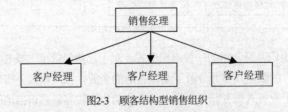

图2-3　顾客结构型销售组织

上面介绍了几种最常见的销售组织模式，每种模式都有其优缺点。一个企业的销售经理必须依据所在行业的销售工作的特点、竞争情况、销售人员的经验及工作能力等因素，灵活调整，科学合理地建立销售机构。根据不同的市场情况，不同的销售目标，在不同的时间不同的地区采用不同的组织形式，从而充分发挥销售人员的工作效率、工作积极性及协调性，为顾客提供最优质的服务，实现企业的销售目标。

五、销售人员规模设计

企业在确定了销售组织的类型之后，还应该考虑销售组织的人员规模问题。销售人员是企业的重要资产,能给企业带来巨大效益,也会产生大量的成本。增加销售人员数目,销售额会增加,成本同时也随之上升。因此,企业在建立销售组织时必须考虑究竟多少个销售人员才是最理想的规模。

(一)销售人员数目多少的影响因素

销售人员数目多少主要取决于两个因素。

(1) 企业的发展规模

当企业发展规模较小时,销售人员数目就不应过多,以免增加成本,浪费资源。反之,当企业规模大或发展较快时,则应该需要较多的销售人员。如果人员不够,就不能充分拓展业务,企业得不到应有的发展。

(2) 销售人员流动率

任何企业都存在一定程度的人员流动,如跳槽、退休等,这就会影响组织中的人员数量,也要求随时增加替代销售人员。

(二)确定销售人员数目的方法

1. 工作量法

在要接触的顾客或潜在顾客数量可以估算的情况下,可以采用销售工作量法来设计销售人员规模。使用该方法的主要步骤有以下几点。

① 根据顾客或潜在顾客的某些属性,将他们分为不同的类型。这一属性通常是销售额,或是从销售额中获得利润。

② 根据过去的销售量以及经验等,估计每年各类型顾客的数量和所需访问的次数。

③ 每一类型的顾客数量乘以各自所需的访问次数,这就得到企业销售访问的总次数,也即销售人员的总工作量。

④ 确定一个销售人员可进行的年平均销售访问次数。

⑤ 将每个销售人员的年平均访问次数除每年所需访问总次数,即得到所需销售人员的数目。

2. 销售能力法

销售能力法是指企业通过观测销售人员在不同的销售潜力区域的销售能力,计算在各种可能的销售人员规模下企业的销售量和投资收益率,从而选择最佳的销售人员规模。这种方法要求有足够多的地区来做销售潜力的估计,使用起来比较困难。同时,在估计过程中忽略了区域内客户的组织类型、分散程度等一些因素的影响,因此只有当这些因素相同时,且销售潜力可测量的情况下,才使用此方法。销售能力法具体有以下几个步骤。

① 测量销售人员在不同的销售潜力区域内的销售能力。

② 计算在各种可能的人员规模下企业的销售收入,计算公式为

$$企业销售收入 = 销售人员平均销售额 \times 销售人数$$

③ 利用各种可能的销售人员规模下的企业销售收入和相应的销售成本以及投资额,就可计算出在各种销售人员规模下的投资收益率,计算公式为

$$投资收益率 = (销售收入 - 销售成本)/投资额$$

④ 根据投资收益率确定最理想的销售人员规模。投资收益率最高的人员规模即为最理想的人员规模。

3. 分解法

在企业销售额可预测时,可以通过分解预测销售额来设计销售人员的数量,计算公式为

$$销售人员数 = 预测的销售额 / 销售人员完成的平均销售额$$

假定企业预测明年的销售额为9 000万元,销售人员平均完成的销售额为300万元,那么该企业的销售人员规模就应为30人。

相对来说,分解法比较简单,但是这种方法认为销售额决定了所需销售人员的数目,本末倒置了,应该是销售额取决于销售人员的规模。虽然分解法存在这样的不足之处,但仍是较常用的设计销售人员规模的方法,尤其适用于相对稳定的销售环境,销售变化缓慢且可预测。

4. 边际利润法

当毛利超过一个销售人员的成本时,企业的净利润便会增加。当边际毛利额(增加一个销售人员所增加的毛利额)达到最大,此时的销售人员规模就是企业销售组织最合适的规模。边际利润法具体步骤如下。

① 确定销售人员数目与销售额之间的函数关系。
② 计算在不同销售人员数目时增加一个销售人员所增加的销售额。
③ 计算增加一个销售人员所增加的毛利额,即边际毛利额。
④ 选取边际毛利额最大时的销售人员规模作为企业最佳的销售人员规模。

第三节 销售组织的职责

一、销售组织职责概述

销售组织的职责主要包括:寻找客户、信息沟通、推销产品、客户关系管理、销售风险管理,等等。

(一) 寻找客户

寻找客户,即寻找可能的购买主或销售对象,它是整个销售过程的第一步。虽然某些销售人员在个人素质上有所欠缺,销售技巧不够,产品知识贫乏,但如果能够找到确实有需求的客户,那么他仍然可以获得一定的销售额。换而言之,如果没有找到合适的销售对象,即使销售员拥有优秀的素质、高超的技巧和丰富的知识,也很难销售产品或服务。因此,销售员必须主动寻找潜在客户。

寻找客户的基本步骤分为两步。第一步,先确定较大的范围,然后再从这个范围中去寻找潜在客户。如果所销售的产品是生活资料,那么销售员应根据产品的特征、性能、价格等因素,分析该产品能满足哪个需求层次客户的需要;如果销售的产品是生产资料,则同样应根据一些相关因素确定该产品应该满足哪一类企业的需要。第二步,在确定了产品销售对象是哪一类之后,再在这一类客户中找出具体的销售对象,即可能购买的潜在客户。

客户也分为两类。第一类是新开发的客户,即第一次使用自己产品或者服务的客户,企业只有不断挖掘新客户才能保证盈利的增长;第二类是现在已经使用了产品或者服务的客户,销售人员应当在保证这类客户持续使用自己产品的同时,挖掘其是否有新的需求点,只有这样才能保证销售的

稳定。

寻找客户的渠道主要有以下两种。一是从身边的人中发掘客户。销售人员在日常活动中结识的人当中必然会有人需要其所销售的产品或服务，或者认识的人知道哪里对其产品可能有需求。所以在寻找客户的过程中，销售人员首先就是与自己熟识的人群沟通了解潜在的客户。二是通过新闻媒介。寻找客户最有效的工具可能是报纸了，要习惯在读报时勾画出发现的所有机会。学会阅读报纸，养成随手记录的习惯，许多有价值的信息就在其中。

（二）信息沟通

信息沟通一般是指人们之间传达、交流思想、观念以及情报、信息的过程。高效准确的信息沟通能够提高销售团队的效率，提高销售成员之间的凝聚力。因此，销售组织必须建立起有效的信息沟通渠道，保证信息传递的效率和准确性。

信息沟通渠道一般分为两种：正式沟通渠道与非正式沟通渠道。

1. 正式沟通渠道

正式沟通是指在组织系统内，依据一定的组织原则所进行的信息传递与交流，例如组织与组织之间的公函来往，组织内部的文件传达、召开会议，上下级之间定期的情报交换等。

正式沟通的优点是：沟通效果好，比较严肃，约束力强，易于保密，可以使信息沟通保持权威性。重要的信息和文件的传达、组织的决策等，一般都采取这种方式。其缺点是由于依靠组织系统层层传递，所以较刻板，沟通速度慢。

2. 非正式的沟通渠道

非正式沟通渠道指的是正式沟通渠道以外的信息交流和传递，它不受组织监督，自由选择沟通渠道。例如团体成员私下交换看法、朋友聚会、传播谣言和小道消息等都属于非正式沟通。非正式沟通是正式沟通的有机补充。

非正式沟通的优点是：沟通形式不限，直接明了，速度很快，容易及时了解到正式沟通难以提供的"内幕新闻"。非正式沟通能够发挥作用的基础是团体中良好的人际关系。其缺点表现在，非正式沟通难以控制，传递的信息不确切，易于失真、曲解，而且它可能导致小集团、小圈子，影响人心稳定和团体的凝聚力。

销售组织应当将正式渠道和非正式渠道有机结合，充分利用两者的优点，取长补短，提高组织成员信息传递的效率和准确性。

（三）推销产品

推销产品可以说是销售组织最核心的职责。现代社会推销的目标不再仅仅是卖东西，而是在销售产品的同时满足顾客的需求。因此，推销活动不仅涉及推销员，而且涉及顾客，推销是卖和买的统一。推销过程，首先是顾客购买产品的过程，其次是推销员售出产品的过程。所谓买卖，先买后卖。因此，推销员要将产品推销出去，就必须了解顾客的需要，刺激顾客的需求欲望，促使顾客自觉购买。所以，推销的核心就是"满足顾客需要"。

对推销内涵的认识应把握三点。

(1) 推销就是发掘客户的需求

推销员的努力点不应放到如何去"卖"上，而应协助顾客使他们的需求得到满足，然后再推销商品。推销员要了解顾客的需要，说服顾客，使他们相信你所推销的商品确实能满足其需要；或使顾客相信他确实存在着对你的商品的需要。是否理解这一点很重要。

(2) 推销应当是一项"双赢"的公平交易活动

要想使生意做得好,就得使买卖双方都满意。推销员得到了利润,顾客得到了产品利益。推销员坚决不能做出为推销商品而损害顾客利益的行为。

(3) 推销不是一锤子买卖,而是要和顾客建立长期关系

企业与顾客建立长期的业务关系,在企业景气时,会把企业的成功推向高潮;在企业不景气时,则会维持企业的生存。而要建立长期的业务关系,企业和推销员要维护顾客的利益,向顾客推销服务。

(四) 客户关系管理

客户关系管理,就是指通过对客户行为长期地、有意识地施加某种影响,以强化公司与客户之间的合作关系。客户关系管理旨在通过培养公司的客户(包括内部客户和外部客户)对该公司的产品或服务更积极的偏爱或偏好,留住他们并以此作为提升公司营销业绩的一种策略与手段。

优秀的销售人员都拥有自己相对稳定的客户关系网络,他们会根据客户的重要程度确定与其保持沟通的频次,以维系一种相互信赖的关系,而这种关系正是销售人员赖以成功的秘诀。因此,从这个角度来讲,销售人员应该是公司中最善于与人交往并建立良好人际关系的一族人群。

(五) 销售风险管理

销售风险,就是指企业在销售过程中,由于各种事先无法预料的不确定因素带来的影响,使企业销售的实际收益与预期收益发生一定的偏差,从而有蒙受损失和获得额外收益的机会或可能性(一般指蒙受损失的可能性)。

销售风险主要可以分为三大类。

1. 产品风险

产品风险是指产品在市场上处于不适销对路时的状态。产品风险又包括产品设计风险、产品功能质量风险、产品入市时机选择风险和产品市场定位风险等。产品设计风险是指企业所设计的产品过时或者过于超前,不适应市场顾客的需要。产品功能质量风险主要是指企业所销售的产品,功能质量不足或产品功能质量过剩,不能完全满足用户需求。产品入市时机选择风险是指产品进入市场的时间选择不当。产品市场定位风险是指产品的特色与市场、顾客要求不相符合。

实例2—1

2020年6月30日,腾讯起诉老干妈,请求查封、冻结老干妈公司名下16 240 600元的财产。随后,老干妈发公告表示与腾讯没有任何商业合作并报案。2020年7月1日,贵阳警方通报,三人伪造老干妈的印章被逮捕。据悉,三个"骗子"代表老干妈与腾讯签署"联合市场推广合作协议",腾讯在QQ飞车手游S联赛推广"老干妈"品牌,推出了手游限定款老干妈礼盒,还发布了1 000多条推广"老干妈"的微博,期间老干妈产品更是频繁出现在赛事直播之中。

随后,腾讯哔哩哔哩网站动态更新,"中午的辣椒酱突然不香了",引来支付宝、盒马、金山等一大波友商官方账号前来"围观慰问"。网络上开始流传各种消遣腾讯的段子,掀起一波网络狂欢,网络情绪也由此一路攀高。

腾讯回应被骗,自掏腰包悬赏1 000瓶老干妈寻找线索。老干妈旗舰店上线辣椒酱大客户专属

套装。2020年7月1日晚间，腾讯公关总监晒出食堂晚饭仅辣酱拌饭，腾讯官方号在哔哩哔哩网站上线自黑视频《我就是那个吃了假辣椒酱的憨憨企鹅》。此外，腾讯QQ还上线了"辣椒酱"表情，不过2020年7月5日，有媒体发现该表情已经被悄悄移除。一通操作之下，腾讯树立了"傻白甜""憨憨"人设，被赞公关专业。

(资料来源：https://zhuanlan.zhihu.com/p/357716068)

2. 分销渠道风险

分销渠道风险是指企业所选择的分销渠道不能履行分销责任和不能满足分销目标及由此造成的一系列不良后果。分销渠道风险包括分销商风险、储运风险和货款回收风险等。

① 分销商风险。其主要表现为：分销商的实力不适应企业产品销售条件、分销商的地理位置不好、各分销商之间不能协调甚至相互倾轧、分销商的其他违约行为等。

② 储运风险。储运风险主要是指商品在储存、运输过程中导致的商品数量、质量或供应时间上的损失。

③ 货款回收风险。其主要是指企业不能按约定从分销商处及时地收回货款而产生的货款被占用、损失等现象。

3. 促销风险

促销风险主要是指企业在开展促销活动的过程中，由于促销行为不当或出现干扰促销活动的不利因素，而导致企业促销活动受阻、受损甚至失败的状态。促销风险包括广告风险、人员推销风险、营业推广风险及公共关系风险等。

① 广告风险。其主要是指企业利用广告进行促销而没有达到预期结果。

② 人员推销风险。其是指由于主客观因素造成推销人员推销产品不成功的状态。人员推销虽然是一种传统有效的促销方式，如使用不当，同样会给企业带来损失。

③ 营业推广风险。企业营业推广的内容、方式及时间若选择不当，则难以达到预期的效果。

④ 公共关系风险。企业开展公共关系，目的是为企业或其产品树立一个良好的社会形象，为市场营销开辟一个宽松的社会环境空间。开展公共关系需要一定的无偿投入，但最终也不一定达到预期目的。

以上任何一种风险都有可能造成企业销售活动的失败，因此，销售组织应当时刻关注和控制这些风险，防止风险的发生。

二、销售经理的作用和职责

（一）销售经理的作用

在一个组织中，不同的领导会影响组织的发展好坏。销售经理作为企业销售组织的负责人，在销售部门的发展中，甚至在企业发展中，都起着巨大的作用。我国有句俗语，"兵熊熊一个，将熊熊一窝"，就形象地描述了领导的作用。拿破仑也曾说过："一头狮子带领一群绵羊肯定能够打败一只绵羊带领的一群狮子。"不管怎么说，我们都可以看出同一个道理：一个优秀的销售经理对于企业销售组织来说是非常重要的。

在企业的销售组织中，销售经理既是一名销售人员，但又与销售人员有很大的差别；他还是一名销售管理者，需要承担销售组织的具体销售管理工作，而且销售管理工作对销售经理来说是最重要的。销售经理是企业高层领导与基层销售人员的桥梁，需要激励、协调、监督销售人员按企业的要求去开展销售工作，也需要向上级领导反馈销售工作的结果和成效、营销过程中存在哪些需要改进的问题，同时他还要保证解决客户的问题，满足客户的需求。

（二）销售经理的职责

根据企业的整体营销规划，销售经理为了完成本部门的销售目标，需全面负责本部门的业务和人员管理工作。因此，不论什么层次的销售经理，其基本职责都有以下几个方面。

1. 制定销售战略

制定销售战略具体包括：进行市场分析与销售预测，根据销售目标制订销售计划，制定销售配额与销售预算，确定销售策略。

2. 管理销售人员

如前所述，销售管理工作对销售经理来说是很重要的。因此，销售人员的管理是销售经理的一项重要职责，其具体内容包括：设计销售组织模式，招募和选聘销售人员，培训与使用销售人员，设计销售人员薪资与激励方案，指导销售工作等。

3. 控制销售活动

销售人员进行销售工作，销售经理有必要对销售活动进行控制，否则就不能达到预期目标。控制销售活动的具体工作包括：制定各种规章制度，考查评估销售人员的业绩，管理销售渠道及客户，回收货款，分析与评估销售效益。

三、销售人员的作用和职责

（一）销售人员的作用

销售人员是具体完成销售工作的实施者。在销售过程中，销售人员要确认顾客的需求，通过自己的努力去吸引和满足顾客的各种需求，使双方在自愿的交易中获取各自的利益。其作用主要表现为以下几个方面。

1. 销售人员是决定企业运营的关键

企业如果没有将产品最终销售给顾客，就不能实现经济效益。而销售人员负责直接销售产品，其销售成效如何就成为企业运营的关键，直接关系企业经营的成败。

2. 销售人员是销售关系的桥梁

销售人员通过与顾客面对面地洽谈，可以与顾客建立良好的关系，赢得顾客对销售产品的偏爱，并让其采取购买行动。

3. 销售人员是信息传递的使者

销售人员在销售过程中可以把产品的信息传递给广大顾客，同时还能收集到顾客对企业和产品的建议，起到信息双向传递的作用。

4. 销售人员是对付竞争的砝码

当企业产品与竞争对手的产品大致相同时，优秀的销售人员就是战胜竞争对手的重要因素。优秀的销售人员会适时地访问顾客或潜在顾客，为顾客提供满意的服务，创造良好的销售业绩，从而使企业战胜竞争对手。

（二）销售人员的职责

从上述内容可以看出，销售人员对于企业来说有着重要的作用，那么作为一个销售人员，他的职责到底是什么呢？虽然由于销售对象的不同，销售人员的具体工作也不尽相同，但是一些基本的销售工作是绝大部分销售人员都应该完成的，主要包括四个方面。

1. 收集资料信息

销售人员在实际销售前必须先收集与销售工作密切相关的信息和资料，必须掌握有关产品的全部知识，可以向顾客说明购买该产品能得到的效益及产品的售后服务情况；必须了解竞争对手的相关产品情况、与本企业产品的区别、竞争对手的市场营销情况等。总之，只有充分了解产品本身以及市场方面的情况，销售人员才能把销售工作做好。

2. 制订销售计划

在了解了相关的资料信息之后，销售人员应该做销售前的准备工作，制订一个详细的销售计划。

3. 开展实际销售工作

在实际销售过程中，销售人员要充分展示产品，争取引起顾客的注意力，激起顾客的购买欲望；同时还应取得顾客的信任，正确处理反对意见，运用一些策略和技巧达成交易。

4. 做好售后工作

在产品售出后，销售人员还应经常与顾客保持联系并继续提供服务，了解顾客对产品的意见并采取相应措施，充分履行售后服务方面的保证。

四、实现从销售人员向销售经理的转变

（一）销售经理的管理技能

要实现从销售人员向销售经理的转变，首先必须了解销售经理所必备的工作技能，当然这些技能是多种多样的，总体来说可以概括为三种最基本的技能：感知和决策技能、人际关系技能、技术技能。

1. 感知和决策技能

感知和决策技能是指销售经理从总体上理解销售组织并认识组织成员之间关系的能力。具体来说，就是销售经理应该认识到自己所在的销售组织在哪些方面可以和所在企业的整体相互配合，销售组织应该如何去适应其所在的行业和地区，组织成员都有什么特长及缺点。这种能力体现着一个人能否纵观全局，从长远的角度考虑问题。

2. 人际关系技能

人际关系技能是指销售经理与其他人进行沟通、合作和领导他人开展有效工作的能力，具体表现为激励、协调、领导和解决冲突的能力。对于一名销售经理来说，他的大部分时间不是在进行具体销售工作，而是在与他人交往，需要经常处理与他人以及他人之间的关系。因此不断提高人际关

系能力是成为一名成功的销售经理不可缺少的因素。

3. 技术技能

技术技能是指销售经理应掌握的销售知识、分析问题解决问题的能力以及使用某些交通和通信工具的能力。在一个组织中，管理层次越低，对技术技能的要求就越高。

作为不同层次的销售经理，感知和决策技能、沟通技能、技术技能都是必备的，但所要求的比例不一样，不同管理层次各种技能的关系如图2-4所示。

图2-4　不同管理层次各种技能的关系

（二）销售人员的职业道路

目前销售职业化已成为一种趋势，销售人员有着广阔的发展前景。他可以从基层的销售员晋升为销售经理，或者市场营销总监，甚至总裁。

销售人员的销售职业生涯，一般从销售培训生开始；在经过一段时间的培训之后，销售员可以负责某一地区的销售工作；经过若干年的锻炼之后，销售员可以晋升更高层次的管理职位——大客户销售员。这时销售人员有两种选择，有的可以选择继续从事销售工作，有的可以选择进入管理层，从地区销售经理，到区域销售经理，到全国销售经理，再到市场营销总监，甚至到总裁。

销售人员的职业发展道路如图2-5所示。

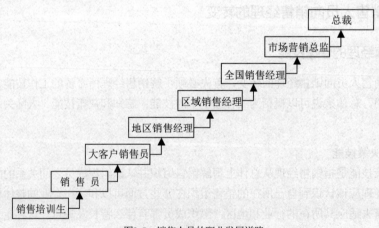

图2-5　销售人员的职业发展道路

（三）实现从普通销售人员向销售经理的转变

从前面可以看出，普通销售人员与销售经理在角色上、技能要求上是不一样的，因此，要实现从普通销售人员向销售经理的转变，必须注意到以下几点。

1. 观念的转变

普通销售人员只需把主要精力集中于自己的销售工作，他们的目标是如何做好现有工作，如制订访问计划、销售洽谈、送货服务、回收货款等。而一名销售经理则必须着眼于企业的全局和长远，要有一个整体的概念，认识到计划和决策对组织目标、组织利益的影响，更多关注组织的利益而不是自身的利益，更多关注长远利益而不局限于眼前利益。

2. 责任的转变

普通销售人员的责任主要就是完成组织分配的销售任务，加强与客户的关系。而销售经理除了需要完成一般性的行政管理工作之外，还需要对下属进行管理，为他们的工作创造条件，提供资源。销售经理更多的工作是引导和协调他人的销售活动以实现本组织的目标。

3. 目标的转变

销售经理主要应考虑的问题是如何实现组织的目标，而销售人员只需考虑自己的销售任务是否完成，拿到自己的薪酬和奖励。

4. 技能要求的转变

对于销售经理来说，掌握销售技术和销售经验十分重要，但是他更需要有良好的计划、沟通、指导和激励他人的能力。对普通销售人员的技能要求则主要是要有较强的技术与技能。

5. 工作关系的转变

普通销售人员的工作关系主要涉及与上司、同事、客户的关系，销售经理在此基础上还应与下属、同行等建立良好关系，以利于管理工作的开展，人际关系变得更复杂。

总之，从普通销售人员转变成销售经理，最重要的是学会学习、不断学习，以适应新的变化。

本章小结

销售组织是企业为了实现销售目标而将构成企业销售能力的人、商品、资金、设备、信息等各种要素进行有机整合并使其充分发挥效用的统一体。销售组织具有两个基本的功能：个体力量的汇聚功能和放大功能。

销售组织的特点有：销售组织的目标是通过各种销售活动，完成企业销售量，实现销售利润，提供令用户满意的售后服务，并努力扩大产品和服务的市场占有率，为企业发展创造条件；销售组织依据企业的商品特征、市场覆盖范围、流通渠道等因素构成不同的组织形式；组织活动是按照企业的生产经营特点，对各种资源的合理分配利用；销售组织是一个开放的系统，它与环境发生着广泛而复杂的关系。

销售组织建立的基本原则有：精简有效原则、统一指挥原则、管理幅度原则、权责对等原则、分工协调原则。销售组织建立的影响因素有商品特征、销售方式、商品销售的范围、商品销售渠道、环境变化。销售组织建立的四个步骤是：确立目标、专业分工；进行销售岗位分析，组成相关部门；按照销售岗位配置人员；明确职权关系。

四种常见的销售组织的类型是：职能结构型销售组织、区域结构型销售组织、产品结构型销售组织、顾客结构型销售组织。销售人员数目多少的影响因素主要有企业的发展规模和销售人员流动率。确定销售人员规模的方法有：工作量法、销售能力法、分解法、边际利润法。

销售组织的职责主要包括：寻找客户、信息沟通、推销产品、客户关系管理、销售风险管理等。销售经理是销售组织的负责人，在销售部门的发展中，甚至在企业的发展中，起着巨大的作用，其基本职责有：制定销售战略、管理销售人员、控制销售活动。销售人员的职责有：收集资料信息、制订销售计划、开展实际销售工作、做好售后工作。实现从普通销售人员向销售经理的转变，首先应了解销售经理所必备的工作技能和销售人员的职业道路，其次要注意观念、责任、目标、技能要求、工作关系的转变。

案例分析

2020年12月初，小米之家的第1000家门店在成都万象城落地，雷军对小米之家的三年规划如期完成。然而，在这个完成既定动作之外，通过过去四年的摸索，小米对于线下渠道的认知也发生了很大的变化。

专卖店模式再升级，零售探索新方向

小米新零售战略乘胜追击，加快布局一、二线城市的同时，通过强强联合的方式开展小米之家专卖店模式。小米之家专卖店模式是小米和合作伙伴共同出资、联合运营的全品类专卖店；与小米之家直营店同属小米零售体系，享受新品同步首发，线上线下同款同价；门店享有区域保护政策，保证稳定的客流以及可观的销售业绩。

小米之家主要开设在城市核心商圈的中高端商场，是提供产品展示、科技体验、增值服务、商品销售、社交互动的创新零售品牌，也是满足消费者智能物联、消费升级、极客酷玩等需求的智能科技产品平台。

在过去的几年中，小米之家在全国遍地开花，已然成为追求高品质生活的人群的宠儿，也成为经济重地以及新型商业不可或缺的一部分。其某位合作伙伴充满惊喜地说："最开始小米的招商经理主动找的我们，简单了解了小米的新零售模式，不过只代理一个品牌，前期还需要一定的投入，表面盈利也有限，有些犹豫。但是来参加小米集团新零售招标，发现通过多元化增值业务，薄利多销也可以带来可观的收益，还是值得参与的。"

全方位支持，全面赋能新零售

新品爆品优先支持，享受新品同步发售。小米自诞生以来一直以高性价比著称，深受广大消费者喜爱，但是用户很难买到。小米之家专卖店稳定分配，与官方售价保持统一。小米有品产品也将部分进入专卖店，提升复购率。

业务多元化，互利互惠。小米之家专卖店将合作商引入运营商业务，同时协助相关资源帮助合作商。一位合作商介绍："原本没有运营商业务，但是通过小米相关工作人员的帮助，非常有幸地拿下了运营商业务。"同时小米金融也会与门店合作，通过小米分期完成交易，由小米金融将利润补贴给合作商。消费用户若产生贷款，利润可再分。增加闪回收业务，零投入零风险高回报。

特殊支持，打破传统零售枷锁。小米将派驻经过专业培训且有丰富零售经验的店长，协助合作伙伴共同管理门店，让沟通更加顺利。同时提供统一培训，让操盘手以及副店长更加了解线上线下产品以及门店运营知识。此外通过大数据分析及LBS分析(基于地理围栏的服务系统)，选择更适用于当地的产品，从而与电商渠道形成线上、线下的联动。

机不可失，优势明显

小米之家专卖店是由小米公司提供统一店装及产品陈列，工业科技风与生活居家范儿的结合，更为用户营造了一个自由式的体验空间。一位地产商开玩笑地说："在小米之家专卖店，真的可以闭眼买一套智能家居，并且增加小米有品产品后，感觉生活品质都升级了，所以我非常认同小米模式，成功被'洗脑'。"

通过此次新零售招标大会，小米集团副总裁汪凌鸣再次重申了小米的价值观，不仅表示了对小米模式的自信，更显示了小米创新商业模式改造传统零售的决心。同时还表示，相比渠道的层层加价，真材实料的厚道价格终究会更得人心。小米之家是致力于打造新国货运动背景下的新零售模式的一种探索，小米依然是一家以互联网为根基的创业公司。

(资料来源：https://www.sohu.com/a/255252324_100080988)

案例讨论题：
1. 试分析小米销售组织的特点。
2. 结合案例，试论述店长(销售管理人员)所应具备的技能。
3. 简述销售组织的职责，并结合案例分析小米是如何履行其销售职责的。

复习思考题

1. 如何理解销售组织的基本功能及特点？
2. 销售组织建立的影响因素有哪几个？
3. 如何设计销售组织中的人员规模？
4. 销售组织的职责有哪些？
5. 试分析销售人员与销售经理的作用及其基本职责。
6. 如何实现从普通销售人员向销售经理的转变？应该注意什么问题？

思政大纲

章名	知识点	思政德育融入点
销售组织的建立及职责	销售组织的建立	通过对"权责对等原则"的介绍，对学生进行责任意识教育，引导学生不断增强责任意识，凝练责任情感，锤炼责任行为，从而具备良好的责任感
	销售组织的职责	通过"腾讯起诉老干妈"的案例，旨在引导同学们树立风险管理意识；现代社会是一个机遇与风险并存的社会，在"风险社会"的背景下，应该加强学生风险防范教育，增强其风险防范意识，提升其风险防范能力

第三篇 销售规划管理

- 第三章 销售计划管理
- 第四章 销售区域的设计与管理
- 第五章 销售渠道的建设与管理
- 第六章 促销策划

第三章 销售计划管理

学习目标

学完本章后，应当能够：
(1) 掌握销售计划的内容；
(2) 了解销售计划的重要性；
(3) 了解销售预测、销售定额、销售预算的基本内容；
(4) 能够编制销售计划；
(5) 能够使用各种方法进行销售预测、编制销售定额和销售预算。

思政目标

(1) 宣传、推动社会可持续发展意识，重视国家"十四五"期间减碳控碳措施，关注新能源电动汽车发展，将绿色环保意识融入企业销售计划，培养具有大局观、忧患意识的销售管理人才。

(2) 通过系统学习销售计划管理内容，培养销售管理人员实事求是、科学定性定量分析能力，以及朴素的商业伦理与社会责任感。

导入案例

在2022年4月1日下午举行的中国神华2021年度业绩说明会上，其总经理、党委副书记吕志韧表示，2022年，中国神华煤炭销售计划约4.03亿吨，同比下降约7940万吨；其中外购煤销售计划约1.05亿吨，同比下降约6450万吨。考虑到公司外购煤吨煤毛利较低，外购煤业务量的下降对公司利润总额的影响有限。公司还将加大电力营销，争取上浮电价，争取发电板块保持盈利。

从电力供应看，2021年，规模以上火电发电量57703亿千瓦时，同比增长8.4%，占总发电量的71.1%，目前火电仍然是支撑国民经济发展电力供应的主要方式。"双碳"目标下，"十四五"期间，中国神华称将积极投资新能源业务。

对于2022年煤炭供需格局，中国神华表示："2022年，经济增长将支持煤炭消费量小幅增长，但增速有所放缓。煤炭消费仍然以电力为主。2021年实施的产能核增等紧急扩能措施，实质性地增加有效产能，煤炭供应能力同比提升，煤炭进口预计将保持基本稳定，煤炭供需将逐步摆脱偏紧格局，走向基本平衡。受季节性波动、突发事件等因素影响，局部地区、部分时段可能出现供应偏紧的局面。"

公司煤炭产能也被问及。李志明表示："产能方面，公司在产矿井大部分核定产能规模较大，产能基本能够满足公司煤炭产量的需要。公司神山露天煤矿、黄玉川矿、青龙寺矿已列入政府拟核增计划或应急保供清单，拟核增产能合计460万吨。"

许明军在业绩会上表示，2021年以来，中国神华积极采取措施，努力发展新能源产业。截至2021年底，公司所属各子分公司已规划新能源项目约120个，合计装机289万千瓦，其中光伏项目约261万千瓦；风电项目约28万千瓦。公司已投产分布式光伏装机约7.3万千瓦。

此外，2021年中国神华公司煤化工板块实现经营收益7.22亿元，同比增长177%。增长主要是因为聚烯烃产品价格同比上涨。副总经理王兴中表示："石油价格明显上涨可能带动下游烯烃产品价格上升，对公司煤制烯烃产品利润利好。"

(资料来源：https://www.163.com/dy/article/H3USDPEJ05198CJN.html)

计划是管理的起点，销售管理首先从销售计划开始，销售管理的过程就是销售计划的制订、实施和评价的过程。

在这个经济形势瞬息万变的时代，市场的变化更是难以把握，企业必须加强管理工作的计划性，将销售活动置于周密的计划管理之下。没有完善的计划，管理工作就无从谈起。

第一节 销 售 计 划

一、销售计划的内涵

销售计划是企业为取得销售收入而进行的一系列销售工作的安排，包括依据销售预测设定销售目标、编制销售定额和销售预算。只有销售数字和金额的销售计划是不完整的，还需要有切实可行的实施方案来指导销售人员的工作。

销售计划的内容通俗来说是要把什么东西(产品计划)卖到哪里(顾客计划)，由谁来卖(销售人员计划)，以什么价格出售(售价计划)，需要卖多少(销售额计划)以及怎么卖(实施计划)。在现实中，许多企业将计划销售额误认为是销售计划，只列出目标销售数量和金额，因此一定要注意销售计划内容的广泛性。

二、销售计划的重要性

许多企业在销售管理上存在的问题，往往是销售计划的问题。例如，有些企业的销售目标不是建立在市场调查和分析的基础上，而是想当然想出来的，缺乏科学依据；有些企业的销售计划没有按地区、客户、产品、销售人员进行分解,使计划无法具体落实;还有些企业的管理者把销售目标作为销售计划,只知道向下级下达目标数字,缺乏切实可行的实施方案和必要的业务指导,致使销售目标无法实现。

销售计划对企业是非常重要的,其重要性体现在以下两个方面。

(一) 销售计划是企业和销售人员销售工作的基础

"凡事预则立",在科学的调查、预测下产生的销售计划是企业销售工作的蓝图,可以为销售人员指明工作的方向和方法。有些销售人员每天在外奔波却达不到好的效果,这不仅影响了企业销售目标的完成,更打击了销售人员的积极性,甚至怀疑公司和产品。制订合理的销售计划是完成销售任务中至关重要的一环,是销售人员取得良好业绩的基础,也是企业销售取得成功的基础。

(二) 销售计划是企业考核销售人员工作的依据

销售计划以各种数字体现出对销售人员工作的要求,这些以科学方法得来的数字正是企业考核销售人员的标准和依据。销售目标是对销售人员能力的体现,销售定额是对销售人员的最低要求,销售预算是对销售费用的限制。企业可以通过销售人员是否达到销售定额、是否达到销售目标及其费用是否在销售预算之内等方面来考核销售人员的工作业绩,这种考核办法比较公平、科学,在现实中也得到了广泛的应用。

实践证明,只有符合销售组织自身特点、全员参与制订、保持一定弹性的销售计划才是一个好的计划、有用的计划,它可以正确地贯彻企业战略,引导企业走上健康发展的道路。

第二节 销售预测

销售预测是整个企业全部运作规划的关键因素,所有部门都要根据销售预测编制本部门下一时期的工作计划。生产部门根据销售预测确定生产进度和数量,进行存货管理;财务部门根据销售预测编制经营预算和现金流量计划;人力资源部根据销售预测决定是否雇用新人和雇工数量;市场营销部根据销售预测确定营销方案,把资源分配到各种销售活动中去。预测过高,会造成产品积压,给企业带来损失;预测过低,会错过盈利机会,浪费大量的机会成本。可见,科学的销售预测十分重要,是制订好销售计划的基础。

一、销售预测及其相关概念

销售预测是指某个企业对其在未来一段时期内,在特定市场上按照预定的市场营销计划可能实现的销售额(量)所做的估计。销售预测的范围十分广泛,企业既可以给某条生产线做预测,也可以给个别产品项目做预测;既可以为公司的整体市场做预测,也可以为个别细分市场做预测。

做销售预测首先要了解市场规模、市场潜力和销售潜力三个指标,这也是各个企业在现实操作中需要注意的问题。

市场规模是指在特定时期(通常为一年)内,在考虑价格、促销和竞争对手活动等因素的情况下,一个特定的市场所能消费的商品总量。

市场潜力是指在特定时期内,某一个市场上整个行业的某种产品或服务的总预期销售额(量)。

市场潜力包括四个要素：物品可出售量、销售量(用货币或产品单位来计量)、具体的时期、具体的市场界限(以地理范围或顾客类型来划分)。例如，预计到2025年我国绿色建筑市场潜力有望达到6.5万亿元，这个表述就包含了上述四个要素。

销售潜力是市场潜力的子集，是指在特定时期内，某特定企业所能取得的最大市场份额的合理预期。如果中国某云计算公司2021年取得了全国2 091亿元消费的12.5%，那么可以说该公司2021年的销售潜力在12.5%左右。在讨论销售潜力的时候，产品、市场和时间段是必不可少的三个要素。市场潜力是一个行业概念，而销售潜力是一个企业概念。绝大多数行业中存在着许多相互竞争的企业，因此企业的销售潜力必然小于行业的市场潜力。只有在垄断的行业中，市场潜力才等同于企业的销售潜力。

二、销售预测的前期准备

在做销售预测之前，首先要对市场和销售潜力进行估计。对市场和销售潜力的估计有几种基本方法：需求估计法、消费者意图调查法和试销法。

（一）需求估计法

许多报纸、杂志、网站上会登载行业数据、行业分析以及营销调查等资料，企业根据这些信息对市场和销售潜力进行估计的方法就是需求估计法。例如，一个服装制造商想要预估其产品的市场和销售潜力，它可以选择服装行业的相关网站查询，了解现有服装市场总的市场潜力、各服装品牌的发展程度、服装厂商的数量和生产能力等，他还可以根据自己服装的定位和目标群请专业机构调查相关数据，如人口数量、各商场各地段的消费者流动情况等，根据这些数据估算出自己的销售潜力。

（二）消费者意图调查法

消费者意图调查法，也叫购买者意图调查法，是通过问卷等形式直接接触顾客，调查其在给定价格下的购买意向来估计市场潜力。在少数重要顾客占据企业大部分销售量的情况下，购买者意图调查法是很有成效的。然而，这种方法也存在着较大的风险，消费者口头上达成的购买意向并不一定能落实到行动上。另外，购买者意图调查法的费用较高，时间较长，并不适合需要迅速了解产品市场潜力的制造商。

（三）试销法

试销法是指企业在某一特定市场上推出和销售一种新产品的方法。与其他通过猜测来预计市场的方法相比，试销法不需要猜测，而是以实际的销售情况为依据。很多新产品在生命周期开始几年，都要经过试销，以证明产品的销路和利润空间。试销法的优点在于以产品在真实市场中的表现来推断销售潜力，更有说服力，但要获得试销结果，必须耗费大量的时间和精力。另外，对于需要时间以获得消费者认可和消费率较低的产品，试销法难以得到有效评价。试销法主要适用于能以最小成本生产出少量产品的情形，而不适用于在生产前需要增加固定资产投资的产品。

三、制订销售预测计划

过去的销售业绩作为未来销售预测的主要参考因素，并不是销售预测的唯一决定因素，因此，进行销售预测，首先要对这项工作做计划，如考虑影响销售预测的因素、销售预测区间、销售预测方法，制定预测的流程。

（一）影响销售预测的因素

1. 不可控因素

(1) 市场需求

市场需求是外界因素中最重要的一项，经济发展形势、流行趋势、消费者生活习惯的转变等都会引起需求量的变动。因此，企业应该密切关注该行业相关市场动态，提前对市场形势进行分析预测，以掌握市场的需求动向。

(2) 政治环境

政策的变动往往会对销售产生较大的影响，例如2022年1月起实施的上海市房地产税改革试点，对上海居民家庭新购第二套及以上住房和非上海居民家庭的新购住房征收房产税，影响房地产商调整其销售预测和目标客户，以适应政策变动引起的市场变化。

(3) 经济环境

销售收入深受经济变动的影响，尤其是近年来，石油价格上涨、通货膨胀加剧、股市震荡、人民币升值等，国内外的经济环境直接影响企业的销售甚至生存，因此企业一定要对经济形势的发展有一个正确的认识，采取灵活的措施来适应经济形势的新变化。

(4) 行业竞争环境

企业的销售是整个行业销售的一部分，销售额的高低直接受到业内竞争者的影响。新的竞争者的出现、竞争对手采取了新的竞争战略等，这些都会对行业格局产生一定的影响，自然也会对企业的销售产生一定的影响。

(5) 突发事件

突发事件分为自然灾害、事故灾难、公共卫生事件和社会安全事件，由于其突发性、普遍性和非常规性使得受到影响的企业和个人很难快速调整，企业的销售计划受到冲击。例如2020年初开始的新冠感染疫情为近年来全球重大公共卫生事件，严重影响了社会生产生活秩序，对实体经济冲击很大。

2. 可控因素

① 生产能力。生产能力是影响企业销售额的重要因素。

② 销售人员。销售人员是销售活动的核心，直接决定企业销售的实际情况。

③ 营销和销售政策。其包括产品、价格、渠道、促销政策等在内的营销政策和包括交易条件、付款方式等在内的销售政策也会直接影响企业的销售情况。

（二）销售预测区间

销售预测区间一般是三个月(一个季度)、六个月或一年。通常情况下，预测区间和企业的会计年度一致，因为企业的费用计划要以销售预测为基础，但是对于存在淡季和旺季的企业来说，其更愿意按经营周期进行预测。例如，销售教材的企业往往会把一个学期作为销售预测区间。

（三）销售预测方法

销售预测的方法主要包括定性预测和定量预测两种。定性预测的主要依据是历史经验和专家判断，而定量预测则是利用数学和统计分析工具研究历史数据，从而做出对未来的预测。

1. 定性预测

(1) 经理意见法

经理意见法是最常见和最简单的预测方法之一，是指根据经理人员的经验、分析和直觉，参考多个或全部参与者的意见得出销售预测结论。这种方法的优点在于简单便捷，不需要经过复杂的设计计算，也不需要完整的历史数据，因此当预测资料不足而预测者的经验相当丰富时，采取这种方法最好。经理意见法在中小企业中十分受欢迎，但这种方法也有其不足之处：首先，这种方法以个人的经验为基础，不如统计数字令人信服；其次，高层经理和情绪强烈的管理人员可能比那些更了解产品的管理人员对最终预测产生更大的影响。

(2) 销售人员意见法

销售人员是最接近市场、最了解市场需求的人员，他们对销售的预测是比较合理的。该方法是让参与预测的销售人员对下一区间销售的最高值、最可能值和最低值分别进行预测并计算其概率，得出每个销售人员的销售预测值，最后求出平均值作为企业的销售预测结果。具体计算方法见表3-1。

表3-1 销售人员意见法

销售人员	预测内容	预测销量	概率	预测销量×概率	期望值
甲	最高销量	1 000	0.3	300	
	最可能销量	800	0.5	400	820
	最低销量	600	0.2	120	
乙	最高销量	1 000	0.2	200	
	最可能销量	700	0.5	350	700
	最低销量	500	0.3	150	
丙	最高销量	900	0.2	180	
	最可能销量	600	0.6	360	620
	最低销量	400	0.2	80	

如果企业对三位销售人员意见的信赖程度相同，那么企业的销售预测，即三人预测的平均值为

$$(820+700+620)/3=713.3$$

销售人员意见法简单明了，容易操作。各销售人员对市场了解比较充分，因此预测值可靠性比较强，适用于各类企业。这种预测方法的缺点在于：

① 销售人员可能不了解企业整体规划和宏观经济趋势；

② 销售人员为了能超额完成销售定额，可能会有意识地压低预测，从而造成预测的不准确。

(3) 消费者意见法

消费者是产品销量的决定因素，消费者意见法是通过征询消费者的需求和未来的购买计划了解整体需求，在此基础上分析市场形势，预测未来销量。调查消费者需求的方法多种多样，包括现场发放调查问卷、电话询问、直接访问等方式。这种方法的优点在于大大提高了预测的客观性，准确率较高。在实践中，消费者意见法主要用于生产资料商品、中高档耐用消费品的销售预测。需要注意的是，要使这种预测方法有效，必须具备两个条件：消费者的意向明确、购买意向真实可靠。

(4) 德尔菲法

德尔菲法也称专家意见法，运用这种方法首先要组成一支由在各领域中拥有丰富专业知识的专家组成的专家队伍。组织者给每位专家发出问卷，要求他们就同一个主题进行预测，组织者将答案汇总后反馈给各个专家。各位专家通过汇总情况了解大家的意见，需要时再做一次预测。这个过程反复进行，直到专家们的意见趋于一致。德尔菲法的缺点是需要花费较高的成本来邀请专家，还需要大量的时间，而且预测结果的质量完全取决于专家的才能。

2. 定量预测

(1) 平均值法

顾名思义，平均值法就是把几期的销售额平均起来预测本期销售额的方法。这是定量预测中最简单的方法之一，其公式为

$$S_{t+1} = (S_t + S_{t-1} + \cdots + S_{t-n})/n$$

式中，S_{t+1} 是下期的预测销售额，S_t 是现期销售额，S_{t-1} 是上期销售额，依此类推。把到目前为止的 n 期销量加总再平均，就得到了下期的预测销售额。n 的取值由预测者根据需要决定。

在现实中，企业一般采用移动平均法，即事先定好期数，以后每期预测时都用最近一期的数据替换最早一期的数据，以保证销售预测更加符合实际。例如，企业采用三期移动平均法预测销售额，则第四期预测销售额为 $S_4 = (S_1 + S_2 + S_3)/3$，第五期预测销售额为 $S_5 = (S_2 + S_3 + S_4)/3$，依此类推。

平均值法最大的优点是计算简单。对于销售比较稳定的产品来说，平均值法，尤其是移动平均法的预测比较准确，但对于销售情况不稳定的产品或有突发事件的时期，其预测的准确性就比较低，例如"非典"期间的销售额并不能体现企业正常的销售情况，就不应该用上面的公式进行计算。在这种情况下，企业可以指定不同月份销售额的权重，来体现它们对下一期销售影响程度的不同，即加权移动平均法。其公式为

$$S_{t+1} = (a_t S_t + a_{t-1} S_{t-1} + \cdots + a_{t-n} S_{t-n})/n$$

其中，$a_t + a_{t-1} + \cdots + a_{t-n} = 1$。

(2) 指数平滑法

指数平滑法同样可以区分各期销售额对预测的不同影响，只是选取的基数不同，其公式为

$$S_{t+1} = AS_t + (1-A)S_t'$$

式中，S_{t+1}——下期预测销售额；

A——平滑指数；

S_t——本期实际销售额；

S_t'——本期预测销售额。

根据平滑指数 A 的取值，企业可以为本期实际销售额和本期预测销售额分配权重，例如，当 $A=0.3$ 时，则本期实际销售额的权重为0.3，而本期预测销售额的权重为0.7。与加权移动平均法相同，指数平滑法的优点在于可以体现时间对预测销售额的影响程度，降低突发因素对后期的影响，其缺点在于平滑指数的选择没有固定的标准，全靠管理者的经验判断，具有一定的随意性。

(3) 回归分析法

回归分析法是分析在因变量(销售量)和一个或多个自变量之间是否存在某种函数关系，如果发现了这种关系，那么因变量(销售量)的值就可以根据自变量的值来预测。回归分析有多种形式，最

简单的是直线回归,自变量(X)与因变量(Y)的关系被假定为线性关系。简单线性回归的表达式是$Y=a+bX$,其中a代表直线在Y轴上的截距,即自变量X为0时Y的取值;b表示每一单位的X变动会引起多少单位的Y变动。

在现实中,自变量(X)可以是时间、人数、收入等与产品销售相关的因素,如果多个因素同时对销售影响很大,那么也可以连同它们一起做回归分析,即多元回归分析。

(4) 能力基础预测法

对餐饮、医疗等服务行业来说,企业的规模和设施会对销售产生一定的限制,在这种情况下,企业能力有多大,销售预测结果就有多大。例如对一家饭店而言,座位能力就可以反映出销售预测结果:饭店拥有50张桌子和200把椅子,午餐加晚餐一天可以接待4拨客人,而且全部满座。假设饭店每年营业300天,每天可以接待200×4=800个客人,每人的平均消费额为20元,则一年的销售额预计是4 800 000元(即300×800×20)。

(四)制定销售预测的流程

① 确定预测目标。这一步需要考虑的主要内容包括预测目的是什么,预测结果将会被如何使用。

② 初步预测。

③ 根据可控因素对预测进行调整。这一步主要考虑的问题包括:有无新产品推出;价格是否发生变化;促销活动会产生什么影响;销售渠道有无变化;整个营销战略是否有变。

④ 根据不可控因素对预测进行调整。这一步主要考虑的问题包括:是否出现新的政策法规对销售产生影响;经济形势的变化;是否有新的竞争对手加入;竞争者的营销策略有什么变化。

⑤ 检查和修正。这一步主要考虑的问题包括:销售预测值与实际销售情况是否存在较大差异;为什么会出现这种差异;是否需要对销售预测结果进行调整修正。

在做销售预测的流程中,为了提高预测的准确性,企业需要遵循以下原则:选择适合企业和产品的销售预测方法;保证预测的灵活性,根据市场的变化及时对预测进行跟踪调整;尽量采用多种预测方法进行预测。

四、确定销售目标

根据销售预测,企业就可以确定销售计划的核心——销售目标。销售目标往往是在销售预测的基础上,结合本公司的营销战略、行业特点、企业现状以及竞争对手的状况来制定的。企业的销售目标反映了企业的经营意识,是企业市场地位的象征,销售收入的多少就是企业经营好坏最好的指标。

确定销售目标主要有两个步骤:计算销售目标值和根据销售预测结果确定销售目标。

(一)计算销售目标值

计算企业的销售目标值主要有以下几种方法。

1. 根据销售成长率计算

销售成长率是今年销售实绩与去年销售实绩的比率,其计算公式为

$$销售成长率 = \frac{今年销售实绩}{去年销售实绩} \times 100\%$$

这种计算销售成长率的方法比较简单,要想得到较为准确的销售成长率,需要综合考虑过去几

年的销售成长情况,将每年的销售收入看作几何增长,求其平均销售成长率。其计算公式为

$$平均销售成长率 = \sqrt[n]{\frac{今年销售实绩}{基准年销售实绩}} \times 100\%$$

n值的求法是:以基准年为0,然后计算今年相对于基准年的第n年,如果是第3年,则n为3。

有些时候,企业也可以用"经济成长率"或"业界成长率"来代替销售成长率。则根据上述公式得出

销售目标值=今年的销售实绩×销售成长率(或经济成长率、业界成长率)

2. 根据市场占有率计算

市场占有率是在一定时期和市场范围内企业销售额(量)占业界总销售额(量)的比率,其计算公式为

$$市场占有率 = \frac{企业销售额(量)}{业界总销售额(量)} \times 100\%$$

其中,业界总销售额(量)需要通过科学的市场需求预测得到,或者通过行业协会、调查公司的数据获得。则根据上述公式得出

销售目标值=业界总销售额预测值×市场占有率目标值

3. 根据市场扩大率(或实质成长率)计算

市场扩大率是企业今年市场占有率与去年市场占有率的比率,实质成长率是企业成长率与业界成长率的比率,两个指标的含义都是企业希望其市场地位的扩大程度。相关计算公式为

$$市场扩大率 = \frac{今年市场占有率}{去年市场占有率} \times 100\%$$

$$实质成长率 = \frac{企业成长率}{业界成长率} \times 100\%$$

销售目标值=今年的销售实绩×市场扩大率(或实质成长率)

以表3-2所示的数据为例进行分析如下。

表3-2 市场扩大率和实质成长率的计算

指　　标	去　　年	今　　年	成　长　率
企业实绩	1 000	1 500	150%
业界实绩	10 000	12 000	120%
市场占有率	10%	12.5%	

市场扩大率=12.5%÷10%×100%=125%,实质成长率=150%÷120%×100%=125%。

可以看到,当企业今年的销售额与去年的销售额相等时,不一定是"维持了原状",只有当实质成长率为100%时,即业界成长率与企业成长率相等时,才可称为"维持了原状"。那么,也只有当企业成长率高于业界成长率时,才可称为"实质的成长"。如果企业成长率低于业界成长率,那么虽然今年比去年销售增加,但并不意味着企业"实质的成长",只能说明企业的发展速度不如业界的增长速度快。

4. 根据损益平衡点计算

当销售收入等于销售成本，即损益为0时，就达到了损益平衡。此时，销售目标的公式推导如下：

$$销售收入(X) = 成本 + 利润$$

$$销售收入(X) = 固定成本(F) + 变动成本(V) + 利润$$

当损益平衡时，利润为0，则

$$销售收入(X) = 固定成本(F) + 变动成本(V)$$

变动成本随着销售收入(或销售量)的增减而变动，所以可以通过变动成本率来计算每单位销售收入的增减率如下：

$$变动成本率(V_x) = \frac{变动成本(V)}{销售收入(X)}$$

$$销售收入(X) = 固定成本(F) + 变动成本率(V_x) \times 销售收入(X)$$

那么，损益平衡点上的销售收入目标值$(X) = \frac{固定成本(F)}{1 - 变动成本率(V_x)}$。

采用这种方法时，成本的区分十分重要。其方法主要有个别法、二期间法、目测法、最小平方法等，其中最常用的是个别法。个别法就是对各项成本进行个别检查，逐项区分出变动成本和固定成本，然后分别对变动成本和固定成本进行加总的方法。

5. 根据经费预算计算

企业的正常经营活动中存在着各种必需的经营费用，如销售成本、营业费用、人事费用等，这些费用都要从销售毛利中扣除。根据经费预算确定销售目标，就是要使企业的销售毛利足以抵偿这些费用开支。

$$销售毛利率 = \frac{销售毛利}{销售收入} \times 100\% = \frac{销售收入 - 销售成本}{销售收入} \times 100\% = 1 - 销售成本率$$

或者，$$销售毛利率 = \frac{营业费用 + 营业纯利润}{销售收入} \times 100\%$$

那么，$$销售收入目标 = \frac{销售毛利}{1 - 销售成本率}$$

或者，$$销售收入目标 = \frac{营业费用 + 营业纯利润}{销售毛利率}$$

上式中的营业费用包括了固定费用和变动费用，在实际工作中需把变动费用部分扣除，所以，销售收入目标值演变为

$$销售收入目标 = \frac{固定费用 + 必要纯利润}{1 - 销售毛利率 - 变动性营业费用率}$$

该式比较适合于流通企业确定销售目标，制造业销售目标值的确定大多利用变动利润计算，公式为

$$销售收入 - 变动成本 = 变动利润$$

$$变动利润率 = \frac{变动利润}{销售收入} \times 100\% = 1 - 变动成本率$$

那么

$$销售收入目标值 = \frac{固定成本}{1-变动成本率} = \frac{固定成本}{变动利润率}$$

要想使上述目标值更合乎实际，可以按照产品和部门的毛利来计算销售收入目标值：首先确定企业的毛利以及各产品和部门的毛利贡献度；其次，将毛利目标分配到各产品和部门；再次，各产品和部门根据毛利目标和既定的毛利率确定销售收入目标；最后，将各产品和部门的销售收入目标汇总，得到企业的销售收入目标值。

6. 根据消费者购买力计算

这种方法是指估计企业营业范围内的消费者购买力状况，据此计算企业的销售额。该方法适用于零售企业。

这种方法主要包括以下几个步骤。

① 设定营业范围，调查该范围内的人口数、户数、收入额及消费支出额。
② 调查该范围内商店的数目及其平均销售能力，估计各商店的销售收入。
③ 计算消费者购买力，扣除各商店的销售收入，即为企业的销售收入目标值。

7. 根据各种基数计算

(1) 根据每人平均销售收入计算

总计每人的平均销售收入，就是下年度企业的销售收入目标，这是最具代表性、最简易的方法。

$$销售收入目标 = 每人平均销售收入 \times 销售人员人数$$

(2) 根据每人平均毛利润计算

$$销售收入目标 = \frac{每人平均毛利润 \times 销售人员人数}{毛利率}$$

(3) 根据劳动生产力计算

劳动生产力，也就是平均每人的附加价值。附加价值包括人事费、折旧费、租金、税金、财务费用、纯收益等。衡量企业劳动生产力水平的依据是附加价值率。相关计算公式为

$$附加价值率 = \frac{附加价值}{销售收入} \times 100\%$$

$$销售收入目标 = \frac{每人平均附加价值 \times 人数}{附加价值率}$$

(4) 根据每人平均人事费计算

$$销售收入目标 = \frac{每人平均人事费 \times 人数}{人事费用率}$$

（二）根据销售预测结果确定销售目标

根据上面的分析可以发现，销售预测着重于分析趋势，能够充分考虑历史数据和内外环境因素

的影响，预测结果比较客观；而销售目标值的计算则是从各种行业、企业和市场数据出发，计算结果比较科学。当销售预测结果与销售目标值相等时，这个值就是企业的销售目标；当两者不等时，企业需要分析差别存在的原因，根据销售预测结果来调整销售目标值，最终确定销售目标。

第三节 销售定额

销售定额是分配给销售人员在一定时期内完成的销售任务。销售定额规定了销售单位和个人在一定时期内必须实现的最低销售目标，它可以用来衡量销售单位、销售人员完成任务的状况。销售人员完成定额指标后通常会获得与其绩效相应的奖励，如果定额管理运用得当，还可以激励销售人员更好地完成任务。

实例3-1

回顾2021年，中国一汽全年销售整车350万辆，营业收入7 070亿元，同比增长1.4%。其中，自主品牌继续保持总体良好增长态势。红旗品牌销量突破30万辆，同比增长50.1%，排名中国市场高端汽车品牌第二阵营第一位，增速位列高端汽车品牌第一位。解放品牌实现销量44万辆。合资企业多措并举，保持总体效益持续提升。一汽大众抢芯保产，行业第一地位持续巩固。一汽丰田量利齐增，实现销量增长6.8%。2021年，中国一汽研发总投入214.2亿元，同比增长3.9%，占营收比重达3%；取得63项关键核心技术突破，完成专利申请4 757件；投放一大批卓越创新产品。

中国一汽董事、总经理、党委副书记邱现东发布了中国一汽2022年经营总体目标：全年计划销售整车410万辆，同比增长17.1%；营业收入7 700亿元，同比增长8.9%；市场占有率15%；研发经费投入强度超过3%，力争达到3.5%，自主品牌达到8%左右。

在谈到重点工作任务时，邱现东表示，过去四年，中国一汽红旗品牌从年销4 700多辆到年销30万辆，实现了63倍的增长，创造了中国汽车产业乃至全球汽车产业高端品牌发展的奇迹。同时，中国一汽决定打好"四大攻坚战"。在全面质量提升攻坚战方面，中国一汽坚持用行业领先的标准强化质量工作。在供应链安全保供攻坚战方面，中国一汽进一步提升对供应风险的预判和应对能力，加速建设自主可控的新型供应链体系。在大营销创新提能攻坚战方面，中国一汽以用户运营为重点，以数智化为保证，构建大营销体系。在数智化转型升级攻坚战方面，中国一汽把建设数智化业务作为一切工作的主体，努力实现业务和数智化的完全融合。

此外，中国一汽将持续履行企业社会责任，持续开展社会公益项目，助力巩固拓展脱贫攻坚成果同乡村振兴有效衔接，促进帮扶地区高质量发展；将着力员工发展，贯彻"惠员工"战略，坚持"双关心、双成长"理念，坚决维护和发展好员工利益，构建事业发展命运共同体。

(资料来源：http://auto.ce.cn/auto/gundong/202201/20/t20220120_37274424.shtml)

一、销售定额的作用

（一）销售定额为企业提供了绩效考核的标准

销售定额最重要的作用是评估销售人员的业绩。把销售人员的实际销售情况与定额进行对比，超额完成任务的可以获得绩效奖金,并作为职务晋升的依据,这一做法已经成为现实中众多企业的选择。需要注意的是,利用定额考核业绩时一定要仔细设定,超额完成定额一般是表示销售人员工作努力,但也有可能是因为定额定得比较低,反之也一样,因此只有在保证销售定额科学合理的基础上,销售定额才能作为绩效考核的标准。

(二)销售定额为销售人员提供了目标和激励

销售定额的本质是将企业的销售目标分解到个人,这就为销售人员提供了工作的目标,这个目标应该是可以实现和到达的。在一个清晰的目标的指引下,销售人员很清楚自己应该做多少、怎么做,当他们努力完成了定额或者超额完成定额时就会产生成就感,超额越多成就感越强。企业同时也会为超额完成的销售人员提供奖励,因此,制定一个有挑战性的定额,可以产生很强的激励作用。

(三)销售定额为销售经理提供了控制手段

销售经理有权要求销售人员按照定额目标行事,从而实现对销售人员的控制和监督。同时,销售经理也可以通过定额对销售工作进行跟踪,根据定额完成情况发现哪种产品好销,哪种产品不好销,从而及时调整定额计划,甚至调整产品计划,对整体销售工作实施控制。另外,销售费用定额还可以用来控制销售成本,降低销售费用。

二、销售定额的类型

销售定额通常有四种类型:销售量定额、财务定额、销售活动定额和综合定额。企业在不同的条件下可以使用这些定额中的一个或几个。

(一)销售量定额

销售量定额是最常用的定额形式,一般用销售额表示。比较常用的确定销售定额的基础包括销售潜力、历史数据和经理人员的判断。根据销售潜力确定销售量定额时,所有区域销售指标的综合应该等于企业的销售潜力。需要注意的是,对于在企业里从事销售工作时间过长或过短的销售人员,分配给他们的定额应该小于销售潜力,以保持士气,树立信心;对于大部分销售人员,则定额应该等于或略高于销售潜力,以激发其积极性。根据历史数据确定销售量定额是以该地区过去的销售额为基础,以市场增长率来确定当年的销售定额。如果当年期望的市场增长率为10%,则每个销售人员的销售定额就是比上年定额增加10%,即是上年定额的110%。除此之外,销售经理在设置销售量定额时还应考虑竞争者地位、市场占有率、新产品推出的效果、价格政策以及预期的经济条件等因素。

(二)财务定额

与销售量相比,企业更重视利润。如果销售人员只把精力集中在薄利多销上,就会影响企业的获利能力。财务定额有助于改变销售人员不顾利润只顾销量的自然倾向,激励销售人员开发更有效益的用户、销售更有效益的产品。财务定额包括费用定额、毛利定额和净利定额。

1. 费用定额

提高利润率的关键在于对销售费用的控制。费用定额规定了销售人员销售一定数量产品所花费用的最高限额，它总是与销售量定额一起使用，通常被表示为销售量的百分数。销售费用多为销售人员在交通、饮食和住宿方面的成本，通常销售经理采用两种方法来确定费用定额，控制销售费用：一种是规定销售人员每天可以花费在交通、饮食和住宿上的费用标准；另一种是用销售费用率来决定费用限额。

在设置费用定额时需要注意两个问题：首先，费用限制要适度，不能影响销售业绩的提高。销售人员需要有充足的经费来维持业务运行和开发新客户，过分强调节省费用开支必然会影响他们正常的业务活动。假如某销售人员某月的费用超过定额100元，而他的业绩超过销售量定额100 000元，他应该得到的是奖励而不是处罚。其次，费用定额与销售量定额和薪酬挂钩，可以鼓励销售人员节约费用开支。例如节约费用按比例返还、评选节约标兵给予物质奖励等，这些措施可以调动销售人员的积极性，使他们在销售过程中主动节约费用开支，从而实现利润最大化。

2. 毛利定额

毛利是销售额与销售成本之间的差额，有时企业用毛利定额代替销售量定额，强调利润的重要性。如果销售人员甲完成销售额50万元，费用10万元，销售人员乙完成销售额40万元，费用7万元，那么虽然从销售额上看甲完成任务情况比乙好，但从毛利的角度看，乙的业绩更好，因为他的毛利率比较高。

需要注意的是，销售人员不负责定价，无法控制毛利，因此在现实中企业一般对销售人员公开生产费用信息，让他们了解费用状况。

3. 净利定额

净利润是销售额减去产品销售成本和销售人员直接费用后的余额，许多经理认为净利定额是体现目标的最好形式，它与管理的基本目标直接相关。但净利定额也有一定的缺点，即销售人员无法决定和控制净利润，想要合理地计算出销售人员产生的净利润是非常困难的，因此以利润为指标来评价销售人员的业绩是不公平的，也是很难操作的。

（三）销售活动定额

要实现产品销售，销售人员需要做大量的工作，例如开发新客户、拜访老客户、进行产品展示等，因此企业需要找到一个激励手段来鼓励销售人员做好这些烦琐但必要的基础性工作，这个手段就是设立销售活动定额。

销售活动定额包括日常性拜访、开发新客户、产品展示、宣传企业及其文化、为顾客提供帮助以及培养新的销售人员等日常活动，企业可以选择其中的一项或几项来制定销售活动定额。恰当的销售活动定额可以平衡直接销售和间接销售之间的关系，既具有短期的实用意义也具有长期的战略意义。开发新客户和产品展示宣传等活动对销售业绩的影响是立竿见影的，可以为销售人员带来看得见的利益；客户调研、访问潜在客户等活动无法带来短期销量的增长，但对销售人员未来的销售活动和业绩有着较大的影响。

建立销售活动定额可以让销售人员对日常活动做出更好的计划，从而更加有效地利用时间。销售活动定额也使得销售经理便于控制销售人员时间的使用，即控制不同销售活动中的时间分配。销售活动定额管理也存在一些问题，如员工参与人数多，定额数量未必能够符合实际，活动效果的滞后性带来的评价滞后等。实际工作中，一般将销售活动定额与销售量定额一起使用，效果更好。

（四）综合定额

综合定额是当企业对任何单一指标都不满意时，把两种或多种定额组合起来而得出的定额。综合定额以多项指标为基础，可以全面反映销售人员的工作情况，因此更加合理。在设置综合定额时，需要对不同的指标赋予不同的权重，以区分它们的重要性，如表3-3所示。

表3-3 销售人员综合定额完成业绩评价表

姓名	指标	定额	实际完成额	完成率	权重	完成率×权重	业绩总评
甲	销售额	50 000	50 000	100%	0.6	0.60	0.85
	净利润	30 000	25 000	83%	0.3	0.25	
	新客户	30	0	0	0.1	0	
乙	销售额	50 000	55 000	110%	0.5	0.55	0.98
	净利润	30 000	30 000	100%	0.3	0.30	
	新客户	30	20	67%	0.2	0.13	

三、销售定额的分配

有了年度定额以后，企业需要将其分配到各个时间区间、销售单位、地区和个人等，销售定额的分配方法主要有以下几种。

（一）月别分配法

月别分配法是将年度目标销售定额分配到具体的12个月或4个季度中。这种方法简单易行，容易操作，但是没有考虑各区域、各销售人员情况的不同，可能会影响销售人员的积极性。在现实中，大多数企业将月别分配法与其他分配方法结合起来分配销售定额。

（二）销售单位分配法

销售单位分配法是以销售单位为对象来分配销售定额。其优点在于强调销售单位作为一个整体所发挥的作用，有利于提高销售人员的集体意识。相应地，其缺点在于忽视了销售人员个人的存在。

（三）地区分配法

地区分配法是根据销售人员所在的地理区域和顾客的购买能力来分配目标销售定额。这种方法比较容易为销售人员所接受，但在判断某地区实际需求和潜在消费能力上存在较大的困难。

（四）产品类别分配法

产品类别分配法是根据产品类别来分配目标销售定额。这种方法的前提是各种产品都有一批忠诚的客户，如果消费者经常改变消费需求，企业就很难判断某种产品消费群体的规模，产品类别分配法也就失去了意义。

（五）客户分配法

客户分配法是根据客户的特点和数量来分配目标销售定额。这种方法充分体现了客户导向的观念，可以使销售人员把精力放在重点客户身上，有利于客户的深度开发和忠诚客户的培养。但是，这种方法也可能使销售人员忽视新客户的开发。

（六）销售人员分配法

销售人员分配法是根据销售人员能力的大小来分配目标销售定额。这种方法可以对销售人员进行激励，但也容易使销售队伍产生等级之分，造成内部矛盾。

可以看到，上述六种方法都存在着片面性和局限性，在实际操作中，企业一般不单独使用某种分配方法，而是将两个或两个以上的方法结合起来，使销售定额的分配更加合理。

第四节　销 售 预 算

销售预算以销售预测为基础，主要反映公司销售活动中的费用问题，企业通过销售预算把费用和销售目标的实现联系起来。预测是预算的基础，销售预算需要随着销售预测的变动而调整。

一、销售预算的概念和作用

销售预算是对完成销售计划所需费用的估算。企业一旦确定销售目标，紧接着就要编制销售预算。销售预算是计划的货币形式，是对获得未来销售量所需成本的财务计划，这种计划的基础是销售预测。

具体来说，销售预算主要有以下作用。

1. 计划作用

企业在制定了销售目标后，就以预算来决定如何实现这一目标。对各个部门来说，预算既是行动计划，又是绩效标准。预算一旦确定，各个部门就可以开始实施计划。通过销售预算在产品、区域和客户之间的详细分解，销售人员可以了解到管理层对各区域销售资源分配的倾向，也为自己在本区域内的销售活动提供了一定的限制和标准，有利于自己在销售费用的额度内实现销售目标，保证利润的实现。

2. 协调作用

预算有利于协调各方面的活动。假设预测销售额为2 000万元，管理层希望达到10%的利润率，那么可支付的费用就是1 800万元，这些费用可以在生产、管理、销售等各部门之间进行分配。这样，预算就使销售经理能够协调销售与费用，同时协调销售部门与其他部门预算的关系。另外，销售预算还可以防止出现在获取收入时费用超支的现象。

3. 控制作用

销售预算一旦确定，就成为衡量销售人员业绩的工具。销售目标与销售费用的对照可以衡量销售任务完成的质量。销售人员如果按照销售预算完成了销售目标，就会得到相应的奖励，否则，就会受到批评或惩罚。这样，销售预算就会激励销售人员积极地完成目标任务。另外，对销售人员来说，他们通常更注重销售量而不是利润，而销售预算可以使两者的重要性都体现出来，因此，合理的销售预算可以激励销售人员去销售利润高的产品，争取利润大的客户。

二、销售预算的编制程序

销售预算的编制方式有两种：自上而下和自下而上。自上而下制定销售预算时，管理层会考虑企业的战略和目标，根据销售预测，利用一定的预算制定方法草拟预算，分配给各个部门，各部门据此编制详细预算。自下而上制定销售预算时，销售人员一般会参考上年的销售预算和今年的销售定额来编制预算，提交给销售经理，经汇总后层层上报，形成企业的整体预算。两种方式各有利弊，数字上也会有一定的差距，因此实践中往往把它们结合起来运用，具体过程如下。

① 确定销售工作范围。根据销售目标，销售经理首先来确定为了达到该目标而应该采取的措施，例如产品开发、定价、沟通形式、促销活动以及培训等。

② 确定成本。根据上一步骤中确定的销售活动，企业可以计算出其固定成本和变动成本。固定成本包括与员工工资、销售办公费用、培训师工资、理性的展销费用、保险费、固定税收、固定交通费用、固定娱乐费用、折旧费用等；变动成本通常包括提成和奖金、邮寄费、运输费、部分税收(如增值税)、交通费、广告费和促销费等。

③ 进行本量利分析。盈亏平衡点是本量利分析法中最重要的概念，它表示了企业为使收入能够弥补成本(包括固定成本和变动成本)的最低销售量，只有销售额高于盈亏平衡点时企业才有利可图。因此，销售经理需要通过本量利分析来调控成本，同时明确各种销售活动对成本、利润的影响。

④ 向管理层提交预算。

⑤ 预算调整。管理层根据企业发展的战略和销售规划来决定销售经理提交的销售预算是否需要调整，以保证预算与企业目标的一致性。

⑥ 分配并执行预算。将经过管理层核准的销售预算分配下去，除特殊情况，个人和单位都要严格按照预算来进行销售活动，预算对企业的销售活动起着重要的控制作用。

三、销售预算的编制方法

常用的销售预算编制方法主要有销售额百分比法、销售单位法、标杆法、目标任务法、投入产出法、零基预算法和永续预算法。

（一）销售额百分比法

销售额百分比法是企业以过去一定时期内销售费用与销售额的百分比为基础，结合当年的销售预测量计算出销售预算的一种方法。这是最常用的一种销售预算编制方法。这种方法直接、简便，但其往往忽视了企业的长期目标，不利于企业大胆开拓市场。

（二）销售单位法

销售单位法是以每单位产品的销售费用来确定销售预算的方法，其计算公式为

$$销售费用 = \frac{上年度销售费用}{上年度产品销售数量} \times 本年度计划产品销售量$$

或者，

$$销售费用 = 单位产品的销售费用 \times 本年度计划产品销售量$$

销售单位法简单易行，适用于产品单一和专业化程度较高的企业，对于经营多种产品的企业，这种方法比较烦琐，并且灵活性较差，并不实用。

（三）标杆法

标杆法是企业根据主要竞争对手的销售费用来确定自己的销售预算的方法。运用标杆法的关键是

要了解主要竞争对手的市场地位与销售费用，计算其每单位市场占有率所需要的花费，计算公式为

$$销售费用 = \frac{竞争对手的销售费用}{竞争对手的市场占有率} \times 本企业预期的市场占有率$$

这种方法的优点是编制的销售预算具有针对性，有利于企业在竞争中赢得主动权。缺点是竞争对手的销售费用的数字不容易取得。销售费用和销售预算属于企业的经营秘密，大多数企业都不愿意将其公布于众，有些企业甚至还会散播假情报，诱使竞争企业进行错误的决策。

（四）目标任务法

目标任务法是销售经理根据由预测得到的目标，确定出实现该目标必须完成的任务，并估计这些任务的成本，然后对照企业利润目标来审查这些成本是否合理的一种方法。如果成本过高，销售经理就应该调整目标或者换一种实现目标的方式，重复这个过程直到管理层对目标、实现方式以及成本感到满意为止。

目标任务法十分有用，很多企业都采用目标任务法或其演变形式，以有效地分配实现目标的任务。这种方法要求数据资料充分，因此工作量较大，但直观易懂。

（五）投入产出法

投入产出法是对目标任务法的改进。目标任务法是在一定时期内费用和销售量的比较，但有时它们并不好比较，当期投入的费用要在下期或更晚的区间里才能显现出效果。而投入产出法不强调时间，只是强调投入与产出的实际关系，一定程度上克服了目标任务法的缺点。

（六）零基预算法

零基预算法的全称为"以零为基础的编制计划和预算的方法"，其原理是不考虑基期的费用水平，而是完全以零为出发点，从实际出发，逐项审议各项费用开支的必要性和金额的大小，从而确定各项费用的预算数。

零基预算法首先要求销售部门的员工详细讨论预算期内需要发生哪些费用项目，并对每一费用项目编写一套方案，说明开支目的和额度。然后对每一费用项目进行"成本—效益分析"，将其投入与产出进行比较评价，将各个费用开支方案在权衡轻重缓急的基础上排出先后顺序。最后按照排出的顺序，结合预算期间可动用的资金来分配，落实预算。

零基预算法以"零"为起点来观察分析一切费用项目，打破了传统预算方法的限制，有很多优点：有利于对整个企业的销售管理活动做全面的审核，从而合理有效地进行资源分配；有利于克服机构臃肿和各种随意性的支出；有利于管理层集中精力思考重大战略问题；有利于把企业的长期和短期目标有机结合起来等。也正是由于一切支出都以"零"为起点进行分析研究，销售预算编制的工作量大，费用较高，并且评级和资源分配具有一定的主观性，容易引起企业内部矛盾。因此，大部分企业每隔数年开展一次零基预算编制工作，以后几年内只是略做调整，既简化了编制工作，又控制了费用。

（七）永续预算法

永续预算法也称为滚动预算法或连续预算法，即预算期连续不断，始终保持一定的期限(如一年或一个季度)，在预算执行过一个月就根据该月经营的情况对剩余的11个月(或3个月)进行调整，并向后延续一个月，重新编制新一年(或一个季度)的预算，这样逐期向后滚动，连续

不断地以预算的形式来规划未来的销售活动。永续预算法的特点是预算期与会计年度相脱节，始终保持12个月或4个季度的预算。以一年和一个季度为区间的永续预算法应用分别如图3-1和图3-2所示。

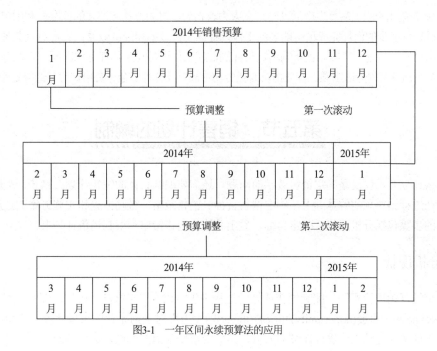

图3-1　一年区间永续预算法的应用

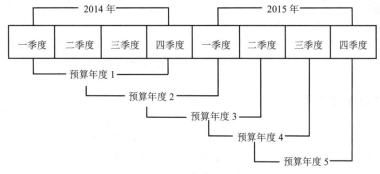

图3-2　一季度区间永续预算法的应用

四、销售预算的控制

销售预算不仅是销售计划的重要组成部分，而且是确保销售活动有计划且顺利展开的基础，对销售预算进行控制是十分必要的。常用的预算控制有两种方式：费用专控目标体系和定额管理。

（一）费用专控目标体系

费用专控目标体系是由企业单项费用指标和无程序性的随机费用指标组成的目标体系。专项控制的主要内容有单位成本、材料燃料消耗、水电消耗、办公费、差旅费、医药费、大修理费、生产生活设施维修费、易耗品购置费、储备资金周转天数等。这些专项控制费用量大、涉及面广、随机性强，在预算中很难进行有效控制，因此需要采用费用目标体系的方法来加强管理。

（二）定额管理

定额是企业和职工从事生产活动时，在人力、物力、财力方面应遵守的标准。利用定额管理，一是为了以尽可能少的消耗完成尽可能多的工作，提高工作效率和经济效益；二是对企业各项工作、各个生产岗位的定员进行核实，重新编制定员计划，使工作人员与工作任务相匹配。在此基础上，企业可以健全完善各工种劳动定额、各项物资消耗劳动定额以及各种资金、费用、劳务结算定额。

第五节　销售计划的编制

销售计划并不仅仅是确定销售数字的问题，还需要编制具体的销售计划。销售计划的编制，是指企业在进行销售预测的基础上，制定销售目标、销售策略、激励措施和实施方案的过程。这个过程涉及的步骤包括分析现状、确定目标、提出并确定销售策略和编制销售计划书。

一、分析现状

与市场营销理论相同，编制销售计划的过程中也可以利用SWOT分析法，即从优势(strength)、劣势(weakness)、机会(opportunity)和威胁(threat)四个方面对当前企业的市场状况、竞争对手及其产品、销售渠道和促销工作进行详细的分析，然后由市场营销部门进行销售预测。

二、确定目标

销售目标的制定在前文中已经有了详细的介绍。这里的目标通常会涉及企业的战略目标、现在市场份额和待开发市场规模等市场目标，以及销售额、利润等财务目标。

三、提出并确定销售策略

这个步骤主要解决了如何实现目标的问题。确定目标以后，企业各部门要制定出若干可供选择的销售策略方案。与营销方案相同，销售策略方案也包括产品策略、价格策略、促销策略和渠道策略，另外竞争策略和组织的销售能力也是方案中需要考虑的内容。这里的销售策略是针对细分市场而言的，对每一个消费群体，都需要有一个相应的销售战略。

集齐销售方案后，需要对各销售策略方案进行评价，从中选择最优方案。

四、编制销售计划书

销售计划书是指销售部门为满足顾客需求应做的所有工作安排，因此它要求有产品规格、详细价格、广告细目、销售指标、分销计划等具体内容。完整的销售计划书应该由主管销售的领导负责，把各部门的销售计划汇集在一起，统一协调，形成完善的销售计划书。销售计划书通常包括以下内容：

① 企业现状，包括企业目前所处经济、政治、法律和市场环境、竞争对手情况等信息；

② SWOT分析；
③ 组织目标和定额，包括销售目标和财务目标等及其定额；
④ 实施策略和行动计划，提供实现目标的战略和战术，一般采用STAR模式，即策略(strategy)、时间表(timetable)、具体行动(action)和相关资源(resources)；
⑤ 销售预算。

本章小结

销售计划是企业为取得销售收入而进行的一系列销售工作的安排，包括依据销售预测设定销售目标，编制销售定额和销售预算。销售计划对企业十分重要，它是企业和销售人员销售工作的基础，是企业考核销售人员工作的依据。

销售预测是指某个企业对其在未来一段时期内，在特定市场上按照预定的市场营销计划可能实现的销售额(量)所做的估计。影响销售预测的因素主要有市场需求、政治环境、经济环境、行业竞争环境和突发事件等不可控因素，以及生产状况、销售人员、营销和销售政策等可控因素。销售预测的方法包括定性预测和定量预测，其中，定性预测方法包括经理意见法、销售人员意见法、消费者意见法和德尔菲法；定量预测方法包括平均值法、指数平滑法、回归分析法和能力基础预测法。做销售预测主要包括确定预测目标、初步预测、根据可控因素对预测进行调整、根据不可控因素对预测进行调整、检查和修正五个步骤。根据销售预测，也可以确定销售目标，销售目标可以根据销售成长率、市场占有率、市场扩大率、损益平衡点、经费预算、消费者购买力、各种基数以及销售人员的申报来确定。

销售定额规定了销售单位和个人在一定时期内必须实现的最低销售目标，它可以用来衡量销售单位、销售人员完成任务的状况。销售定额可以为企业提供绩效考核的标准，为销售人员提供目标和激励，为销售经理提供控制手段。销售定额通常有四种类型：销售量定额、财务定额、销售活动定额和综合定额，企业在不同条件下可以使用这些定额中的一个或几个。有了年度定额以后，企业需要将其分配到各个时间区间、销售单位、地区和个人等，分配方法主要有月别分配法、销售单位分配法、地区分配法、产品类别分配法、客户分配法和销售人员分配法。

销售预算是对完成销售计划所需费用的估算，它对企业的销售工作起着计划、协调和控制的作用。销售预算有自上而下和自下而上两种编制方式。编制销售预算主要包括确定销售工作范围、确定成本、进行本量利分析、向管理层提交预算、预算调整、分配并执行预算六个步骤。常用的销售预算编制方法主要有销售额百分比法、销售单位法、标杆法、目标任务法、投入产出法、零基预算法和永续预算法。常用的预算控制有两种方式：费用专控目标体系和定额管理。

销售计划的编制，是指企业在进行销售预测的基础上，制定销售目标、销售策略、激励措施和实施方案的过程。这个过程涉及的步骤包括分析现状、确定目标、提出并确定销售策略和编制销售计划书。

案例分析

2021年上半年，吉利汽车公司实现营业收入450.32亿元，同比增长22%；实现公司股权持有人应占溢利23.81亿元，同比增加4%。

在财报的业绩发布会上,吉利汽车集团CEO淦家阅公布了吉利汽车的五年发展计划:到2025年,市占率稳居中国品牌第一,实现年销量365万辆,其中智能电动汽车占比达到30%以上。极氪汽车到2025年在高端电动汽车市场占有率居全球前三,销量达到65万辆。

不过以目前的销售数据来看,吉利汽车不光距离2025年的目标仍有距离,要完成今年的销售目标也并非易事。2021上半年,吉利汽车共售出63.02万辆汽车(包括领克品牌汽车销量在内),同比增长19%,但这一业绩也仅完成了2021全年153万辆销量目标的41%左右。根据中国汽车工业协会的资料,上半年吉利汽车位列中国品牌汽车销量第四。

对此吉利汽车解释称,主要是由于公司的新车型集中在下半年问世,上半年欠缺新产品,对期内的销售表现造成一定限制。

相比于国内市场,吉利汽车的销量在海外市场增速迅猛。根据报告,随着新冠感染疫情影响的暂时消退,主要出口市场的需求迅速复苏,2021年上半年,吉利出口销量为5.34万辆,同比增长173%。出口销售占总销量的比例为8.5%,而去年同期仅有3.7%。其中吉利博越及缤越为出口的主要车型,占出口总销量的82%。

吉利汽车表示,公司通过24家销售代理及233个销售及服务网点向25个国家出口产品。亚洲、东欧及中东的发展中国家为公司最主要的出口市场。除了自中国出口的汽车之外,公司还透过合约生产安排及合营生产厂房等方式,与当地企业合作组装生产部分外销车型。

此外,在新能源领域,吉利汽车也积极布局。2021年上半年,吉利汽车纯电动车和插电混动车型销量同比显著提升189%。公司于3月份成立了极氪智能科技控股有限公司,从事研发、采购、销售极氪品牌智能汽车在内的电动出行相关产品,以此参与智能电动车市场的竞争。

据极氪智能科技CEO安聪慧介绍,极氪汽车首款车型极氪001发布之后,预售情况远超预期。2021年6月15日,2021年可交付定单已经售罄,之后下定的客户,交付时间延迟到2022年春节之后。

(资料来源:http://finance.ce.cn/stock/gsgdbd/202108/20/t20210820_36829523.shtml)

案例讨论题:
1. 吉利汽车公司从哪些角度进行了销售计划的编制?销售目标和定额是什么?
2. 从销售计划管理的角度,你认为吉利汽车公司仍有哪些需要改进或注意的地方?

复习思考题

1. 制订销售计划的一般过程是什么?
2. 有哪些因素会影响销售预测?
3. 使用销售人员意见汇总法进行销售预测有何利弊?
4. 设置销售定额时应该考虑哪些因素?
5. 为什么要编制销售预算?

思政大纲

章名	知识点	思政德育融入点
销售计划管理	销售定额	通过中国一汽的案例展示我国民族企业的优秀经营成果，通过"红旗"等品牌的引入增加同学们的民族自豪感；通过中国一汽抢资源保生产、投入大量资金研发的例子引导同学们对核心技术、科技强国的重视
	销售预算	通过介绍多种销售预算编制方法向同学们传递解决问题方法的多样性，引导同学们开拓思路，在工作中灵活变通

第四章 销售区域的设计与管理

学习目标

学完本章后,应当能够:
(1) 了解销售区域设计的意义;
(2) 掌握销售区域设计要遵循的原则;
(3) 掌握销售区域划分的方法和程序;
(4) 掌握销售区域时间管理的相关内容;
(5) 能够制定简单的划分销售区域的方案。

思政目标

(1) 能够正确看待风险与竞争,深刻理解公平竞争、控制风险的销售理念。
(2) 通过对销售区域设计与管理的学习,思考如何通过调整管理区域从而更加灵活地提高管理效率。

导入案例

2021年9月,江苏保丽洁环境科技股份有限公司(简称"保丽洁")更新了招股书,欲冲刺创业板。通过研读招股书,记者发现,报告期(指2018年度、2019年度和2020年度,下同)内,保丽洁营收主要来自华东地区,其销售费用率远超同行。

招股书显示,保丽洁主营业务为静电式油烟废气治理设备的研发、生产与销售,主要产品包括静电式商用油烟净化设备、静电式工业油烟净化设备,同时正在拓展静电式空气净化消毒设备市场。

记者注意到,2018年和2019年,保丽洁商业油烟净化设备的市场占有率仅有2.20%、2.90%,工业油烟净化设备的市场占有率分别为3.07%和2.74%。从销售区域来看,保丽洁的营业收入主要来自华东地区,报告期内该地区的销售收入分别为1.22亿元、1.41亿元和1.20亿元,占境内主营业务收入的比例分别高达68.76%、70.14%和

73.72%，占比呈现逐年提高态势。

　　保丽洁在招股书中表示，公司位于江苏省，自成立以来深耕江苏、浙江、上海等地区，且华东地区经济发达、餐饮及纺织印染等行业发展迅速、油烟污染治理环保政策实施以及监管执行力度相对较大。不过，保丽洁也就此重点提示了"销售地域集中的风险"。保丽洁认为，如果未来由于公司在华东地区竞争力下降，或者华东地区市场竞争加剧，可能对公司在华东地区的销售收入存在不利影响。

　　记者进一步研究发现，和同行业上市公司相比，保丽洁的销售费用率远超同行。报告期内，保丽洁销售费用分别为1 773.19万元、1 877.29万元及1 365.20万元，分别占当期营收的8.70%、8.19%及7.50%。在招股书中，保丽洁共列举了雪浪环境、龙净环保、奥福环保和国林科技四家同行业上市公司，上述公司报告期内平均销售费用率仅为4.16%、4.42%和4.12%，均远低于保丽洁。

（资料来源：http://bgimg.ce.cn/cysc/newmain/yc/jsxw/202109/03/t20210903_36877764.shtml）

销售区域是销售人员完成销售任务的"战场"，它是指在一定时期内分配给销售人员、销售分支机构或者中间商(批发商和零售商)的一组现有的和潜在的愿意并能够购买该商品的顾客群。销售区域是指特定的市场或顾客群，而不是一个地理概念。销售区域可以有地理界限，也可以没有地理界限，主要是由地理状况、中间商规模和市场需求潜力等因素决定的。

第一节　销售区域的设计

一、销售区域设计的意义

设置销售区域、对销售区域进行设计是销售管理中十分重要的一环。对大中型企业来说，其市场范围较大，销售人员较多，就需要对销售工作进行计划、组织、协调与控制，否则销售工作就会混乱不堪。销售区域设计合理与否，对企业有十分重要的意义。

（一）有助于合理分配销售资源

合理设计和划分销售区域，可以使企业在目标市场内实现销售资源的合理分配。每个销售区域都分派销售人员，就不会出现销售空白和"死角"；每个销售区域都根据自身的具体情况安排数量、资质不同的销售人员，就不会出现销售区域发展不均的状况。另外，管理层可以根据各区域顾客和销售额的变化情况对销售区域及时进行调整，从而实现销售资源的合理分配。

（二）有助于明确销售人员职责，提高服务质量

销售区域的设计和划分明确了销售人员的职责，他们仅负责自己区域内的销售工作，相互之间就不会发生争夺顾客的恶性竞争，从而使销售人员能够将全部精力放在维持和开发本区域内客户的工作上。同时，销售人员对本区域的情况比较熟悉，解决问题迅速及时，能够大大提高客户服务的

质量。另外，在国外，销售区域策略最先应用于高新技术产业。由于产品技术含量较高，销售工作必须辅以技术人员的帮助指导，而技术人员的数量又非常有限，因此按一定标准划分销售片区，派驻技术人员，这样，客户的技术问题能够得到及时而恰当的解决，有助于企业树立公司形象，打响自己的品牌。

(三) 有助于降低销售成本

如果没有区域上的划分，销售人员的客户划分不明确，经常使销售人员把时间花在出差而非销售上，甚至出现重复访问的现象，增加企业成本。在销售区域的划分下，销售人员就可以专心设计访问路线，尽量减少并合理利用访问及等待的时间，从而降低销售费用。同时，企业也可以通过对销售人员在不同销售活动中花费的时间和成本的分析，设计出更好的方案，提高工作效率，降低销售成本，并为科学地规划销售活动提供数据支持。

应该注意的是，尽管销售区域划分有诸多益处，但并非适合所有企业。如果企业规模小或者受产品特点的限制，市场范围较窄，销售人员不多，那么划分销售区域就会增加管理成本和管理难度。另外，划分销售区域还容易出现销售人员与客户的个人感情超过企业与客户的关系，从而引起一系列的潜在问题。

二、销售区域设计的原则

进行销售区域设计的目的是使所有区域的销售潜力和销售人员的工作负荷都相等，这有利于评价和比较销售人员的业绩。销售区域的设计应遵循以下原则。

(一) 公平性原则

公平合理是销售区域设计的首要原则。这一原则有两个含义：所有销售区域应具有大致相同的市场潜力；所有销售区域的工作量应大致相等。

(二) 可行性原则

这一原则的具体含义包括：销售区域市场要有一定的潜力，在市场上进行销售是可行的；销售区域的市场覆盖率要高，进行销售区域划分是有必要的；销售区域的目标高低适中，具有可行性。

(三) 挑战性原则

销售区域的设计要具有挑战性，要能使每个销售区域有足够的销售潜力，使销售人员有足够的工作量，从而使其通过努力工作能取得合理的收入。

(四) 具体化原则

销售区域的目标应尽量明确和数字化。销售经理要使每个销售人员都确切地知道自己要达到的目标，因此销售区域目标一定要十分明确并容易理解，尽量用数字形式表示。

三、销售区域划分的方法

销售区域不是一个地理概念，并不是单纯按照地理界限来分配销售任务。一般来说，销售区域的划分主要有以下几种方法。

（一）按地区划分

这是最简单的划分销售区域的方法，是指企业按照地理位置把目标市场划分为若干个销售区域，每个销售人员负责一个区域的销售业务。区域中的销售人员对区域经理负责，区域经理对销售经理负责。几乎所有跨国企业和大中型企业都会采用这种划分区域的方法，如大中华区经理、华东区经理等。

按地区划分销售区域，首先可以明确销售人员的职责，调动销售人员的积极性，可以鼓励销售人员与区域内的顾客建立长期关系；其次，可以充分利用销售资源，企业将销售人员分派到各自的家乡或熟悉的地理区域，销售人员熟知当地的消费习惯和生活习俗，能够更好地开展销售工作；最后，可以节省交通费用，每个销售人员的销售范围较小，相应的交通成本也较少。在拟订一组销售区域时，应该以区域便于管理、销售潜力易于估计、出差时间最少、为各销售代表提供足够的工作量和相等的销售潜量为基本原则。

在划分地区的形状和大小时，销售潜量相等和销售工作量相等是被普遍运用的原则。以销售潜量相等为原则，为销售人员提供了创造同样销售收入的机会。由于不同区域顾客密度不同，销售潜量相等的区域在范围大小上是不一样的，分配到顾客密度小的区域的销售人员需要付出更多的努力才能获得与他人相同的销售量，因此需要给予该区域销售人员额外的报酬。以销售工作量相等为原则，需要给予销售潜量较低区域的销售人员适当的奖励，或者把销售潜量较大的区域分配给表现较好的销售人员负责。

（二）按产品划分

按产品划分销售区域是指企业将销售区域按产品分成若干类，每一个或每几个销售人员为一组，负责销售其中的一种或几种产品。对产品种类较多、技术性较强、产品问题间没有关联的产品销售，这种方法尤其适用。采用这种方法要求销售人员要具备自己负责的产品的专业知识，而且企业应该安排同一销售人员同时销售相互关联的产品，以便于顾客购买。

这种方法的优点是将产品系列化、关联化，更符合消费者的要求。但是这种方法没有将顾客群划分开来，很有可能造成负责不同系列产品的销售人员去拜访同一客户。例如同一家家电企业的空调组和打印机组有可能在同一天去拜访同一个客户，这样重复劳动不仅影响效率，还会引起客户的反感。

（三）按顾客划分

按顾客划分销售区域是指企业按顾客的属性对目标市场进行分类，由不同的销售人员向不同类型的顾客进行销售，分类的标准包括顾客消费的产品类别、顾客规模、分销途径等。银行是最典型的按照顾客划分销售区域的企业，大多数银行都会按照顾客的属性将销售区域分成公司业务销售、个人业务销售、贵宾业务销售等。这种划分方法要求企业对顾客的属性有深入透彻的研究，因此销售人员需要充分了解顾客的需求，在销售中才能有的放矢，提高效率。其缺点是当同一类别的顾客如个人业务所针对的顾客比较分散时，会增加销售人员的工作量，增加销售费用。因此这种方法通常适用于同类顾客比较集中的产品销售。

（四）综合划分销售区域

在现实中，企业往往采用多种方法来划分销售区域，仍然以银行为例，在各地区设分行与支行是按照地区划分销售区域,而各分行与支行内部仍按照顾客属性来划分,这就是综合划分销售区域。综合划分销售区域是对上述划分方法的综合运用,是指当企业的产品和顾客的类别多且分散时,综合考虑地理位置、产品和顾客因素来划分销售区域。上述三种方法任意组合,将这种方法具体分为地区—产品、地区—顾客、产品—顾客和地区—产品—顾客四种方法。

四、销售区域设计的程序

销售区域的设计一般包括以下几个步骤:选择控制单元→确定客户的位置与潜力→初步确定销售区域→调整销售区域→分配销售区域。

(一)选择控制单元

控制单元是整个目标市场的细分单位,销售区域可以以若干个控制单元来划分。如果以市为控制单元,则销售区域可以表示为这两个市为一个区域,另三个市为一个区域。控制单元越小,就越有利于管理层认识销售潜量和进行区域调整,因此,控制单元应该尽量选择小的单位。

地理区域是现实中最常用的控制单元标准,原因在于:首先,地理单位已经存在,不像需求等因素需要企业花时间研究;其次,许多产品的销售以地理区域为基础;最后,许多中间商也按照地理区域划分自己的销售区域。在这种情况下通常可以选择省、市、区、县等行政区域或邮政编码区域确定控制单元。划分控制单元时常用的第二个标准是客户数量,包括现有客户数和潜在客户数。除此之外,地理面积、工作量等也可以作为划分控制单元的标准,企业还可以根据自身的实际情况设计标准,选择控制单元。

(二)确定客户的位置和潜力

选择好控制单元后,企业应该在所选的控制单元中确定现有客户和潜在客户的分布位置和潜力。现有客户的资料可以在以前的销售记录中获得,潜在客户的资料则可以通过专业的调查公司和企业自己的调查获得。根据这些资料,企业可以计算出潜在业务量的期望值,然后按照可获得潜在利润的大小对客户进行分类。

(三)初步确定销售区域

这一步是将邻近的控制单元组合成销售区域。需要注意的是,步骤(一)中所提到的选择控制单元的标准是这一步骤中始终要坚持的原则,假设以客户数量为标准,就需要考虑各区域之间客户数量的平衡。当企业按照标准将每一个控制单元组合到相应销售区域后,销售区域的初步设计就完成了。

(四)调整销售区域

初步设计的完成意味着各个销售区域在某一标准下达到了平衡,但这种平衡只考虑了一个因素,不够全面,还需要在兼顾其他标准的基础上进一步调整。例如初步设计的销售区域中的客户数大致相等,但地理面积却相差悬殊,销售经理就可以通过对控制单元的调整来平衡这种差距,从客户数量较多的销售区域中划出一个地广人稀的控制单元,分配给地理面积较小的销售区域,这样达到的新的平衡就比初步设计更加合理。当然,这样操作的前提条件是接受调整的两个区域正好相邻,而且用来调整的控制单元正好位于它们的交界处,否则就需要同时调整好几个区域才能实现新的平衡。再如要以市场潜力和工作量两个指标作为标准,可以采用两种方法:一是修改工作量,改变不同区域的客户访问频率；二是用试错法连续调整各个销售区域的控制单元。如果要兼顾更多的标准，一般会采用"渐进法"：先将标准排序，比如先满足工作量大致相等的要求，再考虑客户数和地理面积的平衡，然后按照工作量标准完成销售区域的初步设计，再用反复试错的方法满足第二、第三以及更多标准的要求，逐步实现平衡。

（五）分配销售区域

在前四步中，企业将自己的目标市场划分成了若干个相对平衡的销售区域，最后一步就是将销售人员分配到这些区域。由于销售人员的经验、年龄、身体状况以及推销技巧各不相同，他们所适合的销售区域也就不同。如果某区域商务色彩较浓，白领较多，则了解时尚的销售人员更容易与他们沟通交流。可见，合理分配销售人员能够提高销售的效率，得到更好的业绩。

在现实中，企业一般不会把销售区域设计得完全平衡，而是区分大小规模，将小区域分配给没有经验的销售人员，这样一方面可以锻炼他们的能力，另一方面可以适应销售人员之间的差异，给销售管理工作更多的弹性。这种方法并不违背平衡的原则，大规模区域之间和小规模区域之间都要达到内部的平衡。

五、销售区域的调整

随着内外环境的不断变化，各销售区域的情况随时会发生变化，需要适时进行调整，企业的销售部门每年应该至少评价一次销售区域的合理性。引起销售区域调整的情况主要有如下几个方面。

（一）销售潜力的增长

如果某区域的销售潜力增长了200%，而销售人员的业绩增长了100%，那么销售人员实质上是失去了部分已有的市场份额，而不是像数字所反映的那样业绩翻番。这种情况下，过时的销售潜力值会误导企业，企业必须对销售区域进行调整。

（二）客户需求的改变

例如购买汽车的客户越来越关注保养、保险等增值服务，销售人员需要分出一部分精力去解决这些事情，使得用于销售的时间减少。因此，企业需要对销售区域或区域分配进行调整。

（三）客户重叠

客户重叠通常是由以前的区域边界修改造成的。例如销售人员甲最初负责A、B两个区域，由于销售潜力的增长，公司决定让销售人员乙来负责B区域。但是B区域中有许多甲的老客户，他们信任销售人员甲，如果换成其他人员，公司就有可能流失这些客户，因此公司允许销售人员甲继续负责这些客户。这就形成了甲的越权行为，会造成绩效考核上的困难以及甲乙之间的矛盾。另外，客户重叠还会造成销售活动的高成本和低效率，必须进行调整。

在现实中，销售区域调整尤其是缩小销售区域时通常会受到销售人员的反对，一方面可能会影响他们的收入，另一方面他们也不想将自己亲自开发的客户让给别人。因此管理层需要调动销售人员的积极性，让他们参与调整过程，或者提供过渡基金来弥补他们的损失，确保每个销售人员得到公正对待。

实例4-1

经历了三轮问询之后,宏景科技终于过会,并于2022年4月29日发布创业板招股书注册稿。注册稿显示,宏景科技主要面向政府机关、事业单位、企业等客户,提供智慧医疗、智慧教育、智慧园区等智慧城市解决方案。具体而言,公司拟募集资金4.56亿元,其中1.23亿元用于智慧城市行业应用平台升级项目,8 063万元用于AIoT基础平台开发项目,5 229万元用于营销系统升级项目,2亿元用于补充流动资金,可见其所募集资金的投向更偏向于补充流动资金与营销系统。

除此之外,宏景科技还存在销售区域过于集中的现象,公司本质或为系统集成商,且公司应收账款快速增长,账龄结构出现恶化迹象,而应收账款坏账计提比例逐年下降。

2019—2021年,宏景科技取得了不俗的成绩,其营业收入分别为4.02亿元、5.67亿元、7.31亿元,同比分别增长6.97%、41.06%、28.80%。不过,需要注意的是,公司的收入结构并不算"健康"。2019—2021年,宏景科技华南地区收入金额分别为3.62亿元、5.24亿元、6.46亿元,占当期营业收入的比重分别为89.88%、92.29%、88.39%;西南地区收入金额分别为1 567万元、1 777万元、6 481万元,占当期营业收入的比重分别为3.89%、3.13%、8.87%;而华东、华中、华北等5个区域合计收入仅分别为2 506万元、2 600万元、2 001万元,当期营业收入的比重分别为6.23%、4.58%、2.74%。

如果进一步深入分析则可以发现更为严重的问题,即广东地区几乎贡献了公司超过八成的收入。2019—2021年,宏景科技广东地区收入金额分别为2.97亿元、4.45亿元、5.88亿元,占当期营业收入的比重分别为73.86%、78.38%、80.49%。

宏景科技的收入结构过于集中,对单一地区的依赖性过强,一旦广东地区智慧城市投资需求下降或者竞争加剧,必将对其业绩产生严重的影响。

(资料来源:http://finance.ce.cn/stock/gsgdbd/202205/16/t20220516_37586689.shtml)

六、现代信息技术在销售区域划分中的作用

通过上面的介绍可以看到,区域设计和区域调整的工作步骤繁杂,如果只用手工来做的话效率很低,而且准确性不高,因此运用现代信息技术成为越来越多企业的选择。通过复杂的程序,计算机可以帮助我们建立销售反应函数,并据此分配访问客户的次数、划分销售区域。

销售反应函数能体现顾客拜访频率和销售额的关系,如图4-1所示。对过去的拜访次数与销售额数据进行回归分析,可以得到历史的销售反应函数。销售人员也可以估计拜访次数变化引起的销售反应,绘制出预测的销售反应函数。得到销售反应函数后,计算机系统还会评估所有可能的客户访问分配方案的销售额或利润水平,然后对这些数字进行比较,在选择销售额或利润最大化的条件下,给出客户拜访次数的具体建议。这种实证的方法具有较强的科学性,能够为企业带来更高的效率。20世纪90年代后期,Budget汽车租赁公司开始使用GIS商用绘图软件对公司在美国西部的销售区域进行重新规划和分析。公司把当前及潜在客户所在位置和销售收入的信息输入该软件系统,系统很快就给出了详尽精确的分析结果。利用这些分析结果,Budget公司销售人员的工作效率大大提高,他们也据此找到了更多的潜在顾客。

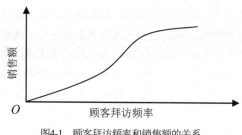

图4-1 顾客拜访频率和销售额的关系

第二节 销售区域的管理

销售区域的设计完成之后,企业应着手开展销售区域的管理工作。对大多数企业而言,一夜之间占领所有目标市场是不可能的,因此必须要做好销售区域管理,这关系到企业的生存与发展。销售区域管理大致包括以下几点内容。

一、充分了解销售区域

(一)了解销售区域的划分标准

我国国土面积大,幅员辽阔,不仅有生活习性各不相同的56个民族,还有独特的城乡二元经济结构,因此,我国的销售区域划分一般按地区划分。按地区划分销售区域可以依据以下三个标准。

① 以企业所在地为依据可以将市场分为本地市场、周边市场和外地市场。本地市场是以企业所在地为中心的销售区域,其范围大小要视企业的规模大小而定;周边市场是与本地市场相邻、市场特征相似的销售区域;外地市场是除了本地市场和周边市场以外的销售区域,如图4-2所示。

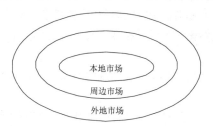

图4-2 按企业所在地对销售区域的划分

② 以市场位置相近或特征相似为依据可以将市场划分为东北市场(黑、吉、辽等)、华北市场(京、津、冀、鲁等)、西南市场(云、贵、川、渝等)、华东市场(苏、浙、皖、沪等)、华南市场(粤、琼、闽、桂等)、中南市场(湘、鄂、赣、豫、陕等)、港澳台市场以及其他市场等。

③ 以我国二元经济结构为依据可以将市场划分为城市市场和农村市场。

(二)了解销售区域的基本情况

划分完毕的销售区域未必是企业的目标市场,这就要求企业要充分了解各个销售区域的基本情况,才能选择好自己的目标市场。

在选择目标销售区域的过程中,企业主要考虑外部和内部两个方面四个因素:市场容量和销售潜力、地理位置、竞争形势以及自身的资源情况，根据这些因素，企业需要将各个区域按重要性排序：首先，将存在现实需求和潜在需求的销售区域列为首选区域，其他区域作为备选区域；其次，在首选区域中将企业目前销售能力能达到的区域列为目标销售区域；再次，在目标销售区域中本企业存在局部优势的区域确定为重点区域；最后，将重点区域中的重点即企业当前的基础区域确定为关键区域。这样，各销售区域的优先次序由高到低依次为：关键区域→重点区域→目标区域→首选区域→备选区域。

二、合理利用销售区域地图

销售区域地图是确定销售人员在各自区域活动时应遵循的路线模式，一般在地图或列表上标示出来，并注明每个细分市场的顺序。销售区域地图上可以标注客户分布、竞争者分布、交通便利性标注、重点拓展区域和访问路线等。销售地图的作用在于确保销售人员全面有序地覆盖市场，同时使差旅费用最小化。

研究表明，销售人员应该把更多的时间放在客户的办公室里而不是把1/3的工作时间花在路上。但事实上，很多销售人员总是寻找最轻松、最舒适的工作路线，虽然它们不一定是最有效的路线。图4-3描述了销售人员自己规划访问路线时常常会发生的问题：H代表销售人员的家所在的位置，A、B、C是他所负责的三个销售区域的位置。在区域A，销售人员可以进行全面的销售工作并且不会影响他晚上下班回家，因此区域A的实际销售能力接近于区域潜力。在区域C，销售人员晚上肯定需要在C地留宿，因此他也能集中精力进行销售工作，从而使区域C的实际销售能力也接近区域潜力。区域B是问题区域，销售人员如果想晚上回家，就势必会减少工作时间，分散精力，从而使区域B的实际销售能力大大低于销售潜力。因此合理的出差路线安排可以减少差旅费用的开支，也可以避免销售人员由于过度奔波而导致身体疲惫和对工作的厌倦。

图4-3 销售区域地图的应用

进行路线规划时，销售人员可以收集所在区域的商业地图，据此绘制出所在销售区域的地图，然后将销售区域内所有当前顾客和潜在顾客的地理位置标在图上，即绘制出销售区域的位置图。位置图上同时可以用不同的颜色标出竞争对手和合作伙伴的位置，这样，根据位置图就可以估算出本企业在该销售区域的市场竞争力。

销售人员可以轻松地根据销售区域位置地图规划出自己的走访路线，在规划过程中需要考虑以下内容。

① 综合考虑，统筹安排。用尽可能少的时间和费用，走访尽可能多的客户。

② 明确出差计划安排。销售人员做出差计划时必须要明确此行要拜访哪些客户或目标顾客，拜访的目的是什么，拜访的时机是否适当，然后根据确实需要拜访的目标数量及其所在地考虑出差日程和路线。

③ 考虑当地交通情况。避免因为交通工具的转换而浪费时间和延误行程。

④ 尽量避免来回折返。

三、巩固与开拓销售区域

（一）巩固销售区域

创业容易守业难。企业能够在某一销售区域立足已经很不容易了，想要在这个市场上维持住稳定的市场份额更是难上加难。无论是内外环境还是供应链都存在许多潜在风险，例如销售人员、客户、经销商、代理商等人员的变故，货款回收、价格制定等财务上的问题，还有商品的存储、运输、调剂、配送等流通环节的不流畅，都会影响企业在该销售区域的业绩。

开拓与巩固新老客户是维持销售水平的重要途径。如今的消费者越来越聪明，他们越来越关注产品的性价比，越来越难被取悦。企业必须花费大量的资源维持与老客户的关系，同时搜寻新的顾客。研究表明，如果不开拓新市场而任其自由发展，企业一年内就会损失20%的顾客。在维持老客户的基础上，每年开拓20%的新客户仅够维持现状，可见，开拓和巩固新老客户是维持企业生存的一项永不休止的活动。

相对于开拓新客户来说，巩固老客户所耗费的资源要少得多，销售区域得以巩固的80%的功劳来自于对老客户的维持。面临高顾客流失率的企业就像一个破漏的水桶，只有漏洞尽可能小，才能使桶里的水越来越多甚至装满。要控制顾客流失率，首先，企业要根据历史经验估算出现在的顾客流失率，分析造成顾客流失的原因；其次，企业应该估算失去的顾客给企业造成的利润损失有多少；再次，计算出降低顾客流失率所需要的费用，如果留住顾客的费用低于给企业造成的损失，企业就应该花这笔钱；最后，也是最重要的，企业要随时聆听客户的需求和反馈。

同时，开拓新客户对企业来说也是必不可少的环节。销售人员开拓新客户可以采用以下方法。
① 积极销售法，直接对潜在客户进行销售。
② 亲朋销售法，从身边的人开始，层层介绍，扩展到曾经买过产品的人，逐渐扩大范围。
③ 关联销售法，对已经购买某种商品的顾客，劝说他购买关联产品。
④ 广告宣传法。
⑤ 社会关系利用法等。

（二）开拓销售区域

开拓销售区域涉及的内容十分广泛，包括开拓速度与节奏的把握、开拓时机的选择、中间商的选择、销售渠道的选择等。

开拓销售区域一定要把握好度的问题，好的企业在开拓市场的时候都会比较谨慎，往往是开拓一个，巩固一个，再开拓，再巩固。虽然企业需要目光敏锐、反应迅速地发现商机，但其市场的拓展一定要建立在自身实力可承受的范围之内，建立在符合企业可持续发展要求的基础上。例如著名的三株集团和巨人集团，就是因为扩张太过迅速，超出了企业的控制，最终导致了失败。

四、销售区域的时间管理

在销售领域，时间管理已经成为理论界研究的重要内容。维尔和伯斯两位时间管理专家用3年时间对257家企业进行了调查，结果发现有83%的企业没有确定每次销售所需要的大致时间；有一半以上的企业没有确定对一个客户进行销售的合理次数；有30%的企业销售人员没有制定销售日程表；虽然大多数企业都觉察到销售人员的实践方法有待改进，但是只有近一半的企业针对自己的销售人员如何使用时间进行过正式调查。这些结果表明许多企业在销售实践中对时间管理还没有引起充分的重视。销售人员每天有很多事情要做，包括电话沟通、拜访客户、处理合同和报告、为顾客提供售后服务工作，以及出差和接待客户等，这些工作杂乱并且费时，一不小心就会陷入混乱。在这种情况下，时间管理对销售人员来说是十分必要的。销售经理也需要了解这些工作所花费的时间，帮助销售人员做好工作计划，合理安排下属的工作，使销售人员的工作时间能够最有效地运用到销售工作中去。

具体来说,销售区域的时间管理主要包括确定拜访频率和时间管理两个方面的内容。

(一) 确定拜访频率

拜访频率不是越高越好,因为采购客户的工作一般都比较忙,过于频繁的拜访可能会浪费他们的时间,影响他们的工作,甚至引起他们的反感。拜访频率也不是越低越好,过少的接触会让客户觉得被忽略,给竞争对手制造乘虚而入的机会。所以,在确定拜访频率时需要考虑下列因素。

(1) 客户的重要程度

对企业销售起着重要影响的客户,企业应该随时保持与他们的联系,经常了解双方合作的情况和客户反馈,尽量满足客户要求;对其他的小客户,频率不需要很高,尤其是对大量小客户,企业可以采用集中拜访的方法,邀请他们参加客户活动等,从而保持与客户的联系。

(2) 与客户的熟识程度

双方熟识、关系稳固的客户,电话联系就能够解决工作上的需要,不仅节省双方的时间,也可以节约销售人员的交通费用。但是当面拜访也是一个必不可少的环节,销售人员可以与熟客协商约定定期进行当面拜访,以维护相互之间的感情。

(3) 客户的订货周期

订货周期的不同影响企业的拜访频率,首先,销售人员要对客户所在行业的情况有所了解,对其产品的周期性有比较全面的了解;其次,销售人员要与客户建立良好的关系,对客户的生产经营活动有一定的了解,从而可以判断客户什么时候会订货等。

(二) 时间管理

"时间就是金钱",无论是销售经理还是销售人员,都要有效地管理好自己的时间。

(1) 制订每日、每周、每月拜访计划和完成情况表

月计划是确定本月需要拜访的客户;周计划较为具体,需要确定拜访各个客户的具体时间地点,并做好约客户、安排食宿等活动;日计划是在头天晚上做出的,销售人员已经确定好第二天即将拜访的客户,以及见面的时间地点,并准备销售演示用的相关材料。计划完成情况表一方面可以作为销售人员的工作记录,另一方面还可以使销售人员掌握进度,及时调整销售计划,月拜访计划完成情况表如表4-1所示。

表4-1 月拜访计划完成情况表

客户拜访次数	客 户 一	客 户 二	客 户 三	客 户 四	客 户 五
当月拜访	2	1	1	0	2
当月计划	2	1	2	1	2
完成情况	完成	完成	未完成	未完成	完成
未完成原因			×××	×××	
调整方法			×××	×××	
累计拜访次数	8	4	4	4	9
最近拜访时间	20/9	16/9	17/9	10/9	2/9

(2) 建立销售频度模型

上文中销售人员已经确定了拜访频率，由此可以得出拜访次数、销售时限和间隔时间等因素，根据这些因素可以建立起销售频度模型，频度模型是销售人员制订计划的重要参考，甚至可以作为销售人员工作的标准程序。

(3) 运用时间管理的一般理论

时间管理理论提倡把事情按照是否紧急和是否重要分成四种类型：紧急而又重要、紧急但不重要、重要但不紧急、不重要又不紧急，这也正是四种事件的处理顺序。另外，时间管理还提倡零散时间处理非重要事件，要尽量留出大块时间处理重要的事情。这些理论对销售过程中的时间管理都是十分有用的。

(4) 充分利用现代信息技术

现代信息技术体现在时间管理的每一个细节，利用电脑制订销售拜访计划，可以节省时间，并且有利于前后期的比较分析；客户购买潜力和需求分析、行业内的最新动态，都离不开网络这个最快最全的信息渠道；销售频度模型的确定、销售路线模型和销售目标的确定等，都可以借助计算机进行系统分析，提高数字和模型的科学性和准确性。

本章小结

销售区域是指在一定时期内分配给销售人员、销售分支机构或者中间商(批发商和零售商)的一组现有的和潜在的愿意并能够购买该商品的顾客群。销售区域是指特定的市场或顾客群，而不是一个地理概念，主要是由地理状况、中间商规模和市场需求潜力等因素决定的。企业设置销售区域的意义在于有助于合理分配销售资源；有助于明确销售人员职责，提高服务质量；有助于降低销售成本。

销售区域的设计应遵循公平性、可行性、挑战性和具体化四个原则。销售区域的设计有四种方法：按地区划分、按产品划分、按顾客划分和综合划分，每种方法各有利弊，要注意选择。区域设计的步骤一般包括选择控制单元、确定客户的位置与潜力、初步确定销售区域、调整销售区域和分配销售区域等。随着内外环境的不断变化，各销售区域的情况随时会发生变化，需要适时进行调整，企业的销售部门每年应该至少评价一次销售区域的合理性。

销售区域的设计完成之后，企业应着手开展销售区域的管理工作。销售区域管理大致包括以下内容：充分了解销售区域、合理利用销售区域地图、巩固与开拓销售区域、销售区域的时间管理。其中，销售区域的时间管理主要包括确定拜访频率和时间管理两个方面的内容。确定拜访频率时，需要考虑客户的重要程度、与客户的熟识程度以及客户的订货周期等因素。在时间管理中，销售人员则应该制订每日、每周、每月的拜访计划，建立销售频度模型，运用时间管理的一般理论，以及充分利用现代信息技术。

案例分析

2022年2月10日，融创宣布调整区域组织架构，由此前的七大区域调为九大区域。新成立西北区域，管理陕西、山西、甘肃、宁夏四省(自治区)；原西南区域拆分为成渝区域、云贵区域，分别管理四川及重庆、云南及贵州；广西并入华南区域。调整后，融创的九大区域分别为华南、成渝、云贵、东南、上海、华北、北京、华中和西北。

对于此次调整的目的，融创方面向《时代周报》记者表示，公司为顺应行业和外部市场环境变化，更好支持下阶段"聚焦深耕核心城市、控制规模、提高综合经营竞争能力"的发展目标，安排此次架构调整。

同时，融创方面还表示，调整后的区域组织架构，更有利于减小管理跨度、减少管理层级、提高管理效率，提高综合经营管理能力。在区域管理半径优化的同时，9个区域将在现有的城市布局基础上，进一步聚焦深耕市场空间大、更加匹配公司发展战略的核心城市，加强公司在行业的综合竞争力。

此次调整，新增设的西北区域无疑是变动最大之处，现管辖区域陕西、甘肃、宁夏等省(自治区)原划归为华北区域，山西省原划归为北京区域，而此番将西北几大"重镇"单独划分出来，并非没有先兆。

2021年6月，融创与甘肃省兰州市签署了战略协议，双方将在会议会展及城市综合服务、康养度假、投资运营、项目开发等领域开展深度合作，践行"十四五"规划，共建美好兰州，加快推动兰州市经济社会高质量发展、以新的姿态向现代化中心城市迈进。而融创进驻兰州的第一个项目——"兰州·融创城"于2019年销售突破20亿元，成为当年兰州的明星项目。

除甘肃外，陕西区域也是本次调整架构中最引人注目的区域。融创2021年中期报告显示，西安的土地储备在西部城市中位列第三，可销售建筑面积为1 326.81亿平方米，权益储地面积为648.81万平方米。

中指院数据显示，2021年，融创为西安的销售冠军，销售额达189.8亿元，比第二名高出65.8亿元，销售面积为115.1万平方米。而2021年西安商品住宅销售金额TOP5中，融创有2个项目上榜，融创奥城以销售金额73.5亿元夺得榜首。

另外，融创在山西的表现也较好。仅太原一城，2021年的销售额就达76.3亿元，位列太原房企销售业绩TOP4，销售面积为64.9万平方米。

知名地产分析师严跃进对《时代周报》记者分析，融创此次调整，目的不是增加管理区域的数量，而是缩小管理跨度和减少管理层级，这其实有助于提高管理效率。在当前企业面临经营压力的情况下，压缩管理成本、优化管理模式，是各类企业都会进行的，类似操作符合预期。

"对于融创来说，积极调整组织架构具有积极意义，更好地促进了企业新一年业务的规范和效率的提高。从行业角度看，也值得学习。企业要基于市场行情变化和自身资源，优化管理模式，在降低成本的同时提高组织架构的灵活性，真正适应新市场、新挑战。后续预计其他房企也会有类似组织架构的调整，更多的做法是撤销一些非核心的区域或事业部，进而压缩和精简成本，真正助力企业朝着精干、高效的方向转变。"严跃进说。

融创2021年中期报告显示，2021年上半年实现收入958.2亿元，同比增长约23.9%；毛利为199.8亿元，同比增长约12.5%；核心净利润为131.5亿元，同比增长约0.8%。

(资料来源：http://finance.ce.cn/stock/gsgdbd/202202/11/t20220211_37321496.shtml)

案例讨论题：

1. 你对融创公司调整销售区域架构有什么看法？
2. 从销售区域的设计与管理角度，你认为融创公司是基于哪些角度做出调整销售区域架构的决策？

复习思考题

1. 划分销售区域时应该遵循哪些原则?
2. 划分销售区域的主要步骤有哪些?
3. 销售区域管理要求对销售区域的哪些方面进行了解?
4. 确定拜访频率时需要考虑哪些因素?

思政大纲

章名	知识点	思政德育融入点
销售区域的设计与管理	销售区域的设计	通过宏景科技公司实例,展现销售区域集中所带来的风险,培养同学们居安思危、高瞻远瞩的战略眼光
	销售区域的管理	通过介绍现代信息技术在销售区域划分中的应用,同学们不仅能用更为科学的方法解决问题,更能考虑到民族特点、当地实情来开展销售管理工作

第五章
销售渠道的建设与管理

学习目标

学完本章后，应当能够：
(1) 了解渠道成员的组成及渠道结构的类型；
(2) 掌握渠道设计的影响因素、原则及流程；
(3) 掌握渠道管理的内容。

思政目标

(1) 认识到企业在设计分销渠道时，必须遵守国家有关政策与法令的规定，如价格政策、税收政策、商品检验规定、出口法等都会影响分销渠道的设计。

(2) 认识到企业在进行分销渠道管理时，要严格遵守国家政策规定，某些产品需由国家政府部门严格监管，企业则不能自行销售或自行委托销售。

(3) 认识到消费者也是营销渠道构成的一员，在进行销售渠道的设计和管理时不仅仅要考虑到企业经济效益的提高，也要重视消费者的分布、购买习惯，遵循顾客导向原则，设身处地地为消费者提供更好的消费体验。

导入案例

2022年8月，特斯拉因"拒绝向武汉拼多多车主交付"这一事件而遭受到前所未有的舆论攻击。特斯拉"拒交门"事件中，值得探讨的问题在于：新造车势力对渠道的控制，与电商平台之间存在着难以调和的对立，而其背后，是汽车产业在产品革新的同时，追求渠道重塑的深刻变革。

从2000年前后国内汽车销售成体系化以来，以4S店为核心的汽车经销模式迅速发展壮大并逐渐垄断市场。但在近几年间，随着汽车产业变革加深，以特斯拉为代表的新能源车品牌采用直营模式，打破了原有的汽车销售体系。

同时，电商时代的来临为变革增添了更多变量，拼多多等综合电商平台正尝试着从小宗消费品向汽车等大宗消费品渗透，瓜子、大搜车等则更为直接地硬攻汽车销售领域。汽车销售体系正处于一个承前启后、多方争鸣的时代。因此，拼多多与特斯拉之间的纷争，并不是一起偶然事件，特斯拉的强硬态度本质仍源于主机厂商与电商平台间的身份对立。在汽车销售体系变革的大背景下，不同利益方的摩擦无法避免。只是这一次，试图挑战并打破渠道规则的是拼多多，而"特斯拉"们不服输。

汽车行业资深从业者表示车企大多对电商表现出极度排斥的态度，渠道是双方矛盾的核心。

汽车的经销模式

从1999年广州本田的第一个4S店诞生开始，4S模式在中国得到迅猛发展，一直以来，这一模式都是国内以及全世界普遍采用的汽车销售模式。传统汽车经销网络中，汽车销售实际上是B2B2C的生意，主机厂将车卖给销售集团，销售集团再通过以4S店为核心的线下销售网络，将车卖给消费者。在这一网络中，主机厂对渠道牢牢把控，每家4S店能拿到什么车型、拿到多少辆车、以什么价格拿到车，主机厂都心中有数。

在中国市场经济飞速发展的大环境下，4S店曾经有过一段躺着赚钱的黄金时代，销售网络开始迅速扩大。4S店几乎垄断汽车销售渠道，问题随之出现，4S店被不少消费者诟病"店大欺客"——购买一辆车时，除了车辆本身的售价，消费者还不得不为各种花样繁多的明目付费，4S店收取的保险费都高于市场价。但随着汽车市场整体增长放缓，尤其是从2018年开始，我国汽车市场年度销量出现28年以来的首次负增长，并且延续至今年，汽车经销商遭受重创，4S店出现大面积退网。

汽车经销商夹在主机厂与市场之间，处境逐渐艰难。因为主机厂掌握话语权，经销商们不得不接受主机厂"压货"，或是将热门车型与难卖车型搭售；另一边，在市场需求下降的情况下，经销商们不得不选择降价促销，因此仅依靠卖车获得的利润更加微薄。现阶段，4S店的盈利来源主要都在售后服务，而不是车辆销售环节。

电商平台成为经销商促销的一个好伙伴。经销商为了自身利益愿意与电商平台靠近，但主机厂商却并不需要甚至排斥电商平台，矛盾因此被激化。消费者在4S店的消费体验未得到改善，车企感受到渠道控制权被挑战——汽车经销模式愈发走向恶性循环。

汽车的直营模式

这一销售体系在近年被以特斯拉为代表的挑战者打破。特斯拉采用的直营模式，将汽车销售体系简化为B2C，即由主机厂直接将车卖给消费者。国内造车新势力，如蔚来、理想、小鹏都采用了与特斯拉相似的直营模式。新一代车企们依旧没有放松对渠道的控制，没有其他合作经销商的情况下，主机厂要严格控制车辆流通、把控产品价格，就必须保证所有消费者只能通过直营渠道购车。

无论在哪种模式中，"渠道"都是主机厂的命脉。因此，拼多多等电商平台的介入，对主机厂的威胁决不止于品牌形象，更致命的一点在于，如果大量消费者转向电商平台购车，这极有可能造成销售渠道体系的混乱。

对主机厂而言，电商平台这种销售渠道与4S店有着本质区别。4S店与主机厂之间是互利共生的利益关系，一般来说，4S店会提前与主机厂商定销售任务，并提前打款给主机厂，主机厂再通过销售计划来排产。而电商平台与主机厂之间并不存在利益捆绑，在电商促销卖车的活动中，主机厂能获得的收益十分有限，并且还将承担生产节奏被打乱的风险。

退一步说，即使电商平台尝试与车企达成合作，成为一个数字化的经销渠道，在实际操作层面上，仍然面临着诸多问题。其中最关键的一点是，电商平台是不具备车辆保养的资质与能力的，这是汽车行业在经过尝试之后，放弃"汽车电商"概念的重要原因。

因此，此次拼多多团购购车事件中，一旦让拼多多开了这个头之后，如果更多的电商平台开始自主介入汽车销售，无论是特斯拉所坚持的直营模式，还是传统经销模式，都会受到极大冲击。

在价值万金的车辆市场中，车企、经销商、电商平台，谁都不愿意放过"汽车销售"这块大蛋糕。只要利益的冲突始终存在，"拼多多"们与"特斯拉"们就无法和解。

(资料来源：https://36kr.com/p/852709953182592)

在市场经济发达的今天，很少有生产者直接将自己的产品出售给最终用户，而是通过一定的分销渠道和实体分配过程，在合适的时间、合适的地点，以合适的价格提供给最终用户，满足市场需求，实现企业的市场营销目标。根据菲利普·科特勒的定义，分销渠道也就是市场营销渠道，是指促使产品或服务顺利地被使用或消费的一整套相互依存的组织。销售渠道管理是管理当局所面临的重大课题，是销售管理的重要内容。本章主要阐述的内容有：销售渠道的构成、销售渠道的设计与开发、销售渠道的管理。

第一节　销售渠道的构成

一、渠道成员

商品的分销过程是商品从生产商出发，通过中间商周转，到达最终用户或消费者手中的过程。在商品分销过程中涉及的组织和个人，就是我们所说的渠道成员。通常情况下，分销渠道成员应该包括生产商、中间商和消费者。在直接分销渠道中，生产商直接将产品销售给最终消费者，跳过了中间商环节。

（一）生产商

生产商是将原材料通过加工转化成为消费品或工业品的企业。它是形成渠道价值链的基础，在渠道中起着举足轻重的作用。在整个销售渠道中，生产商决定着目标市场、产品定位策略等，也决定着产品销售渠道的设计与建设。他们致力于提高产品的销售量和市场占有率，不断地与渠道中的其他成员发生联系，从而保证商品分销渠道的畅通。根据生产商在销售渠道中的参与程度，大致可以将其分为两种类型。

1. 单纯型生产商

这类企业一般只从事生产活动。他们负责提供产品，而产品销售工作则由专职的分销企业负责。单纯型生产商大多为中小型生产企业，专业化程度高，产品的品种、性能、用途较为单一。

2. 复合型生产商

这种类型的企业在从事生产活动的同时，还组建自己的销售机构，通过控制渠道的成本，提高渠道的服务产出，从而提高渠道系统的效率和收益。复合型生产商通常为大型企业，并且对产品的技术含量、售后服务的要求比较高。

（二）中间商

中间商是在商品分销的过程中，介于生产商和最终用户之间的组织，通过参与商品流通业务、促进买卖行为实现并将商品从生产者转移到最终用户等一系列活动获取利润。在销售渠道中，中间商专门从事产品的购买和销售活动，并通过储存、售后服务等活动来支持销售，实现利润。生产企业可以利用中间商将产品迅速打入广阔的市场，取得大规模分销的经济效益。根据中间商在分销过程中是否拥有产品的所有权，可以将中间商分为代理商和经销商两大类。

1. 代理商

所谓代理商，是指受生产商委托销售商品但是没有商品所有权的中间商。代理商又可以分为独家代理商、一般代理商和经纪人。

(1) 独家代理商

独家代理是指生产商授予代理商在某一市场上的独家代理销售权，生产商、其他代理商与其他贸易商都不得在该市场上销售该厂家的产品。独家代理商通过与生产商签订协议，在规定的市场范围和一定时间内对某商品的销售进行独家代理。但是独家代理商不拥有商品的所有权，所以不用承担信用或市场等风险，只需按照商品销售量的一定比例来抽取其报酬。

(2) 一般代理商

一般代理商与独家代理商的区别在于，生产商可以在某一市场范围内利用多家中间商同时代理，代理商也可以同时为多家生产企业进行代理销售。

(3) 经纪人

经纪人是专门为供销双方起促进作用的中间商。这类中间商既无现货，又无商品所有权，仅为买卖双方提供产品、价格和市场信息，为双方搭建交易的桥梁，努力促成交易的实现。

2. 经销商

所谓经销商，是拥有商品所有权，并从事商品销售的中间商。根据经销商销售对象的不同，可以分为批发商和零售商。

(1) 批发商

批发商是指一切将物品或服务销售给为了转卖或者商业用途而进行购买的个人或组织的经销商。其最大特点就是不直接为最终用户服务。批发商独立地从事批发销售业务，并在交易过程中实现商品所有权的转移，其经营收入主要是通过对商品的集散与其他技术服务，赚取差价及部分服务费。

(2) 零售商

零售商是指拥有商品所有权并把商品直接转移到最终顾客的中间商。零售商直接面向产品的最终用户，必须能够给消费者提供适销对路的商品，以适应消费者不同的需求。所以零售商的种类最多，包括专业商店、百货商店、超级市场、便利商店、折扣商店等。

(三) 消费者

这里的消费者不仅仅指独立的个人，也包括医院、学校、政府机构等社会组织，我们还可以将其统称为最终用户。就分销渠道的整体而言，消费者是整个分销渠道的终点，分销渠道的建设和运营都是为了使产品能够顺利到达消费者手中。消费者的需求偏好、收入水平、购买习惯等，会对分销渠道的建设产生很大的影响。因此，消费者的渠道成员身份不容忽视，如果构建的分销渠道与目标消费者的购买行为不匹配的话，将对企业造成不可估量的损失。

二、渠道结构

分销渠道的结构是随着多种影响因素而不断变化的，如分销产品的特点、渠道成员的数量等，都对分销渠道的结构有着重要的影响。渠道的结构主要包括渠道的层次结构、宽度结构和类型结构。

(一) 层次结构

1. 层次结构概述

在分销过程中，商品要从生产商处直接或间接地转移到最终用户处。在商品转移的过程中，任何一个或几个对产品拥有所有权或者支配权的组织，可以形成一个销售层次。一般来讲，渠道的层次越多，渠道控制和管理所面临的问题就越多，渠道成本也越高，最终导致产品价格的提升。根据销售层次可以将分销渠道分为直接渠道和间接渠道两大类。

(1) 直接渠道

直接渠道，又称零级渠道，是指商品从生产商处制造出来以后，没有经过任何中间环节，直接转移到最终用户处的分销渠道模式。零级渠道是最短的渠道模式，产品由生产者直接销售给消费者，可以降低交易成本。零级渠道是大型或贵重产品以及技术复杂、需要提供专门服务的产品销售采用的主要渠道。戴尔公司采用的直销模式，就是一种典型的零级渠道。

(2) 间接渠道

间接渠道指在渠道中至少含有一个中间商，这种渠道类型在消费者市场上占有主导地位，包括一级渠道、二级渠道、三级渠道等类型。

一级渠道是指产品从生产商到达最终用户的过程中只包括一个渠道中间商的环节。在工业品市场上，这个渠道中间商通常是代理商、佣金商或经销商；而在消费品市场上，这个渠道中间商则通常是零售商，如超级市场、购物中心等。

二级渠道中包括两个渠道中间商。这种渠道形式在消费品市场上使用较为广泛，中间商通常是批发商和零售商。而在工业品市场上，这两个渠道中间商往往是代理商和批发商。

三级渠道中包括三个渠道中间商。三级渠道主要应用在消费者经常购买的日用品中，如肉食品及方便面等。因为货源分散，销售面广，可以更好地满足消费复杂的多方面需求。而一些小型的零售商通常不是大型代理商的服务对象，因此，便在大型代理商和小型零售商之间衍生出一级专业性经销商，从而出现了三级渠道结构。

2. 直接分销渠道的优缺点

(1) 直接分销渠道的优点

① 有利于及时了解目标顾客的需求。直接渠道通过与顾客直接接触，能及时、准确地了解其

需求以及购买行为的特点及其变化趋势等，有助于信息的交流和反馈，进而了解竞争对手的优势和劣势及其营销环境的变化；同时，用户也可以更好地掌握商品的性能、特点和使用方法。

② 及时销售，有利于提高整体效率。直接渠道不经过中间商环节，可尽快把产品投入市场，不仅减少了流通时间，而且也降低了产品在流通过程中的损耗。企业可以对生产、销售进行统一管理，提高整体效率。

③ 易于控制销售过程。对于直接销售的产品，生产商有较大的定价权，而销售方式和服务项目方面也主要由生产商决定，因此生产商可以更好地控制整个销售过程。

④ 可以在销售过程中直接进行促销。企业直接分销，实际上又是直接促销的活动。比如，企业派出直销员，不仅促进了用户订货，而且也扩大了企业和产品在市场中的影响。

(2) 直接分销渠道的缺点

当企业规模一定时，若凭自己的力量去广设销售网点，往往力不从心，可能使产品很难在短期内广泛分销，迅速占领或巩固市场；同时，若企业的目标顾客需要不能得到及时的满足，势必会转向购买竞争者的产品，导致企业失去目标顾客以及市场占有率的降低。

生产企业若自销产品，就必须自己包揽中间商所承担的人、财、物等费用。这样不仅会加重生产者的工作负荷，而且会分散企业力量。资金周转缓慢，经济效益较难提高，不利于进一步扩大生产，也使企业承担了更大的市场风险。

3. 间接分销渠道的优缺点

(1) 间接分销渠道的优点

① 有利于产品的合理分销。间接渠道有利于发挥渠道集中、存储、平衡和扩散产品的职能，有效调节产品供求在数量、品种、时间与空间等方面的矛盾，使产品合理分流。

② 缓解生产企业人、财、物等力量的不足。在间接渠道中，企业只要与若干个中间商进行交易，中间商承担着销售过程中的仓储、运输等费用，也承担着其他方面的人力和物力。企业不必花大量的人力、物力和财力在产品销售方面，同时借助中间商的力量扩大市场占有率，取得更好的经济效益。

③ 间接促销，形成双向沟通。中间商通常经销众多厂家的同类产品，他们对同类产品的不同介绍和宣传，对产品的销售影响甚大。另外，中间商作为生产商和消费者之间的纽带，比较了解市场，能有效地将产品信息传达给消费者，反馈给企业。

(2) 间接分销渠道的缺点

① 可能导致价格过高，加重消费者的负担。中间商在销售产品过程中要收取一部分利润，从而可能导致产品的价格高于直销价格。此外，流通环节加大了储存或运输中的商品损耗，如果把这些损耗都转嫁到价格中，就会增加消费者的负担。

②渠道结构相对复杂，控制难度加大。间接渠道包括一级渠道、二级渠道、三级渠道等类型，其涉及中间商的种类和数量比较多，渠道结构复杂，管理起来难度较大。另外，每个中间商都是独立的经济实体，在销售过程中，有时会为了贯彻自身的战略目标而忽视生产企业的利益和声誉。

③销售政策执行力度可能减弱，效果难以达到预期。间接渠道涉及的中间环节比较多，企业的销售政策不容易得到准确的理解、贯彻和执行，销售政策效果往往会大打折扣。

一般而言，渠道环节越多，企业控制和向最终用户传递信息也就越困难。

（二）宽度结构

分销渠道的宽度结构，指的是在同一个渠道层级上中间商数目的多少。同一层级上中间商数目越多,覆盖面越广,渠道也就越宽,反之,就越窄。按照渠道宽度从大到小排列,分销渠道的宽度结构可以分为密集型分销、选择型分销、独家型分销三种类型。

1. 密集型分销

密集型分销是指生产商在渠道的同一层级上使用尽可能多的中间商销售其产品。密集型分销渠道通常适用于日用消费品,因为能扩大产品的市场覆盖面,方便消费者随时随地购买。但是由于生产企业要让渡给经销商利益,采用尽可能多的中间商,会增加分销成本。此外,众多渠道成员之间的激烈竞争也会导致管理成本上升。

2. 选择型分销

选择型分销是指生产商在渠道的同一层级上按一定的标准选几个符合企业发展需要的中间商经销其产品。选择型分销渠道通常由实力较强的中间商组成,能有效地维护生产商的品牌信誉,树立良好的品牌形象,建立稳定的市场和竞争优势。生产商也能更好地管理渠道,控制渠道成本,提高渠道的效率。

3. 独家型分销

独家型分销是指生产商在某一个地区或某一个分销环节中只通过一个中间商经销其产品。双方签订独家分销合同。按合同规定,生产商在某个特定市场内不得再请其他中间商同时经销其产品,经销商也只能经销该生产商的产品,不得经销其他厂商同类的或者是对该产品构成竞争的产品。这样,既有利于提高有关生产商、中间商和产品的声誉,也有利于进一步提高商业和技术的服务质量。但是由于缺少竞争,顾客的满意度可能会受到影响,经销商对生产商的反控能力较强。该分销渠道通常应用于特殊、名贵的产品以及技术含量较高的产品等。

分销渠道宽度结构的几种类型各有优缺点和适应性,企业应根据实际情况进行选择,如表5-1所示。

表5-1 独家型分销、密集型分销及选择型分销比较

分销类型	含义	优点	缺点
独家型分销	在既定市场区域内每一渠道层次只有一个中间商运作	市场竞争程度低;厂商与经销商关系较为密切;适宜专用产品分销	缺乏竞争,顾客的满意度可能会受到影响;经销商对厂商的反控力较强
密集型分销	凡符合厂商要求的中间商均可参与运作	市场覆盖率高;比较适宜日用消费品分销	市场竞争激烈,经销商为了自身利益,可能会破坏厂商的统一营销规划;渠道管理成本较高
选择型分销	有条件地选择经销商	通常介于独家型分销与密集型分销之间	

(三)类型结构

渠道的类型结构,指的是分销渠道中所包括不同类型或不同层级渠道的情况。分销网络中渠道的类型结构如图5-1所示。

从理论上看,无法判断哪类渠道结构绝对有效,需要结合实际情况具体分析。对于某个具体企业的某个具体发展阶段是有可能找到最适合该企业在此阶段发展需要、相对最有效率的渠道结构。当然,这就需要企业根据具体情况来设计自己的渠道结构。

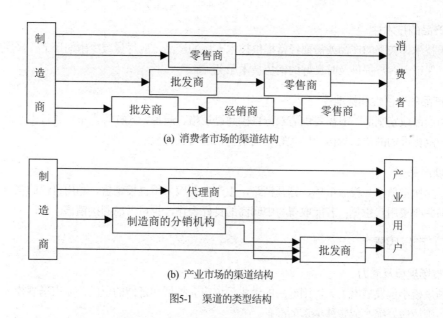

图5-1 渠道的类型结构

第二节 销售渠道的设计与开发

销售渠道既是企业满足顾客需要的一种手段，也是企业获得并保持市场竞争优势的重要条件。因此，企业应从战略的高度来看待销售渠道，设计出能适应不断变化的市场环境、能以最低成本传递重要的消费者信息、能最大限度地满足顾客需要的销售渠道。销售渠道设计是指企业在分析渠道环境因素的基础上，以顾客需求为导向，对各种备选渠道结构进行评估和选择，从而开发出有效的销售渠道或改进现有的销售渠道的过程。

一、渠道设计的影响因素

（一）产品因素

1. 产品单价

一般而言，单价越低的产品，渠道越长越宽；单价越高的产品，越应注意减少流通环节，否则会提升销售价格，从而影响产品销路，这对生产企业和消费者都不利。

2. 产品的体积与重量

产品的体积大小与重量，将直接影响运输和储存等费用。体积大而且笨重的产品，运输和储存都比较困难，相应的费用也较高，应尽可能选择较短的分销渠道。体积小而且较轻的产品，运输方便且费用低，可选择较长的渠道。

3. 产品的易毁性或易腐性

一些产品有效期较短、易腐、易碎、易失效，则要求其渠道越短越好，尽快送到消费者手中。对于那些耐藏、耐碰、有效期较长的产品，则可以选用长一些的渠道。

4. 产品的技术性

对于技术性较强的产品或需要经常提供技术支持的产品,应尽量减少中间环节,采用较短的销售渠道,保证向客户提供及时良好的销售技术服务。

5. 产品的专用性和标准性

专用产品或定制品一般需要供需双方直接商讨规格、质量、式样等,不宜通过中间商销售。如产品有一定标准的品质、规格、样式等,则销售渠道可长可短。

6. 新产品

为了尽快把新产品投放市场,打开销路,生产企业应采用直接销售,利用自己的销售队伍去推荐新产品并收集用户意见;若能取得与中间商的良好合作,也可考虑间接销售。

(二)市场因素

1. 市场规模及潜力

市场规模小但发展潜力大,则选用的销售渠道应有扩展和延伸的空间;如市场规模大但发展潜力较小,则应做好缩小或转移渠道的准备。

2. 消费者的集中程度

对于那些消费者比较集中的地区或产品,应采用直接销售;反之,适宜采用间接销售。

3. 消费者的购买习惯

对于一些耐用消费品,顾客购买较少,则可少设销售网点;而对于那些购买频繁、价格较低的日用品应多利用中间商,扩大销售网络,从而增大销量。

4. 竞争者状况

竞争情况对选择销售渠道影响较大,尤其是同类产品竞争。对竞争者已采用的销售渠道,生产者应综合考虑。从竞争激烈程度和竞争格局角度来看,若市场竞争不激烈,企业可采用与竞争者类似的分销渠道;当竞争激烈或各种销路已被利用时,企业应采用不同的渠道策略,选择与竞争者有差异的分销渠道。

(三)生产企业本身的因素

1. 经济实力

生产企业资金实力越雄厚,对中间商的依赖性越小,对渠道的选择就越具有主动权和控制权,既可建立自己的销售系统,也可选择间接分销渠道。否则,只能选择间接分销渠道,依赖中间商进行销售并提供服务。

2. 销售能力

如果企业在储存能力、销售力量以及销售经验等方面具备较好的条件,则可以少用中间商或选择直接分销渠道。

3. 提供服务的意愿

如果生产商愿意为最终消费者服务,则可选用直接渠道;如果愿为中间商提供服务,则选用间接渠道。生产者为产品提供充分的服务,为产品销售提供方便,中间商的积极性也会因此而提高。

(四) 中间商因素

中间商对渠道结构的影响主要表现在以下三个方面。

1. 是否能找到合适的中间商

在一定的市场区域内能否找到适宜的中间商往往会影响渠道结构的设计。如找不到合适的中间商，生产商则只能在该区域采用直接销售方式或放弃该区域。

2. 使用中间商的成本

使用中间商的成本会影响整个渠道的使用成本。如果中间商索取的佣金过高，则应尽量减少中间商。

3. 中间商的能力

企业在设计销售渠道时还应考虑中间商的销售能力及向顾客提供服务的能力。如果中间商不能有效地提供服务或促进销售，生产商可以考虑建立具有保障服务的直销渠道。

(五) 政策法规

企业在设计分销渠道时，必须遵守国家有关政策与法令的规定，如价格政策、税收政策、商品检验规定、出口法等都会影响分销渠道的设计。此外，根据国家政策规定，某些产品需由国家政府部门严格管制或按计划进行分配，企业不能自行销售或自行委托销售。

二、渠道设计的原则

(一) 顾客导向原则

企业在设计分销渠道时，应以消费者需求为导向，并对其进行认真的分析，在企业内部建立起以顾客为导向的经营思想。通过周密细致的市场调查研究，将产品尽快、尽好、尽早地通过最短的路线，以尽可能优惠的价格送达消费者方便购买的地点。在提供满足消费者需求的产品的同时，必须使分销渠道满足消费者在售前、售中、售后服务以及购买地点、购买时间上的需求，以提高顾客满意度，促进产品销售。

(二) 利益最大化原则

对于同种产品，不同的分销渠道有不同的分销效率和分销成本。因此企业应比较可选渠道的成本和效率，从而选出最优的分销渠道。当企业选择较为合适的渠道时，便能够提高产品的流通速度，并降低流通过程中的费用。总之，所设计出的分销渠道应该能够降低产品的分销成本，使企业能够在获得竞争优势的同时获得最大的利益。

(三) 适度覆盖原则

企业在设计销售渠道时，还应考虑是否有较高的市场占有率足以覆盖目标市场。不能只强调降低分销成本，不顾市场覆盖率不足而导致销售量下降，也不应过分扩张，导致范围过宽而造成沟通和服务的困难。此外，随着整体市场的不断细分及市场环境的变化，消费者的购买偏好也在不断变化，他们要求购买更便捷、物有所值。在这种情况下，生产企业应深入考察目标市场的变化，及时把握渠道的覆盖能力，对渠道结构进行相应调整，勇于尝试新渠道，不断提高市场占有率。

（四）发挥优势原则

如今的市场竞争是综合网络的整体竞争，而不再是过去单纯的价格、促销、渠道或产品上的竞争。企业在设计分销渠道时，应选择那些能够发挥自身优势的分销渠道，将分销渠道与企业的产品策略、价格策略、促销策略结合起来，增强营销组合的整体优势，以便达到最佳的成本经济并取得良好的顾客反应，从而争取在市场中处于优势地位。

（五）稳定可控原则

分销渠道是企业的一项战略性资源，一经确定，便需要相当多的人力、物力、财力去建立和巩固，对企业的整体运作与长远利益产生重要的影响。因此，应该从战略的角度出发，考虑分销渠道的构建问题。渠道一旦建立之后，不能轻易改变渠道模式和替换渠道成员。只有保持渠道的相对稳定，才能确保渠道的效益。另外，由于影响渠道的各个因素总是处于不断变化状态，为适应市场环境的变化，分销渠道还需具有一定的弹性。

（六）协调平衡原则

渠道成员之间的密切合作对渠道的高效运行、顺利畅通起着至关重要的作用。因此，企业在设计分销渠道时不能只追求自身效益的最大化而忽略其他渠道成员的局部利益，应妥善处理各成员间的利益关系。当然，渠道成员之间经常会发生一些决策或利益方面的冲突与摩擦，这是不可避免的。企业在鼓励渠道成员进行有益竞争的同时，也要创造一个良好的合作氛围，尽量减少冲突发生的可能性，解决矛盾，从而确保分销渠道的高效运行。此外，企业还应制定一套科学的利益分配制度，根据各渠道成员投入的资源与精力、所担负的职能以及取得的绩效，公平合理地分配渠道所取得的利益，以避免因利益分配不均而引起的渠道冲突。

实例5-1

2021年第三季度，荣耀手机因为芯片供应不足，其在中国手机市场的份额从2020年第三季度的13%跌落至2021年第一季度的5%。而在芯片供应问题解决之后，其市场份额又在3个季度之内，于2021年第四季度迅速反弹至17%。如此迅速的反弹，功劳簿上有荣耀经销商的一笔。

荣耀完全照搬了华为的销售体系。依托于华为原有的销售架构，荣耀几乎完全平移了前者的RP系统(营销辅助工具)。数据可视化使得产品一旦出库，厂商就可以全程跟踪，确保了荣耀能够掌控经销商"为我所用"。

荣耀独立后，争取原来华为的核心客户成为重塑销售渠道的重中之重。这也是为何荣耀能够在供应链恢复后，迅速"咸鱼翻身"的重要因素。因为华为的核心客户基本上都有资金实力，一般开店后，短期不挣钱，如果资金实力不雄厚，可能半年时间这个店就关了。某地经销商一旦出问题，意味着方圆十公里将出现市场真空，对于荣耀而言是绝对不能承受之痛。2020年，荣耀单月销售额占比曾一度跌至6%左右，这种情况几乎让小经销商完全退出竞争，加剧了荣耀对头部经销商的依赖度。

相比OPPO和vivo的两级分销体系，荣耀的一级分销体系更能够满足经销商的利益诉求。对于连锁经营店铺，跟二级分销商拿货时，会按照常规分销价拿。对于单店商家，拿货则是按照买断价，买断价比分销价要低个一百、几十元。荣耀的品牌拉力也是经销商青睐的重要原因之一。所谓"品牌拉力"，指的是品牌能提供多少品类。荣耀有智慧屏、PC、平板等高客单价产品，基本上继承了华为的产品路线。手表、耳机对资金的利用率远远不及手机、平板、笔记本，因而那些有实力的经销商更热衷于做高客单价品类产品。更深层次的原因是股权结构，荣耀与省代理商形成了其他厂商所不具备的强绑定关系。一位业内人士认为，四年之后，就算线下渠道式微，省代理商们依然盘踞着主打Shopping Mall的核心商圈。

继承华为的销售体系是把双刃剑。好处显而易见，荣耀能够迅速形成战斗力，并在线下打破OPPO和vivo的两强格局，而且在一二线城市建立了巨大优势。坏处同样明显，经销商话语权越来越大，可能存在挟制手机厂的情况，荣耀是否如华为一样，"镇得住"那些省代理商们，需要时间来证明。

(资料来源：https://www.huxiu.com/article/599303.html)

三、渠道设计的流程

对于每个企业来说，尽管其分销渠道的实际情况不尽相同，不过就大多数企业来说，渠道设计的流程却基本相似。如图5-2所示，分销渠道设计流程大致可以分为以下五个步骤。

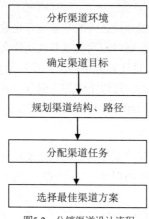

图5-2 分销渠道设计流程

（一）分析渠道环境

(1) 了解企业目前的营销系统

了解外界环境对企业渠道决策产生的影响。外部环境因素的多变性，要求分销渠道有一定的弹性，适应未来可能发生的新变化、新情况。在保持弹性的同时，企业对渠道成员也要进行有效的控制，以免产生渠道成员之间发生冲突或者恶性竞争等。然而，这种高弹性与高控制有时是相互矛盾的，因此企业必须对环境要素与行业发展状况进行分析，制定不同的备选渠道方案。

(2) 分析竞争者渠道状况

不同企业间分销渠道的竞争方式也不同。竞争者的分销渠道对企业的销渠道设计有着重要的影响，企业应对竞争者的营销策略、渠道类型、渠道结构、渠道成员、销售密度、市场规模等进行详细分析，从而制定相应的竞争策略，设计自身的分销渠道。

(3) 分析消费者的需求

分销渠道的发展一直是与消费革命相伴随的。在买方市场形成的条件下，企业的一切营销活动必须以消费者需求为核心，分销渠道设计更应如此，否则就会在激烈的市场竞争中被淘汰。分销渠道是一个顾客价值的传递系统,在这个系统里,每一个渠道成员都要为顾客增加价值。一家企业的成功不仅依赖于自己的行动,而且依赖于整个分销渠道以及与其他企业的分销渠道进行竞争的状况。若价格用来满足消费者的价值需求,产品用来满足消费者的效用需求,促销用来满足消费者的信息需求,那么分销渠道则是用来满足消费者购买时的便利需求或服务需求。

(二)确定渠道目标

渠道设计是一个系统工程,在分析企业所处的渠道环境之后,应明确符合自身发展的渠道目标。确定渠道目标也就是企业想把渠道建设成一个什么样的渠道,是强调速度,既缩短渠道路线使产品快速进入市场,又节省顾客的时间成本;还是体现便利,大面积地接触顾客,加大市场渗透力,使顾客能够就近购买;或是突出选择,增加渠道中产品线的宽度,提供丰富的产品品种规格供顾客选择。此外,渠道目标是企业生产营销总目标的组成部分,必须与市场营销总目标保持一致,与企业的发展战略保持一致,并为其服务。

一般来说,设计分销渠道需要考虑以下三方面的因素:市场覆盖率、渠道控制度以及渠道灵活性。

1. 市场覆盖率

市场覆盖率是除在市场上刚起步的企业之外的其他所有企业都必须考虑的问题,因为它关系到企业的生存和发展。企业在设计销售渠道时应明确需要达到什么样的市场覆盖率,在一定的市场范围内分销密度是如何分布的。每一个具体的分销网络都是针对某一具体的目标市场。在一定条件下,企业为了提高销售额和市场覆盖率,可以不惜加大成本,以实现自己的销售目标。市场覆盖率的提高意味着某个分销网络销售力度的加大,从而意味着企业产品的生存和发展空间的增大。

2. 渠道控制度

渠道管理者若要安排或影响整个分销渠道的活动,便要确立渠道控制的目标。渠道控制度就是指企业对渠道中间商销售行为进行控制的程度。生产商为了实现经营目标,需要经常督促渠道中间商更加努力地销售产品、提高服务质量、稳定零售价格、控制产品流向等。同时,渠道中间商也希望能控制生产商以保证供货的稳定、更低的供货价格以及产品质量的改善等。

3. 渠道灵活性

渠道灵活性,又称为渠道的可伸缩性,指的是企业分销渠道结构进行调整变化的难易程度。当市场竞争环境发生变化时,渠道内部需要进行分化和重组,如果渠道结构不易调整,就会对企业发展很不利。而在进行新产品的市场拓展时渠道灵活性显得更为重要,过去的几年内,中国IT企业营销渠道结构的迅速发展变化很好地说明了这一点。

(三)规划渠道结构、路径

1. 规划渠道结构

(1) 规划渠道长度结构

如前所述,渠道的长度结构决策要受到产品因素、市场因素、生产企业因素和中间商因素的影响。

(2) 规划渠道宽度结构

渠道宽度是指在渠道同一层次上的中间商数量、竞争程度以及在市场领域中的竞争密度。如果一种产品通过尽可能多的销售点供应给尽可能宽阔的市场,就是宽渠道,否则便是窄渠道。企业在进行渠道宽度决策时主要有三种选择：密集型分销、独家型分销和选择型分销。因为这三种分销模式对渠道的控制力度和幅度的作用不同，企业要根据营销渠道的控制目标要求，具体情况具体对待，还要充分考虑到不同顾客行为的差异性，因地制宜地选择渠道。例如，若企业刚进入某一市场，对市场缺乏了解，则不可过早地采用独家分销模式。企业可以选择几家较有经验的当地分销商进行分销，待有了一定经验，对该地市场有一定的了解后，方可考虑独家分销模式。

2. 渠道路径设计的方法

(1) 渠道网点设计法

对于企业分销渠道设计来说，网点可以分为关键点和切入点两种。关键点是指对企业产品销售起重要作用的客观上存在的市场区域或销售集中区域。这些点对企业的生存和发展具有重要意义，是各企业必争之地，所以对这些网点的竞争十分激烈。不过这也要求企业具有很强的实力，或企业拥有一种重大创新的新产品方可直接进入关键点。而切入点则是现有市场格局中的薄弱环节，是比较容易进入的区域。企业在发展初期或实力不足以抗衡激烈的竞争时，可以从切入点进入市场，避免与强大的竞争对手硬碰硬，而采取避实击虚的策略寻找生存空间。

(2) 渠道线路设计法

分销渠道中存在着实物流、促销流、付款流、所有权流、信息流等多种流程，这些流程的运行需要线路去支持。因此可以说，线路是分销渠道中的一个关键因素，关系到整个渠道的运行成本与灵活性。由于不同流程需要不同的线路支持，所以企业的分销线路非常复杂，某些线路会担负多种流程功能。这就要求企业从多种角度分析渠道线路的效率。同时，渠道线路效率还容易受营销环境变化的影响，所以企业还应不断审视环境的变化，考虑改进渠道线路的可能性。

(3) 渠道地域渗透法

地域渗透主要是指运用多种营销手段，使消费者了解产品并试用。采用地域渗透法时要综合考虑顾客购买心理以及各种影响因素，并对竞争对手进行分析。在以消费者为导向的基础上，建立顾客消费偏好、对本企业产品的消费习惯以及消费定式，逐渐形成牢固的销售网络。

（四）分配渠道任务

渠道成员的主要职责包括推销、渠道支持、物流、产品修正、售后服务以及风险承担。这些职责有些由生产商来执行，有些由中间商或消费者执行，有些由渠道成员共同承担。例如，生产企业可直接为消费者提供运输服务，或要求批发商来提货，或让消费者亲自挑选并运走产品，或将货物运到批发商那里再由批发商负责将其转送至零售商。如果渠道任务分配不清晰，成员职责不明确，或者任务分配不合理，就可能使渠道产生混乱，影响产品销售。为使渠道达到最佳运营状态，渠道管理者必须在成员之间合理分配这些任务。

在渠道成员之间分配渠道任务时，渠道管理者必须考虑如下因素。

1. 不同渠道成员执行任务的质量

不同的渠道成员执行相同渠道任务的能力是不同的。比如，直销业务员可以为顾客带来很详细的关于产品质量、规格改进、技术知识以及价格方面的信息。而分销商则在紧急救助、产品分布性、信誉保证、服务传递质量以及顾客的关系方面做得要比直销业务员好。

2. 渠道成员承担相关的渠道任务的意愿

并非所有渠道成员都愿意承担某些渠道任务，如生产商一般不愿意向最终消费者提供信息服务,而批发商一般不愿意处理退货或提供技术服务。生产商能否有效地督促中间商主动执行某些渠道任务,取决于生产商的实力以及产品的竞争力。

3. 顾客的重要性

在分配渠道任务时,还要根据顾客的重要性不同采取不同的销售渠道模式。一般而言,大客户的业务可以派直销人员去处理,对中型客户则通过电话销售或邮寄手册的方式,对小客户和大众则适宜采用间接渠道。生产企业可通过相同的渠道网络到达不同的细分市场,但是针对不同的细分市场要执行不同的渠道任务。

4. 与顾客的接触程度

通常,可以按照与顾客的接触程度将中间机构分为以下三类:推销中介、存储中介与存储/服务中介。推销中介在交易前先与顾客接触,存储中介则负责维持库存但几乎不提供技术支持,存储/服务中介与顾客接触最多。所以渠道管理者在分配渠道任务时,可将销售工作分配给代理商或经销商完成,将退货处理等任务分配给存储/服务型中间商来完成。

(五)选择最佳渠道方案

1. 评价最佳渠道的标准

评估渠道结构是否最优选择,是否最适合本企业,一般有以下三种标准:经济标准、控制标准和适应性标准。

(1) 经济标准

每一种渠道都会产生不同水平的销售额和成本,因此在选择渠道方案时应进行经济评价,即以销售量、渠道成本及利润来衡量渠道方案的价值。首先,考虑企业进行直接销售与间接销售,哪一种方式能产生更多的销量。其次,估计在不同销量下各渠道结构的成本。通常,当销量较小时,间接销售的成本要比直接销售的成本低。但是当销售量逐渐增加时,间接销售成本的上升速度高于直接销售成本的上升速度,当销量增加到一定限度时,间接销售成本就会高于直接销售成本。最后,比较不同渠道模式下的成本与销售量,由于直销渠道与间接渠道下不同的销售量存在不同的销售成本,而且渠道一经确立就不能经常变动。因此企业应首先预测产品的市场潜力,在预测量的基础上确定直接渠道与间接渠道的成本,选择成本最小的渠道结构。

(2) 控制标准

所设计的渠道一定要保持在企业可控范围内。中间商也是独立的经济利益主体,它关心的也是自身的经济利益最大化,所以中间商的精力主要集中在如何刺激消费者购买。而且一家中间商通常分销多种产品,对于众多产品的技术问题或相关资料信息了解得不够全面,从而不能有效地针对产品特性和顾客特性进行推广活动,影响产品的销量。因此,生产企业在选择分销渠道时,既要使中间商全力以赴地销售自己的产品,又要能在管理上加强对中间商的控制。相对来说,直接分销渠道最容易控制,长而密的分销渠道最难控制。

(3) 适应性标准

一种分销渠道在某种环境下是最合适的,当其环境影响因素改变时,就可能不是最好的选择。而分销渠道环境是动态的、千变万化的,一种分销渠道不可能一劳永逸、长久地发挥作用。所以企业在评估渠道时,必须考虑由于渠道环境所引起的适应性问题,当环境发生变化,原有渠道已完全不适用时,应该及时加以调整。

2. 评价和选择最佳渠道的方法

(1) 经验评价法

经验评价法是根据以往的经验与判断来选择渠道结构的方法。渠道设计者可以根据以往经验选择非财务指标，比如信誉、对渠道的控制程度等。这些指标在直接量化决策方法中对渠道的影响都不太明显，但实际上对渠道起着重要的作用。因此，在经验评价法中可以给予那些影响较大的非财务指标较大权重，进而对渠道方案进行评价和选择。

(2) 财务评价法

财务是影响渠道结构选择的一个最重要的变量，所以选择一种合适的渠道结构类似于资本预算的一次投资决策。这种决策包括比较不同的渠道结构所要求的资本成本，并得出资本收益来确定能获得最大利润的渠道结构。而且渠道结构的决策一般都是长期的，所以用财务评价法更具有价值。但是计算不同渠道结构可产生的未来利润以及精确的成本是极其困难的，因此在渠道决策制定过程中财务评价法实际的可操作性不大。

(3) 成本评价法

交易成本理论认为，在组织与协调产品流通过程会产生一系列交易费。这些费用主要来自三方面：一是调研活动费用；二是谈判活动相关的费用；三是合同执行费用。不同类型的产品、不同模式的渠道其交易费用差别很大。企业应根据交易费用的高低及市场环境的要求，选择不同的渠道模式，以获得长期最佳效益。因此，成本评价法的焦点在于企业要达到其分销任务而必需的交易成本耗费。

第三节　销售渠道的管理

一、选择渠道成员

渠道成员的选择要求企业对自身有清晰的认识，对渠道的发展变化有准确的把握，对消费者的需求有深刻的感知。这样，企业才能知道应该选择什么样的渠道成员。选择渠道成员应该明确以下两个方面：渠道成员的选择标准和渠道成员的角色定位。

（一）渠道成员的选择标准

企业在结合自身需求的基础上，还应制定一系列定性和定量相结合的标准，以便在多个潜在渠道成员之间进行选择。渠道成员的选择标准一般有以下几个方面。

(1) 市场覆盖范围

市场是选择中间商最为关键的因素，市场覆盖范围即中间商覆盖制造商预期的地理范围的程度。在考虑中间商覆盖市场的范围是否足够广时，同时还要避免中间商销售覆盖面过大，导致与目前掩盖的范围产生重叠。

(2) 财务状况

渠道成员能否按时结算以及在必要时预付货款，取决于其财务状况。财务状况良好、资金实力雄厚的中间商不仅能保证及时付款，还可以向生产商提供一些财务帮助，如扩大广告促销规模，或提供部分预付款以及允许顾客分期付款，从而吸引更多的消费者。反之，若分销商的财务状况不佳，就会经常拖欠货款，影响企业的资金周转速度。

(3) 促销能力

中间商销售产品的方式及运用促销手段的能力，直接影响其销售规模。比如，有些产品适合人员推销，有些产品适合广告促销，而有些产品则适合通过公共关系促销等。因此选择分销商时，要充分了解其所能完成某种产品销售的市场营销政策和技术的现实可能程度，以及其是否愿意承担一定的促销费用等。

(4) 人员、装备和设施

分销活动人员的数量和质量如何，是否具有良好的公共关系，以及分销商的设施与装备安置是否适当，这些因素都可以直接反映出中间商的经营能力。

(5) 声誉

声誉主要指中间商的信誉好坏、公共关系如何等。它不仅直接影响回款情况，还直接关系市场的网络支持。一旦中间商中途毁约，企业就会欲进无力，欲退不能，不得不放弃已经开发的市场或重新开发。因此企业应避免选择信用不好、有经营劣迹的中间商作为渠道成员。

(6) 经营历史

许多企业在决定某中间商是否可以承担分销产品的重任时，通常会考虑分销商以往的表现和获利情况。若中间商过去经营状况不佳，则让其加入分销渠道的风险较大。此外，中间商经营历史越长，周围的顾客对其越熟悉，也就意味着拥有一定的市场影响力和一批忠实的顾客，越有利于产品的分销。

(7) 合作意向

如果中间商没有合作的意愿，即使他再有实力，声誉再好，对企业来说都是没有意义的。如果中间商乐意与生产企业合作，就会积极主动地销售产品，这对双方都非常有利。因此，合作意向是选择中间商不得不考虑的一个因素。

（二）渠道成员的角色定位

渠道成员的角色定位，即明确赋予渠道成员相应的角色地位、权利与责任。角色定位是渠道成员相互之间进行有效沟通的前提，否则，渠道成员的行为就有可能偏离渠道目标而导致渠道冲突。明确渠道成员的角色定位一般可以采取以下两种方式。

(1) 正式合约方式

通过正式合约，明确规定渠道成员在渠道担任的角色及其相应的责任和权利。这样不仅可以强化与规范渠道成员的角色范围及行为，还能有效地预防成员之间因目标不一致所带来的冲突。

(2) 非正式合约方式

采取非正式的合约时，需要渠道成员之间相互高度信任或依赖。实际上，非正式合约是双方对自身行为的一种承诺。需要注意的是，即使采取非正式合约形式，渠道管理者与渠道成员也要充分沟通好他们的角色、责任及权利等。

二、激励渠道成员

一般来说，中间商并不会一直与生产商保持一致，他们也会有各自的需求与愿望，因此生产商应该有的放矢地实行渠道激励政策，保持渠道具有足够的动力。激励中间商的形式多种多样，一般而言，可以分为直接激励和间接激励两大类。

(一) 直接激励方法

直接激励是指通过给予金钱或物质奖励来肯定中间商的经营成绩。实践中，企业多采用以下几种激励形式来鼓励中间商的业绩。

(1) 返利

返利是指生产商根据一定的评定标准，对达到标准的渠道成员进行奖励的激励制度。根据评判标准的不同可以分为销售额返利和综合返利；根据返利的时间不同可以分为月返、季返和年返；根据返利的方式不同可以分为现金返利和非现金返利。因此，在制定返利政策时一定要考虑到如下因素。

① 返利的标准，一定要分清数量、品种、等级、返利额度等。
② 返利的形式，是现价返、以货物返，还是二者结合等。
③ 返利的时间，是实行月返、季返还是年返。
④ 返利的附属条件，比如严禁擅自降价、严禁跨区域销售、严禁拖欠货款等。

实例5-2

在供应商管理经销商的实例中，返利有暗返利与明返利之分，暗返利与明返利交叉使用，才会发挥出应有的效果，才能成为企业在市场上取胜的利器！

百事可乐公司为提高经销商的积极性，巧妙运用返利政策，规定返利分为四个部分：年扣、季度奖励、年度奖励和下年度支持奖励。除年扣为"明返利"(在合同上明确规定为1%)外，其余三项奖励为"暗返利"，即事前没有任何约定执行标准，事后才告知经销商。

其中明返利是指明确告诉经销商在某个时间段内累积提货量对应的返点数量，是厂家按照与经销商签订的合同条款，对经销商的回款给予的定额奖励。明确的按量返利对调动经销商积极性有较大的作用。明返利的最大缺点在于，由于各经销商事前知道返利的额度，如果厂家稍微控制不力的话，原来制定的价格体系很可能就会因此瓦解。为抢夺市场、得到奖励，经销商不惜降价抛售、恶性竞争。最终，厂家的返利完全被砸了进去，不但没起到调节通路利润的作用，反而造成了市场上到处都是乱价、窜货的恶果。

暗返利是指对经销商不明确告知，而是厂家按照与经销商签订的合同条款，对经销商的回款给予的不定额奖励。暗返利不公开、不透明，就像常见的年终分红一样，在一定程度上消除了一些明返利的负面影响，而且在实施过程中还可以充分地向那些诚信优秀的经销商倾斜和侧重，比较公平。但是，暗返利在实施过程中是模糊、不透明的，可是当实施的那一瞬间，模糊奖励就变得透明了。经销商会根据上年自己和其他经销商的模糊奖励的额度，估计自己在下一个销售年度内的返利额度。

暗返利只能与明返利交叉使用，而不能连续使用。否则，暗返利就会失去其模糊的意义。

(资料来源：https://www.360kuai.com/pc/9f5723785752cf142?cota=3&kuai_so=1&sign=360_57c3bbd1&refer_scene=so_1)

(2) 价格折扣

价格折扣通常包括以下几种形式。

① 数量折扣，经销数量越多，折扣就越丰厚。

② 等级折扣，根据中间商在渠道中的等级，给予相应的待遇。
③ 现金折扣，货款回收时间越早，折扣越大。
④ 季节折扣，在进入销售淡季之前，可鼓励中间商多进货，减少生产商的仓储和保管压力，在进入销售旺季之前，加大折扣，促使中间商进货，以抢占热销先机。

(3) 开展促销活动

促销费用可由制造商负担，也可由生产商分担一部分。通常，生产商推出一项促销活动，首先应该考虑的便是设计一套层次分明、分配合理的价差体系。价差指的是产品从制造商到消费者手中经过的所有批零商的差价。高价的产品如果没有诱人的价差分配，也无法调动经销商的积极性，而低价产品如果控制得当，仍然可以以销量大而为经销商带来利润。

(二) 间接激励方法

间接激励是指通过帮助中间商进行销售管理，以提高销售的效率来激发中间商的积极性。常见的方式有以下几种。

(1) 帮助中间商进行零售终端管理

例如，通过定期拜访，帮助中间商设计商品陈列的形式、整理货架等。

(2) 帮助中间商管理其客户网

例如，为中间商建立客户档案，并根据客户的销售量将他们分成等级，据此告诉中间商对待不同等级的客户应采取不同的支持方式，从而更好地服务于不同性质的客户。

(3) 合理安排企业与批发商、企业与零售商之间的合作

例如，合作广告补助、内部展示报酬是经常给予零售商的；而销售人员的培训计划大多应用于批发商，尤其在销售工业品的市场上。

三、渠道冲突管理

(一) 渠道冲突的分类

渠道冲突是指渠道成员之间因利益关系产生的各种矛盾和不协调，比如窜货、乱价、冷战、要挟等。渠道冲突的主要根源就是利益问题，包括经济利益和渠道权力。一般来说，渠道冲突可以分为三种：横向渠道冲突、纵向渠道冲突和不同渠道间的冲突。

1. 横向渠道冲突

横向渠道冲突，又称为水平渠道冲突，是指同一渠道中同一层次成员之间的冲突。比如，同级批发商或同级零售商之间的冲突。同一渠道层次中成员之间是横向平等的关系，但是在利益上是独立的，由于各自在资本、素质、能力等方面不尽相同，从而发生冲突。横向冲突主要表现形式为压价销售、跨区域销售(也称窜货)、不按规定提供售后服务等。水平冲突产生的原因大多是生产企业没有对目标市场的中间商数量或分管区域做出合理规划，使中间商为各自的利益互相竞争。

2. 纵向渠道冲突

纵向渠道冲突，又称为垂直渠道冲突或渠道上下游冲突，即同一渠道中不同层次成员之间产生的冲突。比如，生产商与分销商之间、总代理与批发商之间、批发商与零售商之间的冲突。一方面，越来越多的分销商采取直销与分销相结合的方式销售商品，这就不可避免地要争夺下游经销商的客户；另一方面，当下游经销商的实力增强以后，希望在渠道中拥有更大的权力，就会向上游渠

道发起挑战。在某些情况下，生产企业为了推广自己的产品，会越过一级经销商而直接向二级经销商供货，导致上下游渠道间产生矛盾。

3. 不同渠道间的冲突

不同渠道间的冲突，又称为交叉(交互)式渠道冲突或多渠道冲突，是指企业建立了两条或两条以上的渠道向同一市场分销产品而产生的冲突。其本质是几条渠道在同一市场上争夺同一类客户群而引发的冲突。例如，美国的李维斯牌牛仔裤原来只通过特约经销店销售，但是当企业决定将彭尼公司和西尔斯百货公司也纳入自己的销售渠道时，特约经销店对此决策表示强烈不满。需要注意的是，当某一渠道降低价格或降低毛利时，不同渠道间的冲突表现得尤为激烈。

（二）渠道冲突产生的原因

1. 渠道冲突产生的直接原因

(1) 价格、折扣原因

生产企业常常抱怨分销商的销售价格过高或过低，从而影响其产品形象与定位；而分销商则抱怨生产商给自己的价格无利可图。折扣是渠道中常用的促进销售的方法之一。生产企业总是希望尽可能地实现利润最大化，给分销商以较低的折扣率；而分销商也要求实现自己的利润目标，希望生产商给予更优惠的条件和更高的折扣率。在这些因素的影响下，渠道冲突便很容易产生。

(2) 回收货款

在渠道管理中，生产企业希望尽快回收货款，加快自身资金的周转，缓解企业的资金压力；但是分销商则希望尽量延期付款，使自己承担的风险最低。通常，生产企业在总分销商支付订金或完全依靠信用的基础上，先行发货，待货物售出后，再收回货款；总分销商又以同样的方式将货物转让给其下级分销商，这样就构成了一个很长的回款链条，导致回款速度较慢。而且一旦链条中的某一环节出现问题，就会把风险转移给生产企业，从而使企业蒙受损失。

(3) 存货水平

在销售淡季时，企业往往要求分销商多囤货，这样既能减少制造商由于库存而占用的资金，并防止竞争性产品进入，又可为销售旺季到来时占领市场做好准备；但是分销商则不愿意投入大量资金于存货，而希望将资金投入其他热销产品的经营中，以获取更大利润。而在销售旺季时，分销商则希望企业大量供货，提供供货保证，缩短供货周期，以防止产品的脱销。因此，生产商与分销商通常就存货水平问题而产生冲突。

2. 渠道冲突产生的根本原因

(1) 目标错位

产生渠道冲突的一个主要原因是渠道成员有不同的目标。比如生产商希望通过低价政策使市场快速增长，而经销商更偏爱高毛利和实行短期的盈利率；代理商的目标是让零售商更多地存货、更低的毛利、更多的促销支出；而零售商的目标是更快的资金周转、更高的毛利、更低的促销支出。当渠道成员之间的目标值超出对方可接受的范围时，渠道冲突就有可能产生。

(2) 观点差异

观点差异是指各渠道成员对渠道的形势，渠道中发生的事件有不同的看法和态度。比如，面对竞争对手的攻击、新的销售政策等，所涉及的渠道成员会有不同的态度来看待这些变化。

(3) 角色差异

一个渠道成员的角色是指每一个渠道成员都可以接受的行为范围。但是渠道成员对自己角色的定位与对其他成员的责任及期望的理解有差异。比如，某一渠道中二级代理商可能认为一级代理商给予其赞助是责任与义务，但一级代理商则不这么认为。

(4) 期望差异

由于渠道成员对经济形势、市场发展、客户经营的预期不同，也常常会导致冲突的发生。例如，生产企业预测近期经济形势比较乐观，希望分销商能够经营其高档商品，但分销商对近期经济形势的预期并不乐观，拒绝销售高档商品。又如，二级代理商可能会认为一级代理商所制定的销量目标过高，从而导致无法获得期望的返利而不满；而一级代理商认为二级代理商对销售目标的努力程度不够，从而对二级代理商采取惩罚措施等。

（三）渠道冲突的处理

在渠道成员发生冲突时，应及时地分析渠道冲突的类型、内容以及原因，选择适当的方法来消除不良影响。

(1) 以共同的利益确立长期目标

渠道成员除了自己的局部利益外，也有共同利益，如市场份额、高品质、消费者满意度等。在渠道面临外来威胁时，比如出现政策的改变、强有力的竞争渠道、消费者需求的改变等，紧密合作则能够战胜这些威胁，保护渠道成员的共同利益，同时也保护了渠道成员的局部利益。但是长期目标的确立需要渠道成员之间经常沟通，实现信息共享。

实例5-3

房地产开发商和经销商的关系很微妙，房地产的销售渠道一般包括自有销售、分销商、中介、老带新、全民经纪人、看房团等。对这些渠道，开发商给的佣金各不相同，其中开发商的自由销售佣金往往最低。所以一方面地产公司内部会控制分销销售占比，但是一方面，又不得不依赖分销。"现在开发商越来越依赖分销，在惠州、三亚这些地方，分销渠道占比可能达到100%，在广州，现在也有70%左右。"业内人士说道。

记者了解到，一般而言，"渠道舞弊"有三种形式。

一是内单外挂，即置业顾问藏匿自然来访客户，飞单给外场渠道，联合作弊，获取不当利益。

二是外场洗客，即中介渠道串通开发商行销拓客团队(指出门主动推销的人员)，或利诱其他佣金较低渠道，将客户转至高佣金渠道成交。

三是渠道截客，即中介人员在案场周边，甚至案场内，拦截自然到访客户，唆使利诱客户以渠道客户名义成交。

面对种种舞弊，2021年初"戴头盔看房"被炒得火热，"戴头盔看房"正是这个故事的"进阶版"：一方面，开发商为了杜绝"内单外挂"，在销售处安装了具有人脸识别功能的摄像设备，锁定客户所属渠道；另一方面，销售、中介以及客户，设法避开开发商的智能识别系统，以谋求更大利益。

（资料来源：https://36kr.com/p/1043850951557251）

---

(2) 激励

要减少渠道成员的冲突，有时渠道管理者不得不对其渠道政策进行调整，修改以前的规则。这些调整和修改，都是为了激励成员，以物质利益刺激他们求大同，存小异，在出现冲突时大事化小，小事化了。如企业可以通过调整数量折扣、价格折扣、付款信贷、分销商成员的培训等来激励渠道成员。

(3) 人员交换

这种处理冲突的方法，是在两个或两个以上的渠道层次上相互交换人员。比如，生产企业的管理人员被派驻分销商处工作，而分销商的管理人员被调到生产企业的营销部门工作。由于深入对方机构里工作，交换人员再回到各自岗位后，更容易站在对方的立场上考虑问题，从而有利于加强彼此的理解和信任。但是，这种互换行为有可能泄露公司机密，因而使用时需特别注意。

(4) 协商、调停、仲裁和诉讼

当冲突经常发生或很激烈时，有关各方可以采用协商、调停、仲裁或诉讼的方法来处理渠道的冲突。

(5) 清理渠道成员

对于不遵守渠道运营规则，且屡犯不改的渠道成员，应该重新审查，将不合格的渠道成员清除出渠道系统。如对那些肆意压低价格、跨区销售、进行恶性竞争的分销商，或长时间未实现规定销售目标的分销商，都可采取清理的方法。

四、评估渠道成员

生产商除了选择和激励中间商之外，还应对其定期评估。如果对其中一成员的评估结果过分低于既定标准，则需找出主要原因，并考虑相应的补救措施，提出建议。生产企业对渠道成员的一般评估程序是：制定评估标准、进行定期评估、提出合理的建议。

（一）制定评估标准

评估渠道成员绩效的标准有很多，企业在进行评估时，所采用的标准往往因为具体情况而有所不同。大多企业所采用的评估标准有以下几个方面。

(1) 销售业绩

在评估渠道成员绩效时，渠道管理者最常用的指标便是渠道成员的销售数据，其评估程序是：首先，把某个渠道成员的销售数据与历史数据进行纵向比较；其次，把某个渠道成员的销售数据与其他成员的进行横向比较；最后，将渠道成员的销售额与目标销售额进行比较。

(2) 分销能力

生产商可以通过渠道成员的销售额在总销售额中所占的比例来了解其分销能力，然后再对其销售人员进行评价，进一步评价渠道成员的分销能力。

(3) 库存水平

通常供销双方在签订合同时，会制定一个合理的库存标准，生产商要求中间商能把库存控制在合同所规定的水平。但是，生产商对中间商的库存水平考核是有一定难度的，成本也可能较大，此时企业可以考虑利用专门的市场研究公司来提供库存监控服务报告。

（二）进行定期评估

1. 评估方法

在制定出评估标准后，渠道管理者就可以对渠道成员进行绩效评估了。一般而言，渠道管理中采用的评估方法主要包括以下几种。

(1) 确定型多重标准组合评估

此法根据一定的规则或权重把多重标准组合起来,对渠道成员的综合绩效进行定量评分,根据所得到的综合绩效分数来对渠道成员进行评估。该法优点在于,明确给出了各个标准的权重,并在此基础上得出了综合绩效的总分,使得各个成员的绩效也就一目了然了;但是需要运用的标准可能比较多,且每个标准又可能有多个可操作的度量,操作起来比较麻烦。综合来看,此法具有一定的合理性,较强的灵活性,所以大多数企业采用此法。

(2) 随机型多重标准组合评估

随机组合多项标准,对绩效进行综合评估。此法运用起来较简单、灵活,但是每个绩效标准的度量没有确定的权重,因而也无法计算出综合绩效的定量指数。

(3) 独立的绩效评估

对所制定标准中的一项或多项进行独立评估。此法既简单又快捷,有关渠道成员的数据一旦收集到,评估工作就能很快完成;但是当一个渠道成员的绩效在各个标准之间有较大差异时,不能进行综合绩效的分析。

2. 进行绩效评估

(1) 渠道成员的销售绩效

判断渠道成员的销售绩效主要有两个方面,横向比较和纵向比较。

① 进行渠道成员之间的横向比较。在评估时期内,在所处市场区域的经济增长水平与竞争条件下,该渠道成员为企业创造的销售量是否高于平均水平,该渠道成员为企业带来的销售收入是否比本地区与之竞争的其他渠道成员要高。

② 进行渠道成员自身的纵向比较。在评估时期内,在所处市场区域的经济增长水平与竞争条件下,该渠道成员为企业创造的销售量是否高于前一个评估期的水平。

(2) 渠道成员对利润的贡献

判断渠道成员对利润的贡献可以从以下几方面考虑。

① 根据该渠道成员为企业带来的交易量,判断企业向其提供支持和服务的成本费用是否合理。

② 该渠道成员的边际服务利润水平是否高于平均水平。

③ 与同类型同等规模的渠道成员相比,服务与支持该渠道成员的费用是否过高。

④ 对该渠道成员的支持是否符合企业的营销目标。

(3) 渠道成员对销售增长的贡献

该渠道成员是否继续成为或快成为企业的主要收入来源;该渠道成员销售企业产品的数量或金额的增长是否能超过平均水平;是否注重对本企业产品的投入。

(4) 渠道成员的顾客满意度情况

企业是否经常收到顾客对该渠道成员的抱怨;该渠道成员是否尽力使顾客感到满意;在处理企业产品问题时,该渠道成员是否能向顾客提供非常好的解决方案。

(5) 渠道成员的配合程度

该渠道成员的运作与企业规定的程序、步骤能否保持一致;是否经常违反与企业签订的合同或协议中的条款;是否有恶意的冲货行为或违反企业制定的价格政策;是否配合与支持企业各项销售管理工作;在要求渠道成员参加一些企业认为非常重要的规划工作时,是否能得到渠道成员的配合与支持。

（三）提出合理的建议

通过评估，渠道管理者应给那些绩效不达标的渠道成员提出合理的建议，帮助他们改善绩效。若问题来自生产商，生产商则应根据渠道成员的需求和问题为其提供相应的支持；若问题出自渠道成员本身，则应为其提供一些可行的建议；若双方均有一定的责任，生产商应通过沟通和协调，改进彼此之间的关系，互相帮助，互相监督，从而争取实现双赢的结果。

本章小结

在商品分销过程中涉及的组织和个人，就是我们所说的渠道成员。通常情况下，分销渠道成员都应该包括生产商、中间商和消费者。根据中间商拥有商品的所有权与否，可以将中间商分为代理商和经销商两大类。渠道的结构主要包括渠道的层级结构、宽度结构和类型结构。

影响渠道设计的因素主要包括：产品因素、市场因素、生产企业本身的因素、中间商因素。在设计渠道时应遵循的六大原则：顾客导向原则、利益最大化原则、适度覆盖原则、发挥优势原则、稳定可控原则、协调平衡原则。渠道设计的流程大致包括以下五个步骤：分析渠道环境、确定渠道目标、规划渠道结构路径、分配渠道任务、选择最佳的渠道方案。

渠道管理有以下三大目标：货畅其流、稳定价格与市场最大化。渠道管理的核心是渠道成员管理，渠道成员管理包括选择渠道成员、激励渠道成员、渠道冲突管理、评估渠道成员。渠道成员管理的难点在于渠道冲突管理，最后还要从多角度对渠道管理进行绩效评价。

案例分析

良品铺子——同时具有线下基因和线上经验的零食公司

2020年2月21日，零食公司良品铺子发布首次公开发行股票上市公告书，宣布首发的4 100万股股票将于2020年2月24日在上交所上市交易，募集的金额超过4.2亿元人民币。

良品铺子是一家什么样的零食公司，在中国零食市场处于什么地位呢？

从整个中国零食市场来看，零食公司可以从业务模式角度分成几种类型。

① 传统的CPG公司，包括雀巢、玛氏、亿滋、百事等跨国公司和洽洽、亲亲等国内上市公司，其注意力主要集中在产品的研发、生产、营销推广和品牌建设上，传统意义上不直接面对消费者，而是通过经销商和终端渠道搭建销售网络。

② 线下零售的零食品牌，上市公司中以来伊份为代表，主要通过开设线下连锁门店建设销售网络，直面销售者进行销售。

③ 电商零食品牌，以三只松鼠、百草味为代表，主要基于电商平台等线上渠道销售，销售商既有B2C模式(直接面向消费者开设线上旗舰店)，也有B2B模式(向京东自营、天猫超市等平台供货)。

以上划分是传统意义上的商业模式划分，从当下很多品牌和公司的发展来看，这些线上—线下、批发—零售的属性正在逐渐消解。但从市场发展阶段、竞争格局来看，可以从这个角度对良品铺子的业务进行拆解，并放在这样一个框架中进行分析。

无论是对于一般的消费者，还是一些媒体、市场研究从业者，都经常把良品铺子和三只松鼠、百草味这三个品牌放在一起比较，并称其为零食界的"BAT"。诚然，这几个品牌确有一些类似之处。

① 都是综合性的零食品牌，产品覆盖零食行业几乎所有细分品类，SKU多。

② 供应链上均采用代工模式。

③ 供应链管理的效率较高，出新品速度较快，相应地，也在过去很长一段时间被"诟病"自主研发能力较差，产品开发上多采取对市场热门产品的快速跟进策略，研发投入在整体费用中占比均较低。

④ 其发展都享受到了以淘宝和天猫为代表的线上零食市场快速增长的红利，目前线上渠道都是这几个品牌非常重要的市场。

⑤ 因为上面提到的产品同质化、对线上比较依赖等因素，目前面临较为激烈的竞争，相应地，出现营销投入在费用中占比高、利润水平低等问题。

良品铺子的线下零售基因

从业务层面来看，良品铺子和三只松鼠、百草味还是有一些明显的区别的——与后者几乎全部营收来自于线上渠道不同，良品铺子起家于线下，通过"自营+加盟"构建自己的线下零售门店体系，对应地，直到现在，良品铺子的主要营收还是来自线下(近年来因为线上市场的持续发展和投入，良品铺子线上营收已经接近50%，但仍没有超过线下)。

良品铺子从诞生之初，一直在线下零售业务上做得比较扎实，一方面积累了众多门店，其中包括大量直营店和加盟店，组成了品牌核心的线下渠道网络，也形成了系统的、直接面对消费者的业务基础；另一方面，良品铺子在连锁零售业务的十几年经营中，积累了门店单店运营和标准化拓展，以及基于网络的系统化运营基础和能力。

因此，说良品铺子是一个"互联网零食品牌"，显然是不恰当的。

会开店、在线下零售生意上有经验，而且是有体系化的经验，是良品铺子相较于三只松鼠、百草味等在近年来才开始探索线下场景的零食品牌的一个核心比较优势。

从线下零售来看，良品铺子处在第一梯队，超过来伊份排在第一，从线上电商来看，良品铺子也处在第一梯队，排在三只松鼠和百草味之后。

从营收数据中可以看到，良品铺子就业务整体体量来看，是本土零食品牌中数一数二的——目前营收仅次于三只松鼠。而且，良品铺子也是这些品牌中线上—线下业务发展最为均衡的。

另一方面，如果把良品铺子线上的电商业务和线下连锁零售业务拆分开，看成两家公司，可以看到良品铺子在线下零售角度也是十分有基础的——业务体量和专注线下连锁零售的来伊份相当。不过，其线上电商业务部分，从营收角度来讲，与三只松鼠、百草味还存在一定的差距，2019年H1营收分别约为后者的35%、62%左右。

良品铺子的线上电商业务发展

相较于来伊份等一直以来专注线下的零食连锁零售品牌，良品铺子又比较好地捕捉、把握到了线上零食市场的机遇，建立了以天猫、京东为核心的线上销售系统。

因而，放在整个中国零食市场来看，在线上和线下，品牌和零售上均有一定基因和经验的良品铺子IPO，给这家2006年成立的公司，带来了一些未来发展想象空间的基本面。

(1) 良品铺子在2012年前后大举布局电商，这家以线下零售起家的公司几乎是从无到有完成了电商业务的构架设计和落地，包括从企业结构上成立独立的电商运营公司，针对线上交易开发独立系统，产品上专门为线上开辟单独的SKU，建设专门的电商仓库等。在以淘宝天猫体系为核心的电商运营中，也比较大胆跟进了投入，建立了一套自己的电商运营推广思路。相应地，良品铺子也和三只松鼠、百草味一样享受到了线上零食消费快速增长的红利，营收上得到了可观增长。

(2) 良品铺子经过多年运营,在品牌层面积累了一定的价值,尤其是近年来通过一系列投放推广策略(包括2019年的品牌"高端化"升级)以及依托线下两千多家门店的持续宣传,品牌的认知度有一定基础。

以上优势是良品铺子在当下中国零食市场立足的竞争基础,也是其得到长远发展的筹码。

(资料来源:https://36kr.com/p/1725254287361)

案例讨论题:

1. 案例中良品铺子做出了什么样的线上线下销售渠道布局?
2. 案例中良品铺子和三只松鼠、百草味、来伊份相比,其优势主要体现在什么方面?
3. 良品铺子还可以如何进行销售渠道建设提高竞争力?

复习思考题

1. 结合你的生活实践,谈谈你对中间商的理解。
2. 试比较销售渠道的层级结构、宽度结构和类型结构的异同。
3. 试述渠道设计的主要影响因素。
4. 试述渠道设计的主要步骤。
5. 如何正确认识和管理渠道冲突?

思政大纲

章名	知识点	思政德育融入点
销售渠道的建设与管理	销售渠道的设计与开发	通过讲解销售渠道设计影响因素中的政策法规因素,提醒学生必须遵守国家有关渠道设计和产品销售的政策与法律规定,使学生深刻意识到法律法规在企业运营中的重要影响;通过讲解渠道设计原则中的客户导向原则,使学生牢记企业销售渠道构建的基本目的,发挥企业服务消费者、服务大众的社会价值
	销售渠道的管理	通过介绍房地产开发商和经销商舞弊的负面案例,使学生深刻意识到公正法治、诚信友善的价值观在销售渠道管理中的重要作用,销售渠道成员间的违背道德和法律的行为会为企业和消费者带来巨大的经济损失和资源的浪费

第六章
促销策划

学习目标

学完本章后,应当能够:
(1) 掌握促销沟通的基本概念;
(2) 掌握促销基本方式的基本概念;
(3) 了解促销基本方式的实施流程。

思政目标

(1) 重视促销活动设计中的合法性和安全性,避免出现欺骗消费者、恶意竞争等违背企业道德和义务的行为。
(2) 重视促销活动中和消费者的互动关系,以客户为中心,为消费者创造价值,激发顾客的购买欲望,影响其购买行为但不意味着恶意诱导甚至欺骗消费者。

导入案例

2021年,线下零售不景气,线上网购却开展得如火如荼。在受新冠感染疫情影响的几年中,网购显然已经成为欧美消费者们越来越能接受的方式。

根据在对接近3 000名美国消费者的调查中,有近71%的购物者2021年"黑五"①在亚马逊购过物,超过41%的购物者通过沃尔玛的在线购物,28%的购物者通过Target进行了在线购物。按照比例推算,2021年在网上购物的假日购物者比在实体零售店购物的人多出13%。

在新冠感染疫情期间股价一路狂奔的电商独立站服务商Shopify表示,2021年"黑五"的销售额达到29亿美元,这也再次打破了纪录。Shopify表示,交易额达到每分钟310万美元的峰值,截至美国东部时间"黑五"凌晨4点,全站的销售额已经达到10亿美元,比2020年提前了4个小时。其中,成交量最高的国家是美国、英国和加拿大,而

---
① 黑五:全称"黑色星期五",为感恩节后的第一个星期五,也是美国非官方的圣诞购物季的启动日。

最畅销的城市是伦敦、纽约和洛杉矶。

此次"黑五"期间，新兴电商的"黑五"促销也是花样百出，社交平台跨界电商卖货的步伐越来越快。根据《太阳报》的调查数据，35岁以下的消费者中，有超过一半的人表示2021年将使用Pinterest、TikTok和Alexa语音助手等方式进行黑色星期五和圣诞节购物。

TikTok2021年在英国试点举办了首个"黑五"网购活动，在11月25日至30日之间，TikTok上创作者将开启多场"黑五"直播卖货活动，英国用户有机会以低至5折的折扣来购买美妆大牌及PS5、iPhone13等科技类产品。

Snapchat在2021年"黑五"与可口可乐、沃尔玛、亚马逊等合作，推出六种沉浸式增强现实（AR）商店体验，用户可通过滤镜选项中的"For You"标签访问Snap假日商店，并可直接购买商品。除了假日市场，Snap还跟American Eagle、Fendi、Dior、Shein等时尚品牌合作推出了AR试穿功能，以应对假日购物季。

Pinterest在2021年11月8日正式推出了直播购物功能，美国东部时间周一到周五下午六点，Pinterest将邀请该平台的一名创作者进行带货，选品涉及时尚、美容、家居、美食等不同领域。

Twitter也在2021年"黑五"首次加入了电商"混战"。Twitter携手Walmart首次启动Cyber Deals现场活动，用户可以观看直播、购买商品，并透过推文来参与直播对话。

虽然各大海外社交平台都开始学中国火爆的直播带货模式。不同于国内直播间里主播们的上链接等"打鸡血"式的卖货法，目前这些海外平台的主播们的风格普遍比较"温柔"，很多主播对所卖的货物也并不了解，让人实在提不起兴趣。

而相比这种别扭的卖货方式，带着中国电商基因的Shein所采用的这种万券齐发、降低包邮门槛和满屏的折扣标签的促销模式，似乎还更能刺激消费者的购买欲望。

（资料来源：https://36kr.com/p/1506745892851714）

愈演愈烈的电商大战，吸引了越来越多的企业参与和关注。商家采取降价、抽奖、赠品、广告等多种促销手段，成功地吸引了消费者的关注。"双11""6·18"成为消费者集中关注的消费热潮。可见，促销手段的合理运用，对产品的销售起着关键性的作用，在帮助企业销售出商品的同时又节约了消费者的成本。那么促销的真正含义到底是什么，且促销都有哪些作用？决定企业促销活动是否成功的关键因素又有哪些？一个企业应该怎样来开展促销活动？这些问题，我们将在本章为大家介绍。

第一节 促销沟通理论

企业销售的过程是靠沟通进行的。现代企业所管理的是一个极其复杂的市场沟通系统。企业通过一套沟通组合来接触中间商、消费者及各种公众。中间商也可通过一系列沟通组合来接触消费者及各种公众。消费者彼此之间、消费者与其他公众之间则主要通过口头传播沟通。同时，各群体还要对其他群体进行沟通反馈，因此，促销沟通是企业销售管理的重要内容。

一、促销概述

（一）促销的含义

促销是促进产品销售的简称，指企业通过各种方式方法，传递商品信息，帮助与说服顾客购买本企业的商品，或使顾客对企业产生好感，从而帮助企业销售商品。

这一概念包括以下几层含义。

① 促销的实质是企业与顾客之间信息的沟通与传播。一方面，企业把与产品、服务、企业形象及其他相关信息传递给广大的顾客与公众；另一方面，企业要广泛搜集顾客与公众反馈的各种信息。只有通过这样的信息传播与沟通，才能拉近企业与顾客之间的距离。

② 促销的目的是激发顾客的购买欲望，并影响其购买行为，从而扩大商品的销售。

③ 促销可以分为非人员促销和人员促销两大类。人员促销也称为人员推销或直接促销，非人员促销也称为非人员推销或间接促销，包括广告、公共关系等方式。本章主要介绍非人员促销策划。企业通常在促销活动中将非人员促销和人员促销结合使用。

（二）促销的基本方式

企业的促销活动种类繁多，但主要有五种基本方式，即人员推销、广告、公共关系与直复营销，这几种方式各有其特点，可以单独使用，也可以组合在一起使用。

1. 人员推销

所谓人员推销，是指企业通过派出销售人员与一个或一个以上可能成为购买者的人交谈、做口头陈述，以推销商品，促进和扩大销售。在沟通的过程中，人员推销在增强信任感、建立消费者对产品的偏好及促成行为方面极其有效。由于是面对面的交谈，销售人员可以与顾客进行充分的沟通，保持密切联系，而且可以对顾客的意见做出及时反应。不过人员推销的成本比较高，且优秀的销售人员也不是随处可觅的。

2. 广告

所谓广告，是指广告主付费，经广告承办单位所进行的一种信息传播活动。广告的信息散布范围广，且可以重复使用，对树立企业产品的长期形象有较好的效果。不过广告只是一种信息的单向传递，缺乏与消费者的充分沟通，所以很难说服消费者进行即时购买活动。

3. 公共关系

所谓公共关系，是指企业为建立传播和维护自身的形象而通过直接或间接的渠道保持与企业外部的有关公众的沟通活动。公共关系在市场营销中起着树立企业形象、提高企业社会声誉的作用。不过这种方式在促销方面没有其他方式见效快。

4. 直复营销

直复营销源于英文direct marketing，意为"直接回应的营销"。直复营销是以盈利为目标，通过个性化与大众沟通媒介向目标市场成员传播信息，以寻求对方直接回应(问询或订购)的过程。直复营销的定义有许多种，其中最具权威性和普遍接受的是美国直复营销协会的定义：直复营销是一个与市场营销相互作用的系统，并利用一种或多种媒介对各个地区的交易及可衡量的反应施加影响。典型的直复营销媒介包括：直邮营销、电话营销、直接反应印刷媒介、直接反应电视、直接反应广播、网络营销等。

二、沟通过程模式

(一) 沟通过程的因素

企业促销的过程实质上是企业与消费者的信息沟通过程。一般来说，一个有效的沟通过程包括以下九个要素(见图6-1)。

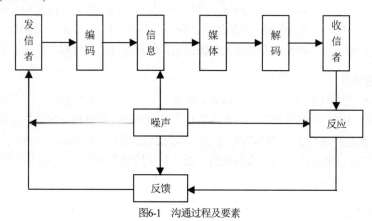

图6-1　沟通过程及要素

① 发信者，又称信息源，是给另一方发送信息的一方。
② 编码，把信息变成易于沟通的符号的过程。
③ 信息，发信者所传递的一系列有意义的符号。
④ 媒体，传递信息的渠道。
⑤ 解码，确定发信者所传递符号的意义的过程。
⑥ 收信者，也称为目标对象或受众，是接受信息的一方。
⑦ 反应，收信者在受到信息影响后所采取的行动。
⑧ 反馈，收信者回馈给发信者的那部分反应。
⑨ 噪声，在沟通过程中会使所传递的信息失真的意外干扰。

要进行有效的沟通，企业的营销人员必须考虑：说什么，由谁来说，对谁说，怎么说，有什么效果或反应，如何减少沟通过程中的噪声影响。而且，信息传送的符号必须是发信者与收信者双方熟悉的，收信者的经验领域与发信者的经验领域越是一致，所传递的信息就越能被准确理解，进而就越可能有效。

(二) 沟通过程决策

要设计一个有效的促销沟通过程，要求市场营销沟通者必须做出如下决策：确定沟通对象、决定传播目标、设计沟通信息、选择沟通渠道、建立反馈系统等。

1. 确定沟通对象

这是进行促销决策的首要步骤。在市场营销沟通中，目标沟通对象可能是企业产品的现有使用者或潜在购买者，也可能是购买决策过程的影响者或决定者，还可能是某些团体、个人、一般公众或特殊公众。目标沟通对象是由营销沟通者根据市场细分原理确定的。

2. 决定传播目标

市场营销沟通者在确定目标沟通对象后，必须确定期待目标对象做出何种反应。当然，最终反应是购买行为，但在决定购买之前，顾客还需要经过一系列准备阶段，如认识阶段、情感阶段与行为阶段，相应地形成一套认识、情感和行为反应层次。市场营销人员期待从目标沟通对象那里得到认识反应、情感反应或行为反应。但目标沟通对象的反应模式、反应组合又是不一样的，主要有四种反应层次模式，这些模式都假设顾客依次经过认知、情感和行为三个阶段。其中，AIDA模式表明顾客要经过知晓(awareness)、兴趣(interest)、欲望(desire)和行动(action)的连续反应阶段；效果层次模式表明顾客要经过知晓、认识、喜欢、偏好、确信及购买等阶段；创新采用模式表明顾客要经过知晓、兴趣、评估、试用、采用等阶段；沟通模式表明顾客要经过展露、接收、认识反应、态度、意图以及行为等阶段。尽管这四种模式存在语义上的差别，但在实际应用过程中并未十分清楚地划分。

3. 设计沟通信息

在研究了目标沟通对象的反应后，沟通者进而需要设计一个有效的信息。一个有效的信息设计必须将引起购买者注意、唤起其兴趣、激发其欲望、导致其行动的意识贯穿整个设计过程。沟通者需要解决好四个问题：说什么(信息内容)；如何有逻辑地说明(信息结构)；以何种形式说明(信息格式)；由谁来说明(信息来源)。以信息来源为例，企业常使用名人做广告，就是因为这种信息源更容易引起受众的注意与回应。

4. 选择沟通渠道

信息沟通渠道大致上可以分为两大类，即人员渠道与非人员渠道。人员信息沟通渠道指的是两个或两个以上的人相互之间直接进行信息沟通。他们可以面对面，或通过电话、电视媒介，甚至邮寄个人函件等方式进行信息沟通。人员信息沟通渠道又可进一步细分为提倡者渠道、专家渠道与社会渠道。提倡者渠道由销售人员在目标市场上与顾客接触组成；专家渠道由具有专门知识的独立个人对目标顾客进行讲述组成；社会渠道由邻居朋友、家庭成员与目标顾客的交谈组成。

非人员信息沟通渠道是指无须人与人直接接触来传播信息或影响的媒体。非人员信息沟通渠道又可细分为大众性的与有选择的媒体、气氛和事件。大众性的与有选择的媒体由印刷媒体、电子媒体和展示媒体组成。气氛是为促进或加强顾客对产品的了解而设计的环境。事件是偶然用来对目标沟通者传播特别信息的手段，如举办新闻发布会或开业庆典等。

5. 建立反馈系统

市场营销沟通者在广泛传播信息以后，还必须调查研究所传递信息对目标沟通对象的影响。这种调查通常是与目标沟通对象中的一组样本人员接触，问询他们对所收到信息的反应、对产品的态度及购买行为的变化等。市场营销人员应根据样本反馈信息，决定是否需要调整整体营销战略或某个方面的营销策略。

第二节 广告策划

一、广告的含义

广告是促销组合中受到普遍重视和应用的促销方式。在现代企业营销活动中，广告作为信息和信息传播手段之一，在促进产品销售方面发挥着极其重要的作用。

二、广告的策划

广告策划涉及诸多方面内容，如广告受众、广告目标、广告预算、广告作品、广告媒体、广告效果等。广告是企业进行营销活动时最常采用的促销方式之一，开展广告活动应该有计划、有目的、有步骤地进行。整个广告活动的实施，是一个循环的过程。广告作品向受众播出以后，企业应该时刻关注广告的效果，并将结果反馈到广告实施的各个步骤，对各个步骤进行修正与调整，以确保广告活动达到既定目标。广告策划活动主要包括如下几个步骤。

（一）研究广告受众

广告的受众，即广告信息的目标接受者。广告的目的就是要把企业或者商品信息传递给信息接受者，所以整个广告活动的开展都应围绕信息的接受者来进行。信息的接受者可以是企业商品的潜在消费者、现有使用者、购买决策的影响者等。信息接受者的性别、年龄、价值观念、文化水平、生活习惯等都不相同，这些因素将直接影响广告的信息、媒体选择、表现形式等。在确定广告的受众之后，企业还要分析这些受众对企业及其商品和竞争者及其商品的总体印象。这种印象可以通过两个维度来进行评价，如表6-1所示。

表6-1　广告受众对企业及其商品的总体印象

熟悉度	喜爱度低	喜爱度高
低	找出不喜欢的原因，修正	扩大企业知名度
高	扭转企业不良的形象	尽力维持声誉和知名度

同时，企业还应进一步研究广告受众是对哪些因素的考虑与评价后形成的这些现有印象。企业要依据广告受众的这些现有印象来设计和策划广告。

（二）确立广告目标

广告目标是指企业通过广告宣传所期望达到的目的。企业做广告的最终目标是增加销量与利润。利润的实现是企业营销策略组合作用的结果，所以广告活动有诸多具体目标。例如，为新产品开路、单纯促销、提高企业与产品的知名度、提高市场占有率、建立需求偏好、维持企业和产品的形象、对付竞争对手等。可以供企业选择的广告目标可概括为以下几种。

1. 以提高产品知名度为目标

此目标主要是向目标市场介绍企业产品，唤起初步需求。以提高产品知名度为目标的广告，称为通知性广告。通知性广告一般用于产品的市场开拓阶段，其目的在于激发产品的初步需求。

2. 以建立需求偏好为目标

这一广告目标旨在建立选择性需求，致使目标购买者从选择竞争对手的品牌转向选择本企业的品牌。以此为目标的广告叫作诱导性广告或竞争性广告。近几年，有些诱导性广告或竞争性广告发展为比较性广告，即通过与生产同类产品的其他品牌的比较来展示自己品牌的优越性。

3. 以提示、提醒为目标

此目标主要用于产品的成熟期。广告信息通常以企业与产品品牌形象或消费提示为主，广告目的是提醒而不是通知或说服顾客购买，旨在使已有用户保持对产品的记忆，继续购买产品。

（三）编制广告预算

在确定了广告目标后，企业可以着手为每一种产品制定广告预算。一般来说，可以用以下几种方法来确定企业的广告预算。

1. 销售比例法

销售比例法，即企业按照销售额(销售实绩或预计销售额)或单位产品售价的一定的比例来计算和决定广告开支。这种方法简单易行，并得到广泛应用。但这种方法颠倒了广告费用与销售收入之间的因果关系，忽视了广告对销售的促进作用。

2. 量力支出法

量力支出法，即企业根据所能负担广告费用的能力来确定广告预算，企业量力而行，能担负多少就担负多少。这种方法同样忽视了广告与销售的因果关系，广告费用随企业经营状况的好坏而时多时少，不利于企业长期的营销规划。

3. 竞争对等法

竞争对等法，即企业根据竞争对手的广告费用或行业的平均广告费用来决定本企业广告开支的多少，以造成与竞争者旗鼓相当、势均力敌的对等局势。采用这种方法，一是竞争者或行业的费用支出水平是企业或行业的智慧与经验的结果，二是与对手保持同样的广告费用，可以防止企业间展开广告战。但是，每个企业都有其不同的背景，广告目标、企业声誉、广告资源等也都不尽相同，竞争对手的预算未必能适合本企业，并且也难保对手的预算就一定合理。

4. 目标任务法

目标任务法，即根据企业的广告目标来确定广告费用预算。这种方法首先要确定具体的广告目标，然后决定为达到这种目标而必须执行的工作任务，在此基础上估算执行这种工作任务所需要的各种费用。这种方法是根据实际的目标及工作来制定预算，把预算与工作联系在一起，但企业必须明确广告费用与实际效果之间的关系，并且要有一定的经济实力。

需要注意的是，广告的支出要量力而行，不可超出企业的能力范围之外，造成企业其他环节的资金不足，影响企业发展。例如以前的秦池酒业因为投巨资于广告宣传，但其生产与经营跟不上，最后丧失了竞争力。而且巨额的广告费用也会导致企业的产品成本增加，影响产品的市场竞争力。

（四）制作广告作品

1. 广告信息的产生

为了实现广告的目标，一个有效的、能吸引消费者注意和记忆的广告创意是至关重要的。广告创意可以来自顾客、专家、竞争者、经销商等。所有产品都有许多可供描述的地方，关键在于如何使广告描述得恰如其分，既要突出产品特色，又不能过于烦琐。因此，最好的宣传方法是只选择一个中心信息，通过提纲挈领的一句话，揭示一个品牌的精髓，这就是在广告界备受推崇的"USP"(unique selling proposition，独特的销售主张)。

2. 广告信息的评估选择

广告创意往往不止一个,这就需要把可供使用的若干广告创意进行分析评价,选出最有说服力的信息。一个好的创意通常应具备三方面的特性。

① 期望性,即广告信息必须能够表达产品的令人感兴趣之处。

② 独特性,即本企业产品与同类产品相比的独到之处。

③ 可信性,即广告信息必须是可信的或能加以证实的。

实践证明,精练的广告信息加上必要的重复,能给顾客留下深刻的印象,如飘柔洗发水"让头发飘逸柔顺",高露洁牙膏"使你的口气更清新"。

3. 广告信息的表述

广告效果不仅取决于广告内容,也取决于广告表述方式。不同的表述方式所产生的广告效果是完全不同的,尤其对于一些同质品来说更是如此。感性诉求和理性诉求是广告信息的两种基本表达方式。广告中生活方式和生活片段的展现属于表达感性诉求的方式,而产品的技术特色、科学性、证词(包括名人证词)的使用属于表达理性诉求的方式。例如,同样是纯净水,娃哈哈的"我的眼里只有你"走的是感性路线,乐百氏的"27层净化"走的是理性路线,以理服人。

(五)选择广告媒体

广告信息需要通过一定的媒介才能传递给消费者,不同的媒体对同一信息所起到的传播作用各不相同,因此,企业要根据自身广告目标和产品性质等寻求成本效益最佳的媒体,向目标受众送达预期的展露次数,以最小的成本获得最佳的广告效果。

1. 影响媒体决策的主要因素

(1) 媒体特征

不同的媒体,其受众范围和成本效益有大有小,这是选择媒体种类时首先要考虑的因素。

(2) 产品特征

生产资料类产品宜选择专业性的报纸、杂志等,化妆品、食品、药品、饮料、家电等宜选择电视媒体和网络媒体等,时装宜选择印刷精美、色彩鲜艳的杂志。

(3) 目标受众的媒体使用习惯

由于性别、年龄、职业和受教育程度的不同,人们对各种媒体的接触机会和偏好程度有所不同。

(4) 竞争对手的媒体策略

企业针对所处的市场地位,决定竞争战略,从而选择适合实现市场竞争目标的媒体策略。

(5) 成本

不同的媒体有不同的广告收费标准,企业要结合媒体的受众范围与有效受众,综合考虑选择那些负担得起的媒体,以有限的广告预算达到最优的广告效果。

需要指出的是,在广告活动中,企业既可以使用单一媒体,也可以实行多种媒体的组合,以优势互补,增强效果。

2. 评价广告媒体的指标

(1) 每千个媒体接触者的费用

每千个媒体接触者的费用即广告每到达1 000个受众所需要的费用。这个指标以媒体的受众总量、到达率、收视率为基础。

(2) 观(听)众率

观(听)众率即在一个时期内(如一个月)，信息通过媒体传达到目标顾客的数目占计划传达到的目标顾客数目的比例。

(3) 信息传播平均频率

信息传播平均频率即每个家庭或个人在一定时期内平均收到同一广告信息的次数。掌握信息传播平均频率有利于确定在一定时期内，广告在消费者眼前重复的次数。目的在于提高媒体传播信息的效率。

(六) 评估广告效果

所谓广告效果，是指广告信息通过媒体传播后所产生的影响。广告对消费者的影响表现为认知效果与心理效果。广告效果还包括对企业的影响，即广告销售效果和企业知名度效果，即广告的沟通效果。广告的有效计划与控制，主要基于广告效果的评估，下面是广告的几种效果的测定方法。

1. 认知效果与心理效果测定

(1) 预先测试

在广告播放或刊登之前，进行各种测试，或邀请有关专家、消费者进行现场观摩，审查广告作品存在的问题，或在实验室运用专门器械工具来测试人们的心理活动反应，对广告作品可能获得的效果进行评估。具体方法有：瞬间显露测试、消费者评定法、集体反应测定、回函反应法、检查表测验、皮肤电流反射试验、节目分析法等。

(2) 进行中测试

进行中测试包括询问法、销售地区测验、分割法。

(3) 事后测试

在广告播放或刊登之后，仍需要进行检验，以便获知广告策略成功与否。事后测试也有多种方法，比如：回忆测试法，又可分为纯粹回想法和辅助回想法两种；识别测试，又称为再确认法。

2. 沟通效果的测定

测定各个广告的沟通效果有很多方法。其中，最简单的测定方法就是向可能的顾客询问他们对广告的反应，或对广告组成要素如印刷、文稿、主题等的反应，把这种研究叫作意见研究。意见研究通常采取广告测试或文稿测试的方式。

3. 销售效果的测定

沟通效果的研究可帮助企业改进广告信息内容的质量，却不能使人了解广告对销售的影响。

一般来讲，广告的销售效果的测定要难于沟通效果的测定。最易于测定的广告销售效果是邮购广告的销售效果，最难于测定的是树立品牌或企业形象的广告销售效果。测定广告的销售效果，可通过以下两种方法进行。

(1) 历史分析法

历史分析法即由研究人员根据同步或滞后的原则，利用最小平方回归法求得企业过去的销售额与企业过去的广告支出二者之间关系的一种测量方法。在西方国家，不少研究人员应用多元回归法分析企业历史资料、测量广告的销售效果，并取得了重大进展，尤以测量香烟、咖啡等产品的广告销售效果最为成功。

(2) 实验法

企业运用带有实验性质的销售方案来衡量广告的实际销售效果。具体做法是，选择某一地区，分成三个区域,其中一个区域保持正常的广告水平,另外两个区域则分别进行比正常广告水平强50%和弱50%的广告活动。一段时期后,对比三个区域的销售记录,就可以看出广告活动对企业销售究竟产生了多大影响,而且还可以导出销售反应函数。这种实验法在西方国家已被广泛采用。

第三节 公共关系策划

公共关系(public relations)是指企业或组织为改善与社会公众的关系,促进公众对企业的认可、理解与支持,达到树立企业良好形象、实现企业与公众的共同利益与目标的有计划的行动。公共关系是企业促销的一个重要策略。在现实经济活动中,任何一个企业都不可避免地要与社会各界发生各种各样的交往关系,并受这些关系的制约,如与政府机构、金融机构、司法机关、社会团体、新闻媒体、当地公众、经销商和代理商、消费者、股东、内部职工之间的关系等。企业要在复杂的社会环境中求得生存和发展,就必须采取有计划的行动策略,处理好这些关系,树立起良好的社会形象,以赢得社会公众的理解、好感和喜爱,创建最佳的社会关系环境。

一、公共关系概述

(一)公共关系的特点

公共关系作为一种促销手段,具有自己的特点。

1. 目标长期性

良好的公共关系是企业获得持久生命力的基础。与其他促销手段相比,公共关系难以起到立竿见影的效果,它往往立足于企业的长远目标,通过长期的努力来影响或引导公众的认知和态度。企业的公共关系活动需要有计划的、长期的努力,而不是短期行为。对可能引起公众不满和负面影响的情况和突发事件,企业要有所预见并做出相应的预防性安排,灵活及时地运用各种公共关系手段进行宣传解释或说明工作。通过有计划的、长期的公共关系活动,增进企业和外部公众的了解和沟通,为开拓目标市场和获得长期竞争实力创造良好的社会基础与条件。

2. 促销间接性

与其他促销手段不同,公共关系具有间接性的特点,其直接目的不是推销某种具体的产品或服务,而是要树立企业的整体形象,提高企业的社会声誉。公共关系旨在扩大企业被公众知晓的程度——知名度,提高企业被公众认可的程度——美誉度,以取得社会公众的了解和信赖。

3. 沟通双向性

公共关系的工作对象是各种社会关系,包括企业内部和外部公众两大方面。对内而言,公共关系人员做好上情下达与下情上达的工作,做各部门之间的情感沟通和心理认同的"桥梁"和"纽带",避免各种摩擦的产生。对外而言,积极争取公众对企业的理解和信任。一旦出现矛盾和纠纷,公共关系人员及时地设法进行有效沟通,防止矛盾扩大,消除不良后果。

(二)公共关系策略

不同企业在不同时期有着不同的公共关系目标,需要借助不同的公共关系策略来实现。

1. 宣传性公关

宣传性公关即企业运用各种传媒及沟通方法向公众传递相关信息，使之了解企业的文化、产品特色、经营方针等，从而对内增强凝聚力，对外扩大影响、提高美誉度。常用的方式有公共宣传、新闻发布会、周年纪念、开业庆典、形象广告、企业的年度报告、杂志、宣传图册、影视作品等。

2. 交际性公关

交际性公关即企业公关人员运用各种交际方法和沟通艺术，通过各种社会交往活动，建立广泛的横向联系，收集和听取各方意见，并迅速反应，为企业创造"人和"环境。具体方式有座谈会、联谊会、宴会、春节团拜、信函往来等。

3. 服务性公关

服务性公关即企业通过为社会公众提供实际服务来吸引公众，争取合作。其特点是以实际的服务行为给公众留下深刻的印象，如各种消费指导、消费培训、咨询服务等。

4. 公益性公关

公益性公关即企业注重社会效益，展现其关心社会、关爱他人的一些活动。常见的活动形式有向慈善机构捐献、资助公共设施建设、捐资希望工程、参与再就业创造工程、赞助文体赛事等。上述活动的特点是社会参与面广，与公众接触面大，社会影响力强，能较好地提高企业知名度，但投资费用也较高。

5. 征询性公关

征询性公关即企业运用社会调查、民意测验等方式收集信息，建立与消费者的联系，为企业决策服务的公共关系活动。活动形式有民意测验、出访重点客户、开展信息征集活动、设立热线电话等。

二、公共关系策划

公共关系策划是在公关调研的基础上，针对存在的问题或企业的要求，确立公共关系目标、选择公共关系信息和工具、实施公共关系方案和评价公共关系效果的过程。

（一）公关调研

企业通过民意调查、传媒监测等多种方式收集企业内部与外部环境变化的信息，以了解公众对企业及其产品的态度、意见及建议，了解自我期望形象与公众对企业的实际印象之间的差距，企业据此确定公关活动的目标。

（二）确立公共关系目标

企业营销人员应为每一项公关活动制定特定的目标，如提高知名度和美誉度、辅助推出新产品、对成熟产品进行再定位、影响特定目标群体等。在具体的确立目标的过程中，要注意使这个目标具备可行、可控、具体的特点。可行，即企业具备实现目标的现实条件，实施过程不会出现难以排除的障碍；可控，即企业在实现公关目标的过程中有一定的回旋余地，即使中途出现问题，也能通过努力使问题得到解决，不影响目标的实现；具体，即将抽象的公关目标具体化，如"在原有知名度的基础上提高25个百分点"或者"使85%的顾客对企业有好感"等。

（三）选择公共关系信息和工具

公共关系信息需要企业的公关人员去寻找和创造。通过收集资料，选择企业中富有吸引力的题材进行宣传。如果没有足够的资料可以利用，企业可通过创造新闻或策划一些有可能提高企业知名度和美誉度的事件，经过富有创意的设计和渲染，来吸引公众的关注，特别是有吸引力并方便传播的报道。此外，企业可选择不同的公共关系工具来传播信息，如为慈善事业捐款、赞助文体赛事等。

（四）实施公共关系方案

公共关系方案的实施必须仔细慎重。公共关系是一项整体活动，由一系列具体的活动项目组成。具体的公共关系项目是为实现公共关系活动的总体目标而采取的一系列有组织的行动，如记者招待会、纪念庆祝活动等。需要注意的是，企业在具体实施方案时，必须要充分考虑预算开支、所需人力和技术上的可行性以及各种可控与不可控的因素，密切注意和控制事态的发展变化，预见可能出现的意外情况，并做好预防措施。

（五）评价公共关系效果

公共关系活动的效果很难精确测量。概括来说，公关评价的指标包括以下几个方面。

1. 信息传播频率

衡量公共关系效果的最简易的方法是计算出现在媒体上的信息传播次数，这通常是在公关活动实施记录中可以精确得到的，如有关纸质媒体的报道版面和读者构成，电波媒体的传播时段以及受众群体的分析报告等。

2. 受众反响

重点是通过调研，分析由公共关系活动引起的公众对企业或产品的知名度、认识或态度方面的变化。

3. 销售绩效

假定在其他促销策略(广告、销售促进等)基本不变的情况下，尽可能估算公关对销售额和利润产生的影响。

实例6-1

2022年3月15日，最刺激消费者的应该就是那坛老坛酸菜。

前不久的3·15晚会，直接曝光摊在地上给消费者吃的老坛酸菜：没有老坛，只有脚踩和土坑。曝光一家不卫生的酸菜企业，坑了无数和酸菜相关的品牌产品。

在湖南插旗菜业的"老坛"变"土坑"酸菜登榜热搜后，"酸菜"二字也成为网络热词，和酸菜相关的品牌，如康师傅、统一等连发声明。

统一先后发布两次互相矛盾的声明，证明自己"没错"，如此掩耳盗铃，引发大量消费者的反感；康师傅虽已发布声明，连夜下架数十亿份老坛酸菜方便面，但选择规避网友对于品牌本身的评论，如此"不直观"的态度，也不能让消费者买账。

但和酸菜息息相关的太二酸菜鱼同样发布品牌声明，却得到了不少网友的好评。

紧跟舆论热点

随着互联网时代的快速发展，舆论传播的速度之快，范围之广，影响之深。品牌只有积极了解互联网舆情，快速反应，及时处理并开诚布公，才能牢牢把握主动权，解决危情。3·15晚会曝光问题酸菜后，太二酸菜鱼第一时间就在官方微信号发布声明，紧跟流量热度，摆正品牌态度，可谓是抓住品牌公关的绝佳时机。

直面用户关注点

新媒体时代，信息更加透明化，品牌的一举一动在某种程度上都在公众的视线范围内。为此当品牌涉及风险时，公关就显得很有必要。因而，在"酸菜"事件爆发时，太二酸菜鱼直面受众对于酸菜安全的关注点，以一份安全报告展示安全酸菜的"前世今生"：从厂家实景图、酱腌酸菜许可证，到质检报告的扫描文件，一系列操作下来，直接打消了用户的疑虑。

简洁有力的证明

公关的本质是沟通，并且通过沟通塑造出正面的公众认知。在舆论风起时，一份详细明确的品牌公告能最大限度拉升用户的好感度。太二酸菜鱼的公关文，篇幅简短，每一步都配图清晰，没有过多的语言，而是拿出实拍图和资质报告，通过简洁有力的证明彰显品牌态度。

在酸菜相关品牌被"围攻"的特殊时间点，太二展现出的正面公关态度，在获取消费者好感度的同时，借势"酸菜"话题再圈了一波粉。

如今，食品安全问题越来越受到重视，如何在危机事件下实现品牌的逆势翻盘检验着一个品牌危机公关的能力，也反映着品牌对舆情的重视程度。此次太二酸菜鱼在"酸菜"事件中，积极正面回应，可谓是为品牌拉升流量。

(资料来源：https://www.163.com/dy/article/H386R1EE0514DUSV.html)

第四节 销售促进策划

一、销售促进概述

销售促进又称营业推广，是企业在某一段时期内采用特殊的手段对顾客实行强烈的刺激，以促进企业销售迅速增长的一种策略。销售促进常用的手段包括：赠送样品、发放优惠券、有奖销售、组织竞赛、现场示范和展览等。美国市场营销协会(AMA)对销售促进的定义是，那些不同于人员推销、广告和公共关系的销售活动，它能够激发消费者购买和提高经销商的效率，诸如陈列、展出与展览、表演和许多非常规的非经营性的销售尝试。

（一）销售促进的特点

1. 显著刺激需求

销售促进的各种促销手段往往是精心策划的，使顾客产生"机不可失，时不再来"或这是千载难逢的机会的感觉，它对顾客的刺激十分强烈。

2. 经济效果显著

销售促进能以较少的推广费用，在较大且集中的市场中取得较大的收益。

3. 具有较大的局限性

虽然销售促进的特点明确、效果显著,但也有一定的局限性。如果运用不当,持续时间过长,顾客容易怀疑产品的质量,以及价格的合理性,容易产生逆反心理,这样反而损害产品的声誉和企业的形象。

(二) 销售促进的方式

一般来讲,销售促进的方式可以分为对消费者的销售促进、对中间商的销售促进以及对推销员的销售促进。对消费者的销售促进是为了鼓励其产生购买欲望,提高重复购买率,促进产品销售,扩大市场占有率;对中间商的销售促进是为了鼓励中间商大量进货代销,加快货款回笼率;对推销员的销售促进则是为了鼓励推销人员努力开拓市场,增加销售量。下面就逐一加以阐述。

1. 针对消费者的销售促进

(1) 赠送样品

在企业推出新产品时,向消费者赠送免费样品或试用样品,可以吸引消费者率先使用产品。这些样品可以上门赠送,可以在商店里散发,也可以在其他商品中附送。

(2) 有奖销售

企业在销售产品时,对在一定时间内购买数量达到一定标准的消费者给予一定的奖券或商品加以奖励,从而刺激消费者的购买欲望。

(3) 现场表演

在销售现场把产品的性能、特点及使用方法表演给消费者观看,来增加消费者对产品的了解,刺激其购买欲望。

(4) 特价包

这是企业向消费者提供低于正常价格的商品的一种销售方法,如在精装的商品中增加简装、小包装换成大包装或者在包装中内置奖券等,以此吸引顾客。特价包形式常用于食品和日用品销售,对刺激短期销售十分有效。

(5) 商业展销

企业将一些能显示企业优势和特征的产品集中陈列,边展边销。由于展销可使消费者看到大量优质产品,有充分挑选余地,所以对消费者吸引力很强。展销可以由一个企业单独举办,也可由众多生产同类产品的企业联合进行。若能对某些展销活动赋予一定的主题,并同广告宣传活动配合起来,促销效果会更佳。

2. 针对中间商的销售促进

(1) 价格折扣

企业可以对合作销售的中间商按购买产品的一定数量给予一定的折扣,购买数量与折扣成正比。

(2) 推广津贴

企业为促使中间商购进本企业产品,并帮助企业推销产品,可支付给中间商一定的推广津贴,以鼓励和酬谢中间商在推销本企业产品方面所做的努力。

(3) 业务会议

每年在销售旺季来临之前,举行由多方参加的购销业务会议,在短期内集中订货、补货,促成大批量交易。

3. 针对推销员的销售促进

(1) 销售红利

事先规定推销员的销售指标，对超额完成销售指标的推销员按照超额指标的多少提取一定比例的红利，以此激励其努力推销商品。

(2) 销售竞赛

在推销员中开展销售竞赛，对销售业绩领先的推销员给予奖励，以此调动其积极性。

(3) 推销回扣

从销售额中提取一定比例作为推销员推销商品的奖励或酬劳，通过回扣方式把销售额与推销报酬结合起来，有利于激励推销员积极工作。

二、销售促进决策

企业在实施销售促进活动的过程中，需要进行一系列的决策活动，主要包括以下几点。

（一）确定销售促进目标

销售促进应有明确的目标。一般来说，销售促进的目标是根据目标市场的特点和企业整体营销策略来确定的。就消费者而言，销售促进的目标可以确定为鼓励现有消费者更多地使用产品和促使其大量购买；争取新顾客试用产品；争夺竞争性品牌的使用者等。就中间商而言，销售促进的目标可以确定为吸引中间商经营新的产品项目和维持较高的存货水平；鼓励他们在淡季进货；抵消竞争对手的促销影响；建立并巩固中间商的品牌忠诚，并力求获得新的中间商的合作与支持等。就销售人员而言，销售促进的目标可以确定为鼓励其支持新产品或新款式、新型号，激励其寻找更多的潜在顾客，刺激其推销非应季产品等。企业促销部门要通过多种因素的分析，确定一定时期内销售促进的特定目标，并尽可能使其数量化且切实可行。

（二）选择销售促进工具

为了实现销售促进目标，企业可以在多种销售促进形式或销售促进工具中进行选择。销售促进的工具是多种多样的，并各有其特点与适用范围。一个特定的销售促进目标可以同时采用多种销售促进工具来实现，因此应对多种销售促进工具进行比较选择并优化组合，以实现最优的经济效益。企业应根据市场类型、销售促进目标、竞争情况以及各种销售促进形式的成本及效果等因素，做出适当的选择。

（三）制定销售促进方案

在确定了销售促进目标和销售促进工具后，接下来就要制定具体的销售促进方案。在制定具体方案时一般要做出如下几方面的决策。

1. 激励规模

销售促进的实质就是对消费者、中间商和推销员予以激励，所以企业制定销售促进方案时应首先决定激励的规模。在确定激励规模时，最重要的是进行成本－效益分析。假定激励规模为10万元，如果因销售额扩大而带来的利润超过10万元，那么激励规模还可以扩大；如果利润增加额少于10万元，则这种激励是得不偿失的。销售促进的这种成本－效益分析，可为企业激励规模决策提供必要的数据。

2. 激励对象

企业在确定激励对象时,应决定激励那些现实的或可能的长期顾客,尽量限制那些不可能成为企业长期顾客的人。

3. 激励途径

企业还要决定通过哪些途径激励顾客。比如,优惠券可以放在商品包装里分发,也可以直接邮寄或通过广告媒介分发。在选择激励途径时,既要考虑各种途径的传播范围,又要考虑其成本。

4. 活动期限

企业在实施销售促进活动时都必须规定其持续时间的长短。如果持续时间太短,许多顾客可能由于恰好在这一期限内没有购买而得不到激励,从而影响销售促进的效果;相反,如果持续时间过长,则可能失去刺激购买的某些作用,并可能会给顾客造成不良的印象,认为是变相减价或对产品质量产生怀疑等,影响企业声誉。

5. 时机选择

并非任何时候都能采用销售促进策略。时机选择得好,能起到事半功倍的效果;时机选择不当,则效果适得其反。因此,企业应综合考虑产品生命周期、顾客购买心理、收入状况、市场竞争状况等因素,同时,也要考虑不同的促销工具、各部门之间的协调配合等情况。

6. 销售促进总预算

销售促进活动往往需要较大的支出,所以事先必须筹划预算。销售促进预算一般可以通过以下两种方式来确定。

(1) 自上而下的方式

市场营销人员根据全年销售促进活动的内容、所使用的销售促进工具及相应的成本来确定销售促进预算。销售促进成本通常由管理成本(如印刷费、邮寄费)与激励成本(如赠品、折扣)之和乘以在这种交易中预期售出的单位数量。

(2) 按照习惯比例来确定销售促进预算占总预算的比率

例如洗发精的销售促进的预算可能占促销总预算的30%,牙膏则可能占50%。在不同市场上,不同品牌商品的促销预算比率是不同的,这个比率还会受到产品生命周期和竞争者促销预算的影响。经营多品牌的企业应将其销售促进预算在各品牌之间进行协调,以取得尽可能大的效益。如一次邮寄多种赠券给消费者,可以节约邮寄及其他相关费用。

(四) 测试和实施销售促进方案

在具体运用各种销售促进方式之前,如果有条件,应对各种方式进行事先测试,以确定所选方式是否合适,以便及时决定取舍。一般测试都在小范围内进行,以节约时间和成本。测试通过后,企业还应制订实施计划,以有效地执行推广方案并进行控制。实施计划包括两个关键的时间因素:一个是活动的前置时间,即从准备到正式公布实施的时间。这段时间的工作包括活动的设计、修改、批准、制作、传送等;另一个是活动的持续时间,即从活动开始到推广的产品90%~95%已到达顾客手中的这段时间,其间进行的是实际推广运作和管理。在销售促进方案的实施过程中,应有相应的监控机制作为保障,并配备专人负责控制事态的进展,一旦出现偏差或意外情况能够及时予以纠正和解决。

（五）评估销售促进效果

销售促进活动结束后，应立即进行销售促进效果评估，总结经验与教训，为今后的销售促进决策提供依据。常用的评估方法有两种。

(1) 阶段比较法

把活动前、中、后的销售情况进行比较，从中分析销售促进产生的效果。

(2) 事后跟踪调查法

在活动结束后，对顾客进行调查，了解有多少顾客能回忆此次活动，其看法如何，多少顾客从中受益以及此次活动对顾客今后购买的影响程度等。

实例6-2

回顾2021年各家电商的促销活动，其内容纷纷推陈出新，规则更加复杂，例如预售、定金膨胀金、各类满减红包、直降红包、返现券等优惠券以及7天或30天保价政策等。

为什么主流电商平台的促销活动越来越复杂？

价格"歧视"

假设价格和流量是一个线性关系，如果我用价格歧视策略，那么我能获得的销售额就会越高。这也就是某宝、某猫、某东，用优惠券、满减规则、各类喵币、组队等，把消费者从富有到贫穷分成了不同的等级，再引导到不同的店铺和商品上。这也就是为什么，除了"××品牌旗舰店"，还有"××品牌RED店"，还有"××品牌电子店"等。

价格歧视实质上是一种价格差异，通常指商品或服务的提供者在向不同的接受者提供相同等级、相同质量的商品或服务时，在接受者之间实行不同的销售价格或收费标准。价格歧视是一种重要的垄断定价行为，是垄断企业通过差别价格来获取超额利润的一种定价策略。

"价格歧视"简单来说是一个筛选机制，每个人的时间和金钱的换算比例是不一样的，对价格的敏感度也是不同的。即便普通用户和"土豪"花费同样的时间，成本也是不一样的，因为"土豪"的时间相对于普通用户来说更贵，而且普通用户相较于"土豪"的购买力更低。

换句话说，普通用户愿意花费更多时间去购买打折幅度较大的商品，而"土豪"用户或价格不敏感用户则不愿意花费更多时间去购买打折幅度较大的商品，甚至愿意为了节省时间选择打折幅度较小的第二选项。

所以如果商品直接降价，那么本该由"土豪"用户购买所得的利润也就白白损失掉了，所以商家必须找到一个机制来筛选出来这一部分人。

修改"双11"规则让它变得复杂，但确实又有一点优惠，用户也不能说什么，因为你确实不想浪费自己的时间。慢慢地，你想着还不如原价买算了，这反而达到平台的目的。规则复杂，优惠减少对商家固然是好事，亏本也亏得少了，反正头部商家照样赚钱，不影响什么。淘宝这样做既收获了消费用户，又迎合了商家，一举两得，何乐而不为？

价格"混淆"

在商业竞争中，由于商品价格的定价不一，常常会引起"货比三家"的情况出现，也就是说，对于购买同一商品，在商家信誉和产品质量相同的情况下，决定买家要不要买你的商品的原因在于你的定价是否比其他竞争者低。

在这样的环境和前提下，商家为了卖出自己的商品，就必须使用各种各样的战略对抗竞争者，最常见的战略是在保证成本的情况下，不断降低定价，直到比竞争对手低，赢得选择"优先权"。

但是，在这种无限降低成本的战争中，往往只能导致商家的两败俱伤，而且，由于商家对厂家支付的成本价格很可能不一致，这就导致了永远是那些获得最低成本的"大公司""大商家"获得价格战的胜利，形成"寡头垄断"。

于是乎，"价格混淆"战略应运而生。"价格混淆"是指在商业活动中，商家为了掩盖真实价格而对定价规则进行复杂化的过程。复杂的活动或者说定价的规则对消费者来说，首先会造成比价的困难。

如果所有购物网站的商品是一模一样的，价格策略也是一模一样的，你找到最便宜的买就好了，那这样其他商家还如何经营呢？于是，为了回避这种线性的价格竞争，就会出现价格混淆策略，让你拿起两个同类商品不知道如何比较，即使一模一样的商品，也会因优惠策略不同而不同。因为混淆定价模式与促销模式，让A平台与B平台无法直接通过用户直观计算获取到哪一方价格更低，那么用户选择两个平台产生购买行为的概率是相对均等的，A、B企业都能获得正向的利润。

但是为了能够在市场占据更大的市场份额，每个平台都希望能够在"价格混淆"的过程中避免自己的定价模式被其他平台感知到。而活动的规则越多，也就意味着公司之间的竞争程度的降低和利润的增加。竞争会推动着企业定价的复杂度不断增加，导致各家电商平台在同一促销周期下，在活动规则复杂度层面开始"内卷"。

这也就是为什么，用户对"双11"等活动逐渐不感兴趣了，因为"双11"活动从传统意义上的用户购物行为的狂欢，逐渐演变成各家电商平台秀活动规则复杂度的狂欢，也成了各家电商大厂策略产品经理、营销产品经理、定价产品经理能力的"军备竞赛"。

(资料来源：https://36kr.com/p/1565283554283401)

本章小结

企业产品销售的过程是靠营销沟通进行的。营销沟通过程一般包括以下几个步骤：确定目标沟通对象，确定信息沟通目标，设计信息，选择沟通渠道，确定和分配总体促销预算，确定促销组合，建立反馈系统等。

企业的促销活动主要来说有以下几种基本方式，即人员推销、广告、销售促进、公共关系与直复营销。所谓人员推销，是指企业通过派出销售人员与一个或一个以上可能成为购买者的人交谈、做口头陈述，以推销商品，促进和扩大销售。在沟通的过程中，人员推销在增强信任感、建立顾客对产品的偏好及促成行为方面极其有成效。不过人员推销的成本比较高，且优秀的销售人员也不是随处可觅的。所谓广告，是指广告主付费，经广告承办单位所进行的一种信息传播活动。广告的信息散布范围广，且可以重复使用，对提高企业产品的知名度和树立企业产品的长期形象有较好的效果。不过广告只是一种信息的单向传递，缺乏与顾客的充分沟通，缺乏说服的针对性，所以很难说服顾客进行即时购买活动。所谓销售促进，是指企业运用各种短期诱因，鼓励和刺激顾客购买的一种促销活动。销售促进可以促使顾客产生即时的、强烈的反应，从而提高产品的销量，但这种方式通常在短期内有效，若持续时间过长或过于频繁，就很容易引起顾客的不信任与疑虑。所谓公共关系，是指企业为建立传播和维护自身的形象而通过直接或间接的渠道保持与企业外部的有关公众的沟通活动。公共关系在市场营销中起着树立企业形象、提高企业社会声誉的作用。不过这种方式在促销方面没有其他方式见效快。直复营销源于英文 direct marketing，意为"直接回应的营销"。直复营销是以盈利为目标，通过个性化与大众沟通媒介向目标市场成员传播信息，以寻求对方直接回应(问询或订购)的过程。上述几种促销方式可以单独使用，也可以组合在一起使用。

案例分析

自2009年诞生起，2021年，"双11"已经走到了第十三年。对消费者和商家而言，这仍然是一年一度的盛大狂欢。

当然，也有一些商家，并没有在"双11"的大潮中，他们没有报名"双11"活动。伴随着新兴平台纷纷进入电商领域，一些商家希望通过换平台来博取红利，但由于没有花心思在硬实力的提升上，短暂的红利期过后，他们的计划最终成了"竹篮打水一场空"。

"双11"之际，不同商家的分化，正反映出行业的深层次变化。随着流量成本上涨，以及互联网流量红利的触顶，全行业都在从增量思维向存量思维转变，从存量中挖掘增量，复购、沉淀品牌问题变得越发重要。从前大家关注的GMV思维，正在向更长期的CLV(客户生命周期管理)思维转变。

谁被"双11"抛弃？

即使在"双11"，也不是所有人都能赚到钱。最难熬的是一些商品来源不清、质量不佳，而运营上沉迷买量、刷单、价格战的商家与品牌。

一位业内人士分析称，为数不少的直播平台主播带货来源都不清楚，一旦站在"双11"这种品牌竞技场之中，马上高下立判。这些来源不清晰、品质参差不齐的商品很难参与"双11"，由于平台强化了监管，让一些试图走捷径的商家原形毕露。他们一度幻想可以通过切换到后起的平台就能迎来飞跃，却被现实狠狠地打了脸，他们不得不重新审视店铺运营问题。

流量只是手段，而非目的。各个平台的直通车，张毅几乎都搭过一遍。他说，即便去那些后起的新兴平台，货品和经营能力不过硬，也不可能会有什么好转。

这是"双11"的另一面。经营必然会有优胜劣汰，商业的也总归会回归商业。而"双11"对于商家而言，无疑是最好的试金石。"是骡子是马，拉出来遛遛"，商家的经营方向如果不正确，其结果也自然不会好。

然而，即便存在一些落寞的商家，更多的商家2021年的处境正好相反，他们的店铺销量比以往高出数倍。2021年10月20日，下午两点开启预售，不到两小时，一家护肤品牌逐本的销售额突然比去年多了10倍。化妆品类一直将天猫视为主阵地，今年预售的火爆程度让他们始料未及。归结火热的原因，某品牌方称，光靠营销不能持久，精细化、多渠道、私域运营一个都不能少，"如今不仅老品牌在调整，新品牌也在试着摆脱流量依赖"。高原提到，完美日记近年就一直在做私域，改变了过去疯狂投放的策略。

深耕私域

更加注重私域与公域的结合，成了大量商家的共同选择。在他们看来，目前天猫是私域与公域结合最好的平台，也自然还是他们最重要的经营阵地。

近些年多平台经营成为常态，电商行业生态也在发生变化。一些品牌在新平台上种草，再回到天猫沉淀，形成了一套多平台运营的"双11"策略。

高原告诉光子星球，他做的品牌客单价在300元左右，最近几年看到种草红利，公司开启了多平台经营。在他眼里，本质上是新增了一个渠道，最终客户还是会回归天猫。

做婴童零辅食的品牌"窝小芽"则将抖音小店、小红书作为品牌"蓄能池"。有消息指出，该品牌自10月中旬到"双11"会持续通过话题营销获取消费者关注，积攒用户。通过分析天猫的消费趋势之后，他们以"一周"为关键词开发产品形态。

一些平台会把流量给价格最低的，鼓励商家打价格战，但商家应该意识到，一旦打起价格战，就没法做品牌了，成本压力之下，品质管控的动作也会变形。

"伴随营销环境成熟，品牌及服务商在数据处理、分析、洞察能力上的提升，D2C模式得到进一步强化"，私域运营成为其中的核心技能，倒逼品牌方和服务商提升服务水平和能力。相关信息显示，2021年品牌活跃度相当可观。

一切回归经营本质

显然，在"双11"这样的大机会面前，运营的重心还是会放在天猫。每个电商平台对商家而言都不一样，"天猫适合发新品，适合品牌店，其他平台主要是补充"。因而商家在天猫渠道的利润高，由于"双11"带动销量，利润显著改善。

近几年，服装行业品牌先后走上降价去库存的道路，价格降了非但没有起到应有效果，甚至不利于品牌发展。小文的店也全靠"双11"获得正向现金流，他称之为"品牌在时空内完成了有效供给"。

"双11"中落寞的群体大多为高度依赖流量和缺乏运营能力的商家，其中不乏一些大商家。提升经营能力，重新明确公域与私域，沉淀心智、提升复购，成了关键解法。

电商服务商们正逐渐抛弃"流量"这类简单粗暴但难以深究的伪概念，更频繁出现的是"全域服务"与"全渠道运营"的字眼，这或许说明"双11"正在回归生意的本质。

(资料来源：https://36kr.com/p/1471184406174984)

案例讨论题

1. 案例中反映了哪些促销手段？
2. 如何理解案例中"经营本质"和促销手段之间的关系？

复习思考题

1. 试比较广告、公共关系、直复营销、销售促进这四种促销方式的特点。
2. 如何制定广告预算？
3. 如何将企业促销的有关信息有效地表达出来？
4. 结合实例指出应用广告促销的优缺点。
5. 结合实例谈谈销售促进方式的选择。
6. 选择一种产品或服务，并建议应选用哪些促销方式来建立其消费者偏好。

思 政 大 纲

章名	知识点	思政德育融入点
促销策划	公共关系策划	通过引入太二酸菜鱼成功公关的案例，在让同学们认识到公关实践方法和作用的同时也强调了企业对产品质量把控的重要性；让同学们意识到企业以客户为中心、遵守法律和道德的底线、保证产品安全和质量的底线是企业可持续发展的根基，也是企业获得竞争优势的基础
	销售促进策划	通过阐述现有电商平台销售促进策略日益复杂的现状和原因，让同学们了解到电商平台使用价格歧视和价格混淆带来的负面结果；同时，也让同学们意识到，销售促进是为了增加产品销量、提高利润，但如果采用有欺骗性质的促销方式会失去消费者的信任，使促销方法失灵，从而告诫同学们诚信友善、以客户为中心的重要性

第四篇　销售对象管理

➢ 第七章　客户管理

➢ 第八章　中间商客户管理

➢ 第九章　服务管理

第七章 客户管理

学习目标

学完本章后,应当能够:
(1) 了解客户关系管理的含义和内容;
(2) 掌握客户筛选和新客户开发的方法;
(3) 了解CRM系统的实施;
(4) 掌握处理客户投诉的一般方法和技巧;
(5) 学会对客户进行信用调查;
(6) 掌握应收账款管理的要点。

思政目标

(1) 熟悉客户管理的全过程,清楚地认识到一家优秀的企业必须对客户做到认真负责、主动沟通、实事求是等。
(2) 通过对CRM系统的学习,作为管理人员要牢记为客户服务的企业使命,对客户要具有责任感和使命感。

导入案例

何为数字化客户关系管理?爱分析对其的定义是这样的:通过全方位客户数据、智能服务工具,形成丰富的客户信息全景地图,深入刻画客户属性,实现客户需求精准洞察;以客户为中心,提升全旅程和全周期客户服务体验,打造客户经营数字化闭环,用数据资产驱动企业业务新增长。

以网易云商为蚂蚁特工搭建一站式销售获客转化SCRM平台为例,它主要以"营销"和"服务"两大场景为抓手,进行数字化客户经营的实践,针对性解决业务运营过程中遇到的问题。

第一,全渠道获客。蚂蚁特工使用网易云商旗下SCRM平台内置的微信名片、微信小站、智能表单、裂变工具等，在官方微信、官网、广告落地页等社交渠道中吸引客户留资，线索自动导入SCRM平台的客户池，并实时分配给销售人员进行跟进。

第二，内容互动转化。蚂蚁特工所有的销售物料，如PPT、海报、项目资料等都存储在SCRM平台的内容素材库中，销售可以随时随地查找，一键发送给客户。SCRM平台的客户雷达功能，可以实时追踪客户浏览内容的轨迹，帮助销售人员判断客户真实意向，及时抓住最佳跟进时机。

第三，企微私域运营和客户关系管理。SCRM平台与企业微信深度打通，销售直接在企业微信会话框给客户发送销售资料，记录客户标签，不断完善客户画像。客户沉淀在企业的SCRM平台和企业微信，真正成为企业的资产，即便销售人员离职，客户也不会随之流失。

第四，客户体验提升。前端销售与其他后端配合的同事，可以通过SCRM平台更高效地协作。当销售确认客户需求后，前期打的标签、跟进的记录等都会直接同步给策划同事，方便策划同事快速熟悉客户需求，避免过度打扰，优化客户体验。

通过与网易云商的合作，蚂蚁特工的销售们能够更好地与客户互动，更精准地捕捉客户的喜好与需求，直接表现在业绩增长上的是——成单率比以往提升20%。

(资料来源：https://baijiahao.baidu.com/s?id=1728144234185546350&wfr=spider&for=pc,2022-03-24)

客户是企业重要的无形资产，是企业利润的源泉。通过对客户科学而有效地了解、分析与管理，企业可以对客户的需求状况及其发展动态做出正确的判断，以便采取相应的对策，提高销售业绩。因此，对客户进行管理是企业和营销人员的重要职责之一。客户管理主要包括客户关系管理和客户信用管理。

第一节　客户关系管理

一、客户关系管理概述

（一）客户关系管理的含义

客户关系管理由来已久，在商业行为产生的时候，客户关系管理就随之诞生了。例如街边杂货店的老板既知道顾客甲的喜好，也能牢牢记得顾客乙的购买习惯，小老板将有用的客户信息全部储存在大脑的数据库里面了，客户关系就这样得到了管理。当然，真正应用于企业的客户关系管理要复杂得多，也科学得多。

在现代经济社会里，客户关系管理(customer relationship management，CRM)，是指通过培养企业的最终客户、分销商和合作伙伴对企业及其产品更积极的偏爱或偏好，留住它们并以此提升业绩的一种营销策略。它的操作过程是：采用先进的数据库和其他信息技术来获取顾客数据，分析顾客行为偏好，积累和共享顾客知识，有针对性地为顾客提供产品或服务，发展和管理与顾客的关系，培养顾客长期的忠诚度，以实现顾客价值最大化和企业收益最大化之间的平衡。CRM是一种旨在改善企业与客户之间关系的新型管理机制，它实施于企业的市场营销、销售、服务与技术支持等与客户相关的领域。CRM的目标一方面要通过提供更快速和周到的优质服务吸引和保持更多的客户，另一方面通过信息共享和优化商业流程来有效地降低企业经营成本。我们可以将客户关系管理分解成为三部分，进行更深层次的理解。

1. **客户：收集客户信息，探索客户需求，挖掘最有价值的客户**

每一个企业在成长过程中，都有成百上千甚至更多的客户，但这些客户对企业的价值是不同的。客户的需求是什么、是否能够为企业创造价值、创造多大的价值是每一个企业都要思考的问题。因此，收集客户有关信息是CRM的第一步。那么，企业收集客户哪些信息呢？归纳起来主要有以下几个方面。

① 基础资料，即客户的最基本的原始资料，主要包括客户的名称、地址、电话、所有者、经营管理者、法人代表及他们个人的学历、能力、兴趣、爱好、性格、年龄、家庭、创业时间、业务、资产、与本公司交易时间、企业组织形式等。

② 客户特征，主要包括经营理念、经营方向、经营特点、经营政策、企业规模、服务区域、销售能力、发展潜力等。

③ 业务状况，主要包括经营管理者和业务人员的素质、销售实绩、与其他竞争者的关系、与本公司的业务关系及合作态度等。

④ 交易现状，主要包括客户的销售活动现状、保持的优势、存在的问题、未来的对策、企业的形象、声誉、交易条件、信用状况以及出现的信用问题等。

同时，每一个企业都期望追求利益最大化，因此面对客户庞杂的信息，企业的关键问题是分析和满足客户需求并在这个过程中挖掘最有价值的客户，创造更多利润。

2. **关系：与客户形成忠诚的、战略型的伙伴关系**

商业交往中，关系的发展与形成是一个重要的过程。企业既有只做一次生意的客户，也有多次重复交易的客户；既有对企业非常满意的客户，也会有不满、进行投诉的客户。在面对这些客户时，企业如果能够加深对客户的了解和服务，全面提升客户满意度，就会与一些客户建立良好的合作关系，并最终形成战略型的伙伴关系，这也是企业发展的必然趋势。

3. **管理：实现客户价值和企业利润最大化的手段**

管理是系统的概念，企业的发展离不开管理，客户的发展也离不开管理，因为管理才能规范化，管理才能出效益，管理才能实现客户价值，令企业实现利润最大化。所以，管理是实现客户价值和企业利润最大化的必要手段。

综上所述，客户关系管理就是挖掘最有价值的客户，与之形成全面满意的、忠诚的、战略的伙伴关系，从而实现企业利润的最大化。

在现代企业中，CRM既是一种管理机制、一种理念，也是一套管理软件和技术，利用CRM系统企业能搜集、跟踪和分析每一位重要客户的信息，从而深入了解客户的实际需求，同时还能观察和分析客户行为对企业收益的影响，使企业与客户的关系及企业利润得到最优化。CRM软件的基本功能包括客户信息管理、时间管理、销售管理、营销管理、客户服务等。近年来，CRM又有了更长足的发展，加入了CTI技术，还包括了呼叫中心、合作伙伴关系管理、商业智能、知识管理、电子协同商务等。

实例7-1 ⓘ ⓘ

在海尔人心中，"为客户更好的体验"从来不是一句空话。兰州工贸海尔商用冷柜经理刘永彬是将这一口号践行得最充分的海尔人。刘经理入职海尔多年，拥有丰富的售后服务经验，多年来，坚定执行销服一体的指导方针，秉承海尔商用冷柜全生命周期服务理念，是当之无愧的海尔冷柜员工学习标杆。

刘经理走出的全生命周期工程服务模式有何独到之处呢？刘经理在拜访客户前会做大量铺垫工作。根据总部提供的客户信息，了解客户需求，电话预约意向客户进行现场走访。现场与客户沟通设备型号、发货周期、售后服务、冷柜淡季保养等一系列信息。客户对海尔冷柜的产品及政策有了充分的了解，也对刘经理这位专业售后服务人员留下了良好的印象。

在做好本职售后工作的同时，刘经理还经常同意向客户沟通下单。完美践行售后无忧承诺，执行一对一售后服务政策，并且向客户展示优秀服务案例，打消用户购买顾虑。这对于冷柜销售来说也是另辟蹊径，打响了海尔冷柜售后无忧、质量可靠的名号，让客户不仅从产品质量上，也在售后服务上坚定了对海尔冷柜的信心。

客户担心什么，我们就解决什么。客户关心赠品、赠机问题，那就及时沟通，合理需求予以支持。客户关心冷柜钱款到账以及合同问题，那就确定采购需求，定金先行，合同完善后再现场签约。

经过刘经理的努力，销服一体化策略成效明显，仅通过售后走访，刘经理就取得了签约50台的战绩，实在是振奋人心。刘经理坚信，服务是起点不是终点，不管是客户还是海尔人，只有相信海尔才能坚定地选择海尔。共创、共赢、共享、互利共赢是海尔商用冷柜不变的初心。为客户提供一站式冷柜解决方案，为更好的用户体验，海尔商用冷柜整装出发，砥砺前行。

(资料来源：https://www.sohu.com/a/503267482_121123838)

（二）客户关系管理的原则

企业在进行客户关系管理时，需要遵循一些原则，有助于帮助企业将客户关系管理的作用发挥至最大，这些原则主要包括客户关系的动态管理原则、突出重点原则、灵活运用原则和专人负责原则。

1. 动态管理原则

客户的情况无时无刻不在发生变化，而客户关系管理的重要作用之一就是为企业各部门提供全面、最新的信息以便各部门做出决策和行动。因此为保证信息的准确，企业的客户资料要不断加以调整，及时补充，对客户的变化进行跟踪，使客户管理保持动态性。

2. 突出重点原则

在这个信息爆炸的时代，相信大家都有这样的体会：在搜索引擎上敲入一个关键词，成千上万相关信息就会铺天盖地地向我们袭来。过少的资料会令企业的商业判断具有局限性，而过多的资料会令企业在做决策时受到干扰，因此，在进行客户关系管理时，企业要保证在各部门间共享的资料重点突出，做到最准确和最有效，从而帮助相关人员在最短的时间内做好客户分析，为选择客户、开拓市场提供更大帮助。

3. 灵活运用原则

收集并管理客户资料的目的是在企业经营过程中加以运用，所以企业在建立客户资料卡或数据库后，应以灵活的方式及时全面地提供给推销人员及其他有关人员，使他们能进行更详细的分析，提高客户管理的效率。

4. 专人负责原则

客户资料是企业最为珍贵的资产之一，其对企业的作用不言而喻，因此在客户关系管理过程中应确定具体的规定和办法，确保客户关系管理系统由专人负责和管理，严格控制客户情报资料的利用和借阅。

（三）客户关系管理的作用

客户关系管理一方面通过对业务流程的全面整合达到企业优化资源配置、降低运营成本的作用，另一方面通过改善产品和服务质量保持和吸引更多的客户，增加了市场占有率。客户关系管理的全方位作用主要体现在如下几点。

1. 提高企业客户管理能力

客户关系管理的对象是客户，主体是企业，创造稳定的客户关系是客户关系管理的出发点，也是重要目标。与客户建立稳定关系的前提是在众多客户中明确企业的目标客户、关键客户、一般客户和应淘汰的客户，以及这些客户不同的个性特征和需求偏好，如价格倾向、消费地点、消费方式等，这些都是影响客户关系的因素。通过客户关系管理，企业能够根据客户的行为变化在第一时间调整，牢牢处于客户关系管理的主动地位，稳定客户关系。

2. 整合企业内部资源

在企业内部，管理通常比较分散，很少有部门可以掌握客户的全貌，如销售部门掌握着客户基本状况和消费信息，财务部门掌握资金信息，生产和物流部门则只知道根据订单或运输单进行生产和配送，各部门间沟通有限，客户资源和信息通常不会积极共享。客户关系管理的首要作用就是打破部门间的信息壁垒，整合原本属于各部门间分散的客户信息，将它们通过CRM系统整合至同一个信息中心，这个中心能够为一线员工和客服人员提供业务指导、技术支持和信息保证，为各部门提供全面的共享信息，协调部门行为，使企业各部门真正成为一个整体，实现了内部整合和资源优化配置。

3. 实现企业长远发展

从表面看来，客户关系管理主要能够使企业与客户维持良好的关系，从而使企业扩大销售、获得更多的利润。但从深层次来看，客户关系管理所起的作用绝不仅仅是帮助企业多发展几个新客户、多留住一些老顾客这么单一，其独特之处在于通过实现前端的供应商管理和后端的客户服务，使企业与其上游供应商和下游客户之间能够形成多方的良性互动，在维护和发展客户的同时，与业务伙伴和供应商建立良好的合作关系，最大限度地挖掘和协调企业资源，拓展企业的生存空间，提升核心竞争力，从而帮助企业实现长远发展。

二、客户组合、分析与筛选

站在超市门口，我们会注意到，有的客户只提着一两件物品走出，有的客户手上拎满了袋子，有的客户甚至开车整箱采购物品，有的客户只选择了最普通的袋装牛奶，有的客户却选择了"特仑苏"或"金典"这种高端奶产品……这些现象说明了一个道理：不是所有的客户都能为企业创造相同的价值，他们会因购买量、购买频率、对产品和价格的敏感度等不同而具有不同的价值。当企业清楚地对客户进行组合、分析与筛选后，就能较为准确、有效地提供产品或服务，从而获得更高的客户满意度，创造更大收益。

（一）客户组合的确定

在客户关系管理中，"二八法则"告诉我们：企业80%的利润来自20%的优质客户；80%的麻烦来自20%的问题客户。因此，企业应对客户加以区分，找出最有价值的优质客户，然后再将有效的资源进行合理分配，提供更能满足客户需求、创造更大利润的产品或服务。

企业对不同客户加以区分的过程就是客户划分的过程，企业可以根据不同标准将客户划分为不同类型，如依据客户所处位置、偏好的商品类型、消费金额、客户的收入等划分。在划分客户的基础上，企业所选择的客户类型便构成了企业的客户组合，在确定客户组合时，通常有三种基本策略可供选择。

1. 统一策略

统一策略要求企业对市场上所有的客户不进行任何区分，当作一个统一的整体看待。这一假设的基础是：所有的客户都能为企业创造相同的价值。要想采用统一策略，企业必须具备一定的条件：低成本生产或者拥有较容易获取、发展和维护客户关系的技术。这种策略适合大市场物品，如食用盐，每家日日都需要，企业无须划分客户层次；同时，这种策略也适合极为狭窄市场的客户关系，如生产专门医疗设备的企业面对的客户群十分特定，也无须划分客户层次。

2. 区分策略

区分策略指企业要把精力集中于能带来更大总体收益的特殊区域或具备某种特点的客户群上。这样的策略与统一策略相比，虽然需要放弃一部分客户，但能使企业更加专注于目标客户的需求，长远来看会获得更大收益。选择此种策略，要求企业应在某一产品或服务上有明确的客户群，并且精于此领域的生产经营。例如目前进入中国市场的外资银行，就专注于为国内高收入人群提供理财等金融服务。

3. 统一与区分相结合策略

当所面对的客户对企业产品有普遍需求，但需求的层次不相同时，就可以选择统一与区分相结合的策略。仍以牛奶市场为例，蒙牛公司生产的普通袋装牛奶就面向市场的绝大多数客户，不用加以明确区分，但同时为了满足一小部分收入高、对生活品质要求高的客户需求，又推出了"特仑苏"这种高档牛奶，以此高端产品为企业带来更大收益。

（二）客户分析

许多企业拥有先进的设备、优质的产品和服务，却不能在市场上赢得一席之地，究其原因往往是因为没有对获得的客户资料进行细致的分析，从而导致没有选对目标客户和市场。因此，在获得客户资料后企业应进行有效分析并对客户做出合适的选择。

1. 客户的界定

对客户进行分析之前，首先应确定谁是自己的客户以及客户的性质。一般来说，依据与企业关系不同，客户可以划分为下面几类。

(1) 个人客户

个人客户是指购买最终产品与服务的零售客户，通常是个人或家庭，大多数人充当的都是个人客户的角色。

(2) 集团客户

集团客户通常是另外的企业形成的购买主体，其批量购买企业产品后用于自己再加工或生产，如肯德基就是曼可顿面包公司的集团客户，它从曼可顿公司采购面包胚作为加工汉堡的原料。

(3) 渠道客户

渠道客户主要指企业的代理商或经销商，他们不直接为企业工作，而是购买企业产品在分销中获利，如法雅体育卖场就是耐克、阿迪达斯、彪马等名牌体育用品公司的渠道客户。

2. 客户分析的方法

客户不是越多越好，而是越准确越好，每一个客户群的增加都需要成本投入，所以企业应采用科学的方法对客户进行分析和慎重选择，适当限制客户范围以提高经营效率。

客户分析方法主要包括客户类别分析和客户差异分析。

(1) 客户类别分析

企业要能够对客户进行归类分析，抓住其共性和个性特征。客户类别可以做如下划分。

① 按客户的性质分，可以分为政府客户(以政府采购为主)、公司客户、渠道客户和个人客户。

② 按交易程度划分，可以分为潜在客户、现有客户和曾有合作关系的客户。

③ 按交易数量和市场地位，可以划分为主力客户、一般客户和零散客户。

④ 按地区划分，以中国为例可以划分为东北、华北、华中、西北、西南、华南等区域客户。

⑤ 按产品特点划分，如某生产汽车机油泵的企业，客户可以分为军用客户和民用客户两种。

按照不同的标准划分出的不同类型的客户，其需求特点、需求方式、需求量各不相同，所以对其管理也要采取不同的方法。企业需要注意客户类别的变化，特别是要关注客户中出现的新类别，时刻把握住市场机会。

(2) 客户差异分析

不同客户之间的差异归纳起来主要有两点：对企业的价值贡献不同和对产品或服务的需求不同。对客户进行有效的差异分析可以帮助企业更好地配置资源，使商品或服务的改进更有成效。

对于客户对企业的价值，可以用每个客户的平均收益率、较高利润的产品或服务的使用百分比、销售或订单的增降趋势以及客户或服务支持的成本等计算值来评估。如企业年末做财务分析时，按照不同客户做出的毛利率就可以作为企业评价客户的一个标准。

在衡量价值时，企业也应当看到，客户的个性化需求是造成客户差异化的原因。越来越多的市场选择为客户提供了个性化需求的空间，反过来这些客户对企业提出了更高的要求，企业为满足这些需求，就在力所能及的范围内为客户提供了更多的选择——这构成了一个企业和客户之间互相提升的个性化需求循环。在这个循环中，企业要清楚地了解每个重要客户的现实和潜在需求，这样才能维系客户，得以生存。

同时，由上我们不难联想到，在分析客户价值与满足客户需求时，企业还必须考虑二者之间的平衡问题，也就是说不能一味为了满足高价值客户的需求而放弃关注其他客户的需求，因为这样有可能忽略潜在的重要客户；同时，企业也不能一味为了满足客户需求而忽略了对高价值客户的重点关注。因此，企业在分析客户差异性的时候，要好好把握这个平衡点。

（三）客户筛选

客户关系管理是一种动态的管理，因为企业所面对的客户是不断变化的，一个大客户可以在很短的时间内失去价值，而一个普通的客户也可以在一定条件下转变成企业利润的主要来源，因此企业应该不断地对客户进行准确、有效的筛选。客户筛选是将重点客户或具有发展潜力的客户保留，而淘汰无利润、无发展潜力的客户。在筛选时，可以参考以下标准。

① 客户一定时期内的购买额。可以将其各阶段购买量加总，进行排列、比较和分析。同时还应做趋势分析，避免忽略那些虽然当前购买量有限，但购买一直呈上升趋势的潜力型客户。

② 收益性。要看客户对企业毛利额贡献的大小。

③ 安全性。安全性主要包括此客户是否能够严格按照合同规定的信用期限准时、足额付款，同时对于中间商客户，还要看其会不会对企业发生"倒戈"行为。

④ 未来性。企业要深入了解客户在同行中的地位及经营方法，以分析和预测其发展前途。

⑤ 合作性。企业要综合评价客户在交易过程中的表现，看其是否能和企业良好配合，不故意对企业的产品和服务吹毛求疵。

针对上述衡量指标，企业要对其分别赋予不同权重，然后根据客户的实际情况逐一打分，进行比较、筛选，剔除低价值客户，找出未来需要关注的重点客户。具体筛选方法如下例所示。

例如，某企业在筛选其客户时确立的筛选标准有五项指标，如表7-1所示。

表7-1　某企业的客户筛选标准

指　标	重　要　程　度
1. 对此产品(或服务)需求量大	5
2. 对企业毛利额贡献大	4
3. 客户企业发展前景好	3
4. 有及时付款的能力	2
5. 有良好的合作声誉	1

这些标准的重要程度按5分制进行评分，5分表示企业认为这项指标最重要，1分表示企业认为这项指标最不重要。根据这些指标企业可以对客户同样按5分制进行评价。然后，以指标重要程度为权数，累计求和，取得对每个客户的评价总分。例如，该企业有A、B、C、D四个客户，他们在这五项标准方面的得分如表7-2所示。

表7-2　四个客户的标准得分

指　标	A	B	C	D
1. 对此产品(或服务)需求量大	5	4	3	5
2. 对企业毛利额贡献大	5	3	2	5
3. 客户企业发展前景好	4	5	2	4
4. 有及时付款的能力	3	4	2	4
5. 有良好的合作声誉	4	2	2	5

那么这些客户的加权平均分如下。

A：5×5+4×5+3×4+2×3+1×4=67

B：5×4+4×3+3×5+2×4+1×2=57

C：5×3+4×2+3×2+2×2+1×2=53

D：5×5+4×5+3×4+2×4+1×5=70

通过以上分析，客户的最佳顺序为：D、A、B、C。

由此可知，D、A两个客户可作为企业的目标顾客，企业可以针对这两个客户采取营销措施，充分满足他们的需求。

三、客户等级管理

"市场永远是不均衡的，企业80%的利润来源于20%的优质客户"，这就是著名的帕雷托"80/20法则"，此理论说明一小部分客户为企业创造了绝大部分利润。例如，英国航空公司35%的顾客创造了65%的利润；哥伦比亚第一银行的全部利润是由10%的优质客户创造的，而另外80%的顾客却只让银行赔钱。由此可以看出，并不是所有的客户都是企业需要关注和满足的客户，企业的产品也不可能和不应该同时满足所有客户的需求。企业应当将客户进行细分，甄选出最具价值的客户，按照不同的价值等级，有的放矢地提供相应的产品和服务，实施相应的价格政策、服务政策和信用政策。总之，企业要对客户进行等级管理。

（一）客户等级划分

企业依据对客户进行的调查和评价来确定客户的等级，目的在于确定企业对客户的销售战略，做到重点突出，以提高销售效率。客户等级划分可以按照国际通行的"ABC法"进行。

"ABC法"主要说明企业在对某一产品的顾客进行分析和管理的时候，可以根据购买数量将客户分为A类顾客、B类顾客和C类顾客。由于A类顾客数量较少，购买量却很大，企业一般会对A类顾客建立专门的档案，指派专门的销售人员负责对这类客户的销售业务，提供良好的销售折扣和付款条件并由销售人员定期走访。而对于数量众多但购买量有限、分散分布的C类顾客，企业多选择利用中间商间接完成销售，对其的维护也不会花费大量精力。

"ABC法"对客户进行分类的具体操作方法如下。

① 将客户连续多个月的每月销售额累计后计算平均销售额。

② 将月平均销售额按从多到少排序。

③ 依据几个选定的数值作为衡量标准，将全部客户划分为若干等级。如以月销售额50万元作为A级标准额，则凡在此标准额之上的客户均为A级客户。以此类推，相应确定B、C级客户。

如美国西北航空公司通过乘客的旅行历史纪录和通过调研评定的未来乘坐本航空公司旅行的预期记录，将客户有效地划分为"白金级""黄金级""白银级"等不同级别，从而采用不同的营销、服务方式来吸引客户，增加客户忠诚度。

除了以销售额作为等级划分标准，企业还可以基于自身需要，按照客户综合价值进行分级，也就是将一系列与客户相关的评定指标赋予相关权数，并相对客观地为每个客户的各项表现打分，然后计算加权平均值，依此得分划分客户级别。

（二）客户等级管理

企业将全部客户分级，目的是要更加明确客户需求，进行差别化管理。企业针对不同客户，可以从以下几方面对不同价值级别的客户进行科学管理。

(1) 名册登记

分级后企业首先要将客户资料分列成册，既可以按照客户开拓的先后顺序，排出客户名册，也可以按照客户的信用或规模等状况排出客户等级分类表。不仅方便信息查询，更能够使重要客户得到更多关注。

(2) 阶梯式销售折扣

依据客户级别不同，企业可以制定不同幅度的销售折扣作为优惠条件。对于C级客户，销售折扣相对较少，对于有实力的A级客户，应给予更多的销售折扣，这样不仅能使A级客户获得鼓励，更能令B、C级顾客看到增加业务量的预期好处，能够一定程度上激励其加强与企业的合作，努力成为A级顾客以获得更大的销售折扣。

(3) 差异化付款条件

一般来说，A级客户规模较大，资金实力雄厚，信用相对较好，对于这样的客户，企业可以适当采用较为宽松的付款条件，如对B、C级客户，企业要求在半个月和一周内付款，对于A级客户，可以适当延长付款期限，如在二十天内付款即可。但由于往往A级客户与企业间的业务量大、资金占用量大，企业也不能忽略风险，应当对其付款进行有效控制，因为一旦此类客户出现付款问题，对企业将会产生巨大影响，有时候影响甚至是致命的。

(4) 具有针对性的服务

不同的客户对企业的服务要求不同，对于一般客户，企业要保证日常服务的质量，对于A类客户，企业要合理满足其较高的服务要求，让其有VIP的感觉。如一些公司为了令服务有针对性，专门设立了先进的客户服务平台，只要客户致电客服中心，此服务平台就会根据预先的设定立即自动识别出客户的级别，从而准确地将电话转至相应部门接听，高级别的客户，电话会被直接转接至VIP客服，从而令客户享受最为适合的服务。

由上不难看出，客户的等级管理不仅能满足不同客户的需求，还能够为企业节约服务成本。从另一个角度看，B、C级客户看到A级客户享受到更为优厚的待遇，也会努力发展与企业的业务，争取成为A级客户，在此过程中，A级客户无疑发挥了很好的示范作用，客观上起到了帮助企业拉动业务发展的作用。

四、客户投诉管理

在产品或服务的销售过程中，无论企业多么努力，销售人员不可避免地会遇到客户不满意的情况，甚至会对企业或销售人员进行投诉。任何一个销售人员都必须随时做好思想准备，善于分析和处理客户投诉的问题，力争使问题得到圆满解决，留住客户并使客户满意。

（一）客户投诉的原因和内容

许多企业都有过这样的经历：客户怒气冲冲地将电话打至客服人员处，对企业的产品或服务表示强烈的不满，声称再也不会选择和企业合作了。

客户为什么会投诉呢？简而言之就是客户获得的产品或服务和预期相比有了明显的差异，而这个差异又超过了其可容忍的范畴，令其产生强烈的不满。造成客户投诉，既有企业的原因，又有客户自身的原因。

1. 企业方面的原因

(1) 产品或服务质量缺陷

造成客户投诉的最主要原因是企业提供的产品或服务有明显的质量缺陷，客户在购买后需求无法得到满足，甚至会因质量问题陷入更多麻烦，此时客户情绪会十分低落，便采取投诉的方式诉说心中的不满，以期待问题得到关注和解决。

(2) 宣传误导

为了赢得客户的关注，企业会运用各种手段广泛宣传产品，千方百计地凸显产品的优势，在这个过程中若宣传过头，则会误导客户，令其对产品产生过高的预期。当客户发现购买到的产品或服务与宣传承诺的不符时，便会产生被欺骗感，导致投诉。

(3) 企业管理不善

有机构研究客户投诉的原因，结论表明，只有8%的客户投诉是由于产品或服务本身的质量问题引起的，而超过40%的投诉源于企业服务不佳和与客户沟通不畅。我们经常可以听到有客户抱怨说投诉企业并不是因为产品出现问题，而是问题出现后企业人员回应的态度实在令人忍无可忍，这说明实际是企业的管理不善放大了客户的不满，激化了矛盾，最终导致了投诉。

2. 客户方面的原因

客户投诉最基本的原因是对产品或服务不满，但投诉行动还与其经济承受能力、闲暇时间的多少、个性特征等有直接关系。

(1) 客户经济能力与投诉的关系

一般来说，客户会选择与其经济能力相适应的产品或服务，但有时候也会有低端客户选择高端产品，如有的学生会用很长时间积攒下来的零花钱购买高端的笔记本电脑。当低端客户选用高端产品时，其对产品的期望值往往会超过同样选择此类产品的高端客户，潜在的投诉可能也就大。

当一种产品或服务开始由高端市场向中低端市场普及时，往往会因为这个原因造成投诉量增加，例如汽车、手机、数码产品等在近年的投诉量高居不下。为此，企业在产品定位转型阶段满足市场需求的同时，也应加倍做好服务和投诉管理工作。

(2) 客户闲暇时间与投诉的关系

投诉是一件需要花费客户时间和精力的事情，相当多的客户放弃投诉是权衡了自己的时间价值后做出的选择。而有相当一部分不屈不挠坚持投诉的客户有大量的闲暇时间，是最耗费企业处理投诉精力的群体。

了解了客户闲暇时间与投诉的关系，企业应该注意到，许多客户没有投诉不代表其满意企业的产品或服务，因此企业绝不能自行掩盖真实存在的矛盾，而是应当对这些客户的感受保持敏感，尽最大努力在日常服务中对不足予以弥补，从根本上解决问题。而对于具有充裕闲暇时间投诉的客户，企业人员也应保持理智的态度，恰当地分辨合理投诉与过度投诉，高效地解决问题而不是纠缠其中耗费过多的精力。

(3) 客户个性特征与投诉的关系

性格温和的客户通常处理问题比较客观、冷静，即使因需求无法得到满足而投诉也会比较理智，一般不会使矛盾升级。而脾气相对暴躁的客户，往往不能容忍企业的失误，尤其难以容忍投诉得不到及时解决的状况，因此企业服务人员在面对这样的客户时，应及时、妥善地处理投诉，用温和的态度对待他们，使他们首先冷静下来面对事情本身，而不是过度宣泄情绪。

综上所述，客户投诉既有企业的原因也与客户自身情况有关，客户投诉主要集中在以下几个方面。

① 商品质量投诉。其主要包括产品在质量上有缺陷、规格不符、产品技术规格超出允许误差、产品故障等。如媒体曾经报道过的客户因汽车频频熄火、发动机故障不断而怒告奔驰公司这样的投诉就属于商品质量投诉。

② 购销合同投诉。其主要包括产品数量、等级、规格、交货时间、地点、结算方式、交易条件等与原购销合同规定不符带来的投诉。

③ 货物运输投诉。其主要包括货物在运输途中发生损坏、丢失和变质或因包装、装卸不当造成损失等投诉。

④ 服务投诉。其主要包括对企业各类人员的服务质量、服务态度、服务方式和服务技巧等提出的批评。例如，客户通过咨询热线不能获得有关常规问题的解答，就有可能对客服人员进行投诉。

（二）处理投诉的原则

有一家国际著名的汽车修理公司，他们有一条有意思的服务宗旨，叫作"先修理人，后修理车"，意思是客户的车坏了，他们肯定会十分沮丧，服务人员应当先关注这个人的心情，然后再关注车辆的维修。与这家企业的理念相比，日常工作中，许多客服人员往往只"修理车"，而不顾人的感受。所以，从这个案例引申到客户关系管理，我们需要强调，正确处理客户投诉的总原则应当是"先处理感情，再处理事情"。在此基础上，企业需要遵循下述原则。

(1) 不与客户争辩

客户投诉企业，都处在心怀不满的状态，相应的情绪也会比较激动，此时与客户争辩只会令交流更为困难，往往掩盖了投诉的真正原因，不利于企业解决问题。同时，争辩还会使矛盾激化，令企业彻底失去客户。

(2) 有章可循

企业在照顾客户情绪的前提指导下，要有专门的制度和人员来管理客户投诉，设计合理而完善的投诉解决流程并将其作为客户服务的重要内容之一，使客服人员能够在接到投诉后立即采取有效措施，将矛盾解决在萌芽阶段。

(3) 及时处理

对于客户投诉，在专门人员的管理下企业各部门应通力合作，迅速做出反应，力争在最短的时间内全面解决问题，给客户一个圆满的答复。拖延的时间越久，越容易激怒投诉者，使客户关系进一步恶化。

(4) 分清责任

在处理投诉时，不仅要分清造成客户投诉的责任部门和责任人，而且要明确处理投诉的各部门、各类服务人员的具体责任与权限，避免发生投诉后，企业内部互相推诿。

(5) 留档分析

客户的投诉是对企业的提醒和教育，企业除应快速妥善解决投诉外，还应从其中捕捉到有利于增强内部管理的关键信息，因此企业对每一起客户投诉及处理结果都应做出详细的记录，包括投诉内容、原因、处理方式、过程、结果、客户满意度等。通过分析记录，企业需要吸取教训、总结经验，为以后提高产品和服务质量、改善客户关系提供参考。

（三）处理客户投诉的流程

正确处理投诉，完备的流程很重要，科学的流程可以指导客服人员在最短的时间内找到解决投诉的方法并将投诉妥善解决，帮助企业重新赢得客户。客户投诉处理一般说来，包括以下几个步骤。

(1) 记录投诉内容

利用客户投诉记录表详细地记录客户投诉的全部内容如投诉人、投诉时间、投诉对象、投诉要求等。

(2) 判断投诉是否成立

了解客户投诉的内容后，客服人员要判定客户投诉的理由是否充分，投诉要求是否合理。如果投诉不能成立，即要以婉转的方式答复客户，取得客户的谅解，消除误会。

(3) 确定投诉处理责任部门

根据客户投诉的内容，确定相关的具体受理单位和受理负责人。例如如果属运输问题，则交给储运部处理；属质量问题，则交质量管理部处理。

(4) 投诉原因及责任部门分析

根据实际情况。要查明客户投诉的具体原因及造成客户投诉的具体责任人。

(5) 提出处理方案

依据实际情况，参考客户的投诉要求，提出解决投诉的具体方案，如退货、更换、维修、折价、赔偿等。

(6) 提交主管领导批示

对于客户投诉问题，企业应予以高度重视，主管领导应对投诉处理方案一一过目，及时做出批示，并根据实际情况，采取一切可能的措施，挽回已经出现的损失。

(7) 通知客户，实施处理方案

投诉解决方案经批复后，企业应迅速通知客户并付诸实施，尽快取得客户的反馈意见。同时，对直接责任者和部门主管要按照有关规定进行处罚，依照投诉所造成的损失大小，对不及时处理问题造成延误的责任人也要进行追究。

(8) 总结评价

对投诉处理过程进行总结与综合评价，吸取经验教训，提出改进对策，不断完善企业的经营管理和业务运作，以提高客户服务质量和服务水平，降低投诉率。

(四) 处理投诉的策略

许多企业和员工发现，处理客户投诉是他们最具压力的工作，其实无论多优秀和规范的企业都不能100%地保证产品和服务没有任何瑕疵，无论多尽职和专业的员工，都不能保证100%不遭投诉，因此，只要企业和员工能掌握处理投诉的一些策略和技巧，就不会觉得处理投诉是件十分棘手的事情了。

通常，处理投诉可以应用下列策略。

1. 耐心聆听

当客户对企业产生不满而投诉的时候，情绪一般都会比较激动，客服人员要保持冷静，耐心地倾听客户的抱怨而暂不要做任何解释，要让客户将不良情绪完全释放出来，待到其心情逐渐平静再开始询问一些细节问题，确认矛盾所在。

在倾听过程中，客服人员要有所回应，使客户感觉到自己正在被关注，如不时地点点头、亲切地称呼客户姓名、用目光与客户交流，都有利于稳定客户情绪，使客户对客服人员产生信任。

2. 同情客户

客户投诉，从本质上看是遇到困难了，需要通过投诉这种途径得到帮助。因此，客服人员要对客户投入感情，把他们看作向自己求助的人，感同身受地理解客户，无论客户带有什么样的情绪开始沟通，都向他们报以温暖，这样做能够更有效地拉近与客户的心灵距离，从而真正地发现问题。

一项心理研究结果表明，有的时候人们向别人抱怨，其实并不是需要对方能帮助自己真正解决问题，而只是希望能够获得理解和共鸣。同样的道理，有的时候客户投诉并不一定非要企业做什么，而只是希望在心理预期和实际情况产生差异时获得一些安慰，此时如果客服人员能够真正理解客户，并把这种理解准确地传递给客户，投诉有可能在此阶段就得到解决而无须企业在技术或其他层面进行额外的工作。

3. 探究客户的真正意图

解决客户投诉需要了解引起投诉的真正原因，只有这样企业才能对症下药。但是，客户由于情绪激动或是表达能力有限，通常不能把内心真实的想法准确描述出来，这就需要客服人员在处理客户投诉时，善于抓住其表达中的关键点，掌握客户的真实意图。一般来说，以下方法可以帮助客服人员更好地理解客户意图。

(1) 注意客户反复重复的语言

客户有时候会出于某种原因不愿真实表达自己的想法，但其想法往往会在交流中不自觉地表露出来，常常表现为反复重复一些话语。客户人员不仅要注意到这些语言，更要着重理解这些话语的相关或相反含义。

(2) 注意客户的反问和疑问句

客户的希望通常会在问句中反映出来，所以要留意其语言中的反问和疑问句。

(3) 注意客户的表情和肢体语言

客服人员根据客户的表情和肢体语言也可以捕捉到很多信息。如果客户眉头紧皱则表示其不满仍然强烈，如果两手在谈话期间做出挥舞的动作，则说明其急于发泄情绪，并希望引起别人高度重视，此时客服人员应给予必要的安慰。

4. 做好记录，归纳客户投诉的基本信息

在掌握了客户投诉的真正意图后，客服人员还应做好记录，包括投诉事实、要求、客户的姓名和联系方式等。一方面，让客户产生被重视的感觉，情绪得到安抚；另一方面，客服人员通过记录、询问和确认，将客户的注意力引向客观地描述和解决问题的过程，起到转移注意、化解矛盾的作用。

5. 及时回应与答复

在对投诉回应中，无论错误是否在企业，客服人员都要首先向客户道歉和致谢，对耽误其时间表示歉意，对其对企业的关注表示感谢。这样可以令客户在态度上接受企业答复。

对于投诉问题，能立即解决的，应马上给予答复并征求客户意见；如果需进一步了解情况、研究解决方案的，应向客户说明并说服其同意接受企业承诺的解决时间；若承诺答复的期限内企业无法解决好问题，也应及时和客户联系，向其说明企业已付出的努力和事情的进展状况，求得其谅解。

6. 投诉追踪

当投诉解决完毕后，企业应当在合适的时间对结果进行追踪，一方面向客户了解问题解决的结果，另一方面也在客观上表达了企业的诚意，表达了企业对客户服务的重视。

五、新客户开发

(一) 漏斗理论

客户管理的原则之一就是要适时淘汰信用较差或价值贡献较低的客户，同时积极开发新客户。

企业的成长与客户开发的数量相关，因此为了增强实力，企业应当不断开发新客户。

从上述部分我们得知，通过分析，可以将客户分为潜在客户、现有客户和曾经有过合作关系的客户。是否所有潜在的客户都能够变成现实客户呢？事实并非如此。漏斗理论告诉我们，只有少数潜在客户才能成为企业未来的现实客户。

想象一下生活中常见的漏斗：潜在客户多徘徊在漏斗的宽口端，等待企业采取措施将其推入下一层，因此企业需要了解潜在客户需求，将尽可能多的潜在客户变成准客户。常识告诉我们，漏斗越向下就会变得越窄，这说明很大一部分潜在客户被过滤掉，即成为企业的准客户需要满足一定的条件。在潜在客户成为准客户后，企业销售人员会采取必要措施，如销售展示、异议处理、促进成交等将这些准客户再推至漏斗颈部，直至他们与企业互相接受，最终成为企业的现实客户。在通过漏斗狭窄的颈部过程中，又会有另一些准客户被再次过滤出去，通过双方努力最终走出漏斗的客户则可成为企业长期的支持者或合作伙伴。漏斗理论对企业在开发客户中的时间和精力的安排也有同样的指导作用。

（二）新客户开发

在漏斗理论中，我们了解了客户从潜在客户经企业筛选最终成为现实客户的过程，随后需要探讨如何寻找潜在客户，进行新客户开发。

通常，企业通过调研、走访等途径收集了丰富的客户资料，然后会利用如下方式或技巧进行新客户的开发。

(1) 结合自己的产品特点和优势，仔细选择资料中的客户，挑选出可能适合的客户群

产品特点和优势是吸引新客户的最大亮点，而新客户愿意接受企业的产品或服务主要由于以下几种情况：一是产品或服务是全新的，其本身对客户很有吸引力，恰好满足了客户的需求；二是客户对原来的供应商不满意，企业的产品正好可以起到替代作用；三是客户对产品的需求量增加，原来的供应商无法满足客户需求，客户本身需要寻求更具实力的供应商；四是产品正好是与客户要求质量相同的，而在价格上具有明显的竞争优势的产品。在以上几种情况下，面对几百家甚至几千家供应商，企业会获得更多关注。

(2) 联系客户的心态一定意义上决定新客户是否愿意和企业深入接触

在选定潜在客户后，企业千万不要给新客户一种急于求成的感觉，不要让客户觉得企业必须马上有新的订单才可以生存，而是需要在接触过程中令客户感觉到企业产品和服务过硬，渠道稳定，同时具有合作的诚意，这样才能令企业在未来的客户关系管理中不失主动。

(3) 及时走访

当选定潜在客户后，企业应当委派销售人员积极进行走访，一方面表达企业意欲建立合作关系的诚意，另一方面也可以实地考察一下客户的真实状况，有利于企业进一步筛选。

(4) 建立专门展示产品的网站对联系和开发新客户非常重要

此类网站既可以提供给客户详尽的产品介绍，又可以避免过早的样品传递所带来的昂贵费用。网站中的产品内容越专业、越详尽、越具体越好，甚至应做到将产品的包装、装箱尺寸、毛重、净重的介绍也包含其中，使客户一目了然。

(5) 对于暂未建立起合作关系的潜在客户，千万不要急于催促，更不要轻易放弃

可以通过定期联络、走访、接触的形式不断努力，相信随着彼此了解的增多，企业一定会赢得更多合适的客户。

六、CRM系统实施

相信很多人都有过在携程网或艺龙网上预订酒店和机票的经历：当你用首次注册时留下的电话拨通他们的预订电话时，服务人员立刻可以清晰地叫出你的名字并亲切问好；当你需要对两小时前预订的酒店进行更改时，无须再提供其他附加信息，只需几秒钟，服务人员就能准确调出刚才的记录并帮助施行新的操作……这一切方便，无不得益于企业采用了先进的CRM系统。

CRM系统是将客户数据库、客户服务、销售自动化以及其他信息技术紧密结合在一起建立的企业内部、企业与客户的沟通平台。CRM系统是一个基于电子商务的面对客户的服务系统，为企业的销售和服务提供了自动化的解决方案。

（一）CRM系统的功能

CRM系统的核心是客户数据的管理，一套CRM系统大多包括市场管理系统、销售管理系统、客户服务管理系统和商业智能系统几大模块。

1. 市场管理系统

市场管理系统能够提供完整的客户活动、事件、潜在客户和数据库管理，从而使企业的营销工作更加高效、合理。通过此系统，营销人员可以从任何一个地点快速获取所有关于企业市场营销活动的信息，通过利用专业的数据进行市场选择、客户细分。市场管理系统主要包含以下三方面的功能。

(1) 现有客户数据分析

CRM系统能够按照共同属性实现对现有客户的分类，并对已分类的客户群体进行分析。

(2) 个性化的市场信息

CRM系统在对现有客户数据进行分析的基础上，发掘最有潜力的客户，并对不同客户群制定具有针对性的市场宣传与促销策略，提供个性化的、有吸引力的产品情况说明。

(3) 销售预测功能

在对市场、客户群的历史数据进行分析的基础上，CRM系统能够预测企业产品或服务的需求情况，同时还能帮助企业实现对潜在客户的跟踪。

2. 销售管理系统

该系统能够快速获取并管理日常销售信息，为提高销售人员工作效率提供直观的工作流程功能，同时也保证了每个客户和每个销售人员之间能进行充分的沟通，另外，销售管理者也能够通过系统有效协调和监督整个销售过程。销售管理系统主要包含以下功能。

(1) 客户基本资料管理

其主要包括了客户基本信息、与此客户相关的基本活动和活动历史、订单的录入和跟踪以及销售合同的生成等。

(2) 交易方式管理

CRM在此模块下可以提供电话销售、网上销售等多种销售形式的管理，并在每一种销售形式中考虑了实时的订单价格、订单数量和交易安全性等方面的问题。

(3) 销售流程管理

其主要包括组织和浏览销售信息，如销售额、销售阶段、可能结束时间等；生成销售业务的阶段性报告并给出评价；对销售进行策略支持；销售费用控制与管理等。

3. 客户服务管理系统

客户服务管理系统能够向企业服务人员提供完备的工具和信息，支持与客户的多种交流方式，可以帮助客户服务人员更有效、快捷、准确地解决客户的服务咨询，同时根据客户的背景资料和潜在需求向客户提供更合适的产品和服务建议。此系统主要包含如下功能。

(1) 客户自助式服务

当客户使用产品遇到困难时，可在网上获得技术支持。

(2) 客户服务流程自动化

若客户不能自行解决问题，可在系统上通过各种渠道联系企业售后服务部门，从收到客户服务请求开始，系统可以全程跟踪服务任务的执行过程，保证服务的及时性和准确性。系统还可以自动为客户派遣服务人员，分配服务任务，自动将客户信息、客户购买产品的交易信息等资料及时传递给相关人员。

(3) 客户关怀管理

此功能可以实现产品维修、养护等服务过程中的客户关怀，同时支持节日关怀，如我们在生日或节假日的时候，经常可以收到一些和我们发生过联系的企业发来的祝福短信，这些短信就是由CRM系统的这个模块生成的。

(4) 客户反馈管理

此模块主要能及时对服务反馈信息进行收集、整理和分析，做到及时响应客户反馈，同时为企业做产品分析提供数据资料。

4. 商业智能系统

商业智能系统能够根据现有数据和知识库充分寻找内在联系，进行分析、预测和判断。此模块能够帮助企业认清市场发展趋势、获取智能决策支持并得出商业结论。利用商业智能系统，企业可以收集和分析市场、销售、服务及整个行业的各类信息，对客户进行全方位的了解，从而理顺企业与客户需求之间的关系，提高客户的满意度和忠诚度。商业智能系统包含以下功能。

(1) 客户获得和客户动态分析

此功能可以实现新客户数量统计、新客户选择企业产品或服务的原因分析、客户来源统计、客户与企业交易量和客户与本企业达成交易量占总量的比例等统计和分析。

(2) 客户流失分析

客户流失是企业最不愿看到的事情，也是历来引起企业重视的领域，CRM的商业智能系统能够帮助企业进行客户流失的管理，在系统分析的基础上做到对症下药。客户流失分析功能主要实现流失客户数量、比例统计，此模块可以帮助企业建立客户流失模型，按照时间、区域、年龄、性别、消费层次、客户职业等角度对流失客户数量、比例进行统计分析。同时还能帮助企业从业务种类、品牌及流失客户消费的历史记录等基本方面进行流失损失分析，最终在分析的基础上帮助企业进行未来流失率的预测。

(3) 客户利润贡献度分析

通过本功能，企业能够清楚地了解到哪些客户是令企业获利的主要客户，哪些客户带来的利润平平，甚至哪些客户令企业亏损。了解了这些信息，企业可以将有限的资源更多地分配给那些贡献率更高的客户，减少在不能为企业贡献利润的客户身上所花费的成本，杜绝高风险客户。

(4) 客户满意度和忠诚度分析

此功能能够通过订单数量、合同数量、付款情况、业务往来年限、业务历史纪录、信用状况等参数计算客户的满意度和忠诚度指数，帮助企业分辨哪些客户是忠诚客户，哪些暂不是，以方便企业对其采取不同策略。

一个完整的CRM系统，除了上述一些常用的主要功能模块外，通常还包括集成电话中心、呼叫中心、与ERP外部系统整合等功能模块。

(二) CRM实施步骤

CRM提供了多种途径架设企业与客户的桥梁，为企业提供多种技术手段实现了个性化服务和与客户的全方位交互，那么企业该如何实施CRM的建设呢？主要可以从以下步骤做起。

1. 明确计划

企业要清楚地认识到自身对CRM系统的需求，以及系统将如何影响自己的商业活动。明确需求时，企业应组织员工，尤其是各业务部门前端与客户接触的员工参与，先明确本部门的工作流程和对系统的需求，再在此基础上找到部门间合作点上的需求，由专门负责人员在各部门准确把握和描述应用需求的基础上，将各需求整合，剔除不合理部分和重复部分，增补遗漏部分，最终制订出一份最高级别的企业业务需求计划，力争实现合理的技术解决方案与企业资源的整合。

2. 建立CRM团队

企业在项目开立之后，应当及时组建一支有力的团队，在得到企业高层认可的基础上可以选用各部门的得力代表，参与系统建设培训和CRM基本概念推广。

3. 分析客户需求、开展初建

此步骤要求项目团队在深入了解客户需求和与企业业务接触点的基础上做好客户信息的收集工作和信息系统的初步建设，即建立客户主文件，一般应包括客户原始记录、统计分析资料和企业投入资料等。

4. 评估业务过程，明确企业应用需求

我要的客户数据为什么不能按这个标准整理出来？我们部门为什么不能够和客服部门的信息时时共享？这件事情耗费了好大精力，效果还不明显，能不能不这么做？在建设CRM系统的这个阶段，需要把工作中的不便、不科学、不合理的地方罗列出来。在充分了解客户需求的情况下，CRM团队开始对企业原有业务处理流程进行分析、评估和重构，并开始制定规范合理的新业务流程。为此，需广泛地征求员工的意见，了解他们对销售、服务过程的理解和需求。

充分了解企业的业务运作情况后，接下来需要从各部门应用的角度出发，确定所需功能，并令最终使用者寻找出对其有益的及所希望的功能。例如，销售部门的管理人员对销售预测、渠道管理及销售报告较为感兴趣，而一般销售人员则希望系统迅速生成精准的销售额统计、销售建议和客户资料等。

5. 选择合适的方案进行开发部署

企业在选择应用软件或全面解决方案时，要考虑软件供应商是否对企业需求有充分的理解，要将供应商提供的方案和自己的需求相比较。同时，由于CRM功能众多，企业需要投入与自身规划和承受能力相当的财力、人力等资源，推进CRM在企业的安装、调试和系统集成。为了发挥系统的最大作用，企业还应当先部署当前最为需要的功能，然后可以分阶段不断向其中增加新的功能，逐渐完善整个系统。

6. 组织培训，实现系统正常运转

在构建好CRM系统后，企业应针对系统方案确立相应的培训计划，计划应面对内部所有可能

使用系统的员工，同时在系统运行过程中，要根据员工的使用体验和反馈进行有针对性的培训，使员工尽快掌握系统的各功能和使用方法，实现人和系统的快速磨合。

7. 系统评估和改进

在系统应用一段时间后，企业还应当与供应商共同对其评估，估算应用的成功率。同时为了确保系统产生预期的效果，双方还需在对内部使用员工进行调研的基础上对不足的模块进行改进，直到满足需求。

第二节　客户信用管理

随着市场经济的发展，我国大部分商品市场已经由卖方市场转变为买方市场。在买方市场条件下，市场竞争日益激烈。企业为了提高竞争能力，扩大市场份额，越来越多地采用信用销售(赊销)方式销售商品。信用销售是指厂家在同购货客户签订购销协议后，让客户将企业的产品先拿走(在西方国家一般由厂家送货)，客户则按照购货协议规定的付款日期付款或以分期付款的形式逐渐付清货款。但是，信用销售是一把双刃剑，它在为客户提供一定的资金融通实惠之时，却也使企业面临应收账款收不回来的风险。那么，企业该如何实施信用销售？如何掌控信用销售？为此，企业需要对客户进行信用管理。

客户信用管理主要包括客户信用调查、制定信用政策、应收账款管理。

一、客户信用调查

（一）客户信用调查方法及途径

在收集客户信用资料、进行客户信用调查时，一般可以采用以下方法。

1. 直接调查法

直接调查法指企业人员与被调查客户接触，通过询问、观察、问卷等方式获取客户信用资料的一种方法。这种方法由于资料获得直接，能很好地保证准确性和及时性，据此判断的客户资信情况可靠性较高。

2. 间接调查法

间接调查法是通过对被调查客户与其他有关单位交往的相关原始记录和核算资料进行加工整理以获取信用资料的方法。这些资料主要有以下几种来源。

(1) 金融机构

银行是一个比较权威的客户信用资料来源处。通过金融机构调查客户信用度，可靠性高，所需费用低。

(2) 信用评估机构

目前我国的信用评估机构主要有三种形式。一是独立的社会评估机构，他们只根据自身的业务邀请有关专家参加，不受行政干预和利益集团的牵制，能较为独立地开展信用评估业务。二是中国人民银行负责组织的评估机构，一般邀请商业银行和各部门的专家进行评估。三是由商业银行组织的评估机构，由商业银行组织专家对客户进行评估。由于信用评估机构的评估方法先进、调查细致、程序合理、可信度较高，因此其评估结论值得企业信赖并采纳。

(3) 其他部门

如财税部门、消费者协会、工商行政管理部门、证券交易部门等，都可以作为企业了解客户资信情况的渠道。

企业应当根据自身需求选择合适的信用调查方法，不仅需要得到最可靠的信息，还要兼顾成本。

(二) 出具客户信用调查结果

在收集了足够的客户信用资料、进行信用调查后，企业应当为每个客户编写相应的客户信用调查报告，如客户在合作过程中信用情况有变，企业还要对其进行及时调整、记录。

(1) 信用调查报告

企业对客户的管理是一个动态过程，所以要定期撰写客户信用调查报告，及时呈报给主管领导。调查报告需要按照企业规定的格式撰写，应力戒主观臆断和单纯地罗列数字，而是要以事实说话、简明扼要地反映客户信用特征。一般来说，信用调查报告可以分为简明报告、标准报告和深度报告三种。简明报告多针对业务规模较小、风险较低的客户，需要描述的内容一般只需是客户的基本信息；标准报告针对一般规模、风险程度适中的客户，除基本信息外，还需要收集更多的客户背景信息；深度报告多针对企业的重要客户和相对风险较高的客户，报告需要翔实地记录客户多方面信息，以便企业管理层制定更为合理的信用政策对客户进行管理。对于企业不同的客户，需要撰写不同深度的报告，表7-3是简明报告、标准报告、深度报告的基本内容。

表7-3 简明报告、标准报告、深度报告的基本内容

报告项目	涵盖内容	简明报告	标准报告	深度报告
注册登记信息	提供目标企业的合法注册资料，包括企业名称、地址、邮编、电话、传真、成立日期、企业性质、法人代表、经营范围、注册机关、注册号、注册资本、投资总额、验资单位、经营期限	√	√	√
企业发展背景	提供目标企业成立之前企业的发展背景			√
历史沿革	提供目标企业自成立至今的合法变更信息		√	√
企业发展计划	提供目标企业的近期、中期发展计划，技改规划，投资规划等			√
股东及持股比例	提供目标企业股东名称、股份比例、投资方式(现金、实物、土地、技术等)		√	√
股东简介	提供目标企业主要股东介绍			√
组织结构	介绍目标企业组织结构、主要职能部门			√
管理人员	提供主要管理人员履历、管理经验及风格等		√	√
人力资源	提供目标企业员工总数、按照职能部门分类人员比例(数量)、按照学历分类人员比例、人员流动率			√
经营情况	介绍目标企业的主营业务、品牌		√	√
	提供目标企业的产销量情况			√
	目标企业生产能力介绍，是否满负荷运转等			√

(续表)

报告项目	涵盖内容	简明报告	标准报告	深度报告
经营情况	介绍目标企业原材料采购规模、支付方式、国内外采购比例等		√	√
	提供主要供应商名称及其与目标企业合作和付款情况的评价			√
	介绍目标企业产品销售情况、收款方式、放账比例及账期、国内外销售比例等		√	√
	提供主要客户名称及其付款评价			√
	提供目标企业的经营场地情况、面积、自有或租赁情况等		√	√
分支机构	提供目标企业分支机构、代表处等信息		√	√
对外投资	提供目标企业对外投资成立的企业信息		√	√
财务状况	提供目标企业的合并财务报表，包括资产负债表、损益表、现金流量表(简明报告只提供一年销售收入和利润总额，标准报告提供一年财务报表，深度报告提供三年财务报表)	√	√	√
财务比率分析	对照行业一般标准，提供常用财务比率分析，包括偿债能力比率、杠杆比率、经营能力比率、盈利能力比率			√
财务状况综述	结合企业现状，对财务数据做全面详尽的评价与分析			√
银行信息	提供目标企业的银行信息、开户行信息及账号、抵押担保情况、银行信用记录等			√
竞争力分析	对目标企业的相对优势、劣势、机会及威胁做全面分析，并通过与同行业标杆企业对比，找出目标企业的核心竞争力所在			√
行业分析	对目标企业所处细分行业的客观论述，指出行业发展潜力及发展方向			√
企业发展趋势	结合上述竞争力分析与行业分析，分析企业发展趋势			√
信用评级与合作建议	根据成熟的信用分析模型，对目标企业进行整体分析，得出信用等级，并提供切实可行的合作建议			√

(2) 特殊变化处理

当销售人员发现所负责客户的信用状况发生突然变化时，应直接向上级领导报告，采取何种措施须经上级和企业信用管理部门指示。对于信用状况恶化的客户，一般采取如下措施：要求客户提供担保人和连带担保人、增加信用保证金、对交易合同进行公证以及减少供货量或实施发货限制。

一般来说，只要企业按照上述方法恰当地实行客户信用管理，信用风险都会降低到可以接受的范围内，不会影响正常业务往来。

二、制定信用政策

应收账款是企业因销售商品、提供劳务而形成的债权，其实施效果的好坏，依赖于企业实行的信用政策。信用政策主要包含信用标准、信用条件两部分。

（一）信用标准

信用标准是企业同意向客户提供商业信用而提出的基本要求，通常以预期的坏账损失率作为判别标准。如果企业的信用标准较严，只对信誉很好、坏账率很低的用户给予赊销，则会减少坏账损失，减少应收账款的机会成本，但这可能不利于扩大销售量，甚至造成销售量减少；反之，如果信用标准较为宽松，虽然会增加销售量，但相应的坏账损失和应收账款的机会成本也会增加。因此，制定什么样的信用标准，需要企业根据具体目标进行权衡后再予决定。

（二）信用条件

信用条件是指企业要求用户支付赊销款项的条件，主要包括信用期限和现金折扣。

信用期限是企业为用户规定的最长付款时间。例如企业规定客户最迟要在30天内付款，则30天就是对这个客户规定的信用期限。在设定信用期限的时候，企业需要对其长短做出权衡：信用期限过短，不足以吸引客户，会令企业在商业竞争中失去优势；信用期限过长，对促进销售固然有利，但也会大幅增加应收账款成本，令企业难以享受赊销带来的益处。因此企业需要谨慎规定信用期限。

折扣期限是为用户规定的可享受现金折扣的付款时间，现金折扣是客户在企业规定的折扣期限内付款，企业按承诺给予的价格优惠，目的是鼓励客户尽早支付货款从而缩短企业平均收款期，加快资金流动，避免坏账。现金折扣通常用2/15、1/20、$N/30$等形式表示，意思是若客户在15天之内付款，享受全部价款2%的折扣；若在20天之内付款，享受全部价款1%的折扣，若在20天后、30天之内的信用期限付款，则不享受折扣。

另外，现金折扣政策需要与信用期限结合使用，折扣度的确定需要参考信用期限，二者要保持一致。企业需要评估将付款时间与折扣方案综合考虑时能获得怎样的收益和导致怎样的成本变化，以最终确定最佳方案。

三、应收账款管理

应收账款是指企业因赊销产品或劳务而形成的应收款项，是企业流动资产的一个重要项目。随着市场经济的发展，商业信用的推行，企业应收账款数额明显增多，而且时常面临账款收不回来的风险。因此，应收账款的管理已经成为企业经营活动中日益重要的问题。

（一）应收账款的功能与成本

1. 应收账款的功能

应收账款的功能是指其在生产经营过程中的作用，主要有如下两方面。

(1) 扩大销售，增加企业的竞争力

在市场竞争比较激烈的情况下，赊销是促进销售的一种重要方式。企业赊销实际上是向顾客提供了两项交易：向顾客销售产品以及在一个有限的时期内向顾客提供资金。在银根紧缩、市场疲软、资金匮乏的情况下，赊销具有比较明显的促销作用，对企业销售新产品、开拓新市场具有重要意义。

(2) 减少库存，降低存货风险和管理开支

企业持有产成品存货，要追加管理费、仓储费和保险费等支出，而企业持有应收账款，则无须上述支出。因此，当企业产成品存货较多时，一般可采用较为优惠的信用条件进行赊销，把存货转化为应收账款，减少产成品存货，节约相关开支。

2. 应收账款的成本

虽然应收账款具有扩大销售和减少库存的作用，但持有应收账款也需要企业付出相应代价。应收账款的成本主要体现在如下三方面。

(1) 机会成本

企业一旦选择使用信用政策，则意味着不能及时收回货款，要长期为客户垫付资金。这些资金失去了在其他领域为企业获利的机会，便产生了应收账款的机会成本。这个成本一般可以按照当期有价证券的利息率来计算。

(2) 管理费用

为了以赊销形式销售产品并将风险控制在可承受范围内，企业需要对客户的信用情况进行调查、管理，在收集信息、信用管理以及赊销后收款过程中均会产生一定的管理费用。因此管理费用也是应收账款成本的一部分。

(3) 坏账成本

实行赊销，一定比例的坏账是不可避免的，应收账款因故不能收回而产生的损失就是坏账成本，包括本金和利息。在企业财务核算中，坏账成本一般与企业应收账款保持一定比例，短期内的突增或突减都不正常，均应引起管理人员重视。

（二）应收账款的管理要点

对于一个企业来讲，应收账款的存在本身就是一个矛盾的统一体，企业既想借助它来促进销售，扩大销售收入，增强竞争能力，同时又希望尽量避免由于应收账款的存在而给企业带来的资金周转困难、坏账损失等弊端。妥善处理和解决好这一对立又统一的问题，是企业应收账款管理的目标。

应收账款的管理，首先要制定科学合理的应收账款政策，同时，应收账款管理应包括对企业内部所有与应收账款相关部门、员工的管理。最后，也是最重要的一点，应收账款管理还需强调收款管理，确保企业坏账不超过预期数值，确保应收账款会促进企业业务的发展而不是因账款难于回收造成更大的损失。

1. 收账政策

收账政策包括企业要求员工从客户处收取超过或没有超过正常的赊销期限的应收账款的程序，及制定的操作性强且便于理解和贯彻执行的收账制度，如对超过信用期限仍未付款的处置，是停止供货还是加收利息等处理条款。

对于应收账款，企业要制定强有力的催收政策，一旦应收账款到期，就要及时通过信函、电话或邮件等方式催收，如仍未收到账款，应分析原因，寻找对策，再次通过函电或专程上门实施催收，对欠款客户施加的压力要逐渐增强，直至货款收回。收账政策应注意以下几个方面。

(1) 建立销售回款　一条龙责任制

为防止销售人员片面追求完成销售任务而强销、盲销，企业应在内部制定严格的资金回款考核制度，以实际收到的货款数作为销售部门的考核指标之一，每个销售人员必须对每一项销售业务从签订合同到回收资金全过程负责，使销售人员增强风险意识，加强货款的回收力度。

(2) 开具发票的政策

赊销的客户，通常将发票开具日作为信用期限的起始日，有些客户甚至以收到发票作为付款的条件，故企业要明确要求相关部门在手续齐全的前提下及时开具并寄送客户发票，为准时收款创造条件。

(3) 严格追查逾期未收的账款

在收账政策中要明确规定，对那些逾期未收的账款要采用严格的追查制度。采取怎样的追查程序具体要依客户的欠款金额大小确定，花很多时间和费用去追回一笔并不值得这么做的逾付款，可能毫无意义，但是有时即使收款费用高于款项本身，也值得去追索，主要是告知客户企业执行信用和收账制度的严肃性，对于如何追的尺度要靠企业人员根据实际情况权衡。

(4) 收账政策要有明确规定

收账政策要规定企业相关员工必须定时、定次向客户发送付款通知书或催款通知单，并建立客户还款进度记录簿，对应收账款实行跟踪管理，及时把逾期未付情况上报主管领导，以便掌握和随时调整收款政策。

(5) 收账政策制定要考虑维护客户关系

企业在制定和执行收账政策时需要权衡得失，平衡与客户的关系，必须在收账费用及惹怒甚至失去优质客户的风险与准时收账带来的收益之间仔细权衡，在不违背企业原则的情况下做适当的变通。要更加注意讲究收账技巧和对无力偿付和故意拖欠的要采取不同的收账策略，如寄函、打电话、派专人催收、双方协商解决、借助于有权威的第三者调解等，都能更好地帮助企业解决问题。

(6) 诉诸法律，收回欠款

企业对于少数逾期不付款的客户，在多次上门追讨无效的情况下，可以向法院提起诉讼，通过法律手段予以追讨。

由上不难看出，企业如果采用较积极的政策，可能会减少坏账损失，但会对企业销售和存货周转造成一定的不良影响；如果采用较消极的政策，则可能促进销售，但会增加坏账损失和应收账款费用。因此在制定应收账款政策时，企业应权衡得失，考虑政策对销售额、应收账款机会成本、坏账成本和收账成本的综合影响。

2. 应收账款的监管

许多企业都会出现这样的情况，随着赊销在企业实施的时间越来越长，应收账款会变得很混乱，有时候销售部门的关键人员离职，此员工负责的客户账款回收也会变得无望。同时，各部门、销售团队间遇到账款难于回收的状况时，也会发生互相推诿责任的情况。不难看出，应收账款的监管越来越成为企业的难题。如何帮助企业做好此项工作呢？一般认为可以从对客户的监管和对内部员工的监管两部分着手。

(1) 对客户的监管

对客户的监管分为对老客户的监管和对新客户的监管。

对于老客户，企业通过信息数据库、平均收款期及账龄分析表等工具，判断各个客户是否存在账款拖欠的可能性。信用管理人员应定期计算应收账款周转率，编制账龄分析表，按账龄和信用等级分类估计潜在的风险损失，并相应地调整信用政策。同时，企业可以按照客户的实际经营情况，采取"多批少量"的方法，有效控制应收账款回收，此方法就是把总额上大的应收账款有效分解成多笔金额小的应收账款，通常客户对小额账款的支付会比较配合。此外，企业还应强化客户的回款意识，采用各种催收手段，在客户中间树立催收及时的供应商形象。

对于新客户的监管，企业在开拓新市场或对目标市场进行细分的时候，对中间商客户应当进行充分、科学的信用评估，以降低日后合作中的回款风险。同时，在初次合作时，企业应当强化其准时回款的信用意识，并将企业内部的信用管理政策和相应的信用奖励、惩罚措施予以明确，使新客户从合作初期就能遵循企业的应收账款管理系统开展业务。

(2) 对内部员工的监管

对内部员工的监管主要涉及对财务部门和销售部门的监管。

企业需要要求财务部门形成定期的对账制度，每隔一定时期必须同客户核对一次账目，对于对账差异要及时根据双方原始单据予以查明并取得一致认可。对于单家客户应收账款金额过高的情况，财务部员工需要和上级及销售和信用部门进行沟通，研究解决对策和相关赊销管理办法。

对于销售人员，企业首先要帮助其正确理解产品铺货率，在激励其努力开拓市场的同时加强风险控制意识。其次，企业要制定合理的销售人员激励政策，不仅将销售数量作为考核的标准，还需将回款率作为重要的考核指标，使销售人员明确减少坏账与其自身业绩的紧密关系，从而达到降低企业回款风险的目的。同时，对应收账款实行终身负责制和第一责任人制。谁经手的业务发生坏账，无论责任人是否调离企业，都要追究有关责任，避免因业务人员离职给企业带来不必要的损失。再次，企业要帮助销售人员提高终端管理和维护能力以及追款技巧，使其不仅具有很强的收款意识，还能在具体操作中驾轻就熟，达到尽快取得回款的最终结果。最后，企业还应防范业务人员和客户勾结，避免因业务员擅自打破企业信用政策或与客户串通私分货款带来的巨大损失。

总之，企业应针对应收账款在赊销业务中的每一环节，健全应收账款的内部控制制度，特别是加强对财务部门和销售部门员工的控制管理和支持，努力形成一整套规范化的对应收账款的事前控制、事中控制、事后控制程序，将赊销业务带来的风险降到最低。

3. 收款的风险信息识别

应收账款的风险是应收账款遭受损失的不确定性。这个不确定性主要是指损失是否发生以及损失的大小不确定。那么怎样才能发现潜伏的风险发生变化变为实际存在的风险了呢？企业应当密切关注与回款相关的各个环节，识别坏账发生前的信号，并将这些风险与企业销售收款业务流程联系起来，采取有效措施，避免陷入回款困境。

这里示范性地列出几条可能导致收款风险增大的信号。

① 交易双方产生贸易纠纷。
② 客户声称经营管理不善，无力偿还到期债务。
③ 客户突然提出改变原有付款条件。
④ 交易额突然剧增，超过客户的信用限额。
⑤ 对企业的供货质量故意挑剔。

对于上面的每一种信号，企业都应当继续追究下去，查明背后的真正原因。例如，对交易双方产生的贸易纠纷，企业需要重新复核，看客户拒绝付款是源于合同中的特定条款约定不明确还是产品质量的缺陷导致顾客不满；如果都不是，就要警惕客户故意拖欠货款的情况发生。而对于上述所提到的情况，企业也要尽快委派相关人员查明原因，若由于真正的业务问题造成客户拒绝付款，企业应首先解决问题；若发现确实不存在业务原因，则企业要提高警惕防止坏账损失的发生。

风险的识别离不开相关部门的密切配合，尤其是销售部门。我们知道，客户往往会有意地隐藏一些不愿意透露的信息，有些客户甚至会故意提供虚假的资信信息，致使企业所掌握的客户信息不全面、不真实，如客户拖欠员工工资、频频更换主管、开始销售不动产等这些信息，对企业非常有用。企业的销售人员直接与客户交往，最容易了解客户的情况，发现客户的异常行为。如果企业能对销售人员进行一定的培训，提高他们捕捉客户风险信息的能力，就可以帮助企业尽早地发现风险，尤其遇到商业欺诈时，如果企业能通过销售人员及时察觉，就可以在诈骗分子得逞之前采取措施，防止损失的发生。

除此之外，企业还可以通过阅读客户的财务报告、实地访问或电话联络、借助以往与客户的交易经验、大众传播媒介或借助专业的信用中介机构等随时了解客户的信息，以调整收款策略。

在实际操作中，企业要注意客户的风险等级并不是一成不变的，今天的低风险客户可能明天就变成了高风险客户，因此要随时捕捉收款的风险信息，定期根据客户的最新情况对其风险等级进行再评定，依此对企业应收账款政策随时进行调整，降低应收账款变为坏账的风险。

4. 应收账款的收账方法、方式及技巧

一旦应收账款无法按期收回，企业必须采取恰当的措施追回货款，尽可能减小损失。收账技巧的运用可以帮助企业追讨欠款，其大体有以下几种基本方法。

(1) 企业自行追账

企业自行追账通常利用函电追账、面访追账两种基本方式，还需要采用如下一些方式予以辅助。

① 向客户收取惩罚利息。客户拖欠的账款在超过信用期限后的时间内会产生非计划性利息支出，将这些额外成本转移给客户承担是合理的，也让其认识到拖欠越久，为此付出的代价也会越大。

② 对拖欠货款严重的客户停止供货。如果客户在一定时期内拖欠货款不还，企业还继续为其供货，无异于表明企业宽恕客户的拖欠行为，不仅会纵容此客户继续欠款，还会在其他客户中造成不良影响。

③ 取消信用额度。对于不能正确按照合同履行付款责任的客户，企业应及时改变或取消其原有的信用额度。

此外，企业负责收账的人员还可以运用如下几种收账技巧催收账款。

① 讲理法。收账人员要有礼貌地说明催收理由，强调无故拖欠货款对双方未来合作会带来不良后果，同时明确强调企业对于及时回款客户将给予的奖励。

② 恻隐术法。收账人员应讲明自己的困难并说明客户准时回款对自身的重要性，使客户良心发现，按时付款。

③ 疲劳战法。收账人员可以抓住客户关键负责人长期坚持催收，不达目的不罢休，令客户看到企业收款的决心，最终按时付款。

④ 激将法。收账人员可以适当地用语言刺激欠款客户，使之懂得若不及时支付货款将对其形象和尊严产生极大的负面影响，很多时候客户为了面子便会及时付款。

⑤ 软硬兼施法。收账人员由两人配合，一人态度强硬，寸步不让，另一人态度和蔼，以理服人，两个人软硬兼施，如果能默契配合，则会对收款起到一定的促进作用。

(2) 委托专业机构追讨或采取仲裁、法律诉讼的形式收款

当应收账款已经发生较大的损失时，企业应该尽快与客户商讨，必要时进行债务重组。当客户破产时，企业应积极参与债权的申报以及追讨，切勿错过追讨的最佳时机。对于有能力付款却恶意拖欠货款的客户，企业自己追讨一段时间后仍没有实质性的效果，可以委托专业机构追讨应收账款，由其代理行使债权人的追讨权利，当然如果还不行，就只好应用仲裁或法律诉讼来捍卫自身的正当权益了。

本章小结

客户是企业重要的无形资产，是企业利润的源泉。对客户进行销售活动，必须加强对客户的管

理。客户管理主要包括客户关系管理和客户信用管理。客户关系管理，简称CRM，是指通过培养企业的最终客户、分销商和合作伙伴对企业及其产品产生更积极的偏爱或偏好，留住它们并以此提升业绩的一种营销策略。客户关系管理具体包括：收集客户资料；客户组合、分析与筛选；客户等级管理；客户投诉管理；新客户开发；CRM系统实施等。客户信用管理是买方市场条件下进行信用销售的必然要求。客户信用管理主要包括客户信用调查、制定信用政策、应收账款管理。

案例分析

客户关系管理数字化升级，侨鑫集团如何做到"心中有数"

作为第一波被批准进入中国市场的外资企业，侨鑫集团一直致力于成为"理想生活的引领者"，为了达成这一目标，侨鑫努力构建"生活方式即服务"的客户生态。但正如其他传统重资产的企业一样，侨鑫集团的客户关系管理面临重重挑战：缺乏沟通渠道和方式；未对客户进行群层划分，会员与非会员无差别运营；没有统一的数据管理系统；缺少全渠道、全链路数字化管理平台。

为了加强数字化客户关系管理能力、真正走进客户内心，侨鑫需要专业的管理工具和定制化数字解决方案，帮助其实现企业转型升级。这时，群硕软件的客户关系管理数字化解决方案走进侨鑫的视野。

1. 建立集团化SCRM体系

侨鑫集团SCRM搭建起品牌的交流圈，提升消费者对企业、品牌及产品的忠诚度。群硕帮助侨鑫建立集团化SCRM体系，全面打通客户渠道，从线下到线上，通过统一的身份管理汇集客户数据，打破集团多元化经营中的用户壁垒。基于用户数据分析，侨鑫集团可以进一步了解客户的购买习惯、使用体验反馈等信息，深入洞察用户需求，有选择地在不同渠道进行内容投放，为客户提供个性化的服务，激活集团会员关系网络，提高销售转化率。

2. 高净值人群精细化管理

侨鑫是国内较早一批关注高净值人群需求和服务的企业。一方面，用户红利消失后，刺激内部会员、提高复购率成为很多企业寻找利益增长的新窗口；另一方面，中国高净值人群数量在逐年扩大，具有极大的市场。群硕助力侨鑫打造高端社交平台，引进国际先进的技术和房地产服务，提升高净值人群对品牌的认同感和信赖感，更深入地洞察高净值人群需求，打造更贴近客户的个性化产品及服务，优化用户数字化体验，成功连接1万多名年收入900万元以上的高净值用户。

3. 对接企业既有系统，打破数据壁垒

侨鑫通过客户关系管理数字化解决方案，对接SaaS系统、会员体系、营销平台等企业既有系统，同时支持与客户第三方系统平台无缝衔接，实现企业数据收集和应用渠道贯通，把数据全部串联起来，打破数据孤岛，让任何时间、任何地点应用数据成为可能，更有效地实现数据中心的整合与统一管理。结合大数据分析，侨鑫实现了业务敏捷洞察和数据驱动运营，数据分析速度与业务变更速度同步协调，不仅最大限度降低创新成本，而且全面满足企业的业务发展需求，充分释放数据的商业价值。

4. 打造一站式业务运营平台

侨鑫集团以多元化的经营理念，涉足地产、金融、健康、教育、酒店餐饮、媒体等多个领域，业务遍布中国的广东、北京、上海，以及澳大利亚的悉尼、布里斯班等地，以统一数字平台集成多元的业务运营非常有必要。侨鑫将旗下微信公众号等运营平台全部接入客户关系管理系统，建立统一可持续的业务运营平台，打破业态边界，实现物业管理等线下业务线上化，数字化服务代替传统人工操作，降低人工运营成本，提升社群化服务质量。

　　侨鑫集团坚持以客户为中心，短短半年时间内，就在客户关系管理数字化解决方案的帮助下，为过万名年高净值会员打造集团化会员平台，有效连接率超90%，为集团营销、运营、数据管理等业务板块提供了数据采集分析体系，实现集团化管控，全面推进品牌数字资产积淀，加速数字化转型进程。

（资料来源：https://www.toutiao.com/article/7038509833406104101/?wid=1652325643815）

案例讨论题：
结合本章知识，请谈谈侨鑫集团是如何维护客户关系的。

复习思考题

1. 请阐述客户关系管理的含义和内容。
2. 企业怎样进行客户筛选和新客户的开发？
3. 企业遇到投诉该如何处理？需要运用哪些策略？
4. 企业如何实施客户关系管理？
5. 企业如何对客户的信用状况进行调查和分析？
6. 企业如何实行应收账款管理？

思政大纲

章名	知识点	思政德育融入点
客户管理	客户关系管理	通过学习网易云商为蚂蚁特工搭建一站式销售获客转化SCRM平台及通过学习海尔地区经理对客户关系管理过程的创新与坚持，引领同学们更加清楚理解客户关系管理的重要性，教导同学们必须要对客户/他人认真负责、求真务实、将心比心，做到真正地为他人着想，做到敬业、诚信、友善；同学们无论在生活还是工作中，都应学习这些优秀品德
	客户信用管理	通过学习关于客户信用管理的客户信用调查、制定信用政策、应收账款管理等内容，使同学们认识到企业销售工作不仅要做好客户关系管理工作，也要重视和做好客户信用管理工作，只有这样，才是成功的客户管理

第八章
中间商客户管理

学习目标

学完本章后，应当能够：
(1) 了解三种分销方式的特点；
(2) 了解企业与中间商之间的权责划分；
(3) 掌握激励中间商的方法；
(4) 学会根据企业特点和需要选择合适的中间商。

思政目标

(1) 重视中间商客户管理在企业经营管理中的重要性，懂得如何选择合适的分销方式，帮助企业建立良好的社会关系，与中间商共同带给消费者便利，从而增加全社会的福祉。

(2) 具体情况具体对待，重视对中间商客户的选择及激励，激发中间商客户的积极性，思考企业社会责任感在中间商客户激励问题中的表现形式和实现路径，从而进一步实现商业效益和公共利益的协同发展。

导入案例

互联网的出现，改变了人们的消费方式及生活习惯，给传统的实体店带来巨大危机。据统计，在2020年，有70%的实体店都面临倒闭危机。传统实体店的大量倒闭，会导致整个商业生态发生巨变，让大量传统的中间商消失。不过当传统中间商倒闭后，会迎来新一批中间商和新一轮赚钱机会。

当智能手机成为每个人必备的工具，物流完成最后一公里的建设，人们的购买方式将逐渐从线下转移到线上。以前只是在网上购买服装，但随着各种电商的兴起，人们的生活所需都将会去线上购买(柴米油盐、果蔬、手机、汽车)，未来去实体店消费的机会越来越少。在时代大变局下，市场的供需关系将彻底改变。过去厂家产品下沉需要通过经销、批发，再到终端店，而如今所有的厂家都能通过B2B、B2C等模式，依附于互联网与消费者直连。因此，传统的市场形态，将被彻底打破，实体店、中间商，甚至厂家都会在这次洗礼中被新的形式取代。

目前各大互联网平台，为了吸引更多用户，都在以"没有中间商赚差价"作为噱头。但现实并非如此，互联网平台虽然取代了中间商，可他们自己就是最大的中间商。用被告的视角看待这个问题，传统商家或许很迷茫，如果用乐观的态度去对待这个问题，则可以重开一片天地，抢占新的商机。

互联网时代下，不是没有中间商了，而是中间商变成了新的一种形态，形成了各自供应链+平台模式。同时，在互联网的赋能下，整个市场的供需结构，也将发生巨大变化。在近几年一个做二手车的平台，每天都打着没有中间商赚差价的旗号，去推广自己的平台与服务。其实这个平台取代了中间商(全国二手车市场)，自己变成了最大的中间商，而且赚取的中间差价比卖二手车的市场还要多。

面对时代变局，传统的中间商不想被淘汰，必须也要借助互联网赋能打造属于自己的平台。当然，我们说的这个打造平台，并非像巨头那样拥有数亿用户，而是基于巨头的生态平台，打造自己的小平台。传统中间商可以依托S2B2C模式，打造社交化零售创业平台，直接与消费者直连，并赋能消费者参与创业。当所有的消费者的购物习惯，正在从线下向线上转移，在直播、社交、社群场景消费。中间商就要跳过实体店，直接与消费者连接，依托消费者资本的逻辑，让所有用户参与到销售活动中，与其共享销售环节中的利润。

由此可见，未来10年，最赚钱的模式依然是中间商，只不过这个中间商不再是传统意义上的，而是供应链平台。

(资料来源：https://www.sohu.com/a/516799824_121292323)

中间商是企业产品销售过程中所涉及的一系列相互联系、相互依存的组织和个人。通常情况下，中间商作为企业的组织顾客，其购买往往是大宗的批量购买，数量大，涉及的产品项目多，对企业的价值贡献应该说是更大。因此，是否能成功地管理销售渠道中的中间商客户，直接关系企业产品销售的成败，进而关系企业的生存和发展。本章将在众多的中间商客户中有选择地介绍经销商、代理商和特许经营的管理。

第一节　经销商管理

经销商是销售渠道中最普遍和最重要的成员，对于经销商，生产商主要需要从经销方式、经销商、权责关系和经销商激励几方面进行有效管理。

一、经销商及其经销方式

（一）经销商的含义

经销商是指在从事商品交易的业务活动中拥有商品所有权的中间商。经销商一般可分为批发商和零售商。经销商用自己的资金和信誉进行买卖业务，一旦购入商品，就得到了商品的所有权，独立经营、自负盈亏，承担产品卖不出去或无利或微利的风险。生产商通常在产品比较成熟、销量比较大、市场成熟稳定的情况下通过经销商对产品进行销售。

（二）经销方式分类及选择

在销售渠道中，产品的分销一般分为以下三种形式：密集分销、独家分销和选择分销。

1. 密集分销

此种经销方式的特点是尽可能多地使用零售商销售产品或服务，经销商数量越多越好。当消费者要求在当地能大量、方便地购买时，实行密集分销就至关重要。密集分销一般用于日用消费品，如香烟、汽油、肥皂、零食和口香糖等，在这种经销方式下，生产商与经销商之间具有比较简单的买卖关系，无须签订复杂的经销协议。

2. 独家分销

这种经销方式严格限制中间商的数目，生产商在某一区域仅选择某一家经销商销售其产品，与经销商签订独家经销合同，它强调的是与经销商之间紧密的合伙关系，规定经销商享有独家经销商品的权利，同时履行不经营相关具有竞争性产品的义务。

对于生产商来说，如果想对经销商实行大规模的服务水平和服务售点的控制，这种经销方式比较适用。一般情况下，由于独家分销商不再经营其他品牌的同类产品，也被允许自行提高售价，能够达到提高产品形象的目的，因此适用于销售新式汽车、某些主要电器、大型机械和某些品牌服装。

3. 选择分销

选择分销是介于密集分销和独家分销之间的一种分销方式，其特点是生产商选择一家以上，但又不是所有愿意经销的机构经营其产品。这种方式有利于生产商与挑选出来的中间商建立良好的工作关系，并获得足够的市场覆盖面，避免在许许多多的销售点耗费精力，因此所需成本低于密集分销。一些已建立信誉的公司都采用选择分销这种方式，世界上最大的运动鞋生产商耐克就是很好的例子。

对于以上三种经销方式，可以通过表8-1看出其各自特点。

表8-1 独家分销、密集分销、选择分销三种分销方式的比较

类型	特征	优点	不足
独家分销	在既定市场区域内每个渠道层次只有一家经销商	市场竞争程度低；厂家与经销商关系密切；适用于专用产品的分销	因缺乏竞争，顾客满意度可能会受到影响；经销商对厂家的反控能力较强
密集分销	凡符合厂家要求的经销商均可参与分销	市场覆盖率高；比较适用于快速消费品的分销	经销商之间的竞争容易使市场陷入混乱，甚至破坏企业的营销意图；渠道管理成本相对较高
选择分销	从入围者中选择部分经销商	优、缺点通常介于独家分销和密集分销之间	

二、经销商的选择

从市场经济的发展规律来说,企业完全脱离社会横向关系而仅靠自己的实力打天下的,在当今社会成功的可能性较小。因此,如何巧妙地选择合适的经销商,利用其独特的网络优势、地域优势及营销关系优势,成为销售管理中必须研究的学问。

在选择经销商时,企业要对经销商的状况有足够充分的了解,采用科学的方法客观评价经销商的销售能力,以决定是否由其经销商品、具体如何开展合作。

(一)选择经销商应考虑的因素

1. 市场覆盖范围

经销商是企业面对消费者的最终窗口,因此,选择经销商要首先考虑其经营范围涵盖的区域与企业的预期销售地区是否一致。例如,企业的目标市场是沿海地区,在选择经销商的时候,就要了解其经营范围是否主要集中在此区域,以便在最短的时间里用最低的成本将产品打入目标市场。另外,潜在消费者也是一个重要考虑因素。所有企业都希望利用经销商的销售网络打入选定的目标市场并最终说服消费者选择自己的产品,因此经销商的销售对象是否为企业期望的潜在消费者是能否选择此经销商的基本条件。

2. 经销商的销售经验

一般来说,企业选择经销商,评估其能否承担销售重任,往往需要考察其一段时间的销售表现和盈利状况。若经销商以往的销售业绩不佳,则将其纳入企业销售网络的风险就会大大增加。

在评价经销商的销售经验时,首先看其经营某种商品的时间。长期从事某种商品经营的经销商,通常会在此领域积累比较丰富的专业知识和经验,可以为企业节约很多培训和管理成本。同时,这类经销商在行情变动时,比较能够掌握经营主动权,确保产品销量稳定甚至能利用历史经验借机扩大销量。

3. 经销商的声誉

在信用越来越受到重视的今天,经销商的声誉越来越重要,不仅会关系到销售网络的稳定,还直接影响企业自身的管理。如果选择的经销商声誉不佳,从长远看来,其得到市场认可的风险就会显著增加,有可能被市场排斥,从而影响企业产品的销售。另外,若经销商不重信誉,也有可能给企业本身回款带来很大压力,或因不良服务造成额外的客户投诉,无疑给企业增加了很大的管理成本。因此在选择经销商时,企业一定要通过媒体搜索、实地走访、业内了解等途径,调查目标经销商的声誉。

4. 经销商的促销能力

企业利用经销商的主要目的就是最大限度地扩大销售,因此推销产品的方式及运用促销手段的能力,是企业选择经销商时必须考虑的因素。企业通常根据产品情况和营销策略会有自身侧重的促销策略,为了达到良好的销售目的,应看目标经销商在此促销策略下是否具有足够的协作能力。例如,有些产品广告促销比较合适,有些适合人员推销,还有些需要组织大型的公益活动以提升产品知名度和美誉度。于是在选择经销商的时候就要看其是否具有必要的物质基础及相应的人才基础,是否能够承担一定的促销费用。这些因素需要企业做全面的评价和衡量,必要的时候要引入管理模型进行量化分析。

5. 经销商的财务状况

企业应在综合考虑其他因素的前提下尽量选择资金雄厚、财务状况良好的经销商，这不仅能够保证其能按时结算企业的货款，甚至还可能对企业有更多的帮助，如承担一定的销售费用和客户服务费用，从而有助于扩大产品的销路。

6. 经销商的产品组合

在考察状况时，通常认为如果经销商现有的产品与企业自身的产品是竞争产品，应避免选用此类经销商。但如果在实际情况中经销商的产品组合出现适合企业产品的空档，或企业产品的竞争优势很明显，也可以考虑选用此经销商。

7. 合作意愿

合作意愿是企业选择经销商时最应考虑的因素。有强烈合作欲望的经销商，往往会积极主动地推销企业的产品，甚至还会力邀企业参与促销，扩大市场需求，与这样的经销商合作，企业通常能很好地实现销售目标甚至达到更高飞跃，达到双方共赢的目的。因此，企业应根据产品销售的需要和对备选经销商深入了解，确定具体合作方式，考察其对销售的重视程度和合作态度，以便选择最理想的经销商进行合作。

（二）选择经销商的具体方法

在选择经销商时，企业经常采用评分法，即对备选经销商就其参选条件进行打分评价。通常企业根据这些条件对销售渠道功能建设的重要程度不同赋予不同的权重，然后计算每个经销商的总得分，选择得分较高者作为销售伙伴。

对于评分法，我们举如下例子进行说明。

一家企业需要在某一地区选择一家合适的经销商进行产品销售。经过考察，有三家经销商(A、B、C)符合初步考察的结果，为了对这三家经销商进行科学的评价以选出更适合的合作伙伴，企业采用评分法进行测评，如表8-2所示。

通过综合考虑选择因素、计算加权分可以看出，经销商B得分最高，因此企业应选择其作为当地的经销商。

表8-2 A、B、C三家经销商测评

评价因素	权重	经销商A		经销商B		经销商C	
		打分	加权分	打分	加权分	打分	加权分
市场覆盖率	0.20	80	16	85	17	70	14
销售经验	0.20	85	17	70	14	80	16
声誉	0.10	70	7	75	7.5	85	8.5
促销能力	0.15	90	13.5	90	13.5	90	13.5
财务状况	0.15	60	9	80	12	60	9
产品组合	0.10	70	7	80	8	75	7.5
合作意愿	0.10	70	7	65	6.5	75	7.5
总得分	1.00	525	76.5	545	78.5	535	76

三、生产商与经销商的权责关系

为了使生产商和经销商的合作关系良好、紧密而持久,在展开合作之时,双方要明确彼此的权责关系。

(一)生产商的权责

(1) 生产商的权利

在产品销售过程中,作为供方的生产商主要权利在于以下几个方面。

① 按照合同约定,限制经销商销售商品的最高、最低价格,以避免恶性竞争对产品形象和企业利益的伤害。

② 生产商有权控制销售范围以保证销售策略得以实施,同时有权限制经销商不得将产品销售给未经授权的其他中间商。

③ 生产商有权限制其商标、专利和产品设计的使用范围,经销商不得越权使用或肆意篡改。

④ 生产商有权监督经销商对产品的售后服务及维修状况并提出相关意见与建议。

(2) 生产商的责任

作为供方的生产商,在享有权利的同时有责任做好以下事项,保证销售合理合法、顺利完成。

① 生产商应该按照合同保证类别、型号、规格、等级、数量等产品标准,并对产品进行适当包装,以保证销售与运输。

② 生产商应按合同约定进行产品运输,保证产品安全、准时、足量转移至经销商。

③ 生产商应给予经销商促销方面的支援,提供相应的产品简介和宣传材料等。

④ 生产商必要时还须给予经销商售后及客户服务等方面的支持和援助。

(二)经销商的权责

(1) 经销商的权利

经销商的权利主要有以下几个方面。

① 经销商有权在规定的幅度范围内自行决定商品售价。

② 经销商有权在和厂商协商一致的基础上展开促销活动,扩大产品销量。

③ 经销商有权要求厂商按照合同要求保质、准时、足量地供货。

(2) 经销商的责任

在具有以上权利的同时,经销商还应承担相应的责任,具体如下。

① 按照合同约定,经销商应在规定的范围内销售产品,不得超越区域和授权。

② 经销商应配合厂商做好促销活动,同时按规定做好应负责的产品售前、售后服务,努力维护客户。

③ 经销商对合作中的商业机密应严格保密。

④ 经销商应按合同规定及时支付货款。

在企业与经销商合作过程中,只有双方都严格按照合同规定,努力履行自己的职责,避免发生权责不清造成的争端,才能保证产品销售顺利进行,才能令企业实现建立强大销售网络的目标。

四、经销商的激励

一项心理学研究表明,合同关系仅能使人的潜力发挥20%~30%,而如果受到充分激励,其潜力就可以发挥至80%~90%,这说明有效的激励可以充分调动行为主体的积极性,达到更高的行动标准。由于生产商和经销商是两个相互独立的法人,它们都有追求自身利益的权利,经销商并没有牺牲自己的利益来配合生产商利益目标的必要,因此在销售渠道管理过程中,激励经销商、充分调动其销售积极性是达到销售目标必不可少的一个环节。

激励经销商的形式有很多种,但大体上可以分为直接激励和间接激励两大类。

(一)直接激励

所谓直接激励,就是指通过给予渠道成员物质或金钱的奖励来激发其积极性,从而实现公司的销售目标。在销售实践中,厂商多采用返利、价格折扣、开展促销活动等形式激励经销商。

1. 返利政策

在制定返利政策时一定要考虑以下因素。

① 返利的标准:一定要分清品种、数量、级次和返利额度。

② 返利的形式:一定要注明是采取现价返、以货物返,还是二者的结合。

③ 返利的时间:一定要明确是月返、季返还是年返,应根据产品特性和货物的流转周期而定。同时还要在返利兑现的时间内完成返利的结算,以避免因时间过长而造成的双方内部账目混乱。

④ 返利的附属条件:为了能使返利这种形式促进销售而不是达到相反效果,一定要加上附属条件,如严禁跨区域销售、严禁擅自打破价格体系降价、严禁拖欠货款等。

返利一般有如下两种形式。

(1) 过程返利

这是一种直接管理销售过程的激励方式,其目的是通过考察市场运作的规范性以确保市场的健康发展。通常情况下,过程激励包括以下内容:铺货率、售点气氛(即商品陈列生动化)、安全库存、指定区域销售、规范价格、专销(即不销售竞品)、守约付款等。

(2) 销量返利

这是为直接刺激经销商的进货力度而设立的一种奖励,其目的在于提高销售量和利润。在销售实践中,有三种形式的销量返利。

① 销售竞赛:就是对在规定的区域和时段内销量第一的经销商给予的奖励。

② 等级进货奖励:就是对进货达到一定等级数量的经销商给予的奖励。

③ 定额返利:就是对经销商达到一定数量的进货金额给予的奖励。

销量返利的实质就是一种变相降价,可以提高经销商的利润,无疑能促进其销售热情。但事实上,销量返利大多只能创造即时销售,从某种意义上讲,这种销量是对明日市场需求的提前支取,是一种库存的转移。销量返利的优点是可以抢占市场,为竞品厂商的市场开发设下路障。但缺点是若处理不好,可能造成经销商越区销售,导致窜货情况的发生,扰乱市场。因此要谨慎使用此种返利方式,扬长避短,为企业完成销售目标服务。

2. 价格折扣

价格折扣包括以下几种形式。

(1) 数量折扣

经销数量越多、金额越大，折扣就越丰厚。

(2) 等级折扣

经销商依据自己在渠道中的等级，享受相应待遇。

(3) 现金折扣

回款时间越早，折扣力度越大。

(4) 季节折扣

在旺季转入淡季之际，可鼓励经销商多进货，减少厂家仓储和保管压力；进入旺季之前，加快折扣的递增速度，促使渠道进货，达到一定的市场铺货率，以抢占热销先机。

(5) 根据提货量，给予一定的返点，返点频率可根据产品特征、市场销货等情况而定。

3. 开展促销活动

一般而言，生产者促销措施会很受经销商的欢迎。促销费用一般可由生产商负担，亦可要求经销商合理分担。生产者还应经常派人前往一些主要的经销商那里，协助安排商品陈列，举办产品展览和操作表演，训练推销人员，或根据经销商的推销业绩给予相应的激励。

（二）间接激励

所谓间接激励，就是指通过帮助经销商进行销售管理，以提高销售效率、达到更好的销售效果来激发渠道成员的积极性和销售热情的一种激励方法。这一方法有利于加深合作双方的感情联系，从而达到维持长时间销量稳定的目的。间接激励的方法很多，通常来说，企业可以对经销商进行人员支持和管理支持。

1. 经销商人员支持

厂商可以帮助经销商培养其需要的专业人才，提高其内部管理水平、增值能力、销售推广能力和在商务、宣传、服务方面的水准，使经销商与企业共同成长。同时，还可以派专门人员指导并协助经销商做好市场调研、市场分析、促销活动安排、客户服务等日常管理工作。利用这种方式不仅可以使经销商在实际经营中获得直接帮助，还能令他们感受到企业的重视，从而实现企业的激励作用。

2. 向经销商提供管理支持

厂商可以利用自身管理经验帮助经销商建立进销存报表，做安全库存数和先进先出库存管理。进销存报表的建立，可以帮助经销商了解某一周期的实际销售数量和利润；安全库存数的建立，可以帮助经销商合理安排进货；先进先出的库存管理，可以减少即期品(即将过期的商品)的出现。

实例8-1

厂家在管理经销商的过程中，要建立厂商之间、经销商之间的高度合作关系不是一件很容易的事情，厂家管理经销商最基本的内容就是激励经销商有效率、有效地完成分销任务。

在厂家能够有效激励经销商之前，必须弄清楚经销商目前有哪些需求、在经营管理中存在哪些问题。厂家可能会发现，经销商目前的需求和所面临的问题与厂家所了解的大不相同。厂家对消费者的研究已经成了司空见惯的现象，借此可以了解顾客需要的产品类型、顾客品牌偏好度、顾客购买行为类型和其他一些信息。但是,厂家对经销商的需求和问题的调查研究则是很少见的,这实在是令人遗憾的事情,因为厂家对经销商的调查研究可能是发现细微或隐藏的需求和问题的唯一途径。

乐泰(Loctite)是一家著名的生产胶带和密封胶产品的生产商,其产品用于许多不同的行业。公司的大部分产品通过批发商销售,批发商再将这些产品销售给零售商及商业和工业客户。

在产品销售中,乐泰同其分销商矛盾重重,公司认为,分销商不关心产品线的销售,因为分销商的销售人员在向顾客推销产品时从不携带乐泰的产品样品,而分销商则认为乐泰公司对它们请求给予销售支持的需要漠不关心,因为它们感到销售人员不能正确使用产品样品。乐泰相信,样品是一种非常好的销售辅助手段,却被分销商搁置在一旁。调查研究结果揭示了分销商未能使用乐泰样品的一个简单的理由:乐泰公司产品样品的设计仅适合用公文包携带,但是乐泰公司的大多数分销商的销售人员根本不带公文包。了解到这一情况之后,乐泰对样品重新进行设计,缩小了样品,使之可以装在销售人员的口袋里,问题迎刃而解,最终,当乐泰公司决定对分销商使用销售辅助手段的需求和问题进行调查研究时,这一矛盾才得以解决。

正如该例所示,某一类型的需求和问题尽管简单,但也许并非都是显而易见的。在这种情况下,生产商发起的调查研究能够有效地解决问题。

(资料来源:https://www.sohu.com/a/518781079_121192333)

第二节 代理商管理

一、代理商的种类和作用

企业在利用中间商建立销售渠道的时候,除了利用经销商外,还可以利用代理商。

(一) 代理商的含义及特点

1. 代理商的含义

代理商是指接受生产者委托,从事销售业务但不拥有商品所有权的中间商。代理商在销售代理权限内代表委托人收集订单、销售商品,并在销售完成后领取一定的佣金。代理商又可分为独家代理商、一般代理商和经纪人。

2. 代理商的特点

(1) 代理商是独立的法人组织,并与委托企业有长期稳定的关系

代理商的独立性是指其不等同于厂家的直营销售机构,也不是厂家的子公司或控股公司,他有独立的利益,独立核算。代理商与委托企业的关系是长期稳定的,一般在一年以上,有的长达数十年,这是代理与代销的区别之一,也是代理制优于我国目前通行的买断制(即商业企业单纯地买进卖出)的特点之一。

(2) 代理商只拥有销售代理权,而不拥有对代理商品的所有权

这是代理与买断的主要区别。在买断制下,商业企业从生产企业购入商品后再销售,因而拥有

商品拥有权，并承受全部买卖风险。而代理制下，代理商只代委托企业进行销售产品，并不拥有产品所有权。

(3) 代理商按代理权限行事

代理权限中规定了代理产品的种类、数量，代理区域的大小，是否有独家销售代理权，产品售价的高低及浮动幅度等；同时，代理合同中也规定了代理商的义务，如独家销售代理时，代理商要达到最低代理额；再如代理商负有广告、售后服务、仓储、商情报告、保护委托方的财产等义务。代理商必须在代理权限内完成其应履行的义务。

(4) 代理商行为的法律效果应由委托方承担

由于代理商行为体现的是委托方的意志，销售代理产生的权益与义务都通过代理合同转移给委托方。代理商不能占有代理行为产生的权益，从而不能占有销售后的货款；同时也不承担代理行为产生的义务，从而客户若不能及时收到货品或发生货损与产品质量问题，只能要求委托方厂商赔偿损失。

(5) 代理商的收入是佣金而不是购销差价

代理商只是一种中间商，其主要功能是提供销售机会，因而能等商品售出、货款汇回委托方后，从委托企业处取得佣金收入，且佣金收入随代理额的浮动而浮动。

（二）代理与经销的区别

在现实经济生活中，由于代理和经销都是企业销售渠道的中间环节，所以经常被混为一谈，但实际代理和经销有着本质的区别，具体如下。

① 经销双方实质是买卖合同关系，就是双方订立经销协议，由企业向经销商定期、定量供应货物；而销售代理双方则是代理关系，即代理人在代理权限范围内，以被代理人名义与客户进行交易，从而对被代理人负责。

② 经销商必须自垫资金购买供应商的货物，自行销售，自负盈亏，自担风险。利益来自经销的差价；而代理商不承担销售风险，不管交易的盈亏，只是完成被代理人交付的任务，按照完成任务的出色程度得到报酬。

③ 经销商是为实现自己的利益；代理商是为被代理人的利益进行交易，权利与义务归属被代理人。

④ 经销商的利益来自经销的差价，而代理商由于只是代理行为，所以只能收取佣金，当然佣金可以与代理商的业绩相挂钩。

（三）代理商的分类及比较

(1) 直接销售代理与间接销售代理

所谓直接销售代理是指销售代理商以委托人的名义替委托人进行销售事务，其法律后果直接由委托人承担。

而间接销售代理是指销售代理人以自己的名义代替委托人进行销售事务，其法律后果间接地由委托人承担。

(2) 独家销售代理与多家销售代理

独家销售代理是指厂商授予代理商在某一市场(可能以地域、产品、消费者群等区分)独家权利，厂商的某种特定的商品全部由该代理商代理销售。

以地域划分的独家代理是指该代理商在某地区有独家代理权，这一地区的销售事务由其负责。当代理商的销售能力十分强时，厂商可不再划分代理区域，而是全部销售由其独家代理。

按产品划分，独家代理是指某代理商拥有厂商的某种或某几种产品的独家代理权的情况。

多家代理是指厂商不授予代理商在某一地区、产品上的独家代理权，代理商之间并无代理区域划分，都为厂家收集订单，无所谓"越区代理"，厂家也可在各地直销、批发产品。

采取多家代理的厂家较多，多家代理中，代理商处于不利的地位，因此，只有厂家声誉很好、产品畅销时，代理商才肯采用此代理方式。卡西欧电子计算机、松下电器的生产厂家采用多家代理方式，主要是由于该厂家的产品技术先进，产品市场需求旺盛。

(3) 总代理与分代理

所谓总代理是指该代理商统一代理某厂家某产品在某地区的销售事务，同时它有权指定分代理商，有权代表厂商处理其他事务。因此总代理商必须是独家代理商，但是独家代理商不一定是总代理商，独家代理商不一定有指定分代理商的权力。因此，总代理制度下，代理层次更为复杂，常常称总代理商为一级代理商，分代理商则为二级或三级代理商。通常情况下，分代理商由原厂家直接指定，但分代理商也可以由总代理商选择，再上报厂家批准，分代理商受总代理的指挥。

(4) 佣金代理与买断代理

这是按代理商是否承担货物买卖风险，以及其与原厂的业务关系来划分的代理形式。

佣金代理方式是指代理商的收入主要是佣金收入，代理商的价格决策权受到一定限制。佣金代理方式又分为两种，一种是代理关系的佣金代理商，另一种是买卖关系的佣金代理商。

代理关系的佣金代理方式是法律意义上纯粹的代理关系。销售代理商仅为厂商在当地推销其产品，并在厂商授权下以厂商的名义与当地顾客签订买卖合约。产品的价格完全由厂家指定，代理商销售产品后，向厂家索取佣金作为报酬。在交易过程中，代理商不以自己的名义进货，即不从厂商购买产品，只是起媒介交易作用。

买卖关系的佣金代理方式是指代理商根据厂商制订的价格范围(有一个上、下浮动率)，加上自己的佣金费作为产品售价，向顾客推销产品，与客户订好买卖合同后，该代理商向厂商订货，并以自己的名义赊购代理产品。待收到客户贷款后，代理商从货款中扣除佣金汇给厂家。

由于买卖关系的佣金代理商是以自己的名义赊购货物，因此，他与厂家的关系实际上已是买卖关系，而非代理关系，当代理商将货物交给客户而又收不到货款时，他要负担坏账损失。正因为在这种情况下，代理商风险比较大，因此，厂家给予代理商价格浮动范围，代理商在此价格范围内有最终价格决定权。

买断代理商与厂家是一种完全的"买断"关系。他们先自己掏钱向厂家进货再销售，而买卖关系的佣金代理商则是先从厂家进货，若收不到货款时，再承担坏账损失。因此，买断代理商风险更大，他们对产品的销售价格拥有完全决定权，其收入来自买卖的差价，而不是佣金。

(四) 代理商的作用

代理商作为销售渠道中中间商的一种，对企业在促进产品销售和节约管理成本方面有如下作用。

(1) 有利于企业新市场的开拓

随着经济的发展，产品的销售范围已经打破原有意义上的地域限制，开始由产区走向全国乃至世界，因此，新市场的开拓已经成为企业销售的重要任务。代理商的出现，可以让企业在最短的时间内迅速进入较为广阔的各地市场，完成产品更大范围的销售和品牌知名度的建立。

(2) 有利于扩大企业产品销量，保持并提高市场占有率

市场占有率在竞争越发激烈的今天已成为衡量企业成败的重要标准。为了保持市场占有优势，企业需要耗费大量精力，但限于人力与财力，有时效果并不理想。而代理商通常是销售领域的专

家，他们对代理区域内的市场需求、储运、销售等情况了如指掌。此外，他们也同消费者有着最为密切的联系，能够及时了解消费者的当前需求和潜在需求，因而能帮助企业更好地促进产品销售、扩大销量并提高市场占有率。

(3) 有利于增强企业产品核心竞争力

随着商品种类的不断增多，企业花费在销售方面的精力也大大增加，此时如果将优秀的代理商纳入销售渠道，则可以使企业有更多的精力专注于核心产品的研制、完善和新产品的开发，从而在根本上提高企业竞争力。

(4) 有利于节约企业销售成本，降低费用

选择代理商代理销售产品，企业就不必再投资建设销售渠道中的硬件设施，不必为组建销售队伍承担更多的人力成本，无疑在很大程度上节约了企业的销售成本，降低了费用。

由此可以看出，选择优秀的代理商可以使企业在销售领域事半功倍，同时更有利于企业专注其核心竞争力，为长远发展奠定坚实的基础。

二、代理方式的选择

优秀的代理商可以使企业完成在销售方面的飞跃，有利于企业节约大量的管理成本，因此，如何在众多代理商中选择适合的对象，无疑成为企业构建销售渠道时重点关注的问题。通常，由于企业经营理念、营销策略、市场潜力和产品特性各不相同，对代理方式的需要也不同，但在选择时通常可以考虑如下因素。

（一）营销策略和市场潜力

一般来说，如果企业具有扩张性的营销策略、市场潜力较大，就需要多家代理商共同开发市场，可以在短时间内迅速扩大产品铺货范围和销量。如果企业具有收缩性的营销策略，或者市场潜力不大，主要专注于某一领域或地区的销售，就要考虑减少代理商的数量，甚至可以采用独家代理的形式，这不仅有益于管理，还能节约成本。

（二）产品特性

企业选择代理类型，需要考虑产品的生命周期。处于投入期的产品，由于企业会要求代理商对客户提供一定的使用指导、技术和售后维修服务，因此选择独家代理的形式可以使企业易于管理并对市场反应有足够的了解，以便更好地改进产品和服务，为产品成长期的到来做好准备。当产品快速成长，到达成熟期时，会越来越标准化和大众化，消费者需要的协助也会相对减少，售前售后服务对于企业来说更易于控制，此时可以考虑增加代理商的数目，达到扩大销量、完成销售任务的目的。

在考虑自身产品生命周期的同时还需考虑产品差异。如果企业产品类型的区分十分明显、高级品与低级品目标顾客明确，这时企业便可以做市场细分，依据不同的市场授予各自独家代理权。但如果企业产品无明显细分同时又具有较大的市场潜力，则需要采用多家代理的方式，有效拉动销售。

在选择代理类型的时候，除了需考虑企业及产品因素，代理商本身的因素也不能忽略。例如，在某一行业，代理商的销售能力普遍有限，企业只能依靠增加代理商数量在一定时间内提高销量，反之，企业就可以选择独家代理的方式。

综上所述可以看出，在选择代理类型的实际工作中，还需综合考虑上述因素，选择最适合的方式，以便高质高效地达到企业的销售目标。

三、代理商的选择

对于企业来说，代理商的优劣直接关系企业市场销售活动的成败，为此企业要在仔细研究市场状况后确定适合自身的代理商选择标准以保证选择出合适的优秀代理商。

衡量优秀代理商的标准很多，但总的标准只有一条：在特定的时期内适合与企业通力合作的代理商就是优秀代理商，具体可从以下四个方面进行考核。

（一）经营理念一致

此时企业应该考察代理商的经营理念是否能够和自身高度统一；是否能够充分认识和理解企业文化、产品定位、中长期发展战略、区域市场销售目标及市场运作方案；是否能够切实执行厂家的各项销售政策。

（二）资金充足

代理商只有拥有较为充足的资金，才能够满足企业的市场开发需求，进行市场投入，按照企业的合理要求配备相关的人力资源、车辆、仓库以便进入区域市场内各类渠道、进行品牌推广、保证货源充足。因此在选择代理商时，其资金状况是一个必须考虑的因素。

（三）销售网络匹配

选择代理商时，还应考虑其是否具备和企业目标市场相匹配的销售网络。代理商的销售网络应该能够覆盖整个区域市场，各类渠道横向和纵向有机结合，拥有强大的批发渠道和零售渠道，渠道的深度和宽度能够充分满足厂家的要求，减少厂家的网络建设费用；同时能够迅速渗透整个市场，提高市场占有率和铺货率，实现对整个区域市场的深耕细作。

（四）售后服务体系完善

售后服务的质量直接影响到品牌的生命力，而现在的大多数企业都把售后服务交给代理商来做，因此优秀的代理商应具有良好的售后服务意识，把售后服务当成一项长期的战略，组建一支专业的售后服务队伍解决区域内的售后服务问题。

综上所述，厂家真正需要的代理商是具有相同的经营理念、足够的资金、匹配的销售网络、强大的分销能力、良好的顾客关系、强烈的品牌意识、能够和厂家共同发展、不断创新的代理商，因此在选择代理商时，要充分考虑上述因素。

第三节 特许经营商管理

一、特许经营概述

（一）特许经营的含义

特许经营是企业构建销售渠道时可以利用的一种有效分销方式。简而言之，特许经营是一种商业运作模式。

国际连锁加盟协会(IFA)对特许经营做出如下解释：特许经营是一种存在于总公司和加盟人之间的持续关系。总公司赋予对方一项执照、特权，使其能经营生意，同时对其进行组织、训练、采购和管理的协助。建立特许经营关系也要求加盟人付出相当的代价，作为对总公司的报偿。

中国国内贸易部也对于特许经营做出了明确说明，即特许经营是指特许人将自己所拥有的商标(包括服务商标)、商号、产品、专利和专有技术、经营模式等以特许经营合同的形式授予被特许人使用，被特许人按合同规定，在特许人统一的业务模式下从事经营活动，并向特许人支付相应的费用。

（二）特许经营的特点

1. 特许经营的核心是特许权的转让

特许权的转让方是拥有成果的总部或总公司，接受方是加盟店。转让的特许权一般包括技术、专利、商标或经营方法等无形资产，例如麦当劳公司每年会在世界各地吸收大量加盟商，将其食品生产工艺、品牌等无形资产通过特许经营的形式传给加盟店。

2. 特许经营是特许人与被特许人之间的合同(契约)关系

特许经营模式一般都由总部要求加盟店按照自己的模式经营，在加盟之前签订合同。这种合同是一种既定格式的合同，而非经由双方商议而订立下的合同，即特许人事先将合同的内容拟妥、印妥，然后将相同格式的合同交众多的加盟申请人，请其同意后签订的一种合同。为维护连锁的统一性，加盟申请者一般对合同条款没有修改的权利，必须服从特许合同的约定，根据总部提出的销售或技术上的计划来经营加盟店。

3. 在特许经营关系中，特许人和加盟者承担其各自义务

特许人的义务是允许加盟者使用其商号、商标、商誉、CIS系统等企业的无形资产；相关的产品、专利和专有技术；为被特许人提供各种相关的培训。

一般来说，当加盟者提出加盟申请后，特许人谨慎起见往往会对申请者进行严格周密的调研，例如店铺的具体位置、店主或投资者的财务状况、销售能力和合作诚意等。在全面考察上述诸多因素后，特许人才会决定是否对申请予以批准。

一旦接受加盟者，特许人必须按照合同约定允许加盟者使用总部特有的商标、店名和总部开发的生产、加工、销售、服务及其他经营方面的技术。同时还要在合同期内对加盟者提供各种指导、帮助和相应培训，以帮助其在开始营业后尽快走入正轨，获得收益。

加盟者的义务是：在特许人统一的业务模式下，从事经营活动；接受特许人的培训和指导；向特许人支付加盟金和权益金等费用。

加盟者在取得特许人赋予权利的同时需要付出相应的代价。一般来说，在加盟者签订特许合约的时候要一次性交纳一定数额的加盟费，同时每月还需向总部缴纳特许权使用费和广告费等，这些费用依据合同规定不同而具体确定。

（三）特许经营分类

(1) 产品和品牌特许(product and trade name franchising)

该类型的特许经营主要涉及加盟者要使用特许人的品牌和有效的销售方法来批发、销售其产品。作为加盟者仍保持其原有企业的商号，单一地或在销售其他商品的同时销售特许人生产并取得

商标所有权的产品。此类型中的加盟者通常属于零售商一级，主要流行于汽车销售、汽车加油站、自行车、电器产品、化妆用品以及珠宝首饰等行业。

(2) 生产特许(production franchising)

此类型的特许经营中，加盟者要自己投资建厂，使用特许人的专利、技术、设计标准等加工或制造取得特许权的产品，然后向批发商或零售商出售，加盟者不与最终用户(消费者)直接联系，例如可口可乐的灌装厂、百事流行鞋等。

(3) 经营模式特许(business format franchising)

此类型的特许经营的主要特征是：加盟者有权使用特许人的商标、商号名称、企业标识及广告宣传，完全按照其规定的模式来经营；加盟者在公众面前完全以特许人企业的形象出现；特许人对加盟者在内部管理、市场营销等方面具有很强的控制力。此类型的特许经营越来越成为当今主导的模式，它集中体现了特许经营的优势，目前在很多行业迅速推广，如快餐食品(麦当劳、肯德基、马兰拉面、好利来)、旅店、洗衣店(荣昌)、汽车租赁以及各种服务性行业。

二、特许经营利弊分析

任何一种事物都有其利和弊，特许经营作为一种商业销售模式也不例外。清楚地理解特许经营的利弊，可以使特许人和加盟者理性地选择这种模式，在经营活动中适当规避风险。

(一) 特许经营的优点

对特许人来说，特许经营主要有如下优点。

(1) 实现低成本市场扩张

由于开设的每一家特许经营的分店都是由加盟者提供相应资金，这不仅分担了特许人的财务风险，还使特许人能充分地运用资金在更大范围内扩大销售，达到低成本扩张市场的效果。另外，随着加盟店的不断增多，集中采购的数量也会越来越多，这能使特许人从其上游供应商处获得更多的折扣和优惠条件，付款期限也可以延长，从而降低了产品成本，进而可以降低产品售价，增强了企业市场竞争力，又如广告、促销费用按照合同约定也能由各加盟者分担，这无疑降低了特许人的营销成本。

(2) 实现品牌快速提升

特许经营的专卖性质能够使特许人产品品牌得以快速良性提升。试想，如果没有特许经营模式，肯德基大叔憨厚可亲的形象和麦当劳黄灿灿的"M"能在世界各地深入人心吗？正是特许经营模式为其品牌带来了无限生机。

(3) 优化特许人企业的经营管理

特许经营的实质是对成功的克隆，并将其成功的经验形成可传播、可转让的知识。在实施特许经营的过程中，企业实际上就是在进行自己的流程优化，这可以从企业做特许经营的步骤中看得非常清楚。比如，为了实现"3S"(简单化、标准化、专业化)，企业就必须在对自己的业务流程进行分析、提炼与优化之后才能实现，而这个分析、提炼与优化的过程本身就是企业对自己的现有资源进行优化整合、不断提高管理水平的过程。

对加盟者来说，可以在如下方面受益。

(1) 入行容易

特许加盟这种形式可以使完全没有生意经验的人在较短的时间内入行，大大降低创业风险。加盟者可不必自设研发部门，而享受产品或服务开发带来的利益。

(2) 节约管理资源

一般来说，特许经营模式下的特许人会统筹处理促销、进货乃至会计等管理事务，加盟商可专心致力于日常营运和销售，有利于创造良好业绩。同时加盟者承袭特许人的商誉，可以免去品牌创立和推广的麻烦，也有利于获得固定顾客群。

(3) 规模经济

加盟者可通过特许人以集中的形式向上游企业较为低价地买进物料，承担广告、销售、运输费用，甚至可以得到信用贷款，有效地节约了营运成本。

由此看来，特许经营对特许人和加盟者来说是一个双赢的事业，对广大消费者来讲意味着更多的优质产品和服务，同时也为社会创造了良好的市场环境。

（二）特许经营的弊端

特许经营虽然有其诸多益处，但在实际经济生活中，其本身对于特许人来说还有着许多不可忽视的弊端。这些弊端也是我们应当了解的。特许经营的弊端主要体现在如下几个方面。

① 特许人容易形成对加盟者的依赖或失去对其的控制。在特许经营活动中，虽然有合同的约束，但由于具体客户资源完全掌握在加盟者手中，特许人就不可避免地会对其产生一定程度的依赖。同时，加盟者也可能在店铺经营成熟稳定后试图独立，对特许人造成潜在威胁。

② 个别加盟者的不良经营会影响品牌形象。特许经营的"克隆"效应既能够使整个销售网络"一荣俱荣"，也会造成其"一损俱损"，特许人和加盟者任何一方的失误都会对整个体系产生不良影响。

③ 过分标准化的产品和服务有时会制约加盟者发展。特许经营的模式决定了其具有标准化的特点，但由于地域和文化差异，特许人标准化的产品不一定适合加盟者当地市场需要，也为经营带来风险。

④ 严格的加盟协议使特许人很难更换加盟者。特许人在选择加盟者时都会十分谨慎。但真正开始合作后，一旦发现其不能胜任工作，往往由于已经签订了严格的加盟协议而无法更换加盟者。

通过对以上利弊的分析，能够清楚地看出，在特许经营这种经营模式中，特许双方实际上是一种相互依赖的关系，利益双方应当竭力维护这种关系，在合作过程中趋利避害，最终达到双赢的目的。

三、特许经营组织的建立

特许经营因为其强大的生命力和竞争力以及快速扩张的潜力，得到了迅猛的发展。许多国家的特许经营已遍及几乎所有的零售业和服务业，并以非常快的速度向其他领域扩张，事实真正印证了"特许经营无壁垒"这句话，特许经营已经渗透到方方面面。

① 餐饮业。餐饮业是特许经营中最受欢迎的，尤其是快餐店。全美最大的200家特许体系中，前10位中餐饮业就占了6位。中国的有全聚德、东来顺、马兰拉面等。

② 服装业，比如杉杉、大杨创世等。

③ 旅店业，比如假日酒店、锦江之星集团等。旅店业特许期限大部分都在20年或以上。

④ 休闲旅游业。在特许经营里面，休闲旅游尚属相当新的一个行业。

⑤ 汽车用品及服务业。这也是一个比较新的行业。

⑥ 商业服务业，如会计报税、广告代理、企业顾问、不动产中介、快递公司等。

⑦ 印刷、影印、招牌服务业。
⑧ 家庭清洁及服务业。
⑨ 人力资源中介业，如猎头公司。
⑩ 零售业，如便利店、超市、珠宝店、时装店等。
⑪ 健身美容服务业，如健身中心、美容院、整形中心等。
⑫ 租赁业，如汽车租赁、机器设备租赁。
⑬ 教育用品及服务业。
⑭ 建筑装修业。
⑮ 宠物用品及服务业，包括宠物治疗、宠物礼品等。
⑯ 环境技术业，如家庭用水及商业水处理与净化等。
⑰ 考试服务业。

（一）特许经营组织

一般情况下，特许经营组织按行业特征主要有以下几种。

① 制造商倡办的零售特许经营或代理商特许经营。零售特许多见于消费品行业，代理商特许多见于生产资料行业。

② 制造商倡办的批发商特许经营。这种经营方式大多出现在饮食业，如可口可乐与某些瓶装厂商签订合同，授予其在某一地区分装和向零售商发运可口可乐等的特许权。

③ 服务企业倡办的零售商特许经营系统。其多出现于快餐业(如肯德基快餐)、汽车出租业等。

（二）特许经营开发

企业开展特许经营，一般来说分解为七大步骤，即特许经营的可行性研究、特许经营战略规划、单店模式设计与提炼、特许加盟模式的设计、总部运营支持管控体系设计、特许经营体系的推广和特许经营体系的运营。

1. 特许经营的可行性研究

虽然特许经营是一种良好的经营模式，使很多企业获得了巨大成功。但是，开展特许经营需要具备一定的条件，并且特许经营并不一定是企业最佳经营模式，因此，作为一个重大的决策，在开展特许经营前一定要进行可行性研究论证。

可行性研究可以分为政策可行性、市场可行性、技术可行性、经济可行性等几个方面。

对于政策可行性，主要是指企业以及打算开展特许经营的项目是否符合政策法律规定。比如，在开展特许经营的基本条件方面，商务部2004年12月31日颁发的《商业特许经营管理办法》有明确规定，其中关键的有三点：一是必须拥有有权许可他人使用的商标、商号和经营模式等经营资源；二是具有向被特许人(加盟商)提供长期经营指导和培训服务的能力；三是要求在中国境内拥有至少两家经营一年以上的直营店或者其子公司、控股公司建立的直营店。

对于市场可行性，就是从市场角度来进行评估，该项目是否具有广阔的市场需求或者潜在市场需求，包括消费人群以及在不同区域市场的适用性。如果该产品或服务的顾客面非常狭窄并且数量有限，那么可能就不适合开展特许经营。

对于技术可行性，主要论证的是项目是否具有可复制性，以及总部对项目开展特许经营的支持控制能力。特许经营是对成功模式的克隆复制，并且对总部的支持管控能力具有较高的要求。如果经营模式或产品不容易复制，或者总部不能进行有力的支持及有效的管理控制，那么就很难开展特许经营。

对于经济可行性，主要是从经济角度来论证特许经营模式对企业或者对项目而言是否具有相对优势。企业要进行市场销售扩张的方式有很多种，除了特许经营外，还有直营连锁、经销、代理、直销等，如果特许经营模式相对其他模式对企业有更多的好处和优势，那么企业就应该以特许经营方式进行扩张。

2. 特许经营战略规划

特许经营对企业来说，往往是影响企业长远发展的重大决策，也牵涉到企业整体资源的配置等问题，因此，当特许经营可行性研究的结论是可行的，那么接下来整体性的战略规划也必不可少。特许经营战略规划主要包括以下几个方面。

① 特许经营发展战略目标的设定。例如，某美容化妆品特许经营企业的战略目标是用5年时间发展5 000家特许经营店，成为中国最大的美容化妆品连锁企业。

② 连锁经营模式选择。明确是以特许经营为主，还是直营连锁、特许经营混合；是单店特许，还是区域特许等。

③ 全国性市场还是区域性市场的选择。也就是说，企业开展特许经营的范围是面向全国，还是只针对某一个或几个区域。

④ 战略性资源配置。例如开展连锁经营，可能涉及物流问题，是自建物流体系，还是借助第三方物流等。

⑤ 发展的节奏。通常企业会选择先慢后快的节奏，例如第一年发展5家特许加盟店，第二年20家、第三年100家、第四年200家……

3. 单店模式设计与提炼

特许经营整体性的战略规划完成之后，接下来就是对特许经营体系的具体设计了。首先需要设计或提炼的是单店模式。成功的单店模式是特许经营成功的基础。单店在不同行业或不同项目可能是不同的形态，可能是便利店、超市一样的店铺，也可能是医院、美容院这样的服务机构，还可能是如可口可乐装瓶厂这样的生产企业。

单店模式设计与提炼主要可以分为两个层次：一是单店的盈利模式，也就是说单店作为一个利润中心是如何获得利润的；二是单店的运营模式，也就是说一个单店的日常经营管理操作流程是怎样的。

单店模式的设计与提炼，需要遵循特许经营的"3S"原则也就是"标准化、简单化、专业化"来进行，使单店的运营容易被加盟者掌握，并且能体现专业化的水平。

企业在开展特许经营之前往往已经有了直营连锁店，但往往不够规范，这个时候仍然要对单店的模式进行设计或者提炼。单店模式设计或提炼的物化成果是形成一整套的《单店运营手册》。这个(套)手册是加盟商日常经营需要遵照的标准。

单店设计需要考虑的具体要素，我们可以归纳成如下表格(见表8-3)。

表8-3 单店模式设计需要考虑的具体要素

内容	要素
顾客定位	年龄、性别、职业、收入、心理特征等
利润来源	产品利润、服务利润、品牌利润、延伸利润

续表

内　容	要　素
差异化策略	产品定位、价格定位、渠道定位、促销方式定位
资金投入	店面租金、店面装修、首期铺货、设备购置、人员工资、开店费用、水电气费用
信息收集	客户信息、竞争对手信息、经营信息
人员和组织	培训督导、管理体系、管理流程、规章制度
选址	商圈、街面位置、停车场
店面VI	店招、色彩、橱窗、工服、地面、墙壁和天花板
卖场空间设计	动线、货架(设备和工具)的选择和摆放、灯光

4. 特许加盟模式的设计

特许加盟模式是指开展特许经营的企业与加盟商之间的合作模式。特许加盟模式主要涉及三个方面。一是采取什么样的特许加盟模式，是单店加盟，还是区域加盟；是直接特许，还是熟店转让等。二是特许加盟授权的具体内容，如商标、商号、经营模式、经营技巧的使用，产品或服务的专营，特许授权的期限、地域限定等。三是加盟者需要缴纳的费用，如加盟金、保证金、品牌使用费、广告基金等。特许加盟模式的设计往往影响特许经营体系的发展速度以及稳定性，因此这个环节很关键。

5. 总部运营支持管控体系设计

当单店模式和特许加盟模式选择完成之后，余下需要考虑的内容是总部运营支持管控体系的设计。

总部运营支持管控体系是特许经营运营成功和持续发展的保障系统。一般来说，需要设计的内容包括特许经营总部的组织架构、主要的业务流程、支持系统等。支持系统一般包括品牌形象、市场营销、人员培训、产品与技术研发、物流配送、经营辅导等方面。

6. 特许经营体系的推广

特许经营模式的设计完成之后，特许经营项目就进入了临近成功的推广阶段。在特许经营的推广阶段，需要考虑以下几个问题。

一是推广的基本策略。例如，是以总部为中心向周边辐射，是有计划性地全国布点，还是根据加盟申请的情况随机发展，这些都是在特许经营推广前需要考虑的基本策略。

二是推广的渠道策略。特许经营的推广渠道有很多，包括内部创业、专业展会、媒体推广、加盟说明会等。选择推广渠道需要根据项目特点、市场状况以及企业资源来进行综合考虑，很多时候可能选用多种推广渠道的组合。

三是推广的基本流程。一般来说特许经营推广包括特许加盟招商信息发布、加盟咨询、申请评估、加盟谈判、加盟签约、开店前筹备等环节。一个完善的流程，将会大大提高加盟发展的成功率和工作效率。

7. 特许经营体系的运营

新的加盟店开业之后，就进入日常运营的阶段了。总部需要有专门的运营督导部门来负责对特许经营店进行日常运营管理。运营管理的重点是按照总部制定的统一标准对加盟店进行支持、辅导、维护和监督。支持和管控的执行能力往往决定了一个特许经营体系的成败。

由上可知，开展特许经营并不难，但是要使特许经营获得成功，需要构建完善的特许经营系统，把握其中关键的环节和细节。

四、加盟者的选择

对于企业来说，要想成功使用特许经营作为销售模式，除了要科学地构建特许加盟体系，建立特许经营组织外，加盟者的选择也很重要。选择志同道合的加盟者主要应注意如下几点。

（一）了解被特许者是否具有经营信心

选择对经营项目充满信心的加盟商，无疑将降低特许经营风险。有的加盟商对特许经营项目缺乏了解，投资比较盲目，一旦短期目标未能实现，便丧失信心并很快放弃。加盟店的关闭会对特许者的商誉产生重大不良影响，会阻碍或限制其他经营者的加盟，动摇其他加盟店的经营信心，这种结果是特许者不愿看到的，因为特许者最终希望该特许经营项目可持续发展并期待自身和加盟者获得持续不断的投资回报。

（二）作为被特许者应具备强有力的资金支撑

目前好的特许经营项目，一般需要几十万元(包括但不限于加盟费、使用费、保证金、房租费、设备材料费、装修费、广告费、培训费等)作为加盟投资费用，这要求被特许者具有相当的经济实力，以保证在充分提供投资费用后还有足够的资金保证加盟店的日常运营。

（三）被特许者要具备一定的管理能力

一旦被特许者获得加盟批准后开始正式运营，其对加盟店的管理能力便显得尤为重要。人们常说管理出效益，好的管理会给加盟店和特许者带来更大的收获，因此，在进行加盟者的选择阶段，特许者必须确保选择的加盟人选适合该项特许业务，有能力承担经营管理加盟店业务的责任，否则，加盟店管理不善，会给特许企业带来很大负担。

（四）保证产品和服务质量的统一性

如果特许企业难以保证被特许者产品和服务质量达到统一标准，其企业自身商誉和形象将受到经营不善、产品以及服务质量差的加盟店的影响。因此，在选择加盟者的时候，企业必须保证被特许者有能力按照产品和服务的质量标准经营，并在整个特许经营过程中予以保持，以维护加盟整体在客户面前的统一性。

五、特许合同的拟定和签订

特许经营的全部活动都基于特许者和加盟者之间签订的特许合同，因此，一份健全合理的特许合同是双方日后合作的基础，鉴于特许经营法律关系的上述特点，结合实践，建议企业在拟订和签订特许经营合同时遵循以下原则。

（一）确保总部各种资产受法律保护

特许经营合同是一种权利的集中许可使用，特别是无形资产的许可使用，加上这种许可不是通常的一对一的形式，而是一对十、一对百，甚至一对千，因此在制定合同时应把保证总部各种资产受法律保护作为第一原则，特别是对无形资产包括商标、专利、专有技术、经营诀窍、经营理念、经营模式、经营规范、形象设计、广告设计、技术标准以及企业商誉等无形资产的保护。

(二) 明确受许人运作细节及特许人的监督权

特许授权是一个复杂、完整的体系，为了保证合同能得到全面遵守和特许事业健康发展，将各种特许制度融入合同之中十分重要。在特许体系的构架中，至少应包含以下几个方面：加盟手册、营运手册、督导制度、培训教育制度等。

(三) 保障加盟者业务健康发展

由于在特许经营体系中，加盟者业务发展对企业发展起到重大推动作用，是企业品牌具有持续吸引力的保证，也是企业利润的源泉，因此企业在拟订和签订合同时，应遵循保障加盟者业务健康发展的原则。企业对加盟者充分的支持是控制的基础和前提，是特许体系存在和发展的关键，同时也是加盟者业务健康发展的重要保障。

特许合同是连锁双方未来合作愉快与否的基础，它规范了企业与加盟者权利与义务的长期关系，具有法律约束力，因此，在拟订和签订合同的时候除了需要遵循上述原则，还需要注意如下一些事项。

① 加盟金、保证金、广告费、服务费等项目列举是否清楚？实际收取方式如何规定？是否具备退还条款？

② 合同是否包含解约条件？具体手续或程序是什么样的？不同状况解约下的解约金、损害赔偿等的金额和方式如何？

③ 双方的利润分配方式是否规定清楚？是否可能有其他意外的状况发生？

④ 合约终止后，双方的权利与义务如何？

⑤ 企业对加盟者的服务与指导是否已经在合同中详细列出？描述是否清晰无歧义？

除以上内容，特许经营合同还应包括如下内容：财务协助和管理、设备和物品的配送、加盟店营业品种的限制、广告促销支持和控制等，此处不再赘述。

六、加盟管理与沟通

由于特许经营模式的特点是规定加盟者按照企业要求的模式统一经营，因此，企业应对加盟者和特许经营店进行全面的管理，随时保持沟通，以保证整个加盟体系以统一、高质的良好形象面对市场和消费者。

(一) 加盟管理

特许经营之所以能在激烈的竞争中迅速发展，主要是因为它适应社会化大生产的要求，实现了商业活动的简单化、专业化和标准化，从而获得其他商业形式无可比拟的经济效益，因此，企业对特许经营加盟店的管理，也要遵从这三方面标准，即特许经营管理的"3S"。

1. 简单化

简单化(simplification)是指将作业流程尽可能地"化繁为简"，减少经验因素对经营的影响。特许经营强调的是复制，不能因为门店数量的增加而出现混乱。特许系统整体庞大而复杂，必须将财务、货源供求、物流、信息管理等各个子系统简明化，去掉不必要的环节和内容，以提高效率，做到"店店会做、店店能做"。为此，要制定出简明扼要的操作手册，各加盟店按手册严格操作，各司其职，各尽其责。

在这一方面，世界快餐巨头麦当劳就起到了很好的示范作用。麦当劳公司的第一本操作手册有15页，不久之后根据业务需要扩展到38页，然后发展至75页之多。在手册中，加盟店可以查到麦当劳公司要求的所有工作细节。例如通过手册，麦当劳教加盟者进行公式化作业：如何追踪存货、如何准备现金报表、如何准备其他财务报告、如何预测营业额及如何制定工作进度表等，甚至可以在手册中查到如何判断店面盈亏情况，了解营业额中有多大比例用于雇用人员、有多少用于进货，又有多少是办公费用。每个加盟者在根据手册计算出自己的结果后，可以与其他加盟店的结果比较，这样便于立即发现问题。麦当劳手册的撰写者不厌其烦，尽可能对每一个细节加以规定，这正是手册的精华所在，也正因为如此，麦当劳经营原理能够快速全盘复制，使其公司的全世界上万家分店多而不乱。

2. 专业化

专业化(specialization)是指一切工作都尽可能地细分，在商品方面突出差异化。这种专业化既表现在企业与各加盟店及配送中心的专业分工，也表现在各个环节、岗位、人员的专业分工，使得采购、销售、送货、仓储、商品陈列、橱窗装潢、财务、促销、公共关系、经营决策等各个领域都有专人负责。

3. 标准化

标准化(standardization)是指将一切工作都按规定的标准去做。特许经营的标准化，表现在两个方面。一是作业标准化。企业、各加盟店及配送中心对商品的订货、采购、配送、销售等各司其职，并且制定规范化规章制度，整个程序严格按照企业所要求的流程来完成。二是企业整体形象标准化。加盟店的开发、设计、设备购置、商品的陈列、广告设计、技术管理等都应集中在企业。企业提供选址、开办前的培训、经营过程中的监督指导和交流等服务，从而保证了各加盟店整体形象的一致性。

仍以人们熟知的麦当劳为例，其全世界的餐厅都有一个金黄色"M"形的双拱门，都以红色为主背景；根据统计，最适合人们从口袋里掏出钱来的高度是92厘米，因此，麦当劳柜台设计以92厘米为标准；店铺内的布局也基本一致：壁柜全部离地，装有屋顶空调系统；其厨房用具全部是标准化的，如用来装袋用的"V"型薯条铲，可以大大加快薯条的装袋速度；用来煎肉的贝壳式双面煎炉可以将煎肉时间减少一半；所有薯条采用"芝加哥式"炸法，即预先炸3分钟，临时再炸2分钟，从而令薯条更香更脆；在麦当劳与汉堡包一起卖出的可口可乐，据测在4℃时味道最好，于是全世界麦当劳的可口可乐温度统一规定保持在4℃；面包厚度在17厘米时，入口最方便，于是麦当劳所有的面包做17厘米厚……总之，麦当劳靠严格的标准化保证了世界各地的餐厅都提供同样品质的美味食品。

（二）加盟者沟通

企业和加盟店本身存在距离，许多信息不能由上至下及时传递，因此双方在经营方面会存在分歧。许多企业往往不重视这种信息传递的不及时现象，可能会导致特许经营这种方式失败。

从特许经营特点来看，为了经营成功，一个重要条件就是加盟店要真正及时掌握企业的经营方针及变化，随时按照总部要求经营，这就需要企业与加盟者进行有效和及时的沟通。一般来说，总部需要委派专门人员负责与加盟者沟通，帮助其理解加盟条款，发现问题予以及时解决，若此人员解决不了,还需提请企业予以协助。通过与加盟者顺畅的沟通,可以不断规范其经营,最终达到与总部步调一致的结果,创造良好效益。同时,有必要对加盟店建立畅通的意见反馈机制,设立专职的部门负责信息的收集、反馈,令企业了解加盟店在经营中存在的问题和提出的合理建议,有利于企业不断从总体调整战略、改善经营管理,获得长远发展。

特许经营对社会经济发展有很多益处,如对技术的发展、文化的延伸、产品的销售、管理的完善均有相当大的影响,也是企业拓展市场、开发销售渠道惯用的策略。同时,特许经营通过品牌统一运作和管理,积聚各方资源,最大范围满足了消费者需求,因此,已在当前市场条件下成为一种广受关注的经营模式。

本章小结

中间商是企业产品销售过程中涉及的一系列相互联系、相互依赖的组织和个人,如何慎重地选择中间商,明确其权利和义务,调动其经营积极性直接关系企业产品销售的成败。本章主要介绍了经销商、代理商和特许经营商三种中间商类型,旨在指导企业根据内部条件和外部环境确定合理的销售方式,选择合适的渠道成员,签订完整无误的合同并对中间商实施科学管理。

案例分析

三棵树作为国内"健康漆"概念品牌,全新诠释了"健康漆"概念。产品涵盖装修漆、工程漆、家具漆、胶黏剂等,以"创造健康生活"为使命,守护家人健康。

三棵树运营模式的优势

当前的三棵树经销商运营模式存在以下优势。

① 以健康文化为底色遴选经销商。三棵树董事长将优秀传统文化作为优秀企业文化打造的文化基因来源,从中国古代思想主流"儒墨道法"中汲取智慧,构建独属于三棵树的健康、优秀企业文化,其中蕴含了三棵树人对自然的思考、对人性的思考,这也成为三棵树遴选企业各级经销商的重要标准,只有那些富有激情、愿意将三棵树作为事业、对三棵树健康文化持认同态度的加盟商才能够同三棵树达成合作。

② 制定并实施独特的经销模式。三棵树立足企业实际情况制定了一套独特的经销模式,以"农村包围城市"为指导思想,将福建、浙江两地的地级市市场作为切入点,通过建立经销根据地的方式逐步占领当地市场,并以此为桥头堡开始辐射周边邻近地区,避免了在一线大城市市场与更强势涂料品牌的激烈"厮杀",保存了三棵树的力量,对三棵树的发展起到了巨大的推动作用。此外,三棵树勇于抓住市场空白点,努力打造覆盖乡镇市场的分销网络,在密集分销网络的支撑下,三棵树的市场占有率、产品销售量以及品牌知名度得到迅速提高,为三棵树企业成长注入了强劲动力。

③ 着力提升经销商的盈利能力。不言而喻,只有让经销商得到足够的利益才能够为企业的经销商网络筑起坚不可摧的保护屏障。为此,三棵树针对行业趋势、竞品状况、消费者需求进行全面分析,结合自身的品牌现状和特点,制定出独具特色的三棵树经销商盈利模式,以提升经销商盈利能力。迄今为止,与三棵树进行合作的经销商大多数都在第一年实现盈利,其中江苏宜兴裴渊中、新疆库尔勒王振等是其中的优秀代表,各级经销商通过自身的艰苦努力在区域市场将三棵树做大做强的同时,也收获了利益与事业,在三棵树市场独特的经销商运营模式下经销商与企业在最大限度

上实现了合作共赢。

三棵树运营模式存在的问题

但其分销模式也存在以下问题。

① 营销队伍不稳定。三棵树成立不过20年，虽然通过加大招聘力度、与高等学府建立合作培养人才机制、自建三棵树大学等一系列的方式期望扩大人才队伍，并且也取得了一定成效，但是依然没有从根本上改变公司内部营销队伍不稳定的情况，这主要是由于三棵树公司发展时间较短，在人才队伍建设以及员工留存率提高等方面缺乏制度化、系统化的体系支撑。

② 渠道利益博弈导致合作关系扭曲。三棵树与各个经销商之间的关系在本质上是合作，而非从属，因而双方的利益核心并不一致。这些问题都是三棵树分销模式所面临的挑战。

③ 渠道冲突问题。

这些都是三棵树分销模式所面临的棘手的问题。

（资料来源：李震，乐奋涛. 涂料行业经销商运营模式研究——以三棵树福建市场为例[J]. 北方经贸，2022(03)：62-65.）

案例讨论题：
1. 三棵树的分销模式给我们什么启示？
2. 对于三棵树分销模式存在的问题，应该采取哪些措施进行解决？

复习思考题

1. 企业有哪三种基本的分销模式？其基本特征是什么？
2. 企业如何正确选择经销商？
3. 怎样科学签订代理合同？
4. 选择代理商需要考虑哪些方面的因素？
5. 企业实施特许经营的条件是什么？如何对特许经营商进行管理？

思政大纲

章名	知识点	思政德育融入点
中间商客户管理	经销商管理	通过乐泰企业与其经销商管理的案例，深入理解如何选择合适的分销方式以及激励方式，做到具体情况具体对待，视经销商为合作伙伴，做到诚信、友善、互惠，打造良好的生态圈，承担对经销商的社会责任
	代理商管理	通过学习选择代理商的标准，懂得在任何需要决策的时刻，都应审视所处的宏观与微观环境，坚持原则，做出对企业和社会都有利的选择
	特许经营商管理	通过对特许经营知识的学习，理解特许经营的利弊，善于趋利避害，以求经济效益和社会效益最大化

第九章 服务管理

学习目标

学完本章后，应当能够：
(1) 了解服务质量管理的概况；
(2) 掌握提高服务质量的方法；
(3) 理解客户服务的内容；
(4) 掌握客户满意度的概念和提高满意度的方法。

思政目标

(1) 关注顾客实际需求，引导企业通过符合法律法规、商业道德、科学合理的方法评价与测量其服务质量，设计、管理客户服务，把握服务核心，从而提高客户满意度与忠诚度。

(2) 通过服务人员的培训，以及细致入微的售前、售中、售后服务为客户提供宾至如归的体验，企业应当特别关注客户的特殊需求和特殊客户的需求，积极承担社会责任。

导入案例

目前，越来越多的企业使用智能客服，但智能客服中沟通不畅、反应滞后、答非所问等问题成为消费者维权痛点。近日，江苏省消保委发布《2021年江苏省消费投诉和舆情热点分析报告》，智能客服"不智能"问题成为八大消费维权热点之一。

随着智能时代的全面到来，各种智能服务随之应运而生，智能客服就是其中之一。然而，据线上问卷调查结果显示，超过一半的消费者曾经遭遇"客服难题"。其中71.2%的消费者表示遇到机器人"答非所问""不智能"的问题；23.6%的消费者表示无法找到人工客服或人工客服存在"踢皮球"等现象。

智能客服"不智能"，不仅会抑制消费者的消费需求，也势必会使智能服务在消费者心目中大打折扣，继而影响消费者的满意度。

笔者以为，要破解智能客服"不智能"问题，还需多方发力。首先，相关部门应通过分析客户的语言习惯、常见问题等，建立相应的数据分析和智能识别系统，或采用更先进的人工智能技术，从不同用户的实际需求出发，提升系统的应变与识别能力，避免客服系统不服务、智能客服不智能、人工客服藏得深、客服电话难打通等问题的发生。

其次，相关部门不妨将企业客户服务纳入消费者满意度评价体系，并定期开展检查测试。同时，企业应将客户服务作为产品和服务的延伸，畅通消费者诉求传达渠道，提升消费者满意度。

其三，亟须建立行业标准，提供便捷、有效的客户服务。企业隐藏客服按钮、取消人工客服等行为，在某些程度上侵害了消费者的知情权和监督批评权。因而，亟待建立客户服务行业标准，包括客户服务时长、智能客服优化标准、人工客服设置及服务流程、消费高峰的客服处置、紧急事项能够人工客服"一键转接"等。

更为重要的是，企业需要努力提升自身的服务意识、服务态度和服务水平，通过优质的服务赢得广大消费者的信赖和赞誉，这才是最好的"服务"。

（资料来源：http://opinion.voc.com.cn/article/202201/2022010618155569813.html）

服务质量是顾客感知的对象，是在服务性企业与顾客交易的真实瞬间实现的。服务质量不仅要有客观的方法加以衡量，更要按顾客的主观认识加以检验。服务质量的高低对于企业的经营业绩有着巨大的影响，因此，服务性企业应以顾客需求为导向，对服务质量进行全面管理，通过改善和提高服务质量加强企业的市场竞争力。

第一节　服务质量管理

一、服务的含义与特征

（一）服务的含义

什么是服务呢？从狭义角度来看，服务的产生通常与有形产品联系在一起，这正如市场营销学中关于产品的描述：产品包括核心产品、形式产品和附加产品，其中的附加产品就指服务，此时最初的服务被看作产品的延伸部分或附属部分，没有独立的意义。但随着市场竞争的日趋激烈，企业力图单纯在产品上寻求竞争优势变得越来越困难，于是为客户提供周到而完善的服务成为新的竞争焦点。服务简单地说就是行动、过程和表现，是包括所有产出为非有形产品的全部经济活动，通常在生产的时候就被消费，并以快捷、愉悦、省时、舒适或健康的形式提供附加价值。

（二）服务的特性

1. 服务的无形性

服务区别于商品的最根本特性就是无形性。服务是一种过程或行动，而不是实物，因此不能像感觉有形商品那样看到、触摸到或者感觉到服务。例如，咨询服务是针对企业管理的行为(如评估、审计、调研等)，尽管企业可以看到或接触到服务的某些有形部分(如报告、建议书)，但实际上却仍然很难把握服务的许多部分，例如资产评估，即使一项评估服务已经完成，企业也不可能接触到服务过程的方方面面。

2. 服务的异质性

服务基本是由人完成的一系列行为，随时会因时间、地点和客观条件的不同而产生变化，因此不会有完全相同的两种服务，即服务具有异质性。另外，由于服务对于客户来说通常是一种主观的感受，每位客户的需求都是独特的，对相同服务的感知也会有所区别，因此也会令服务具有异质性的特征。例如在同一天，同一位厨师做两道相同的菜，口味会因为客户的特殊需要、调味品的添加和烹饪时间的掌握不同而产生差异，从而造成向客户提供不同的服务。

3. 服务的同步性

大多数商品与客户逐步接触的程序是先生产，然后进行销售和消费，但对于服务来说，通常是先实现销售，然后同时进行生产和消费。当企业提供服务的时候，客户也参与其中，服务提供者与客户的相互作用是服务同步性的直接体现。例如，作为商品的汽车可以在底特律生产，运到芝加哥，一个星期后卖掉，并在数年内消费，但医院的服务在没有出售前却不能被提供出来，医生对病人的服务过程基本上是生产和消费同时进行的，即医生提供的治疗随时被病人感知并接受。

4. 服务的易逝性

易逝性是指服务具有不能被储存、转售或退回的特性。例如律师的一小时咨询过程、理发店的理发服务是不能被消费者储存、返回或更换的。服务的易逝性为企业把握并满足市场需求带来了很大难度。服务不可储存，因此当需求稳定时，企业能够预见性地将实施服务的人和物合理配备。但当需求上下强烈波动时，企业就必须从服务调控和需求调控两方面来保证客户的服务需求。

企业实施服务调控可以在需求高峰的时候聘请更多的服务者、优化现有服务流程以提高效率和引用先进的服务设备作为支持。在需求调控方面，企业主要可以采用差别定价等方式将某些需求从高峰时期转移至非高峰时期，也可以在高峰时期提供替代服务供等候的客户选择，或者实施预定制度合理地控制和分配服务需求。

二、服务质量的含义

(一) 服务质量的内涵

服务是无形产品，同有形产品不同，其质量不能完全由企业决定，还与服务接受者的主观感受有直接联系，因此是一个主观范畴。服务质量可以被定义为客户对服务的期望和其实际感受到的服务之间的对比。在客户体验到的服务质量达到或超过预期质量时，客户就会满意，从而认为服务质量较高；反之，则会认为企业的服务质量较低。

通常客户主要从技术和功能两方面来感知服务质量，因此技术质量和功能质量就构成了服务质量的基本内容。技术质量是指服务过程的产出，即顾客从服务过程中得到的东西，如航空公司为旅客提供的飞机、舱位，饭店为顾客提供的菜肴和饮料等。对于技术质量，顾客容易感知，也便于评价。功能质量是指在服务过程中，服务人员的行为、态度、穿着、仪表等给顾客带来的利益和享受。功能质量完全取决于顾客的主观感受，难以进行客观评价。

（二）服务质量与有形产品质量的区分

服务质量同有形产品的质量在内涵上有很大的不同，二者的区别如下。
① 服务质量较有形产品的质量更难被消费者所评价。
② 客户对服务质量的认识取决于他们预期同实际所感受到的服务水平的对比。
③ 客户对服务质量的评价不仅会考虑服务的结果，更会关注服务的过程。

三、服务质量评价与测定

（一）服务质量评价

由于服务产品具有无形性和差异性等特征，因此其质量很难像有形产品的质量那样易于测定和评价。一般来说，客户在评价服务质量时，主要以如下五方面作为衡量标准。

1. 可感知性

可感知性是指服务产品的有形部分，如保证服务完成的各种设施、设备等。由于服务的本质是一种行为过程而不是某种有形产品，具有不可感知的特性，因此客户会借助有形的、可视的部分来衡量服务质量。服务的可感知性主要体现在两方面：一方面它提供了有关服务质量本身的有形线索；另一方面它又直接影响到客户对服务质量的感知。例如客户称赞某餐厅有清洁的用餐环境和热情的服务员，这不仅显示了该餐厅的服务水准，而且体现了客户对服务的感知与赞同。

2. 可靠性

可靠性指企业将承诺的服务准确地提供给客户，它要求企业在提供服务时应尽量避免失误，使服务与承诺相符。许多以优质服务著称的企业都是通过提供可靠的服务建立并维护声誉的，例如著名快餐企业肯德基的客户会发现，无论是在中国还是美国，他们都会享受到具有相同品质的美味食品，因此在广大客户心中，肯德基的服务是十分可靠的。

3. 反应性

反应性指企业对服务需求的反应能力，企业应当随时准备为客户提供快捷、高效的服务。对客户的服务要求能否予以及时满足表明了企业的服务导向，即是否把客户利益放在第一位。客户往往十分重视等候服务的时间长短，并将其作为衡量服务质量优劣的重要标准。因此企业应尽可能地缩短客户等候时间，提高服务效率。例如超市应当安排足够的收银员，确保每个结算台等候的客户不超过三四位，否则过长的结账队伍会直接影响客户对超市服务质量的评价。

4. 保证性

保证性是指服务人员的友好态度与胜任服务工作的能力，它能增强客户对企业服务质量的信心和安全感。当客户与一位友好、和善且专业知识丰富的服务人员打交道的时候，他会认为自己找对了公司，从而获得心理上的安慰与安全感。对于企业服务人员，友好的态度和专业胜任能力是缺一不可的。缺乏友善的态度必然会让客户感到不快，而服务人员如果仅有良好的态度却缺乏必要的专业能力也会令客户失望。由此看来，在服务不断推陈出新的今天，服务人员要德才兼备。

5. 移情性

移情性指企业服务人员要能够设身处地地为客户着想、努力满足客户需求，使服务温馨、具有人情味。这要求服务人员有投入精神和换位思考能力，想客户之所想、急客户之所需，了解客户的真实需要以及合理的特殊需要并设法予以满足，同时在服务过程中还需要服务人员给予客户充分的关心和体贴，这些都是移情性的体现。例如在公司对公司的服务中，用户想要供应商理解他们所处的行业特点和面临的问题，许多规模很小的计算机咨询公司通过把自己定位于特殊行业中的专家成功地与大公司竞争。与大公司相比，虽然小公司很难掌握丰富的资源，但由于其更了解客户的问题和需求，从而提供了更为人性化的服务。

（二）服务质量测定

在服务过程中，由于销售人员及管理人员并非总能够理解客户需要什么样的服务，明确什么样的服务水平是必要的，因此需要有科学的方法来测定企业的服务质量，使其能够不断提高服务水平，提供真正令客户满意的服务产品。

1. 服务质量测定的标准

服务质量的测定是服务企业对客户感知服务质量的调研、测算和认定。从管理角度出发，优质服务必须符合以下标准。

(1) 规范化和技能化

要令客户相信服务供应方具有足够的资源和必要的知识技能，规范作业，能够帮助其解决疑难问题。

(2) 态度和行为

在服务过程中，企业要令客户感到服务人员(一线员工)用友好的方式主动关心照顾他们，并以实际行动为客户排忧解难。

(3) 可亲近性和灵活性

客户认为服务供应者的地理位置、营业时间、职员和营运系统的设计与操作便于服务，并能灵活地根据客户要求随时调整。

(4) 可靠性和忠诚感

企业的服务要让客户确信，无论发生什么情况，他们能够信赖服务供应者及其职员和营运系统。服务供应者能够遵守承诺，尽心竭力满足客户的最大利益。

(5) 自我修复

客户知道，无论何时出现意外，服务供应者都将迅速有效地采取行动、控制局势，寻找可行的补救措施。

(6) 名誉和可信性

客户相信，服务供应者经营活动可以信赖、物有所值，其优良业绩和超凡价值可以与客户共同分享。

在六个标准中，规范化和技能化与技术质量有关，名誉和可信性与形象质量有关，而其余四项标准——态度和行为、可接近性和灵活性、可靠性和忠诚感、自我修复，都显然与过程有关，代表了职能质量。

2. 服务质量测定的方法

服务质量测定多采取评分量化的方式进行，具体程序主要有三步：测定客户的预期服务质量；测定客户的感知服务质量；确定服务质量分数，即服务质量分数=实际感知服务分数-预期服务分数。

为了准确了解客户预期和感知的服务质量，企业一般采用发放问卷的方法，根据问卷获得的数据建立服务质量模型评分的测定方法,其大致步骤如下。

第一步,选取服务质量的评价标准。

第二步,根据各条标准在所调查的服务行业的地位确定权数。

第三步,对每条标准设计4～5道具体问题。

第四步,制作问卷(通常包括两部分:一部分用来测量客户对企业服务的期望;另一部分用来测量其对真实服务质量的感受)。

第五步,发放问卷,请客户逐条评分。

第六步,对问卷进行综合统计。

第七步,采用消费者期望值模型(服务质量分数=实际感知服务分数-预期服务分数)分别测算出预期质量和感知质量。

第八步,根据上述公式,求得平均服务质量差距值,其差距值越大,表明感知质量与预期质量差距大,服务质量差,相反则服务质量好。

通过上述方法,企业可以得到第一手数据,然后进行加权平均,给各个维度赋予一定的权重,用这个维度的得分与权重相乘,可以算出维度得分,再将所有参与问卷调查的客户各维度实际感知评分与服务预期评分分别加总,将总数做差距比较,就可以得到客户对企业服务质量的综合评价结果。

四、服务质量的综合管理及改善

(一)服务质量综合管理

服务质量的综合管理是企业营销综合战略的组成部分之一。由于企业的服务种类及服务对象千差万别,其管理战略也会多种多样,但是无论采取什么样的战略,企业都必须把优质服务和满足消费者需求作为最主要的目标,为此,企业需要对服务质量进行综合管理,即对提供服务的人、服务的构成要素及服务的提供过程三个方面进行综合管理。

1. 服务提供者的综合管理

服务质量的全面管理不仅是企业直接服务提供部门和人员的责任,而且是以市场营销部门为中心的各个部门、从企业的最高经营者到中间管理人员再到第一线的每一位员工的综合责任。具体来说,服务提供者的综合管理包括如下内容。

(1) 服务提供者的选拔与训练

这里的服务提供者主要指把企业的服务直接提供给消费者的一线员工。这些员工的选拔与培训要考虑以下因素。

① 服务本身的特点不同决定了员工的选拔与培训标准不同。例如,在饭店服务中,餐厅服务员的年龄、性别、容貌、语言习惯、动作等比较重要。培训的主要目标是要求他们学会如何与客户打交道,掌握菜肴、饮品及烹饪等的相关知识。对于餐厅服务员,其外在条件与他们接待客人的能力都非常重要。而客房服务的特点是服务员不会较多地接触客户,但他们的服务结果可以被客户看得清清楚楚,因此要求客房服务人员具有自觉、认真、细致的工作态度。

② 作为服务对象的消费者的特点不同,要求企业对员工的选拔与培训也不同。例如,在医疗服务中,对于每一位医护人员都要求具备高尚的医德与高超的专业技能,但是由于医治的患者不同,在具体选拔与训练内容上会突出不同重点,如儿科的医护人员,掌握儿童的心理、诱导儿童情绪的能力就变得相对重要。

③ 员工的选拔与培训要与企业组织结构的特点一致。像医院这样组织结构严密、各环节之间需要紧密配合的机构，就需要作为服务提供者的医护人员有综合判断能力并能同其他岗位上的同事协调工作。但是对于组织构造不甚严密的服务企业而言，如律师事务所，作为服务提供者的律师个人的独立的判断、分析能力和随机应变能力是主要侧重的内容。

(2) 服务提供者的岗位安排

人尽其用是企业在岗位安排上的基本原则，体现这样的原则，要考虑两方面的因素，即员工的个性和相关岗位特点。如何做到人尽其用，要看员工自身的条件、岗位特点与消费者特征。岗位安排在考虑员工的个性与企业内部的诸环境要素是否适应的同时，还要考虑其是否与企业的外部环境要素，特别是消费者特征相适应。

(3) 给予服务提供者适当的权限

对于在服务岗位第一线的员工，不仅要规定责任，还要给予适当权限。员工应该在一定范围内具有不需事先请示而处理问题的权限。例如，对于餐馆来说，在就餐高峰时间段里，客户会因为等待时间过长、上错菜等情况同服务员发生冲突，此时如果服务员只有责任而无权限，他们就会寻找托词、推卸责任或干脆等待上级处理，其结果必然是延长问题解决时间，造成客户对服务质量产生更低评价的不良后果。此时，如果服务员有无须事先报告就可以向正常就餐受到影响的客户提供一定量的免费饮料或饭菜等的权限，他们就可以灵活、从容地把矛盾解决于初始状态，有效提高客户满意度。

(4) 监督服务提供者的行为

这种监督一般包括如下几个方面。

① 销售状况。根据对销售状况(例如销售额、市场占有率、利润额、消费者再购买率等)的分析来监督考核服务员工的业绩。

② 消费者投诉处理。利用消费者投诉处理制度监督员工服务的工作表现。

③ 消费者满意度的调查。企业可以通过消费者满意度调查，探索企业内部存在的问题，掌握消费者对员工和企业的评价。

④ 员工的建议、提案处理。对于任何企业而言，员工对企业的建议、提案都是企业经营管理智慧的最重要的源泉。员工的建议、提案处理制度要同员工的奖励晋升制度结合起来。

2. 服务提供过程的综合管理

服务提供的全过程包括提供前、提供中及提供后的三个阶段。服务全过程的管理就是根据这三个阶段的消费者需求，系统、有机地展开的服务质量管理行为，体现在如下三方面。

① 由于服务的提供行为不是企业某个部门单独可以完成的，而是以市场营销部门为核心多个部门相互作用、共同努力的结果，因此企业的营销部门必须同服务的直接提供部门及后援部门互相理解、协同行动，否则服务提供过程的综合管理难以成功。

② 为了顺利展开对服务提供过程的综合管理，部门之间的信息共享和责任分担是必要的。这表明，各个部门独自占有的信息应向关联部门公开，以加深各部门之间的相互联系，加强信赖基础，明确共同的利害关系。在此基础之上，确定服务提供过程中的各个部门的责任分工和任务目标，同时决定企业内经营资源的分配与信息传递方法。

③ 服务提供过程的综合管理一般从两个层次展开。首先是决定每一项单一服务的程序，其次是决定企业整个服务提供系统的运转方式，也就是说，过程的综合管理要针对服务提供过程的三个阶段的特点，决定物的流动、人的流动及信息的流动。

3. 服务构成要素的综合管理

服务构成要素的综合管理是对影响服务内容的所有要素进行全面分析、把握和控制的行为，这样的行为焦点是如何把多种多样的服务要素按照消费者的意愿进行合理组合。一般来说，分析服务质量时要考察服务的内容及数量两个方面。服务的内容基本上分为机能部分和附属部分。举例来说，酒店的客房、餐馆的饭菜、民航的座位等属于机能部分，而促成这些机能有效发挥的必要条件则是附属部分。例如，酒店的前台接待、餐馆的设施环境、民航的售票及行李托运等附属部分。服务的数量是指服务的提供与消费的空间大小、时间长短等概念。例如，酒店客房的面积、餐馆饭菜的数量、飞机的飞行距离等。服务质量就是消费者在接受某种服务时所感受到的机能或效用。对于消费者来说，整洁舒适的客房、美味的饭菜和安全准点的航班就是对服务质量的基本要求。

服务构成要素的综合管理从确定目标市场的需求开始，这就是要首先明确目标市场的类型和需求类型。例如，对于民航服务来说，消费者通常比较下列服务构成要素，这些要素是安全性、飞行时间、正点率、舒适性和经济性等。民航公司可以根据消费者的要求，把上述诸要素组合成不同内容的服务。它包括了飞机的类型(大小、速度、机内设施等)选择、机组人员的配备、机内服务(饮食、娱乐等)的标准等。不同的组合构成了满足不同消费者需求的服务，如头等舱、商务舱、经济舱等。当然，服务的内容、数量和质量的确定还要充分考虑投入与产出的比率。

(二) 服务质量改善

服务质量对于企业的生存和长远发展有着不可估量的作用。为此，企业应在掌握服务质量差距分析的方法基础上，尽最大努力弥合客户感知服务与期望服务之间的差距。要做到有效改善服务质量，企业可以从树立正确服务观念、重视客户体验过程和运用科学方法改善服务质量三方面入手。

1. 树立正确服务观念

服务观念是指服务过程所遵循的指导思想，它是企业在销售及其他活动中完全以客户需求为中心、最大限度地提供令客户满意的服务的指导思想。在现代营销活动中，无论是企业、销售人员还是服务人员，都应树立正确的服务观念。

首先，客户在购买产品时希望能获得销售人员热情周到的接待，能获得更多商品知识和技术指导，能获得与商品相关的送货、安装、保养和维修服务。因此，企业针对商品的服务内容越丰富、销售人员态度越好、服务质量越高，就越能赢得客户的认同。

其次，在现今的市场上，商品同质化日趋严重，客户选择商品的重要依据已从单纯的实用价值转向实用和服务的双重价值，服务竞争已日益成为竞争的主流。因此，企业和销售人员必须树立正确的服务观念，提供比竞争对手形式更多、质量更高的服务。

最后，随着科学技术的发展，商品的技术含量越来越高，功能不断丰富，结构也日益复杂，由此造成使用和维护方法越来越难以掌握，这就需要企业和销售人员在销售过程中为客户提供一系列优质服务，指导客户了解和正确使用商品。

由此看来，树立正确的服务观念不仅是做好销售工作的基础，更是企业在激烈的竞争中制胜的客观要求。

2. 重视客户体验过程

实践证明，客户的购买认知不仅仅来自对商品介绍、特性和价格等因素的看法，更主要的来源是接触商品、拥有商品并最终淘汰商品的整个周期中获得的服务体验，也就是获取体验、应用体验和维护体验，令客户获得良好的体验是服务的根本目的。

以汽车产品为例，获取体验存在于客户对商品的搜寻、比较、选择、定购、出货、交付和付款过程中，这一过程的每一环节都会给客户留下深刻印象，造成正面或负面的体验认知。

应用体验的形成与获取体验的形成相比需要较长时间，其贯穿客户使用产品的全过程。客户的应用体验大致包括：使用手册是否清楚明了；产品是否易于操作并持久、高效工作；其质量是否能达到销售人员的承诺等。当商品的性能达到客户的期待并与购买协议所承诺的、使用手册所描述的和广告宣传所推荐的基本一致，应用体验的满意度就会不断提高。

维护体验在商品周期快要结束时到来，此时商品大多需要定期维护、修理甚至升级。如果企业服务人员能一如既往地坚持按照服务质量标准提供全面、迅捷、专业的服务，不仅能提高客户在此阶段的满意度，还会对其在商品"寿终正寝"后寻找新的商品、开始新一轮周期体验的时候产生不可估量的积极作用。

无论有形商品和无形商品，客户购买后一般都希望得到一整套满意的体验，因此企业需要着眼于改善客户全部的获取体验、应用体验和维护体验，使客户在购买商品或接受服务时更加愉快。

3. 运用科学方法改善服务质量

企业服务质量管理贯穿整个服务战略设定、传递系统的设计与运作的全过程，而不仅仅依赖于事后的检查和控制。改善服务质量的方法与技巧很多，这里主要介绍三种常用的方法：服务承诺策略、标准跟进策略和蓝图技巧。

(1) 服务承诺策略

服务承诺也称为服务保证，是企业以客户满意度为导向、在服务销售前对客户承诺若干服务项目以引起其好感和兴趣，最终促进其积极购买的一种营销行为。

由于服务产品存在无形性和同步性等特征，服务质量不符合客户期望的风险相对较高，因此客户往往在购买服务时会顾虑重重、犹豫不决。企业在提供服务时若能采取适当的承诺策略降低或消除这种风险，则会对提高服务质量有很大帮助。

通常，企业会对服务的质量保证、时限保证、附加值保证和满意度保证四方面进行承诺。例如酒店会承诺提供高品质的住宿服务；巴士运输公司会承诺客车误点绝不超过20分钟，否则承担乘客损失；空调厂家会承诺每年为客户提供两次免费保养；百货商店会承诺客户只要对产品不满意，可以随时全额退款。

为保证服务承诺得到履行，企业通常可以采取提供简洁承诺、简化客户申诉程序、特别情况特别处理、及时弥补客户损失等方法。服务承诺策略的实行有利于企业提高服务质量，满足客户需求和改善企业形象，许多例子表明，服务承诺若能真正落到实处就会赢得客户的极大信任，令企业获得意想不到的收益。

(2) 标准跟进策略

企业提高服务质量的最终目的是在市场上获得竞争优势，而获得竞争优势的简捷办法就是向自己的竞争对手学习，并最终超越对手。标准跟进策略就是企业将产品、服务和营销过程与竞争对手，尤其是最具优势的同行业对手进行比较，在比较、检验、学习的过程中逐步提高自身服务质量的策略。企业在将标准跟进策略运用于服务质量改善的过程中时，可以从市场战略、经营控制管理和业务管理三方面入手。

① 市场战略。在战略方面，企业应该将自身的市场战略和服务战略与竞争者的成功战略进行比较，寻求其相关因素和差距。例如，竞争者主要关注哪些细分市场？其追求的是商品的低成本战略还是附加价值战略？竞争者在服务方面的投资水平如何？其资金在服务流程中如何分配？通过一系列的比较和研究，企业较容易发现自身以往忽略的战略因素，从而制定出新的、符合市场及客户

需求、符合自身资源水平的战略。

② 经营控制管理。在经营方面，企业应主要从降低服务竞争成本和提高竞争差异化的角度了解竞争对手的做法，既可以完善自己在同领域的经营控制管理，对竞争对手进行赶超，也可以找到自身的其他优势，关注和开发其他新的优势领域。

③ 业务管理。在业务管理方面，企业应根据竞争对手的做法，重新评估自身支持性职能部门对整个企业的作用。例如在企业中，需要重点关注咨询部门、客户服务部和售后维护部等虽然不处于生产、销售前沿，但会对企业服务质量和形象造成重大影响的部门。企业应在与竞争对手进行比较后，加强这些部门的业务管理，使其与前台步调一致、协同合作，最终提高服务质量。

当然，采取标准跟进策略也需要企业充分考虑自身实际情况，包括市场定位、产品特征、资金实力、管理风格及企业文化等。

(3) 蓝图技巧

企业要向客户提供较高质量的服务，就必须理解影响客户对服务质量认知的各种因素，蓝图技巧(又称服务过程分析)为企业有效地分析和理解这些因素提供了便利。蓝图技巧策略是借助流程图的方法通过分解组织系统的架构，鉴别客户与服务人员的接触点，并从这些接触点出发改进企业服务质量的一种策略。服务蓝图直观上同时从几个方面展示服务：描绘服务实施的过程、接待客户的地点、客户和服务者的角色以及服务中的可见要素。它提供了一种把服务合理分块，再逐一描述过程、步骤和执行方法以及客户能感受到的有形展示的方法。服务蓝图主要包括客户行为、前台员工行为、后台员工行为和支持过程。

客户行为部分包括客户在购买、消费和评价服务过程中的步骤和行动。例如，在法律服务中，客户行为可能包括：决定找律师、给律师打电话、面谈、继续电话交流和收到文件及账单。

与客户行为平行的部分是服务人员行为。那些客户可以看到的服务人员服务的步骤和行为是前台员工的工作。例如，在法律服务中委托人(客户)可以看到的律师(服务提供者)行为包括最初会面、中间咨询和最终法律文件的出具。

那些发生在幕后、支持前台行为的雇员行为称为后台员工行为。在上例中，律师在幕后所做的任何准备，包括会面准备、形成法律意见及出具法律文件的准备都属于蓝图中的后台员工行为。

蓝图中的最后一部分，即支持过程部分包括内部服务支持、服务人员履行的服务步骤和互动行为。还是以法律服务为例，任何支持性的服务，如由外部受雇人员进行的法律调查、准备文件的行为和秘书为会面所做的安排活动都包含在蓝图中支持过程部分。

了解了蓝图的主要结构，我们明确了蓝图技巧就是借助流程图的方法来分析服务传递过程的各个方面，包括从前台服务至后台服务的全部过程。因此据此特征，蓝图的建立需要依照如下六个基本步骤。

① 识别需要制定蓝图的服务过程。蓝图可以在不同水平上制定，例如，要确定是根据服务管理需要制定简单的业务基本概念蓝图，还是详细的子过程蓝图。企业在出发点上就需要对建立服务蓝图的意图做出分析。

② 识别客户对服务的需求。市场细分的一个基本前提就是每个细分市场的客户对服务的需求是不同的。假设服务过程因细分市场不同而有所变化，这时按照各细分市场制定与其相对应的蓝图而不是以一幅蓝图一概而论就是非常必要的。

③ 从客户角度用流程图描绘服务过程。该步骤的重点是描绘客户在选择、经历和评价服务全过程中的行为以及相应服务提供者的行为活动。有时从客户角度看到的服务起点并不容易被企业注意到，例如在医疗服务中，病人会把开车去医院、停车、寻找诊室的行动也视为服务经历，而医院往往很难意识到这些潜在的服务，造成病人期望和实际服务质量感知之间的差距。因此企业在开发

服务蓝图的时候要尽量站在客户角度，充分把握服务的全过程，描绘周密完整的服务蓝图。

④ 找出易导致服务失败的关键环节。这需要企业明确服务活动的关键流程，把模糊的工作具体化、清晰化、明确化。例如，旅行社应该明确导游服务主要有如下关键环节：接送飞机或火车、安排酒店住宿、计划餐饮、景点之间的交通、景点游玩及讲解、特色购物及突发事件的处理等。每一个关键环节的失误都会令客户对服务质量产生极大不满，因此如果企业在制定蓝图时能明确这些关键环节，就能够制定预防与应对措施，将客户的满意度风险控制在较低水平。

⑤ 确立执行的标准和规范。这些服务过程的标准和规范应该与企业关键服务环节相配合，并保持与服务质量标准一致。

⑥ 找出客户与企业服务的接触点。在运用蓝图策略中，甄别和管理这些服务接触点具有重要意义，因为在每个接触点，服务人员都会向客户提供不同的服务，体现不同的功能质量和技术质量，而在这些接触点上，客户最容易建立对服务质量的感知，进而对公司总体服务质量产生评价。我们以餐厅服务为例，说明相关服务涉及的几个接触点：门童引导就餐者停车，服务员安排就餐位置和点菜，就餐者等待，厨师按就餐者要求提供可口饭菜，席间服务员提供各种方便，如倒水或取纸巾、餐后结账。其中任何一个环节出现问题，就可能令就餐者产生对服务质量不良的感知，从而影响对这家餐厅整体服务的评价。

实例9-1

为紧随新时代医学模式转变及卫生服务需求变化，紧跟护理发展新模式，大力倡导"以人为本、以患者为中心"的服务理念，打造中心精美护理品牌，武警特色医学中心始终致力于健全护患沟通长效机制、加强护理服务意识、促进和谐护患关系。

护理部根据年度工作计划定期开展患者护理服务满意度问卷调查，选派专人到临床科室以不打招呼、不记名、现场自填、当场收回方式，按照地方住院患者人数的百分之五十、部队住院患者人数百分之百的比例进行调查问卷。问卷对病区环境、生活护理、专科护理、人文关怀等方面共20个问题进行调查，采取计分制对每个问题进行五级评分(1～5分)，分值越高代表患者越认同。经统计，地方患者与部队患者对护理服务满意度分别高达99.78%、99.86%。

调查结果是对中心护理服务建设工作阶段性的总结和成果验收，有利于正确评价护理服务工作效果，整改问题，总结经验，建立护理服务质量持续改进的长效机制，真正做到"官兵满意，百姓放心"，把中心优质护理服务工作推向常态化、长效化，进一步推动中心护理队伍的建设发展，打造一支综合素质过硬的新时代护理尖兵。

(资料来源：https://www.sohu.com/a/513325191_121123705)

第二节　客户服务管理

一、客户服务概述

（一）客户服务的含义

对于客户服务，学术界主要有如下三种看法。

美国学者菲利普·科特勒认为,服务是一种一方向另一方提供的无形的行为,并且不导致任何所有权的产生。它的生产可能与某种物质产品相联系,也可能毫无联系。也就是说,服务和有形商品相联系,或者毫无关联、独立存在,只是一种智力或技术的付出。

哈佛商学院著名教授莱维特对客户服务进行了另一种描述,客户服务是能够使客户更加了解核心产品或服务潜在价值的各种行为和信息。因此客户服务是以客户为对象、以产品或服务为依托的行为,其目标是挖掘客户潜在价值,方式可以是具体行为、信息支持或者价值导向。

著名管理学家拉洛德河津斯泽认为,客户服务是一种活动、绩效水平和管理观念。将客户服务看作一种活动实际意味着企业需要与客户互动,在互动中企业需要具有管理控制能力;将客户服务看作绩效水平是指客户服务可以准确衡量和评价,是评判一个企业优劣的标准;将客户服务看作管理理念则是强调以客户为中心的重要性和客户服务的战略性。

综上我们可以看出,客户服务实际是企业在合适的时间和地点,以适当的价格和方式向客户提供产品和服务,使客户的需求得到满足、价值得到提升的活动过程。企业为了能够与客户形成稳固的关系,使每一位客户从开始享受服务到最终满意服务进行的一切工作都称为客户服务。

(二)客户服务的作用

客户服务已经成为现代市场竞争的主题,并日益受到企业重视,其在销售管理中发挥着十分重要的作用。

1. 扩大产品销售

企业和销售人员可以通过提供各种服务来增强与客户之间的联系,更好地实现销售目标。在销售全过程中,企业和销售人员若能够提供优质的全方位服务,就可以令客户获得更多的便利,不但可以吸引客户购买产品及服务,更可以帮助企业树立良好的市场形象,从而进一步扩大销量。

2. 全面满足客户需求

从本质上讲,人们购买产品并不是为了得到产品本身,而是为了获得产品本身的效用,即产品的使用价值,例如,人们购买汽车不是为了拥有这个机器本身,而是为了出行方便,由此看出,客户购买产品是为了得到其效用。服务是产品效用的重要组成部分,随着生活水平的提高,人们对服务的要求日益增加,充分满足客户对服务的需求,为其节约时间、提供方便、提高效率是客户服务的重要目标,也是以客户为导向的企业应重视的发展方向。

3. 提高企业竞争力

服务与产品都是构成企业竞争力的重要因素,同时服务在企业中的地位不断上升,这主要因为当今市场产品竞争激烈的条件下,卖方市场已逐渐转化为买方市场,客户在产品交易中处于主导地位。同时,企业间产品的同质化越来越严重,在产品各方面属性相似的情况下,客户对服务的要求不断提高。为了赢得消费者,企业便采取各种措施,不断提高客户服务质量以提高自身的市场竞争力。

二、客户服务技巧

客户服务的内容十分丰富,企业不同,产品不同,服务的方式和具体内容也会有很大差异。为了做好客户服务,企业应当从售前、售中、售后三个阶段入手,掌握服务技巧,在服务全过程发挥积极作用,提高服务质量。

（一）售前服务技巧

销售是一个过程而不仅仅是成交的一刻，完整的销售是包含售前、售中和售后整体的服务，售前服务的良好表现是成交的重要前提。

相对于"售后""三包"这样的名词，大多数人对"售前服务"的概念非常陌生，常常简单地将其理解为卖场产品导购服务等，究其原因主要是售前服务较少涉及产品本身敏感的价格和质量等问题，从而不易引起消费者和企业关注。

同售中、售后服务一样，售前服务是产品消费流通领域里的一个重要环节。通常理解，售前服务就是把销售服务做在销售之前，其很重要的一个目的是满足消费者的知情权。良好的售前服务，一方面让消费者有机会了解产品，从而更顺利地选择产品，另一方面帮助企业和销售人员更深刻地理解消费者需求，并不断发现现有产品的问题，有助于日后的改善，售前服务是连接客户与企业的纽带。

随着市场产品的日渐丰富，企业间的竞争不断加剧，客户对商品的选择范围不断扩大，对商品及企业的要求也随之增高，要想在激烈的市场竞争中令客户对本企业的产品和服务发生兴趣并进行购买，售前服务无疑扮演了重要角色。企业的售前服务要通过一系列方式达到引起客户关注产品的目的，基于这样的目的，企业可以根据自身不同的情况选择和不断开创新的售前服务内容和形式，最常见的售前服务有如下几种。

1. 广告宣传

广告已成为人们生活中的一个重要组成部分，好的广告制作精良，在宣传产品的同时给人艺术的享受，使客户对产品产生良好的第一印象，因此，广告宣传实质上是一种特殊的售前服务。它通过声、形、色向客户传送有关产品功能、用途等方面的信息，使客户了解产品并产生购买欲望，还能帮助企业树立良好形象。广告的优势显而易见，但作为售前服务，企业应当根据目标客户的特点，选择最为合适的广告内容、广告媒体以实现最佳的广告组合效果。另外，广告的投放时间和频率也要和产品特征相匹配，令广告效果最大化，如高级时装、手表、香水等奢侈品的广告多设计精良并需要集中投放于商务区或时尚杂志，因为其目标客户是追求时尚和生活品质的高收入人群。

2. 提供良好的购物环境

客户在购买商品时不但重视产品本身的品质和销售人员的服务，对购物环境的要求也不断增高。销售场所的卫生状况、铺面风格、装修装饰、标识设置、灯光色彩、商品摆放等因素综合而成的整体购物环境会极大影响客户的购物情绪，这种情绪会左右客户的购买决策。以外出就餐为例，干净整洁的店面、明亮的玻璃、温和的灯光会令就餐者在观望或走入店门的一刹那就产生信赖感，认为该餐厅的饭菜干净可口，因此选择留下来就餐的可能性就大大增加。相反，门面破败、地面污迹斑斑的餐厅对客户的吸引力就会大大下降。由此看来，销售环境布置体现了企业的经营管理状况，能在客户脑海中留下对企业和产品优或劣的第一印象，因而应引起企业的充分重视。企业在做好产品的同时，还应提供良好的购物环境，在售前赢得客户的心。

3. 导购咨询

客户在购买商品之前一般都要收集尽可能多的信息，在此基础上进行比较，从而做出购买决策。通常，客户不会购买不熟悉的产品，为了让客户深入了解产品的性能、质量、用途，准确回答客户提出的问题，企业应派遣具有丰富商品知识的人员向客户提供免费的导购咨询服务，消除其在购买商品时的种种疑虑，引导其迅速购买。例如，现在很多建材商为了促销产品，经常定期定点到目标消费者集中的地方开展导购咨询服务。向人们讲解有关房屋装修知识、建材知识，并为客户进行现场测量和材料估算，推荐适合客户装修风格的材料，最后才报出价格，争取当场销售。对不进行现场购买的潜在消费者，销售人员还会收集姓名、电话和其他相关信息以便回去后再研究进一步销售的策略，尽可能将这些潜在客户变为最终客户。实践证明，导购咨询这种售前服务是一种非常有效的促销手段。

4. 产品直观化

很多客户在几种产品间犹豫不决的根本原因就是不了解产品的真实情况。为了打消消费者的顾虑，企业可以在售前服务中采用各种方法让产品更加直观化，增强其对产品的购买信心。例如现在很多家庭装修公司可根据客户的不同要求，让客户亲自参与，共同设计出家庭装修方案，还可以出具电脑效果图，让客户提前看到房间装修后的效果。多数情况下，只要客户认可了电脑效果图，往往便会选择此效果图里所选用的材料，家装公司销售设计方案和装修材料的目的很容易就可以实现了。

5. 免费试用

免费试用是指把小容量的商品样品赠送给目标消费者试用，目的是使消费者在试用之后，能够亲身体验到这种品牌的商品在众多竞争品牌中确实与众不同，具有独特优势，从而购买这种产品。例如，化妆品厂商就可以将大瓶产品分装成小样，由导购人员帮助消费者现场体验。良好的产品配合导购人员耐心、专业的讲解，在极大程度上会促成消费者购买。因此，免费试用是在售前向消费者证明商品真材实料、质量过硬的极好办法。

售前服务的内容和形式多种多样，而且随着服务理念的不断更新和发展，形式还会不断创新。因此，企业应该深入了解客户需求，找到最适合自己企业产品的售前服务技巧，在销售的起点就赢得胜利。

（二）售中服务技巧

客户接受了企业提供的售前服务，产生购买欲望，然后便会开始选择商品并最终决定购买。在这个阶段，如果企业能够灵活运用售中服务技巧，便会促进交易的达成，实现销售的增长。

售中服务要求销售人员注意如下事项，并运用一些服务技巧。

1. 向客户传授商品知识

在售中服务过程中，销售人员需要向客户详细介绍有关商品性能、质量、用途、规格等方面的知识。一方面，这有助于客户比较商品，做出购买决策；另一方面，销售人员在介绍过程中表现的优秀服务态度有助于创造良好的销售气氛，令客户感到愉悦从而达到促进销售的目的。

2. 帮助客户挑选商品

客户在购买商品时不仅受自身因素如社会地位、文化背景、购买习惯、消费经验等影响，还会受到外部因素诸如产品价格、用途、质量、购物环境和销售人员行为的影响。因此销售者不仅要热情接待客户，更需要站在客户的角度，帮忙挑选最为适合的商品。当客户询问商品的基本情况时，销售人员若能根据客户需求和消费心理加以介绍，对其消费进行正确引导，就能使客户合理地比较商品、权衡利弊，从而最终做出满意的购买选择。

3. 尽力满足客户特殊需求

由于企业的产品或服务多为批量化或同质化产出，能满足大多数目标消费者的一般需求，但有时却不能完全满足具有不同需求的消费者,因此在售中服务过程中,许多客户都会向销售人员提出一些特殊要求,如有些客人会要求永和大王的服务员减少自己这份豆浆的甜度。对于客户的特殊要求,只要是比较合理的,不超出销售人员能力范围和企业服务范围的,都应当尽力满足。这不但能提高客户满意度,增强客户对销售人员的信任感,还能提高重复购买率,提升企业声誉。

实例9-2

随着残障人士休闲旅游需求越来越受重视,在线旅游企业也加入了打造无障碍旅游的队伍中,通过改造预订系统、推出针对性旅游服务产品,为残障人士提供便捷的服务。

为方便视障人士、读写障碍人士、运动障碍人士使用网站和App预订旅游产品和服务,携程方面告诉新京报贝壳财经记者,其UED设计都是遵循无障碍的原则,确保所有功能均可通过屏幕操作,浏览路径简单明确,交互元素易于点击,文本大小易于阅读。另外,针对行动不便的老年人以及需要照顾的残障人士和儿童,携程早些年就推出了"无障碍旅游计划",并首先在当地向导平台实施,此后还上线了"无障碍旅游"相关服务标签,包括配备轮椅等专属服务,覆盖老年人、残障人士的服务产品近6 000个。

另一家在线旅游公司同程旅行,为帮助听障人士融入数字生活,于2019年推出了"55服务",即听障人士专属服务,服务范围覆盖机票、酒店、交通出行、景点门票等同程旅行产品。同时,同程旅行还在客服系统中新增了听障会员新手帮助专区,以手语视频、文字、图片方式解答各类常见问题。

此外,地处湘粤两省交界处的莽山五指峰景区,于2020年成为我国首个全程无障碍山岳型景区,通过索道、无障碍栈道、电梯、扶梯、提升机、爬楼机等一系列硬件设施,残障游客也可以轻松登上海拔1 600米的"望粤台",近距离观看标志性景观"金鞭神柱"。

旅游景区在加强无障碍环境建设和改造的同时,也在不断提升服务质量。杭州市举办的旅游景区无障碍服务专员培训,就是为了提升无障碍服务水平和质量。此外,海昌海洋公园在园区内设置了无障碍通道,还为残障人士提供优待票种,并提供临时拐杖、轮椅租赁、工作人员引导等服务。

(资料来源:https://www.sohu.com/a/526594663_114988)

4. 利用操作表演吸引客户参与

销售人员在售中服务过程中进行展示和操作不仅能真实体现出商品在质量、性能和用途等方面的特色,引发客户兴趣,更能令销售人员的介绍得到证实,增强说服力,从而增加客户的信任感。在展示和操作过程中,销售人员要尽量调动目标消费者的积极性,鼓励其参与,在销售人员的指导下,客户亲自动手,不但能增强其对商品的进一步了解,更能增强其购买信心。

5. 合理承诺

销售过程中对服务的承诺是必要的,但必须是企业所能兑现的,千万不要轻易地夸大承诺,以免造成因承诺无法兑现而严重损害企业和产品形象的事情发生。承诺的内容,一般需由企业统一规定,而不能由销售人员随意更改。

6. 完善销售人员的工作细节

有一句名言叫作"细节决定成败",企业的售中服务也应遵循这个道理。销售人员在提供售中服务时一般应注意如下细节。

(1) 着装得体

销售人员形象是客户比较关注的方面，通常企业应当要求销售人员着装整齐、干净，确保销售时精神面貌良好，使客户从心理上接受销售人员，进而为后面的合作创造一个良好的开端。

(2) 用语礼貌

用语礼貌是非常必要的，在礼貌方面，企业管理部门必须制定统一的礼貌用语，让客户感到亲切和被尊重，同时，销售人员还要对介绍商品时声音的大小、刚柔等方面把握到位，争取提供受客户欢迎的讲解。

(3) 服务耐心

在日常销售过程中，经常会碰到渴望对产品了解得比较详细的客户，如果销售人员在客户提出两三个问题之后，就显出不耐烦，客户往往就会结束问询，同时也结束了对本品牌产品的购买选择。因此销售人员应做到细心和耐心，对合理问题充分解答，并力求为客户着想，这样会很快取得客户的好感，最终销售的成功率也会提高。

(三) 售后服务技巧

企业向客户提供售后服务的目的是解决其由于使用企业产品而带来的一系列问题和麻烦，从而保证客户方便、放心地使用产品，提高客户对企业及产品的忠诚度。售后服务实际上充当了企业无声的宣传员，在市场竞争日益激烈的今天，做好售后服务已成为企业的必然选择。为此，企业应运用如下技巧，提高售后服务水平。

1. 免费送货上门和安装

免费送货上门和安装已成为众多企业承诺的基本售后服务。对一次性购买数量多、携带不便或购买体积庞大、不易搬运的商品的客户，企业有必要提供送货上门服务，免除客户购买的后顾之忧。同时，随着科学技术的发展，商品的技术含量不断增加，一些商品的安装极为复杂，如健身器材、电脑设备等，客户依靠自身的力量很难完成。因此，企业应当对这些产品提供上门安装、调试服务，使产品尽快达到可使用状态，使客户安心购买。

2. 提供良好的商品包装

商品包装也是售后服务不可缺少的内容。结实美观的包装不仅方便客户携带，还能对企业起到广告宣传的作用。

3. 承诺"三包"服务

所谓"三包"服务，是指对售出商品的包修、包换和包退服务。"三包"服务广泛应用于各个行业，成为企业售后服务的一个基本标准。有能力的企业最好在各地设立维修网点或采取随叫随上门的方式为客户提供"三包"服务，让客户安心、放心。

4. 设立免费热线电话

用户在使用产品时难免会出现一些问题，为了尽快帮助客户解决问题，企业应将免费热线电话的设立作为售后服务的一部分，令客户足不出户就可以享受周到的服务。

5. 建立档案，提供售后跟踪服务

建立客户档案的目的是与客户保持长期的联系。通过这种方式一方面可以及时了解客户购买产品的使用状况，有利于企业发现问题，对产品进行改进；另一方面也可以了解到客户对产品的偏好,在新产品推出后及时向可能感兴趣的客户进行推荐。另外,建立档案可以方便企业技术人员进行跟踪服务,令客户产品质量得到保证,提高客户满意度。

6. 建立售后服务质量监控体系

企业要保证售后服务的质量,就要对服务人员进行检查监督,做到奖惩分明,使服务内容真正落到实处。为了确保服务质量,企业可以设计并使用"客户意见反馈表",表上的各项指标将直接体现出客户对产品质量、工程效果、服务等情况的评价,这是对售后服务人员的一种科学考评。

第三节 客户满意度和忠诚度管理

客户是企业重要的资产,拥有客户就拥有了在市场中得以生存和发展的基础,这在大多数企业中已形成共识。但在现实中,还有很多企业不注意维护和保留现有客户,而是把绝大多数精力放在寻找新客户上,实际上,这是一个误区。有研究认为,企业所花费的吸引新顾客的成本是保留老顾客成本的5倍,如果再加上老顾客的口碑传播作用,这一代价会更大。丹尼尔·查米奇(Daniel Charmich)教授用漏桶来形象地比喻企业的这种行为。他在教授市场营销学时,在黑板上画了一只桶,然后在桶的底部画了许多洞,并给这些洞标上名字:劣质的服务、未经训练的员工、质量低劣、选择性差等。他把桶中流出的水比作顾客。他指出,企业为了保住原有的营业额必须从桶顶不断注入"新顾客"来补充流失的顾客,这是一个昂贵的没有尽头的过程。因此,越来越多的企业开始意识到提高客户满意度和忠诚度的重要性,即在充分挖掘现有资源的前提下再去寻找更多客户。

一、客户满意度管理

(一)客户满意度的含义

人们几乎每天都在和各种各样的企业打交道,购买这样或那样的商品和服务,每一次交易都有满意或不满意的感受。这种客户向企业购买产品或服务的接触过程中由于期望与实际感知的差距所形成的态度,就是客户满意度。一个客户对待企业的态度不算重要,但大多数客户对企业的总体感受和态度,就决定了企业的生存与发展。有调查显示,美国股市中的明星企业,其客户满意度指标均居同行业前列,相反,那些客户满意度较低的企业,其道琼斯指数也都处于低迷状态。

客户的满意度有三种情况:如果感知效果大于期望,则客户对产品或服务十分满意或高度满意;若感知效果等于期望值,则为一般满意或基本满意;而如果感知效果小于期望,则客户对产品和服务不满意。许多企业在分析这三种情况后把目标设为追求客户高度满意,因为从实践中可以看到,获得一般满意的客户一旦发现有更好的产品,会很容易更换现有选择,而那些获得十分满意感知效果的客户一般会成为企业的忠诚客户,不会轻易更换供应商,因此这些客户成为企业重要的利润来源,是企业最为看重的群体。

成功的企业很善于在经营活动中创造更高的客户满意度。如美国施乐公司"保证在客户购买产品的三年内如有任何不满意,公司随时为其免费更换相同或类似产品"的服务承诺;本田公司"在客户满意之前我们永远不会达到百分之百的满意"的服务理念会让客户对企业产生很强的信服感,从而形成对企业很高的满意度和忠诚度。

(二) 客户满意度的影响因素

客户满意度是客户购买商品或服务时，期望与实际感知之间的差距所形成的态度，这种态度的形成主要受如下因素的影响。

1. 产品或服务的核心价值

产品或服务为购买者提供的基本效用和利益，或者说使用价值叫作产品或服务的核心价值，如酒店的基本住宿环境、书店出售的图书、餐厅供应的食品、医院的基本医疗服务等。

核心产品或服务是企业提供给客户最基础的内容，在很多行业中，技术的发展已经令相互竞争的公司所提供的产品和服务同质化越来越明显，卓越的质量已变得很平常。企业首先要将核心产品做好，保证最基本的客户满意。

2. 客户期望

客户在准备消费前，会获取企业通过各种途径传递的信息，然后对该商品形成自己的想法，包括客户需求、能接受的价格、商品所能带来的好处等，这是我们常说的客户期望，它与销售中的所有活动共同影响着客户的满意度。

3. 竞争对手的影响

消费者是在开放的市场环境中选购产品或服务的，当竞争对手情况发生一些改变的时候，消费者对企业的评价往往会受到影响。因此企业应关注竞争对手在产品或服务的核心价值、销售手段、售后服务等领域的动态，以充分了解自身在行业中的水平及与竞争对手相比存在哪些优劣势，为企业充分参与竞争、赢得客户满意做好准备。

4. 客户情感因素

调查表明，企业核心产品或服务并不是客户满意度的百分之百决定因素。实际上，在与目标群体的调查和访谈过程中，客户经常会描述企业人员带给他们的感受，这说明公司及员工在每个层次上所提供的服务都将随着核心产品或服务逐步深入与客户互动的情感因素中，并且这种因素越来越重要。同时，随着从核心产品或服务向情感因素的转移，客户需求的层次也逐步提高。由上可以看出，由于客户满意度的主观性，企业应加强与客户的互动，在此过程中使客户感受到企业的体贴，以建立更高的客户满意度。

从上面几点主要因素可以看出，客户满意度的影响因素既涉及企业本身，又涉及客户的主观感受，因此企业应从主客观两方面入手，全面提高客户满意度。

(三) 客户满意度测评体系

要实现客户满意战略，就必须有一套衡量、评价、提高客户满意度的科学指标体系。由于客户期望、客户对质量的感知、对价值的感知、客户满意度、客户抱怨和客户忠诚均为隐性变量，都不是可以直接测评的，因此需要对这些变量进行逐级展开，直到形成一系列可以直接测评的指标，这些逐级展开的测评指标构成了客户满意度测评指标体系。

1. 建立客户满意指标体系的流程

图9-1显示了客户满意指标体系的建立流程。

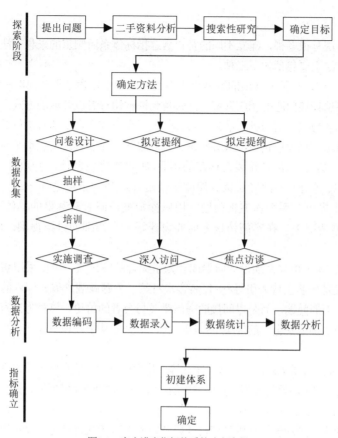

图9-1 客户满意指标体系的建立流程

在建立客户满意指标体系时,首先要对企业所在行业有一个大致的了解,只有在对行业背景有大致理解后,项目人员才能明确需要进一步深入探讨的问题。由于构建客户满意指标体系基本上是一个基于客户调查的过程,故对调查方法的选择将直接影响最终结果的客观性与科学性。除了分析二手资料外,图中展示了三种常用的数据收集方法:抽样问卷调查、深入访问和焦点访谈。在获得所需要的数据后,需要对收集的数据进行归类整理、统计分析,从而找出研究对象和被研究对象的相关性。

2. 建立客户满意指标体系的步骤

在进行客户满意指标体系建立时,通常可以分为四个步骤。

(1) 提出问题

进行客户满意指标体系建设的第一步,就是要明确影响客户满意的因素有哪些,同时还必须考虑如何将这些因素量化,即包括对下面几个问题的回答。

① 影响购买和使用的客户满意因素有哪些?
② 在这些满意因素中,哪些因素能成为满意指标?
③ 每一个满意指标对购买和使用的影响程度如何?
④ 上述数据可以从哪些渠道获得?
⑤ 应该采用何种方式采集数据?
⑥ 采集数据时应注意哪些问题?

(2) 数据收集

数据收集的方法有很多种，建立不同的客户满意指标体系所侧重的采集方法不同。一般来说，企业可以采用的方法主要包括如下三种。

① 问卷调查。这是一种最常用的数据收集方式，问卷中包含了很多问题和陈述，需要被调查者根据预设的表格选择该问题的相应答案，同时也允许被调查者以开放的方式回答问题，从而能够更详细地说明他们的想法。这两种方法都能够提供关于客户满意水平的有价值的信息。问卷调查能使客户从自身利益出发来评估企业的服务质量、客户服务工作和客户满意水平。

② 深度访谈。为了弥补问卷调查存在的不足(如问题比较肤浅，开放性问题回答比较模糊等)，有必要实施典型用户的深度访谈。深度访谈是针对某一论点进行一对一(或二至三人)的交谈，在交谈过程中提出一系列探究性问题，用以探知被访问者对某事的具体看法，或做出某种行为的原因。通常情况下，在实施访谈之前要设计好一个详细的讨论提纲，用以讨论的问题要具有代表性。

③ 焦点访谈。为了更周密地设计问卷或者为了配合深度访谈，可以采用焦点访谈的方式获取信息。焦点访谈就是一名主持人引导8～12名客户对某一主题或观念展开深入的讨论。焦点访谈通常避免采用直截了当的问题，而是以间接的提问激发与会者的讨论，这种方式有利于激发与会者的灵感，让其在一个"感觉安全"的环境下畅所欲言，令企业从中发现重要的信息。

(3) 数据分析

数据分析主要是通过数据编码、录入、统计等，将数据整理成能正确反映客户对企业产品和服务态度的资料，并依此得出结论的过程。数据分析的过程可以借助统计模型和公式，在此不予赘述。

(4) 建立行业和企业客户满意因素体系

通过分析整理收集到的资料和内外部访谈以及问卷调研所获得信息，就可以建立行业客户满意因素体系表。建立起来的行业客户满意因素体系包括了几乎所有可能影响客户满意指数的指标，多数都以三级或四级指标的形式表现出来，表9-1为销售行业的客户满意因素体系示意。

表9-1 销售行业的客户满意因素体系示意

一级指标	二级指标	三级指标	四级指标
客户满意度因素	产品价值方面因素	产品质量评价	产品款式、价格、种类、安全性……
		环境价值评价	购物环境、商品陈列摆放、挑选是否方便……
	……		

行业客户满意因素体系包括的内容很广，需要从中遴选出适合特定企业的因素组成客户满意指标体系。

(四) 提高客户满意度的方法

在商品越来越丰富、消费者可选择的机会越来越多的今天，要想提升市场份额越来越困难，于是，企业必须重新开始重视客户满意度。只有提高客户的满意度，才能提高老客户的回购率，从而提高客户的忠诚度，最终提升企业的市场份额。

1. 建立全面客户服务体系

在客户服务过程中，企业应制定和改进自身服务体系，不仅在传统的售中和售后服务环节上做到充分满足客户需求,还应该做好售前服务,做到事先预期客户需求,在问题还没发生前就为客户提供解决方案,提供超出客户预期的服务,使客户在接受服务时感到愉悦。

2. 客户满意度指标的改进

据研究,企业的服务处于一般水平时,客户的反应不会很大,而一旦其服务质量提高或降低到一定程度,客户的赞誉或抱怨将成倍增加。对于客户的满意度,如果从量化的指标来看,应从如下四方面来考虑:一是与产品有关的满意度指标,如产品质量、产品利益(功效)、产品特色、产品设计、可靠性、性价比等;二是与服务有关的指标,主要有保修期、送货、客户抱怨处理、维修和问题解决等;三是与购买有关的绩效指标,主要有礼貌、沟通、获得信息、交易时间等;四是行业特殊的指标,如外卖——30分钟送货上门,保健品——服用方便、口感好,银行——迅速更换丢失的信用卡,家具——码放到位的搬运服务,长途电话——清晰稳定的通话质量,汽车——节能,电脑——提供软件维护等。企业要结合行业和自身的实际情况,针对不同客户关注的指标有针对性地进行改善,从而提高客户满意度。

3. 组建高效的客户服务团队

组建高效的客户服务团队可以使客户满意度指标得以贯彻。其一般可以按照如下程序进行:设计客户服务岗位,将质量标准融入岗位设计中;建立清晰的岗位职责描述,以方便满意度指标得以落实;根据岗位要求选拔合格的服务工作人员并对其予以专业化的培训;提升客户服务团队的协作能力和工作能力;明确客户服务团队与企业其他部门的分工与合作。

4. 建立良好的反馈系统

客户满意度的改善依赖于客户意见的反馈和建议的提出。为此,企业应建立良好的反馈系统,令客户能够方便、快捷地把真实想法如实地反馈给企业,以方便企业有针对性地弥补当前的不足和更好地规划和执行未来的工作。同时,企业还应当制定完善的制度,对客户反馈予以鼓励和奖励,以确保反馈信息源源不断地流向企业。

总之,企业提高客户的满意度,不仅要从传统的产品、价格等方面考虑,还应该在服务内容、服务过程、服务系统等方面改善。在为客户提供服务时,企业应从消费者需求出发,同时要衡量自己与竞争对手之间的差异,争取创造差异化服务。最后,企业应该能够提供全方位的客户解决方案,关注细节,让客户在享受企业产品和服务过程中获得最大的满意。

二、客户忠诚度管理

客户满意是客户对企业或其产品与服务的一种态度,而客户忠诚则反映客户的行为,是客户满意的行为化。在同质化竞争的压力下,企业迫切需要通过建立客户忠诚来维系和提升客户关系以从中获取更高价值,打造企业核心竞争力。

(一)客户忠诚度概述

客户忠诚是建立在对特定企业的服务或产品长期使用且满意基础上的一种情感习惯,是客户对于企业员工、产品或服务的满意或依恋的感情,或是对某一品牌因长久的喜爱而重复选择。客户忠诚度则是指客户忠诚的程度,客户更偏爱购买某一产品或服务的心理状态或行为,它实际上是客户忠诚的持续反映。

(二）客户忠诚度分析与衡量

为了更好地提高企业的客户忠诚，需要对客户忠诚度进行如下深入的层次分析和价值分析，并掌握衡量客户忠诚度的方法。

1. 客户忠诚度的层次分析

客户忠诚度依其程度深浅，一般可以分为四个不同的层次：认知忠诚、情感忠诚、意向忠诚和行为忠诚。

(1) 认知忠诚

客户在接受企业产品或服务中认为该产品或服务优于其他企业的品牌而形成的忠诚，由于这种产品或服务恰好满足了客户需求，于是客户产生了对企业的信任。认知忠诚是最浅层次的忠诚，具有认知忠诚的客户重视的是产品本身的特征，如价格、功能、特性、外形或先前了解到的产品知识和经验等，这部分客户容易受竞争企业的价格影响，同时也会因兴趣和环境等因素的变化转而选择其他企业产品或服务。

(2) 情感忠诚

客户在使用产品或接受服务后获得持续满意形成的对产品或服务的偏爱。情感忠诚是一种喜好忠诚，由消费者长期累计的满意经验形成了对品牌的喜好态度，这种忠诚是客户对企业的一种依赖，具有了一定的持久性。但同时，情感忠诚容易受到关于企业的负面信息影响，客户在接受了大量此类信息后，对企业的忠诚也会发生改变。

(3) 意向忠诚

意向忠诚也称行为意图忠诚，指客户受持续的正面情感影响，十分向往再次购买产品或服务，不时有重复购买冲动的心理活动。这种冲动是一种暂不会产生实际行动的预期意图或再购买动机，但具有意向忠诚的客户已可忍受一些不满意事件，不会轻易地改变购买选择，忠诚度较高，但仍可能会受到竞争品牌的促销诱惑。

(4) 行为忠诚

行为忠诚为习惯性购买忠诚，此时客户的忠诚意向转化为实际行动，他们甚至愿意克服障碍实现购买。具有行为忠诚的客户，除非企业或产品出现无法弥补的错误，否则一般不会改试其他产品，其忠诚度最高。

由客户忠诚度的四个层次可以看出，产品或服务的质量是打开客户忠诚的大门，卓越的产品或服务质量是客户忠诚的最低要求，企业需要通过营销活动或有效的服务，令客户对产品产生感性认可，如喜爱、依赖、欣赏等，从而培育较高层次的客户忠诚度。

2. 客户忠诚度的价值分析

在市场竞争日益激烈的今天，客户就是企业制胜的法宝。例如，一个儿童(忠诚客户)在麦当劳餐厅一星期消费一次，平均消费30元，一年消费总额就是12×4×30=1 440元，10年就消费14 400元，况且没有计算父母陪同就餐的消费和其他附带消费，由此看来，获得和保持客户忠诚度是成功企业立于不败之地的法宝。企业要想获得经济效益的持续增长，就必须要仔细研究目标客户的需求并向其提供满意的产品和服务，并把它看作一个长期的过程。

由上可以看出，客户忠诚度对企业的短期成长和长远发展均起到重要作用，其价值是不可估量的。企业应当不断通过改善产品和服务的质量、提供更具价值的产品和服务来满足客户需求，以更好地提高客户忠诚度。

3. 客户忠诚度衡量

企业加强客户管理、提高客户忠诚度就必须清楚衡量客户忠诚度的标准。客户忠诚度可以用下列标准衡量。

(1) 客户的重复购买次数

一定时期内，客户对某一品牌产品或服务购买的次数越多，则说明其忠诚度越高。

(2) 客户购买的挑选时间

客户购买都要经过挑选这一过程，但由于对企业信赖程度的差异，不同企业的服务和产品，客户的挑选时间是不同的。同样的产品，客户挑选时间短，则说明忠诚度高，反之则忠诚度低。但由于不同属性的产品或服务在客户心目中的地位是不同的，如盐、面包、牛奶等日常快速消费品，客户挑选时间通常较短，而汽车、笔记本电脑、手机等功能复杂、价值高的产品，其挑选时间相对会较长，因此在利用客户购买挑选时间测定品牌忠诚度时，也应考虑产品或服务的属性。

(3) 客户对价格的敏感程度

客户对价格都是重视的，但这并不意味着客户对价格变动的敏感程度相同。事实表明，对于信赖和喜爱的企业，客户对其产品或服务价格变动的承受能力强，即敏感度低；而对于不信赖的企业，客户对其价格变动的承受能力弱，即敏感度高。因此据此可以简单测定客户的忠诚度。

(4) 客户对竞争产品的态度

人们在购买的时候，经常受到相关产品的影响。当竞争对手的新产品出现，如果客户对竞争对手的产品更感兴趣，则表明客户忠诚度下降；如果客户对竞争品牌没有好感，则可以说明其对本企业的忠诚度较高。

(5) 客户对质量问题的承受能力

任何产品或服务都有可能出现质量问题，如果客户对企业的忠诚度较高，则当质量问题出现时，他们会采取相对宽容、谅解和协商解决的态度，不会因此而轻易放弃企业的产品或服务；而当客户对企业的忠诚度较低时，他们不能容忍问题的出现，会很快选择其他企业的产品或服务。

（三）提高客户忠诚度的方案

忠诚客户对企业具有非常大的价值，但他们不会自动对企业忠诚，需要企业的争取和培养。对忠诚客户的培养，一方面，要从潜在客户中"获得"边缘客户，将边缘客户"同化""巩固"为忠诚客户，另一方面，就是针对可能出现的客户对企业的抱怨和背离，及时采取补救措施，将"问题客户"的问题解决，使其成为企业的忠诚客户。

针对客户本身，企业可以从如下几方面提高其忠诚度。

1. 获得

所谓"获得"，就是争取得到潜在客户关注并使之尝试购买企业的产品或服务，以获得与客户接触的机会。在注意力经济时代，企业要通过建立鲜明的品牌形象，吸引潜在客户的目光，通过客户与企业的真实接触，给客户留下值得信任并能满足客户期望的良好的初始印象。

2. 同化

所谓"同化"，就是利用客户对企业进行初始体验的机会，进一步加强与客户的联系，在情感上对客户进行同化，争取客户的更多认同。这一时期是企业建立忠诚关系的关键时期，也是客户对企业进行观察和取舍的时期。这时的客户往往是游离不定的，他们会根据最初接触产品或服务的经历，要么满意与企业继续保持良好关系，要么因不满抱怨而放弃与企业合作。

3. 巩固

经过两三次的购买后，客户对企业有了一定的认知和好感，但还需进一步巩固。所谓"巩固"，就是企业在情感同化的基础上进一步强化客户在理念上对企业的认同和行为上对企业的忠诚，使客户成为真正的忠诚客户。

4. 补救

在培育客户忠诚的过程中，企业的服务难免会产生失误，服务失误伤害了客户的感情，必然会引起客户的不满、投诉，甚至背离。但是，企业如果能够及时进行补救和补偿，如通过道歉、送礼品、退款、提供额外的服务等办法向客户真诚表达歉意，可以重新赢得客户。

据美国全国消费者协会调查，如果客户投诉没有得到解决，有81%的客户会放弃企业产品或服务，如果投诉迅速得到了解决，有82%的客户还会继续与企业合作。还有一种调查表明，经过服务补救后，客户可能比以前更忠诚，因为客户在遇到困难的时候能更容易感受到企业的关怀。据IBM公司的经验，若对产品售后所发生的问题能迅速而又圆满地加以解决，客户的满意程度将比没发生问题时更高。

5. 提高内部服务质量，重视员工忠诚度的培养

研究表明，客户保持率与员工保持率是相互促进的。忠诚的员工通常会主动关心客户，热心为客户提供服务，并为客户问题得到解决感到高兴，这样的员工会令客户感到温暖，并愿意继续接受他们提供的产品或服务，很多时候客户愿意留下来是因为喜欢企业的某些员工。因此，企业在培养客户忠诚度的过程中，要重视对内部员工的管理，努力提高优秀员工的忠诚度，以带动客户满意度的提高。

6. 加强退出管理，减少客户流失

退出，指客户不再购买企业的产品或服务，终止与企业的业务关系。对于客户的退出，企业正确的做法是应及时做好客户的退出管理工作，认真分析客户退出的原因，总结经验教训，利用这些信息改进产品和服务，最终经过努力与退出客户重新建立起正常的业务关系。同时，退出客户无疑为企业敲响了警钟，能够提醒企业要通过加强管理沟通以避免更多客户的流失。

本章小结

客户服务是销售活动中极其重要的组成部分，服务内容、方式和质量直接影响着销售的结果，所以客户服务日益受到重视。当今企业竞争的重点已经开始从产品竞争逐渐过渡到服务竞争，因此为了促进销售不断增长并形成良性循环，企业管理者一定要把服务摆在战略性位置上，不断改善员工服务态度、提高服务质量，从而提高企业和产品的客户满意度和忠诚度。

案例分析

数字化转型进入深水区，看德力西如何以客户服务勇往直"潜"

德力西(杭州)变频器有限公司(以下简称：德力西变频器)是德力西集团控股的高新技术企业，也是目前国内集研发、生产、销售和技术服务为一体的工业自动化产品及解决方案优秀供应商之一。

作为中国电气行业龙头企业的德力西集团很早就开始工业自动化、信息化探索之路，而作为德力西集团旗下的"后起之秀"，德力西变频器也继承了这种改革基因，在产品、生产方式和管理方式上进行多线智能化升级，先后推出了OA办公系统和PLM生产研发系统，数字化转型初见成效。

为了更好地服务客户，公司在全国多个重点城市建立办事处和技术服务中心，提供一流的技术服务和解决方案，并依托德力西集团的营销网络形成一个庞大、完整、高效的销售和服务体系。目前，德力西变频器的售后服务团队分布在全国各个主要省会城市。过去，他们主要采用电话、微信、邮件的方式进行工作安排和服务管理，传统的管理模式缺乏有效的过程监控，并且对服务及时性、客户评价等满意度了解比较滞后。

在数字化转型战略实施过程中，公司也在客户服务管理方面积极地进行数字化升级。在售后宝智能客户服务解决方案的带动下，德力西变频器的客服人员工作效率提升20%，客户对现场服务满意度提升30%，客户整体满意度提升25%。

而这些数据的提高，得益于售后宝自助门户和智能工单系统等功能。

1. 服务高效、透明，客户体验显著提升

只要在企业公众号上注册登录，德力西的客户就可以直接通过公众号进行需求反馈和提交服务请求。客服人员接到服务请求后，简单的问题通过视频远程诊断，排除故障；复杂问题可以一键创建工单，分配给合适的服务工程师。

服务请求提交后，客户可以通过德力西公众号实时接收到服务进度，包括服务受理时间、开始时间、完成时间，还可以对此次服务进行评价，全流程线上可视。

德力西技术支持部经理周攀峰这样评价：售后宝能够和我们目前所使用的数字化系统进行很好的数据对接，使用十分流畅。使用售后宝后，我们的服务工单自动流转，响应速度快速提升，派单效率提高了20%，客户满意度整体提升了25%。

在人员管理上，通过客户自助提交服务请求，大幅减少了售后中心400客服手工登记和多头对接沟通事项，减少了工作环节，让他们的工作效率提升了20%以上；售后工程师服务质量大幅提升，客户对现场服务满意度提升了30%以上。

2. 一品一码，建立客户产品电子档案

由于客户体量大，分布广，之前公司使用Excel表格记录客户信息，在售后调用客户信息时需要消耗大量时间，企业的产品、客户数据成为服务团队负担。通过售后宝产品二维码，系统后台可以将报修产品与客户信息关联，通过产品电子档案提升团队工作效率。

3. 智能报表，人、事、物全方位管理

对于数量众多的工程师管理，也是德力西变频器业务实施过程中的难题。

一方面，企业的产品广泛应用于电力、纺织、石油、化工、市政、供水、食品、机械等各个领域，工程师经常需要来往各地尤其是偏远地区进行服务，对于差旅费用的审核及有效服务时间难以管控。

另一方面，在工程师的绩效管理上，如何准确记录并区分服务难易度，快速统计其工作绩效，以及如何通过服务数据激励提升工程师服务质量，同样是日常管理工作中的难点。

通过售后宝系统的统计报表，德力西变频器的管理人员可以清晰地查看各个服务人员的工作量、工作效率和客户满意度，为部门人员工作安排和绩效考核提供依据，同时，这些服务数据能倒逼工程师提高服务质量和工作积极性。

通过对服务工单流程的节点记录，工程师的工作状态、服务时间、服务地点等数据就可以作为其差旅报销的依据，有效降低了服务团队的差旅成本和人员管理成本。

(资料来源：https://www.36kr.com/p/1681100876779271)

案例讨论题:
1. 德力西变频器服务管理数字化转型前存在哪些痛点？
2. 以德力西变频器为例，数字化客户服务有哪些优势？
3. 这个案例对你有何启示？

复习思考题

1. 请简述服务质量的含义和测评标准。
2. 如何进行服务质量的综合管理？
3. 简述客户服务的三个阶段及各阶段的服务技巧。
4. 客户满意度的含义是什么？企业应如何提高客户满意度？
5. 客户忠诚度的含义是什么？企业应如何培养忠诚客户？

思政大纲

章名	知识点	思政德育融入点
服务管理	服务质量管理	武警特色医学中心大力倡导"以人为本、以患者为中心"的服务理念，加强护理服务意识、促进和谐护患关系，并通过服务调查的形式对其护理服务进行阶段性总结和成果验收，建立护理服务质量持续改进的长效机制，从而更好地履行社会责任
	客户服务管理	在线旅游平台、旅游景点等重视残障人士休闲旅游需求，为残障人士的便利出行提供切实帮助，例如更方便的阅读、辅助工具租借、专业人员的帮扶等，尽可能地满足特殊人群的特殊需求，鼓励残障人士放心出游；案例弘扬了企业、个人对特殊人群的关爱，为维护社会和谐，关注"身边的少数人"提供借鉴

第五篇　销售货品管理

> 第十章　销售货品管理概述

第七编　社区居民自治

第十章
销售货品管理概述

学习目标 ⬇⬇

学完本章后，应当能够：
(1) 了解订货、发货与退货管理的流程；
(2) 掌握终端管理的内容；
(3) 掌握窜货管理的内容。

思政目标 ⬇⬇

(1) 在了解销售货品的订单、发货、退货管理，终端管理，窜货管理的系统方法基础上，鼓励企业不断创新，结合科学技术，如大数据等构建更加精准的货品管理流程。

(2) 掌握货品管理办法的同时，引导企业共同协作，公平竞争，互利共赢，杜绝不良商业行为，共建良好健康的市场环境，传递积极正确的企业价值。

////// 导入案例

"自从我加入金叶便利加盟终端后，店铺变化真是太大了，来我这儿消费的回头客越来越多，不仅是烟比之前卖得好了，我的白酒、礼品、副食品都比之前卖得多了，挣钱也比原来多了。"位于八龙路与南海街交叉口的加盟终端雅苑便利店刘老板激动地说。据了解，刘老板的店是魏都区辖区首家上线运营的便利店类型加盟终端。

像刘老板一样存在类似困扰的客户不在少数，他们在日常经营上因缺乏有效手段，始终无力改变经营现状。魏都区烟草公司通过调查、分析、研判零售终端经营现状，将此类经营方式落后、盈利水平低的客户吸纳发展为现代终端，通过金叶通店铺管理系统应用、商品靓化陈列、主题文化元素融合等"终端赋能"方式，不断提升现代终端经营软实力，彻底改变了陈旧、粗放、落后的经营面貌，并结合金叶流通品牌建设，以品牌加盟、模式加盟、管理加盟的形式，增强加盟终端吸引力。通过深入挖掘以便民惠民、服务引流为定位的便利店类型加盟终端核心价值，积极营造客我之间的经营共同体、利益共同体、发展共同体、文化共同体，致力为客户搭建一个自我革新、自我提升、自我完善、自我成长的平台。

近年来，许昌市魏都区烟草分公司围绕金叶通系统应用、特点特色元素融合、便民惠民措施植入、店铺会员聚粉营销等方式，持续对加盟终端赋能增值，为金叶流通品牌的推广建设厚植沃土，营造了客户建终端用终端的浓厚氛围。在服务社会传递价值的同时，也彰显了新时代烟草行业的良好形象。

(资料来源：http://news.sohu.com/a/531315040_100122069)

货品是销售的三要素之一，对其管理是销售管理的重要组成部分。货品管理主要包括订单、发货与退货管理，终端管理，窜货管理，这些方面管理的好坏直接关系企业销售的成败。比如，订货和发货流程是否通畅，会影响商品能否及时准确地送达目标顾客手中；退货制度是否健全，直接影响目标顾客对企业的满意度和忠诚度；终端陈列效果、统筹管理如何将会影响商品能否有效地吸引顾客甚至品牌建设；窜货管理制度是否合理规范影响着企业盈利状况和市场环境。所以，在企业的销售管理中必须重视对销售货品的管理。

第一节 订单、发货与退货的管理

一、订单管理

订单管理是改善企业供货水平的关键，如果订单处理不好，很可能给企业带来巨大的损失。订单的计划管理和控制，不仅决定了销售人员能否迅速、准确地处理订单，而且也决定了企业能否对客户不间断地供货。所谓订单管理，就是从客户需求和企业自身的生产能力出发，制订供货计划，接收客户订单，并协调客户与内部各部门，尤其是生产部门和储运部门间的经营活动，以确保销售订单能够按时完成，同时也要做好售后服务等相关事宜。订单管理，主要包括针对订单报价的管理和订单流程的管理。

（一）订单报价的管理

订单的报价在实际操作过程中主要有以下两种方式。

1. 直接报价法

直接报价，是在确定了客户对产品产生购买意愿，并询问价格后，直接告知其产品的成交价格。很多企业都会对自己的产品留有一定数量的存货，并且对产品成交价格的范围也都有明确的规定，在这种情况下，一般可采取直接报价法。例如，每12瓶啤酒为1箱，每箱售价为60元；每辆自行车500元。

2. 估价报价法

在现实生活中，往往会出现客户的需求早于企业产品出现，这时企业没有现成的存货用以满足客户，而必须根据客户的具体要求为客户定做产品。因而企业只有经过一系列复杂准确的估价以后，才可以向客户报价，这就是估价报价法。估价过程一般由生产部门与销售部门相互协调，对涉及交货必须注意的问题加以确认，如货品的名称、数量和规格，交易时间、地点和方式，安装与维修费用的协定等。只有对这些问题确认无误以后，企业方可对订单进行估价。

必须注意的是，无论哪种报价方式，销售人员在承接订单以后，应该区别所承接的订单来自新客户还是老客户。如果是老客户，可以通过以往的交易记录，判别该客户的品质；对于忠诚的老客户，若订单金额符合对应的信用额度，即可同意本次交易，但对于曾发生不信守契约或支票不兑现的客户，则只受理代理付款的订货方式。如果是新客户，原则上要先收取一定数额的保证金，然后在交货的同时收取其余现金。不管是新客户还是老客户，企业必须依照规定，对估价的订单明确付款方式与条件。在对订单仔细评估以后，将此订货的估价单、客户支付的订货保证金、合同书等相关证明交由所属主管审阅，待取得所属主管同意后，才能报出对客户订单的估价。

(二) 订单的管理流程

一般来说，企业的订单处理流程可以分为以下两大类。

1. 存货生产方式的订单管理流程

存货生产方式是在市场预测的基础上组织生产，产品有一定的库存。交货期限在这里不是最重要的，关键是控制好投入量和产出量，以防止产品积压和脱销。因此，市场调查与预测对存货生产企业来说十分重要，销售职能的业务工作范围也较广。

多数企业的产销形式是属于存货生产方式，它是指依靠市场预测来确定订单的需求量，从而决定产品的生产量的产销方式。采用此法，重点在于销售预测的能力和准确性。营业部要提供销售预测，生产部门根据此预测来安排采购与生产工作。在实际运作时，每个月的实际销售量会与预测销售量有所出入。根据销售资料分析，营业部门研究何种产品会畅销或者滞销，双方再召开产销协调会以定期协调。迅速、精确地把销售分析，转为未来预测的销售量，再交由生产单位加以生产。由此可见营销部门在存货生产方式中扮演的重要角色。

公司可做年度营业预算决定出各个月份的产品销售量，再决定各期的生产预算、原料采购预算、人工成本预算、制造费用预算及销售费用预算。有了年度的营业预算后，计划部门应随时注意市场的需求，了解消费者的信息，制定营销策略，同时也告知生产单位有关需求量的预测。企划人员一定要核查生产单位各项产品的库存量，若有较多的产品库存，则有必要凭借促销活动来吸引消费者，扩大销售量，使库存货品得以流通。

2. 订货生产方式的订单管理流程

订货生产方式是根据用户提出的具体订货要求，组织生产，进行设计、供应、制造、出厂等工作。生产出来的成品在品种规格、数量、质量和交货期等方面是各个相同的，并按合同规定按时向用户交货，成品库存甚少。因此，生产管理的重点是抓"交货期"，按期组织生产过程各环节的衔接平衡，保证如期实现。

订货生产方式的订单流程管理包括以下几个步骤。

① 业务单位在同意客户订单之前，必须获得生产单位的确认。这一基本原则是订货生产方式与存货生产方式最为根本的差异。

② 业务单位获得客户的订单样品和询价单价，并将样品交由研究设计部门设计打样。

③ 业务部根据制作完成的产品样品，与生产部门讨论制造流程及可能需要的生产日程后，拟好样品成本分析报告，呈报总经理核准。

④ 业务部将制作完成的产品样品及设计图样交给客户，由其认可并商议交货期，此为产品特性获得客户同意的确认行动。

⑤ 客户若同意交货日期，并同意接受所制成的样品，则由业务单位准备报价工作。

⑥ 客户若不同意样品，则由设计部门依据客户意见，再予以修改。

⑦ 若客户不同意交货日期，但认可所提供的样品，则由业务部与生产部及实际生产作业单位研究后，再与客户洽谈。制定交货期，必须协调客户需求与工厂生产能力。

⑧ 客户认可样品及交货期后，业务部门根据样品成本分析报告，再加计运费、保险费、各项费用及预期利润，订出售价，并列表呈报总经理核准。

⑨ 总经理同意并签字后，由业务部负责向客户报价。

⑩ 若客户接受报价，业务部接到客户正式订单后，首先检查订单的各项条件齐全与否，订单内容是否清楚，若有涂改应加盖印章注记。

采用订货生产方式时，生产单位应提供每月的标准产量和生产计划，供业务单位确实了解并掌握厂内生产负荷状况，作为接单依据。而业务单位在与客户谈判时，亦应考虑公司目前在生产状况及未来负荷情况，尽量争取最有利条件，避免现场生产变动过于剧烈，影响现场作业士气。为使计划能顺利执行，应于每日下班前或后召开生产检讨会，将当日生产数量及异常现象予以检讨，以决定加班时间、人手调派或外包措施。此外，亦可针对次日生产订单的备料及其他准备事宜先做协调。

二、发货管理

商品发货指存货领用、消耗或交运至客户并过账。发货会导致仓库存货的减少。

（一）商品发货的要求

无论何种发货方式，均应按以下要求进行。

(1) 准确

发货准确与否关系到仓储服务的质量。在较短的发货时间里做到准确无误，这要求在发货工作中做好复核工作，在认真核对提货单的同时，配货、包装直到交提货人或运输人，要注意环环复核。

(2) 及时

无故拖延发货是违约行为，这将造成经济上的损失。为掌握发货的主动，平时应注意与货主保持联系，了解市场需求的变动规律；同时，加强与运输部门的联系，预约承运时间。在发货的整个过程中，各岗位的责任人员应密切配合，认真负责，这样便能保证发货的及时性。

实例10—1 ⬇ ⬇

近年来，随着国民收入水平的提高和生鲜零售产业的扩大，生鲜电商市场竞争愈加激烈，在此背景下，盒马鲜生异军突起，技术硬、模式新、品质佳、物流快是其取得成功的关键。

在物流方面，盒马利用大数据、互联网、自动化技术等现代技术，构建了一套完整的物流配送服务体系。精简流程，科学计算，选择合理的方法和便捷的路线，最大限度地提高运作效率，保证在用户下单十分钟内完成打包，用户所在附近门店三公里内半小时完成配送服务。

（资料来源：https://www.sohu.com/a/507676648_121117359）

(3) 安全

在货物出库作业中，要注意安全操作，防止作业过程中损坏包装，或震坏、压坏、摔坏货物；同时，应保证货物的质量。在同种货物中，应做到先进先出。对于已发生变质的货物应停止发货。

（二）发货管理的内容

通常，发货管理概括来说包括商品发货的准备、发货的一般程序、商品发货的复核等。

1. 商品发货的准备

发货前的准备工作包括以下内容。

(1) 原件货物的包装整理

货物经多次装卸、堆码、翻仓和拆检，会使部分包装受损，不适宜运输要求。因此，仓库必须视情况进行加固包装和整理工作。

(2) 零星货物的组配、分装

有些货物需要拆零后出库，仓库应为此事先做好准备，备足零散货物，以免因临时拆零而延误发货时间；有些货物则需要进行拼箱。为此，应做好挑选、分类、整理和配套等准备工作。

(3) 包装材料、工具、用品的准备

对从事组装、拼箱或改装业务的仓库，在发货前应根据商品的性质和运输部门的要求，准备各种包装材料及相应的衬垫物，并准备好钉箱、打包等工具。

(4) 待运货物的仓容及装卸机具的安排调配

对于待出库的商品，应留出必要的理货场地，并准备必要的装卸搬运设备，以便运输人员的提货发运。

(5) 发货作业的合理组织

发货作业是一项涉及人员较多，处理时间较紧，工作量较大的工作，进行合理的人员组织是完成发货的必要保证。

2. 商品发货的一般程序

(1) 验单

审核货物出库凭证，应注意审核货物提货单或调配单内容，特别注意是否有被涂改过的痕迹。

(2) 登账

对于审核无误的出库货物，仓库货物会计即可按照凭证所列项目进行登记，核销存储量，并在发货凭证上标注发货货物存放的货区、库房、货位编号及发货后的结余数等；同时，转开货物出库单，连同货主开制的商品提货单一并交仓库保管员查对配货。

(3) 配货

保管员对出库凭证进行复核，在确认无误后，按所列项目和标注进行配货。

(4) 包装

在货物出库时，往往需要对货物进行拼装、加固或换装等工作，这均涉及货物的包装。对货物包装的要求是：封顶紧密、捆扎牢固、衬垫适当、标记正确。清理这项工作在大型仓库中由专职人员负责。

(5) 待运

包装完毕，经复核员复核后的货物均需集中到理货场所，与理货员办理交接手续，理货员复核后，在出库单上签字或盖章；然后填制货物运单，并通知运输部门提货发运。

(6) 复核

复核货物出库凭证的抬头、印鉴、日期是否符合要求，经复核不符合要求的货物应停止发货。对货物储存的结余数进行复核，查看是否与保管账目、货物保管卡上的结余数相符。对于不符的情况应及时查明原因。

(7) 交付

仓库发货人员在备齐商品并经复核无误后，必须当面向提货人或运输人按单列货物逐件点交，明确责任，办理交接手续。在货物装车时，发货人员应在现场进行监装，直到货物装运出库。发货结束后，应在出库凭证的发货联上加盖"发讫"印戳，并留据备查。

(8) 销账

上述发货作业完成后，需核销保管账、卡上的存量，以保证账、卡、货一致。

3. 商品发货的复核

在货物运出仓库时，有以下三种发货复核方式。

(1) 托运复核

仓库保管员根据发货凭证负责配货，由理货员或其他保管员对货单逐行逐项核对，即核对货物的名称、规格、货号、花色和数量等，检查货物发往地与运输路线是否有误，复核货物的合同号、件号、体积、重量等运输标记是否清楚。经复核正确后，理货员或保管员应在出库凭证上签字盖章。

(2) 提货复核

仓库保管员根据货主填制的提货单和仓库转开的货物出库单所列货物名称、规格、牌号、等级、计量单位、数量等进行配货，由复核员逐项进行复核。复核正确，则由复核人员签字后，保管员将货物当面交给提货人；未经复核或复核不符的商品不准出库。

(3) 取样复核

货物保管员按货主填制的正式样品出库单和仓库转开的货物出库单回货，核实无误，经复核员复核、签字后，将货物样品当面交给提货人，并办理各种交接、出库手续。

三、退货管理

商品退货是指仓库按订单或合同将货物发出后，由于某种原因，客户将商品退回仓库。

（一）退货的原因

根据退货产品所产生的原因，连锁零售企业可能面对的退货问题分为以下几种。

(1) 货物运输方面的问题而导致的退货

商品在搬运过程中造成产品包装破损或污染，仓库将给予退回。

(2) 商品送错退回

送达客户的商品不是订单所要求的商品，如商品条码、品项、规格、重量、数量等与订单不符，都必须退回。

(3) 来自顾客的退货

随着顾客对商品要求的提高，导致退货现象日益普遍。如果一件退货产品来自顾客，那么它有三种可能：第一是它有缺陷，是真正的缺陷品；第二是它本身是好的，但顾客对它不满意，认为它有缺陷，这类退货被称为"无缺陷的缺陷品"；第三是在质量保证期或维修期内被退回，要求更换或维修。

(4) 时间问题所造成的退货

产品过期(产品到保质期结束仍未销售出去)、错过销售季节(产品已过销售季节但仍未销售出去而造成的退货)，仓库将给予退回。

(5) 协议退货

与仓库订有特别协议的季节性商品、试销商品、代销商品等，协议期满后，剩余商品仓库给予退回。

（二）退货管理中应注意的问题

在管理企业的退货时，应注意以下一些问题。

1. 退货比率约束

现在有零退货的策略，零退货意味着生产厂商不接受来自零售商的任何退货，而在发货时给零售商一定的折扣。这项政策事实上是把退货的责任转移给零售商，从而减少生产商和经销商的费用，但是同时生产商失去了对商品的控制权。制定退货政策的初衷，就是为了免除或减轻销售风险，鼓励零售商大批量进货、顾客大量购买，以增加产品扩大销售的机会，使厂商和零售企业的成本利益达到最优。因此，厂商及零售商可以协商制定一个合适的退货比率以平衡由此产生的成本和收益，提高企业的竞争优势。

2. 不同部门的责任应明确

企业内不同的部门对退货承担不同的责任，只有在明确责任的前提下企业的退货管理才能真正达到目的。具体来说，对退货商品确保品质无误由产品检查部门负责；清点退货商品、商品数量准确性由仓储部门负责；调整应收账款余额等的重新处理由会计部门负责。

3. 退货价格设计

退货政策有全额和部分退款之分，全额退货是对零售商的退货按照原先的批发价进行全额退款，而部分退货则在批发价的基础上给予一定折扣。在一定的批量约束下，通过对退货价格的调整，可以使供应商和零售商的总体利益达到最优。

（三）商品退货的作业程序

1. 接受退货

仓库接受退货要有规范的程序与标准，如什么样的货品可以退、由哪个部门来决定、信息如何传递等。

仓库的业务部门接到客户传来的退货信息后，要尽快将退货信息传递给相关部门，运输部门安排取回货品的时间和路线，仓库人员做好接收准备，质量管理部门确认退货的原因。一般情况下，退货由送货车带回，直接入库。批量较大的退货，要经过审批程序。

2. 重新入库

对于客户退回的商品，仓库的业务部门要进行初步的审核。由于质量原因产生的退货，要放在为堆放不良品而准备的区域，以免和正常商品混淆。退货商品要进行严格的重新入库登记，及时输入企业的信息系统，核销客户应收账款，并将退货信息及时通知商品的供应商。

3. 财务结算

退货发生后，给整个供应系统造成的影响是非常大的，如对客户端的影响、仓库在退货过程中发生的各种费用、商品供应商要承担相应货品的成本等。

如果客户已经支付了商品费用，财务要将相应的费用退给客户。同时，由于销货和退货的时间不同，同一货物价格可能出现差异，同质不同价、同款不同价的问题时有发生，故仓库的财务部门在退货发生时要对退回商品货款进行估价，将退货商品的数量、销货时的商品单价以及退货时的商品单价信息输入企业的信息系统，并依据销货退回单办理扣款业务。

4. 跟踪处理

退货发生时，要跟踪处理客户提出的意见，要统计退货发生的各种费用，要通知供应商退货的原因并退回生产地或履行销毁程序。退货发生后，首先要处理客户端提出的意见。由于退货所产生的商品短缺、对质量不满意等客户端的问题是业务部门要重点解决的。退货所产生的物流费用比正常送货高得多，所以要认真统计，及时总结，将此信息反馈给相应的管理部门，以便制定改进措施。退货仓库的商品要及时通知供应商，退货的所有信息要传递给供应商，如退货原因、时间、数量、批号、费用、存放地点等，以便供应商能将退货商品取回，并采取改进措施。

第二节 终端管理

终端，是所有企业营销渠道的最后一环，它直接代表了企业产品的最终营业表达。同时，也是产品流向市场，形成消费的关键。随着市场竞争的日益激烈，企业之间的竞争已趋于白热化，而竞争的重心则仍是销售终端，决胜终端已成为当今企业界的共识。

在进行商品分销的过程中，真正能够产生销售的是终端，激烈竞争的最后环节也是终端，消费者对产品的选择与消费亦在终端。如何科学有效地掌握终端，是销售管理的一个重要组成部分。

一、终端管理的常见问题

对终端销售的管理，是激烈的市场竞争对企业销售工作提出的基本要求。但是，我国大多数企业的终端销售工作做得并不理想，很多企业甚至没有形成这方面的工作计划，换句话说，一些企业并没有把终端销售管理作为企业销售活动中重要的工作来看待，有意或无意地忽略了这一环节。我国企业在终端销售管理工作中常常会出现以下一些问题。

（一）终端销售意识不强

国内很多企业对终端销售这个环节视而不见，认为太费事、太麻烦，不愿为此做出努力。更有不少企业宁愿将大笔资金用于广告，注重所谓的轰动效应，也不愿采用更为节约的方式在终端销售上下功夫。这表明我国许多企业在销售工作上仍处于粗放式的经营阶段。

（二）终端销售范围过窄

终端销售的范围，包括针对企业产品销售所经历的一切终端环节，即批发商、零售商及其他终端消费场所。从批发商来看，包括总经销商、一级、二级等各级批发商；从零售商看，包括大中型商场、便民店、百货店、连锁商店、超级市场等。尽管每个企业选择的终端环节可能不尽相同，在终端销售上也可以有重点、分层次地进行，然而这并不等于只抓上层环节，如经销商、代理商等，也不等于只抓销售大户。企业必须为此制订科学、合理的计划。

（三）专业水平低，管理水平难以满足需要

管理水平难以满足需要，主要是因为从事终端销售人员的素质不能适应管理工作的要求。例如促销人员在终端促销中起到非常关键的作用。促销员的工作热情、产品知识、导购技巧等都能从不同的方面刺激消费者，促使消费者产生购买行为。但是调查表明，真正做到培训上岗，注重与顾客沟通，为顾客提供周到服务的促销员不多。主要原因是一些公司为了节省开销，并未对他们进行系统的培训，导致他们对商品、企业文化缺乏了解，沟通技巧不到位，无法消除顾客的疑问，从而导致顾客转而购买其他替代商品，甚至对促销员服务态度不满直至投诉。

（四）对终端商家防范不严

一些股东人数较少的不法商贸有限公司、私营性质的中小型商场等，不仅有违背商业信用的现象，而且采用转移地点、蓄意破产、改头换面、故意拖欠等方式逃避债务，使企业陷入困境。这就要求企业必须时刻保持防范意识，并采取积极的措施避免各类风险的发生。

二、终端管理的主要内容

（一）终端商品陈列

良好的商品陈列是企业最直观的广告，可以在现场产生较强的品牌吸引力，是导致冲动型购买的主要原因，也在很大程度上反映了企业的总体管理水平和实力。企业为了提高货品陈列的规范性和生动性，可以从货品陈列的位置和方式两方面考虑。

(1) 位置

具体到某个终端而言，企业产品的陈列位置对消费者的吸引力显著不同，醒目和人流多的地方是黄金位置，如同类消费商品的出入口处或拐角等。一般来说，接触到产品的消费者越多，产品被购买的可能性就越大。企业应当对终端积极开展公关活动，争取到有利的陈列位置。此外，还必须注意货品在货架的摆放位置，要与目标消费者群体的视线及高度相适应，一般认为，普通货品陈列的黄金高度为0.8米~1.4米。

(2) 方式

首先，应尽量占据更多的陈列空间，达到充实、美观和生动的效果，显示厂家的综合实力和气势，给消费者带来较强的心理刺激和吸引力。一般要求产品集中陈列，不同品牌或型号所占空间有明确规定，同时还要考虑位置、产品次序、外观、广告品和价格标签等。需要注意的是，产品摆放不能太挤，要留有适度的空间，既方便消费者拿取，也暗示该品种十分畅销，以增强购买的自信心。其次，要按照一定的比例陈列所有规格的商品。消费者在不同的场合和时机所需商品的规格或包装不同，如果在现场找不到如意的商品就可能转而购买竞争对手的产品，这会使他们的满意度降低。

（二）终端销售促进

随着终端争夺战的加剧，仅有良好的货品陈列是不够的，还需借助适当的时机实施销售促进，即利用各种短期诱因鼓励消费者大量购买产品，这是促使其产生具体购买行动的推动力。终端销售

促进的方式多种多样，各有所长。

所谓销售促进，是指企业为销售产品或鼓励顾客购买，用各种短期诱因而进行的促销活动。近年来，在各大卖场出现的导购服务，就是一种比较好的销售促进方式。导购服务主要通过导购人员的讲解、推荐与演示，来激发消费者的兴趣，促使消费者购买产品。

(1) 商场内的广告

它是实现终端销售工作生动化的关键之一，也是对媒体广告的有益补充。它针对性强，能够刺激冲动购买、宣传产品并美化企业形象。从目前状况看，企业盲目地应用终端广告反而削弱了其本身应有的效用，因此必须紧密结合企业的行业和产品特点、营销策略、终端商店的位置结构等情况选取恰当的投放时机，统一细化投放的操作标准，使广告的形象和促销活动保持一致。

(2) 人员导购

企业可以在终端由服务人员向消费者介绍产品，减少他们购买决策的阻力，利用双向交流说服其现场购买。同时，企业可由此获得第一手反馈资料，有利于营销组合的改进。运用这种方式必须保证导购人员具有较高的综合素质和一定的专业技能，才能达到理想的效果。

(3) 公共关系

公关必须保持一定的层次性，即要求企业销售经理和终端工作人员与终端经理和业务人员展开全方位的充分沟通，相互理解，达成共识，实现双赢。需要注意的是，适度的促销可让利于终端，提高其积极性，加速产品的流通，增加销售量，但如果促销过度，从长远来看，可能造成他们片面追求促销利益，降低正常经营的盈利率，破坏价格体系，同时也会增大消费者的心理成本，引发他们的逆反心理。

(三) 对终端工作人员的管理

对终端工作人员的有效管理是终端管理中的重要组成部分。企业对终端工作人员的管理主要表现在以下几个方面。

1. 报表管理

通过工作报表追踪终端工作人员的工作情况，是规范终端工作人员行为的一种切实有效的方法。严格的报表制度，不仅可以使终端工作人员产生动力，督促他们克服惰性，而且可以使终端人员做事有计划、有规律、有目标。同时，报表也是企业了解员工工作情况与终端市场信息的有效工具。主要报表有：竞争产品调查表、礼品派送记录表、终端岗位职责量化考评表、工作日报表、周报表、月总结表、样品及终端分级汇总表等。此外还有主管要求临时填报的、用于反映终端市场信息的特殊报表。终端工作人员一定要准确、按时填写报表，不得编造、虚报，以客观反映终端人员的工作情况，避免不实信息误导企业决策者。

2. 对终端人员进行培训

终端管理范围广、环节多，对企业管理人员的综合素质要求很高，对此企业要有计划地对他们进行在职培训，增强其管理能力。对于终端管理人员遇到的问题和困难，要及时了解，提供必要的指导和帮助，保持他们的士气和稳定性。

3. 进行终端工作监督

管理者要定期走访市场，对市场销售情况做出客观的记录，并公布评估结果。同时，企业要建立健全竞争激励机制，对成绩突出的工作人员，不仅要充分肯定其成绩，而且要鼓励他们向更高的目标冲击；对成绩一般的终端工作人员，主管不仅要协助他们改进工作方法，还要督促他们更加努力地工作；对那些完全失去工作热情的工作人员，要坚决予以辞退。

4. 搞好终端协调

企业一定要高度重视终端工作人员反映的问题，弄清情况后尽力解决。这样一方面可体现终端人员的价值，增强其认同感、归属感，另一方面可提高其工作的积极性，鼓励他们更全面、更深入地思考问题，培养自信心。企业要建立一套完整的终端人员管理制度，并通过它来规范终端工作人员的行为，保证终端管理的效果。

三、终端管理的要求

终端销售的实现往往需要企业通过整合各方面的资源来完成，尤其是竞争的压力使得终端销售的技术不断提高，对管理工作提出了严峻的挑战，所以终端销售管理必须做到以下几点。

（一）选择有利的终端类型

选择何种业态、商店或消费场所，必须经过周密的思考，同时还必须对这种业态或商店的商圈特征，如人口结构、生活形态、地理环境、竞争态势等进行认真评估。并非选择有名的商店或有利的商圈位置就一定能提高销售效果，企业应该认真研究自己的目标与实力，选择合适的终端类型。

（二）增加人力的支持

许多终端销售活动需要大量的人力实现，但对于许多企业而言，在短时间内培训出一支符合要求的销售队伍绝非易事。为了解决这一问题，一些企业开始雇用商业学校的学生或临时的专业人员来从事这一工作。实践证明，这是一种既经济又高效的做法，但企业必须加强管理与监督，确保总体销售活动朝着自己确定的目标进行。

（三）提高促销的整体配合

强调终端销售的价值，绝非排斥其他形式的促销活动。终端销售的实现一般是以企业形象的确立与品牌价值的塑造为前提的，这也是知名品牌往往能在销售终端占据有利位置的原因。事实上，终端销售与其他促销形式是相辅相成的，若运用得当会收到意想不到的效果。

（四）争取店方的合作

这是改善终端销售效益工作的难点。通常情况下，店方更愿意把机会给予知名的企业或品牌，但新企业或新品牌也并非没有机会，这就要求企业必须掌握谈判的技巧，把自己的优势和特点准确地告知店方。同时，还要强化其他的促销形式，以最大限度地发挥终端的作用。

第三节 窜货管理

一、窜货概述

窜货是厂家销售过程中的一大顽疾，它会导致市场的混乱。所谓窜货，又称倒货或者冲货，是一种越区销售的行为,是指由于经销网络中的各级代理商、公司分支机构等受利益驱动,跨区域销售所经销的产品,造成价格混乱等诸多市场问题,是一种严重影响厂商声誉和市场秩序的恶性营销行为。

(一)窜货的形式

根据市场区域、厂家情况以及经销商情况的不同,窜货有以下几种表现形式。

1. 分公司与分公司之间的窜货

如果厂家采取总分公司的制度,每个分公司都是一个利润中心。其中的一些分公司为完成销售指标、美化个人或者销售团队的业绩,一般会将商品以相对较低的价格跨区销售给需求量大的分公司,从而造成分公司之间的窜货。

2. 同一区域市场的经销商之间的窜货

在某一区域市场,产品往往是按照制造商、总经销商、二级经销商、批发商、零售商、消费者这样的顺序自上而下流通的,这种渠道系统为同一市场中的窜货创造了条件。由于这个链条中每一个级别之间都存在价格的级差,而价格的级差正是诱发窜货的根源之一。如果总经销商越过二级经销商直接向批发商供货,则产品下家会获得更多的价格优惠,这一价格差对于各批发商来说是极其诱人的,他们受利益驱使而引发窜货,但这无疑损害了部分渠道商的利益,增加了整个销售渠道的不稳定因素。

3. 不同区域市场的经销商之间的窜货

当两个地方的市场供求不平衡,或者当同一产品在两个区域市场的价格不同时,产品就有可能从价格低的市场窜向价格高的市场。这种窜货形式相对来说更容易发生。不同区域的经销商互不认识,并且受害的销售商又不能对实施窜货的经销商进行管理。因此不同区域市场的窜货是最容易发生的一种窜货形式。

(二)窜货的主体

形成窜货的首要因素是窜货能力,渠道成员必须具备窜货能力,才有可能形成窜货。窜货的最初动机来源于各窜货主体之间在各方面的利益冲突,在市场上实施窜货的主体有分公司、经销商和企业自身等。

1. 经销商或代理商

如今许多企业采取的是总代理模式,设置区域总代理或总经销商,即把在某一区域或省份的产品销售权交给该经销商或代理商,依靠这些代理商或经销商自身的渠道实现企业在该市场区域的销售任务。由于一个区域只有一个经销商或代理商,那么也就决定了在这个区域只有一家经销商或代理商可以以最优的价格购进产品。经销商或代理商然后再按企业制定的二批价、三批价等向下销售。如果某区域该链条上的某个成员违反这种规则的话,就会引发窜货,打破平衡。

2. 分公司或办事处

产品销售量大,且市场相对稳定的企业,一般会采用设置分公司或办事处的运作方式。而企业中某区域的分公司经理甚至某区域的业务员,有时对该区域市场的产品、价格、促销、渠道等有绝对的控制权,如果该区域当月销售任务完成情况较差时,窜货问题就可能发生。

3. 企业自身

如果某一区域的总经销商或分公司出现高价违规等销售问题时,企业必须考虑到整体市场的利益,就会可能直接向该区域发货,以平抑产品的高价,这也就造成了事实上的窜货。

二、窜货的原因及管理

(一)窜货的原因

1. 厂商向经销商分配的销售任务过重

无论是代理商、经销商还是分公司,都希望完成企业的销售任务这一基本目标。为了抢占市场份额,许多厂家不顾当地市场容量、品牌现状及经销商的分销能力,盲目追求销量与规模,并将销量压力直接转移给经销商。这些厂家给经销商施加过重的压力并把奖励门槛定得很高,对持续合作要求过于苛刻,导致经销商不得不另觅捷径,依靠向其他区域窜货来完成任务量。

2. 经销商为取得高额奖励而追求销量

厂家为了提高经销商的积极性,通常在销售政策中设定各种形式的奖励,且大多采取以鼓励销量为目的的阶梯返利形式,即奖励与销量挂钩。销量越大,奖励折扣就越高。于是,原先制定好的价格体系被这一折扣拉开了空间。这导致了那些以做量为主,以赚取年终奖励为目的的经销商,开始不择手段地向自己区域外窜货。

3. 厂商的价格管理混乱

价差是窜货的必要条件。当市场存在价差,且足以覆盖运输成本时,窜货的必要条件便已形成。价差的来源较多,主要包括以下几个方面。

① 厂家在不同的市场实行差别定价。

② 厂家控价措施不力,在实际操作中,由于各种人为因素造成的政策上的不平衡(即大批发商通常能获得更多的优惠政策和销售补贴)。

③ 厂家提供的促销支持和费用补贴被一些商家变成差价补贴。

④ 经销商出于商业目的,销售时故意压价,人为制造竞争筹码等。

4. 受害区域经销商施以报复性窜货

报复性窜货是商家在混乱的市场秩序中不得已采取的自卫行为,普遍存在于厂家管理乏力的区域。这种类型的窜货往往是因为厂商在运作市场方面思路有分歧,配合不默契或合作破裂,经销商为报复厂商,便低价或赔钱"倾销"给一些销售较好的区域,造成恶性窜货现象发生。

5. 广告拉力过大

厂商为了提高产品知名度,扩大销售量,会在某一区域投放大量广告。此时,如果相应的渠道建设没有跟上,而广告已吸引了很多的消费者,则过大的广告拉力和落后的渠道建设就会使市场呈现一种供小于求的局面,其他区域的经销商就会利用自己已经拥有的商品进行跨区销售,获取高价,这就导致了窜货的形成。

6. 经销商处理库存积压产品

库存积压产品在很大程度上是由于在当地不适销,为减少库存占用的资金,经销商一方面通过降低价格尽快抛售,另一方面使产品尽快流向适销地区,特别是经销商经营出现问题或与厂商终止合作后,更会不计后果地跨区低价抛售。

(二)避免窜货的对策

1. 科学稳固的渠道系统

建立科学稳固的渠道系统,明确厂商和经销商的责权利,使厂商和经销商结成双赢的利益共同体,从而实现渠道的稳固长久。其中,选择好经销商,及时发现和处理窜货经销商,消除窜货的主体条件至关重要。厂商在选择经销商时要制定合理的准入门槛,并详细考察经销商的资信和职业操守,除了从经销的规模、销售体系、发展历史等角度考察渠道商外,还要考察经销商的品德和财务状况,防止窜货经销商混入销售渠道;厂商在渠道体系的运作过程中要及时发现和清理窜货经销商,控制和稳定市场,防止窜货经销商对市场体系的进一步破坏。在进入市场的初期,企业出于拓展市场的需要,可能会允许部分职业素质差的经销商进入销售渠道,但是随着市场的扩大和健全,应加强对市场的控制力,及时发现和处理窜货经销商。

2. 统一的价格

严格遵循市场规律,厂商制定严格的全国统一零售价,消除窜货的物质基础,为经销商留下合理的利润空间,统一价格从根源上杜绝了窜货现象的发生。众所周知,各地产品之间存在价差以及经销商受利益驱动进行跨区域销售是窜货现象发生的基础,为了清除窜货产生的基础,厂商最好实行全国统一零售价格,并由厂商负责运输,做到货价的统一。即使实行全国统一零售价格有困难,也要在综合考虑运输成本的基础上合理确定各地区之间的价差,使之不足以引起窜货。

3. 合理的销售区域划分

合理划分销售区域、科学制订区域销售计划是打击窜货的另一利器。窜货产生的重要原因之一就是市场在各个地域之间发育程度不一、市场饱和程度各异,俗话说,"水往低处流",在市场规律的作用下,商品会自然地从市场饱和、竞争激烈的区域流往市场饱和程度低的地方,从而产生窜货。为了防止这种局面的出现,厂商就要保持区域内经销商密度合理,经销能力和经销区域均衡。为了合理划分销售区域,保持每一个经销区域经销商密度合理,防止整体竞争激烈,厂商可以实行诸如经销商区域转卖或产品专卖,以保持经销体系布局合理均衡。总之,厂商应当制订科学的销售计划,创造良好的销售环境,避免供求失衡,尽量减少引发窜货发生的市场环境。

4. 产品代码制

一旦出现窜货现象,产品代码制能够帮助厂商迅速查出货源。产品代码制就是利用通信技术和电脑技术,在产品出库、流通等各个环节中,对商品的销售区域、真伪等信息进行加载,并通过追踪产品上的编码,监控产品的流动,对窜货现象进行有效的监控。这种窜货预警系统,对潜在的窜货经销商形成巨大的心理威慑,使他们认识到一旦窜货,企业便能立刻自动查到,从而减少窜货的发生。

实例10—2

据母婴行业资深媒体《母婴视界》了解,坦图思慕尔小分子奶粉有六招防止窜货。

第一招,内码,一定能查到窜货的源头。国内某大品牌2019年十月份推出内码制,而坦图在此前就已经做到了一罐三码,包括内码,比大品牌还早一年多,是整个行业市场管控的领跑者之一。"保持敏锐性、领先性,"坦图总经理何康辉如是说,"能查到源头就能追责,内码是控货的基础。"

第二招,红码。当下健康码有黄、绿、红之分,2020年底,坦图追溯系统就有这样的设计:为了保护消费者的安全及品牌的商誉，区分正常渠道的奶粉与窜货奶粉。一经查明，窜货商的奶粉即被标记为红码，消费者扫码时显示红码信息，看到这样的红码警示，消费者怎么敢买购买食用呢？

第三招，天眼系统。当下窜货越来越隐蔽、越来越体系化，厂家发现和取证越来越难，依托定位技术和大数据分析，坦图思慕尔小分子奶粉与软件公司一起开发了天眼系统。天眼系统每三到五天提供一次数据，一旦发现窜货嫌疑，立即核查、清理，实现动态清零，极大地压缩了窜货空间，大大降低了窜货的比例。"天眼系统让我看到了看不见的真相。"坦图总经理何康辉如是说。

第四招，"控发"。坦图公司对代理商管控也非常严格。不仅要求新代理商缴纳保证金，还要调查新代理商在当地门店的口碑。而且，坦图公司实时掌握实销数量，并严格根据实销控制发货量。换句话说，并不是代理商想要多少货就能拿到多少货。实销多才能发货多，实销少是无法拿到更多货的。

第五招，严惩。一旦发生窜货或控制不住下属门店发生窜货，代理商将受到重罚，甚至停止合作，截至目前，因为窜货受罚，公司已累计取消了近16家代理商。

第六招，动援"人民参与"。绝大多数合作门店都是规范经营、踏踏实实做市场，让他们一起参与打击窜货，这样大大提升了坦图打击窜货的力量和效率。

(资料来源：https://tech.china.com/article/20220519/052022_1069887.html)

5. 严厉的处罚措施

厂商对窜货行为进行严厉处罚，归根结底是使经销商窜货的成本远远高于其收益，才能对窜货行为形成有效震慑。厂商在招商声明和经销合同中应明确对窜货行为的惩罚规定，通过诸如警告、扣除保证金、取消相应业务优惠政策、罚款、货源减量、停止供货、取消当年返利和取消经销权等措施来惩罚窜货行为。同时奖励举报窜货的经销商，调动大家防窜货积极性。

此外，厂商还应把监督窜货作为企业制度固定下来，成立专门机构，由专门人员定期或不定期地明察暗访经销商是否窜货，通过在各个区域市场进行产品监察，对该区域市场内的发货渠道，各经销商的进货来源、进货价格、库存量、销售量、销售价格等了解清楚，随时向企业报告，一旦发生窜货现象，市场稽查人员就马上可以发现异常，使企业能在最短时间对窜货做出反应。

6. 严格的营销队伍建设

营销人员自身的素质对窜货的治理至关重要。首先，要严格人员招聘、甄选和培训制度。企业应把好业务员的招聘关，挑选真正符合要求的高素质的能人。其次，制定人才成长的各项政策，使各业务员能人尽其才。对做出优异成绩的销售人员给予晋级、奖金、奖品和额外报酬等实际利益，以此来调动销售人员的积极性。对违反规章制度的销售人员应按规定处理。最后，严格推销人员的考核、建立合理的薪酬制度。绩效标准应当体现企业的销售额、利润额、控制销售渠道等目标，评估考核时还应考虑销售区域的潜力、地理分布状况和交通条件等对推销效果的影响以及一些非数量化的标准，如合作性、工作热忱、责任感、判定力度等，力争从多方面杜绝窜货现象的发生。

本章小结

订单管理，就是从客户需求和企业自身的生产能力出发，制订供货计划，接收客户订单，并协调客户与内部各部门，尤其是生产部门和储运部门间的经营活动，以确保销售订单能够按时完成，同时也要做好售后服务等相关事宜。订单管理，主要包括针对订单报价的管理和订单流程的管理。商品发货指存货领用、消耗或交运至客户并过账。发货管理包括商品发货的准备、发货的一般程序、商品发货的复核等。商品退货是指仓库按订单或合同将货物发出后，由于某种原因，客户将商品退回仓库。在管理企业的退货时，应注意退货比率约束、不同部门的责任应明确、退货价格设计等。

终端，是所有企业营销渠道的最后一环，它直接代表了企业产品的最终营业表达。在进行商品分销的过程中，真正能够产生销售的是终端，激烈竞争的最后环节也是终端，消费者对产品的选择与消费亦在终端。终端管理的主要内容包括终端商品陈列、终端销售促进、对终端工作人员的管理等。

窜货，又称倒货或者冲货，是一种越区销售的行为，是指由于经销网络中的各级代理商、公司分支机构等受利益驱动，跨区域销售所经销的产品，造成价格混乱等诸多市场问题，是一种严重影响厂商声誉和市场秩序的恶性营销行为。避免窜货的对策包括建立科学稳固的渠道系统、制定统一的价格、合理划分销售区域、运用产品代码制、厂商对窜货行为进行严厉处罚等。

案例分析

澜圣威苦荞啤酒产品铺货之后如何动销

产品铺货之后却不动销，到底是哪个环节出现了问题？对经销商来说，终端销售情况是检验成果的重要指标，行业竞争加剧，如何解决铺货后的动销难题是经销商提升销量的核心点。

一、强化终端促销人员的素质

促销人员是"前线"的战士，直接接触客户，澜圣威厂家会给经销商提供产品知识和顾客心理学常识的培训。有效的促销方法，会大大提高促销效率。经销商可以根据澜圣威厂家的培训建立一套严格的管理制度体系，规范约束终端促销人员的行为。

二、产品陈列有讲究

产品的终端陈列是无声的广告，能对消费者产生强烈的视觉冲击和吸引力，是品牌形象直观的诠释，也是导致冲动型顾客购买的重要原因。因此可以从以下三方面规范终端陈列，有效提升品牌终端表现力。

(1) 定好适宜的陈列位置

调查研究表示，接触到产品的顾客越多，购买的概率越大。因此，经销商可以制定具体的陈列标准，如：位置显著原则(消费者进店就能看到澜圣威苦荞啤酒)；品牌集中原则(彰显品牌实力，使消费者获得关联性、整体性的品牌联想，加深产品在其心目中的印象)等。

(2) 进行生动化的陈列

终端陈列生动化，不仅能吸引消费者的注意力，刺激其购买欲，还可以塑造鲜明的澜圣威品牌形象，是提升澜圣威品牌终端表现力的直接现场。

(3) 营造陈列点热销氛围

研究结果表明，消费品的顾客中有70%左右是在终端冲动性购买的，因而良好的销售氛围，可帮助企业提高30%~50%的销量。因此，澜圣威厂家给各位经销商提供宣传物料，综合运用场景、堆头、展柜、卖场DM展架、造型物展示、导购人员的表现等，吸引顾客注意力，提升终端热销的氛围。

为了获得更佳的终端表现力，终端陈列还应结合行业和产品特点(健康的苦荞啤酒)、营销策略、终端商店的位置结构等，与广告的形象及其促销活动保持一致，选取恰当的营造时机，统一细化投放的操作标准，以便烘托出期望的热销氛围。

(资料来源：https://m.sohu.com/a/508421839_100096177)

案例讨论题：
1. 请尝试分析澜圣威苦荞啤酒通过哪些方法动销？
2. 根据本章所学，结合新零售背景，你对类似货品的管理有什么建议？

复习思考题

1. 试比较两种订单管理流程的优缺点。
2. 企业在处理退货时应该坚持的原则是什么？
3. 简述终端管理的主要内容。
4. 简单分析出现窜货的原因。
5. 如何科学有效地进行窜货管理？

思政大纲

章名	知识点	思政德育融入点
销售货品管理概述	订单、发货与退货的管理	通过介绍盒马鲜生利用大数据、互联网、自动化技术等现代技术合理规划产品打包、运输流程，充分体现了新技术在发货管理中的重要作用；这个实例能够引导企业注重创新发展，运用新技术、新方法规范货品管理
	终端管理	在新零售冲击下，魏都区烟草公司根据实际情况赋能终端，提高终端顾客吸引力，建立经营共同体，在平台供应的基础上，服务社会，传递价值，也彰显了新时代烟草行业的良好形象
	窜货管理	坦图奶粉通过内码、红码、天眼系统、"控发"、严惩、发动"人民战争"六大招杜绝窜货发生，其存货管理全面且符合产品特质，从源头、实时过程、门店、消费者角度发力，为企业的窜货管理提供借鉴，也有利于形成符合法律法规、健康公平的市场环境

第六篇 销售人员管理

- 第十一章 销售人员的招募、甄选与培训
- 第十二章 销售人员的激励
- 第十三章 销售人员的考评与报酬

第十一章
销售人员的招募、甄选与培训

学习目标

学完本章后，应当能够：
(1) 了解销售人员的招募原则；
(2) 掌握销售人员的招募途径；
(3) 掌握甄选的步骤；
(4) 了解培训的程序；
(5) 掌握培训销售人员的内容。

思政目标

(1) 重视销售人员在职业道德、心理健康、安全技能、法律法规等方面的培训，通过多元化的培训机制引导员工敬业、诚信、规范地开展销售工作，保证企业商业行为的合法性和安全性。
(2) 通过销售人员培训，帮助员工实现专业技能和个人能力的同步发展，进而提升客户的消费满意度、员工的工作幸福感和企业的内部凝聚力，为百姓福祉和社会进步贡献力量。

导入案例

作为坚守"至诚"理念的食品企业，白象食品不仅真诚对待消费者，也致力于让员工实现物质和精神的双重幸福。通过与一线销售人员一对一交谈，白象食品洞察到员工强烈的学习需求，白象"象上攀登"培训计划应运而生。课程正式开始前，白象会通过专业测评工具对学员们进行职业锚类型测评，并根据其特质专门定制培养计划、匹配课程资源，因材施教。公司制定了"培养融合化、测训一体化、培训数字化、学习场景化"的标准化培养机制，为员工们量身打造职能发展的专属计划，给员工提供汲取知识、提升才能、职业发展的舞台。此外，培训计划还设置了全流程、全方位的评估体系，实时跟进学员的学习进度，更好地为大家明确阶段性目标。为了激发销售人员的学习热情，白象还设立专门的奖励与发展机制，为评选出的"年度最佳学员"授予奖状和奖金。"象上攀登"人才培养计划利用全面的教育和培训体系，联动

> 白象全国各地的分公司和工厂，实现了全体员工的共同进步，通过人文关怀践行了民族企业的社会责任和担当。
>
> （资料来源：http://www.jjckb.cn/2021-06/03/c_139986942.htm）

人力资源管理在企业发展中扮演着重要角色，而对于一线销售人员的管理则是企业业绩得以达成、战略规划得以落实的保障。销售人员的管理是指通过招募、甄选、培训等有效形式对企业内外的人力资源进行有效运用，以满足企业对于一线销售人员的需求，从而保证企业目标的实现和企业员工利益的最大化。

党的二十大报告指出，在全面建设社会主义现代化国家的进程中，人才是第一资源。在企业销售工作中，销售人员的招募、甄选、培训等对进行成功的销售是至关重要的。

第一节 销售人员的招募

销售人员的招募是销售管理工作中非常重要的一个环节，招聘工作的好坏直接决定着企业市场营销战略的成败。销售人员的招募工作必须与企业的市场营销战略保持一致。因为，企业市场营销战略是由企业的销售人员实施的，销售人员素质的高低将决定战略执行的成败。

一、招募原则

为了使招募工作达到企业预期的目标，在招募工作中应该遵循以下原则。

（一）公开原则

当企业销售职位出现空缺、需要招聘销售人员时，企业应该将招聘的相关信息公布在公开的媒体上，使所有符合条件的应聘者能够得到全面、及时的信息。这样可以扩大公司的选择范围、提高招聘的质量，也可以防止公司内部人员滥用职权。

（二）公平竞争原则

首先，公司应该将招聘职位、数量、条件、方法、时间和地点等详细的招聘信息进行公开；其次，公司应该制定严格的考核程序、科学的考核手段。这样既可以使应聘者得到同等的机会，又可以保证优秀的、符合公司标准的人才胜出。

（三）因职择人原则

当企业在招聘销售人员时应该根据空缺职位的特点和实际工作的需要制定招聘、选拔销售人员的标准，严格按照标准甄选应聘者。招募工作的成败很大程度上取决于所招人员与职位的匹配程度，这也决定了销售人员今后能否取得优异的业绩。因此，在招募工作中要坚持从职位的特点出发去选拔人才。

（四）全面考察原则

一个人能否胜任销售工作或者是否适合这一行业，往往取决于其综合素质。因此，在招募工作中，应该制定多种考核标准，从而全面地考察应聘者的素质，包括品德、能力、知识、智力等。只有那些综合得分合格的应聘者才是合适的人选。

（五）程序化、科学化与效率并重原则

招聘工作中一定要遵循一定的标准和程序。科学合理地确定招聘和选拔的程序，保证工作有序、顺利开展。同时，由于不同的招聘方式各有其优缺点。因此，在招聘过程中还要灵活选用适当的招聘方式，在保证录用优秀人才的前提下尽量降低成本。

二、招募工作要点

进行招募工作时，为了使招募工作做得更好，被吸引进来的人能取得突出的业绩，招聘工作人员应当注意以下一些招募的工作要点。

① 招募工作也是销售工作。销售主管应该把所有销售技巧应用到招募中，不但把工作机会告诉应聘者，还应该把公司的文化、观念、目标、未来发展潜力介绍给别人。

② 要做一名自信的、优秀的销售主管。要拥有十足的信心，以自己的工作为荣。随时注意自己的外表、言行是否得体，把事务处理得井井有条。同时要关心他人，开朗、热情、体贴亲切。

③ 认真做好准备工作。事前制定好招聘的目标和标准，不断提升自己的招募技巧。反复多次地演练招募面试的内容和过程，必要时录下来，再放一遍，改正不足之处，直到满意为止。

④ 要有平等的观念和良好的心态。成功的招募工作既可以实现个人利益，也能实现组织目标，而不是赐给别人良好的工作机会或者求别人替你做什么。

⑤ 建立和健全招募新人的制度和方法，让你的团队也参与到招聘过程中来。其他人员对应聘者的第一印象在很大程度上也可以反映出应聘者接触潜在顾客时的情况。如果这个应聘者留下的第一印象不是很好，则意味着他拜访客户时也不会做得很成功。

⑥ 使每个适合销售工作的人都能够积极、热情、充满活力地认同并从事自己的工作，独立完成交给他们的任务，并获得应得的报酬。让这些员工不断以自己的热忱、激情去感染别人，吸引优秀的人加入。

⑦ 要求应聘者提交履历表并查证其真实性。问清其离职的原因。因为在其他公司有过不良记录的人也可能出现在你的公司。

⑧ 制定明确的招募目标和严格的选择标准，坚持宁缺毋滥的原则。在招聘过程中，严格遵守择人标准，不能放松用人条件，否则会影响企业的长期发展。

⑨ 招募时多问少说。面试过程中首先把工作性质及公司基本情况介绍后，观察应聘者的感觉和反应，明确应聘者的选择意向再决定下一步说什么。

⑩ 避免过多的承诺。有些主管在招聘时不自觉地会做些承诺，如录用后会委以何种职位或被指派到有发展潜力的地区等。但实际上当企业发现被聘者没有那么优秀时，就会让企业感到矛盾。

⑪ 不要以貌取人。有些主管在招聘时过于相信自己的眼光和判断能力，过早地对应聘者下结论。实际上，优异的业绩取决于销售人员的实力、努力、工作热情等内在因素，而与个人外表、性别、年龄、身材等外在因素关系不大。

⑫ 全面了解应聘者的相关情况。应聘者提供的推荐人往往是能对其做出正面评价的人。招聘人员首先应该打电话给推荐人了解应聘者的情况，并询问对应聘者的个人和工作情况有所了解的相关人员，以便对应聘者做进一步了解。

三、销售人员的招募渠道

总体来说，根据招聘来源的不同，销售人员的招募渠道可分为两大类：内部招募和外部招募。两种方式各有其优点和不足，在实际招募工作中应当灵活运用。

（一）内部招募

内部招募就是由公司内部职员自行申请销售职位，或者由员工推荐其他候选人应聘。这种方式主要是挖掘企业内部其他部门比较有潜力的人才，发挥他们的最大作用。通常，很多大公司会采用这种方法，因为这些公司的规模较大，人才较多。

采用这种方式的优点如下。

① 相对外部员工来说，公司更了解应聘者，可以很容易、很全面地从其所在的部门获得应聘者的相关信息。这样，提高了招聘工作的成功率。

② 有利于被聘者迅速展开工作。来自本公司内部的新销售人员已经熟悉了公司的产品、政策和业务，因此所需要的培训和指导较少，可以节省大量培训费用。同时，销售人员对周围环境非常熟悉，很容易融入新的团队并适应新的工作。

③ 内部选拔可以鼓舞其他员工的士气。很多公司优秀的销售人员和主管都是通过内部培养和选拔出来的。这样可以让其他员工意识到只要努力工作同样可以得到机会。

当然，内部招募也会带来一些弊端。比如，在销售部门和其他部门间形成争夺人才的矛盾；内部职员的引荐可能形成小团体现象；组织内部选拔的员工往往沿袭过去的工作方法和作风，不利于组织的管理创新。

（二）外部招募

外部招募就是根据企业的需要，以公开的形式通过事先制定的标准来考核应聘者并录用合格者。外部招募可以给企业带来很多好处。外部人员的录用犹如给企业注入新鲜血液，可以带来很多更加开阔的视野、丰富的经验和方法，给企业带来活力，也可以避免"近亲繁殖"的负面影响。外部招募一般有以下几种途径。

1. 广告招聘

广告招聘是利用各种宣传媒介发布招聘信息的一种方法。常用的媒介有电视、报纸、电台、杂志、互联网等，每种方式都有其各自的优缺点。广告最明显的优势是传达范围广。当使用广告时，销售主管一般会考虑三个问题：第一，公司采用哪种形式的媒介，即是在报纸、杂志还是贸易期刊上做广告；第二，在第一个问题的前提下，具体选择哪种专门的公众媒体；第三，是采用显性广告还是采用隐性广告，显性广告是那些直接表明公司正在招聘的广告，隐性广告只是提供邮政或电子信箱以供应聘者投递个人简历。

2. 内部职员推荐

许多规模较大、员工众多的企业定期让内部职员动员自己的亲属、朋友、同学、熟人加入企业销售职位的应聘行列。公司内部员工了解工作的性质并与其他企业人员接触机会较多。许多公司还制定了相应的政策来奖励那些引进人才的内部员工。公司客户的雇员也是内部人员推荐的一大来源，因为他们一般对本公司情况非常了解，例如中间商或者零售商的雇员一般对其供应商的产品、政策等情况非常了解，他们可能成为供应商争取吸引的对象。

3. 人才交流中心

人才交流中心是政府劳动人事部门或企业定期设置的人才市场，他们负责进行人才储备、介绍与推荐，以及人才招聘和社会人才的管理。这种途径的优点是时间短、见效快，如北京市几乎每年都有春、秋季人才交流洽谈会，还有一些特殊人才交流会(如外资企业人才招聘会)。

4. 职业介绍所

职业介绍所也是企业招聘销售人员的一个途径。职业介绍所一般适用于招聘从事零售店销售、上门推销等专业要求不高的工作的人员。这种招募方式可以使招募工作简单化，同时也可以找到合适的人选。

5. 猎头公司

猎头公司是专门为企业招募高级人才提供渠道的机构，它们掌握着高素质人才信息并且与他们有着密切的联系。由这类公司推荐的人才一般是具有丰富经验和优异业绩的销售人员或是销售主管。这种招聘方式比较隐蔽，但是其成本较高。

6. 校园招聘

高等院校或中等专业技术学校往往是招聘销售人员的一个常用的途径，这种方式可以为企业的长期发展提供人才储备。校园招聘方式有招聘张贴、召开招聘会、毕业实习、学校推荐等。通过这种方式招聘具有以下优点。

① 大学生受过良好的高等教育，系统地学习了营销方面的理论知识，知识面很广，为今后的长期发展奠定了机会。

② 大学生受过系统的教育，逻辑思维、计划协调能力和理性沟通能力比较好。

③ 大学生因为刚刚参加工作，对销售工作充满热情，一般积极主动，善于学习。

实例11-1

2021年秋招，蒙牛启动"未来星"计划，在以清华大学、复旦大学为首的全国17所高校中进行了长达3个多月的校园招聘活动，覆盖学生人数55万。通过别出心裁的活动设计，蒙牛成功向广大学生展示了自身生动活泼、富有生命力的雇主品牌形象。

在活动开展的初期，蒙牛以毕业场景为触点，拍摄了立足校园生活的招聘宣传片。视频通过往届学长学姐加入蒙牛并在蒙牛学习和成长的故事，让学生们对未来职业方向有了更清晰的想象。

在活动预热期，蒙牛以清华大学为中心，在线上校园私域、公域选择学生触达率较高的媒体进行长效曝光，并通过校园大使的力量，进行活动影响力扩散，引导学生在线完成简历投送。

在落地环节，蒙牛邀请了内部管理骨干进行业务宣讲，带领学生从不同层面认识岗位工作。通过线上简历收集简化投递过程，大大提升了学生的简历收取率。同时，活动通过数字华容道竞赛选拔学生进入终极面试，并且配以礼品及限量门票等多重好礼，极大地丰富了学生的校招体验。

为配合校招活动，蒙牛在抖音发起蒙牛环保创意征集赛，通过话题#蒙牛校招#来呼吁环保，并加入蒙牛一同践行环保举动，和蒙牛一起共筑绿水青山。此外，蒙牛还在校招公众号建立校招答疑专栏，帮助学生解答校招问题，也为集团未来发展收集更多建议和助言。

(资料来源：https://www.sohu.com/a/505021001_100141211)

7. 商业比赛招聘

商业比赛也是近年来逐渐兴起的一种销售人员招聘方式，企业通过举办各类营销分析比赛或销售竞赛发掘兼具商业头脑以及营销能力的销售人才，表现优异的参赛者通常有机会获得企业的面试机会甚至直通offer。这种招聘方式能够在短时间内对参赛者的营销分析、商业实践、团队协作等多项能力进行综合考察，更好地评估销售人才的岗位胜任力以及解决实际问题的能力。同时，商业比赛在举办和传播的过程中对于企业的雇主品牌形象建设也具有积极意义。但是由于举办商业竞赛往往需要企业投入较多的人力和物力，目前这一招聘方式更多存在于大型企业的销售人员招募过程中。

第二节　销售人员的甄选

销售人员的甄选是人力资源管理的重要环节，也是销售人员招聘工作的最后步骤，决定着公司未来的发展。公司的营销战略决定了销售人员的甄选标准，即公司录用的人员必须与公司需求相吻合、与工作岗位相匹配。常用的甄选工具有申请表、面试、测试、推荐信、调查等。每种甄选工具的成本和适用情况都不一样，企业应该根据具体的情况加以选择。总体来说，单独使用某种甄选工具只能得到应聘者某方面的信息，因此，企业应该根据实际情况将多种甄选工具结合起来使用。

招募是为了吸引人才、发现人才并鼓励应聘者应聘的一种程序，而甄选则是从应聘者中选择最优秀者的一种程序。甄选销售人员的程序因企业而异。大型企业的程序通常较为复杂，一般可分为申请、面试、测验、调查、体检、安置等步骤。在小企业中往往只需要销售经理核准即可。下面就几个重要的方面进行详细的介绍。

一、申请表

求职申请表在大多数企业中被采用，由于它的应用面很广，所以一旦设计好，就很少改变了，因此，现实中企业的申请表常常出现不再适用的现象。因此，人力资源部门应该定期检查，从而确保有关问题的合理性、有效性、与工作的相关性。一张典型的申请表要求应聘者如实填写以下内容：身体状况、出身、教育程度、职业经历、参加的社会组织、爱好与特长、家庭以及个人奖惩情况等。这些信息可以被用来确定应聘者是否具备诸如年龄、学历、经验等方面的工作资格。应聘者应该保证个人信息的正确性，并且容许公司进行背景考核。申请表示例如表11-1所示。

由于申请表所反映的资料能够让招聘者对应聘者的个人能力、资历做出一个大致的判断，因此，申请表的设计一定要科学、合理、全面。一份填写完整的申请表应该能够达到以下目的：可据此初步断定申请人是否具备工作所需要的一般条件或资格；引导面试者按照计划行事，明确在面试中需要进一步查明或确认的问题；便于对应聘者提供的各项信息进行全面衡量。

表11-1 某公司校园招聘申请表格

毕业学校		所学专业		照片
姓　名		性　别		
出生日期		生源地		
手　机		E-mail		
电脑技能		外语等级		
在校期间所获奖惩情况				
参加社团情况				
社会实践活动(单位、职位及主要工作)				
所申请的职位及其原因				
你认为你能给公司带来什么价值				
大学学习经历				
时间		所在学校		学历
所学主要课程				
课程名称			成绩	

如果您确认以上填写的信息属实，请在下面签名。

签名：
日期：

二、面试

面试是最普遍和最重要的选拔测试方法，也是招募和选拔工作的必经阶段。面试就是面谈，可以通过面试官与应试者面对面观察或者将应聘者置于某种特定情境中进行观察。通过面试，面试官不仅可以证实求职申请表或简历中的资料，而且可以对应试人员的素质、能力与求职动机等有更深入的了解。

（一）面试的作用

面试是选择员工的重要手段，几乎每一种人事招聘都少不了这个环节，它是整个选拔工作的核心。面试的主要作用如下。

① 依据申请表上的资料，询问更多的相关情况，对应聘者做进一步了解。对申请表上应聘者的所填内容，如果有不清楚或怀疑之处，均可在面试过程中加以讨论和验证，并且可以借此机会了解申请表中没有反映出来而考官觉得值得了解的更多的情况。

② 面试考官可借此机会，向应聘者介绍本公司性质及未来工作的情况，使应聘者对公司性质及工作有更详细和准确的了解，澄清以前可能的误解，从而使应聘者做出更慎重、合理的求职选择。

③ 听取应聘者的工作设想。据此可以判断应聘者的思维、态度、语言表达能力以及未来的发展潜力。

④ 通过申请者的表现，判断他未来可能的工作表现。面试是面试考官与应聘者之间面对面的交谈，交谈本身就是一次推销技巧的表露。因此，应聘者在面试中的表现，在一定程度上反映了他在未来的销售工作中可能具备的能力。

（二）面试的类型

面试可分为三种类型：结构型面试、非结构型面试和半结构化面试。

(1) 结构型面试

在结构型面试中，每个应聘者被询问一组预先准备好的相同问题。这种方法对无面试经验的考官来说是再好不过的了。标准化的提问，可以指导面试以确保无一疏漏地涉及与销售工作需求有关的所有问题，而且询问相同的问题，能容易地比较出各个应聘者的优缺点。为了方便比较，许多公司都使用标准化的面试评价表。面试考官根据应聘者对每个问题的回答，以及对应聘者的总体印象进行打分。

结构型面试也有一定的局限性，即这种形式过于死板，缺乏弹性。面试考官可能机械地掌握已准备好的提问内容，不能够随机应变，收集信息的范围受到限制，以致不能发现应聘者潜在的优秀品质或缺点，但有经验的面试官会根据应试者的回答和表现而调整问题或追加问题。

(2) 非结构型面试

在非结构型面试中，不是预先准备好要提的问题，而是让应聘者围绕主题自由发表意见，面试考官只是引导谈话但不离开主题。如果对一些问题有不同看法时，面试官也不应该做出任何表示，这一方面可以充分发现应聘者的思维、观点、动机和性格，另一方面也可以避免让应试者猜测面试官的意图和想法从而影响其情绪。

这种面试方法的优点在于，可以通过让应聘者自由发表意见，从而洞察其个人特征和动机。采用非结构型面试方法，要求面试考官具有一定的经验和洞察力。但是，由于在非结构型面试中没有一套事先准备好的问题，面试考官有可能忽略或忘记某些重要的方面，或对不同的回答难以比较。在非结构型面试中，为了尽可能全面地了解应聘者，面试官可以使用一些面试技巧。

(3) 半结构化面试

半结构化面试是介于结构化面试和非结构化面试之间的一种形式，面试官会事先准备一些问题，这些问题是开放式的，根据应聘者的回答，面试者可以进一步深入地询问。这种方式结合了结构化面试和非结构化面试的优点，有效避免了单一方法的不足。半结构化面试有很多优势，面试中面试官掌握着主动权，既能够获得其想要的信息，又能跟应聘者有一定的双向沟通，可以获得比申请表中更为丰富、完整和深入的信息，加深对应聘者的了解。

（三）面试的阶段

面试过程按其交谈内容的深浅程度，可以划分为两个阶段，即初始阶段和深入阶段。如果应聘者在初始阶段不合格，就不必进入深入阶段的面试，以免浪费时间和费用。

1. 初始阶段面试

这个阶段是双方接触的第一阶段，经过初始阶段的面试，如果应聘者不太合适，即可直接淘汰，不必进入下一阶段。这一阶段主要是谈一些基本的、一般的问题，如企业情况、家庭背景、工作经验、教育背景等。

首先,面试官介绍一下公司的概况和工作性质,使应聘者对公司和工作情况有个更加具体和详细的了解,这样可以澄清他以前对公司的误解,避免做出盲目的决定;其次,面试官可以根据申请表上的资料询问更多的情况。一方面,面试官可以就申请表上不清楚和令人怀疑的地方加以验证,另一方面,可以就申请表上没有反映、企业想了解的地方加以询问,如身体缺陷、体质、信用情况、经历等。

2. 深入阶段的面试

深入阶段的面试,主要是就应聘者的求职动机、能力、工作经验等加以考察和了解。同时面试是面对面交流,交谈面试就是一次自我推销的展示,应聘者在面试中的表现,在一定程度上反映了他在未来工作的潜力。

(四)面试的技巧

面试官一般要注意以下三个方面的技巧:提问、倾听和非语言信息。

(1) 提问

面试提问的技巧主要包括以下几点。

① 避免提问一些让应聘者自己直接描述自己能力、优点、特性方面的问题,因为这样的问题应聘者之前有很好的准备并且很难判断真假。例如,当面试官问应聘者:"你最大的优势是什么?"他可能会回答:"我善于挖掘客户需求。"这样的回答没有任何意义,因为无法验证他回答的真实性。为避免这样的问题,面试官可以采用举例子的方式提问,例如"请举一个你以往工作中是如何挖掘客户需求的例子",这样就可以从应聘者所讲述的例子中判断其真伪。

② 在诱导式的提问中,一定要掌握好分寸。所谓诱导式提问就是让对方回答某个问题或表明对某个问题的态度。比如,"你同意这种观点吗?"运用这样的问题时,应该避免让应聘者有紧张感,使其猜想面试可能想得到的答案,从而不能表达自己的观点。

(2) 倾听

面试官除了很好地运用提问的技巧外,一定要善于倾听,因为只有有效的倾听才能让面试得到有价值的信息。

① 要善于记录要点。在面试过程中很难也没有必要记下应聘者说的每一句话,而应该从繁杂的信息中归纳出与工作相关的要点。

② 在听的时候要注意思考。在面试中,应聘者一般语速都比较慢,面试官有足够的时间思考应聘者所说的内容,比如分析其真假或者想下一个要提问的问题,也可以浏览一下简历发现没能反映的信息。

③ 要善于进行阶段性总结。在面试中,应聘者很难系统地一次把某方面信息回答清楚,可能在其他的问题回答中有所涉及。因此,面试官得到的信息可能是杂乱无章的,这时面试官有必要对信息进行一定的总结。

(3) 非语言信息

在面试过程中,应聘者除了传递语言信息,同时还不自觉地传递一些非语言信息。非语言信息有时比语言信息还要重要,它表达了一些语言信息中没有包含的信息,比如能够反映出应聘者的心理状态、心理素质、行为习惯等。因此,面试官应该善于捕捉非语言信息所传达的内容。

(五)面试的评估

面试官应对应聘者面试的结果做出合理的评估,以便决定是淘汰还是让其进入下一阶段的面试。评估方法一般是制定简明扼要的评估表,每位面试官一份,就表格的项目打分,这些项目包括应聘者的仪表、口才、知识、经验、智慧、进取心、毅力、抱负等,最后根据这些项目的评分得出综合评定。

实例11-2

为了应对新冠感染疫情期间应聘者无法参加线下面试的招聘难题,中原银行引入了智能AI招聘技术,开展无接触、精细化的招聘活动。AI面试将中原银行传统的笔试和初面合并,在测试结束后,AI招聘官会自动评卷并基于应聘者的综合表现进行打分,其打分结果在人机对比实验中与人类面试官的打分能够实现高度一致。部门领导只需要审阅AI面试的结果报告,就可以快速地判断哪些候选人需要进一步评估。AI面试报告中包含了候选人的简历、面试视频以及各项评估结果,高层领导可以直接通过查阅这份AI面试报告来把控最终决策,人才选拔的效率大幅提高。

通过AI技术赋能,中原银行不再需要人工来筛选求职者简历,使人力资源工作人员从繁重的简历筛选和初轮面试中解放出来,通过更加完善的评估机制选拔出真正具备岗位胜任力的人才。同时,AI招聘也节省了企业的招聘成本。2020年中原银行仅在科技岗试行了AI招聘,但整体招聘成本已经下降了约15%。得益于AI招聘官在初试过程中实行的全面科学的评估标准,进入复试的应聘者的综合能力普遍较以往有所提升,这很大程度上节省了中高层管理人员进行最终决策的时间。

(资料来源:https://www.sohu.com/a/482867070_121124005)

三、测试与书面考试

目前许多大公司在招聘销售人员时,对应聘者实施测试和书面考试。与面试相比,测试与书面考试往往更能客观、真实地反映出应聘者所具备的知识、智力、个性和能力。最常见的测试有智力测试、能力测试和人格测试三种。书面考试则主要是综合知识、专业知识的考试。

(一)书面考试

书面考试主要是对销售人员的综合知识和专业知识水平进行测试。考试的目的是对应聘者现在能否胜任或者经过培训后能够胜任其工作的情况进行判断。

(二)智力测试

智力测试主要用来测试应聘者的思维能力、学习能力和适应环境的能力。智力测试根据测试内容,可以分为综合智力测试和专门智力测试。综合智力测试是用来测量应聘者的综合智力高低的,它包括对应聘者的理解能力、思维能力、记忆能力、判断力以及学习能力等的测试。当某特定销售工作要求销售人员在某个或某些智力方面具有特殊能力时,公司可以使用专门智力测试来评价应聘者,如学习速度、数字能力、逻辑思维能力或语言表达能力等。

(三)能力测试

能力测试是用来针对销售人员工作岗位需要的特殊能力进行的专门测试。例如,测试应聘者的应变能力、社交能力和沟通能力等。

（四）人格测试

人格测试主要是评估各种人格特点，力求应聘者的性格特征与工作相匹配。人格测试主要包括需要、动机、兴趣、爱好、感情、性格、气质和价值观等内容。例如，销售人员需要较强的亲和力和沟通能力，在人格测试中应重点关注这两项。

四、录用

经过面试和测试，依据招聘计划对合格者决定录用。录用必须严格依据录用标准和考核结论，坚持宁缺毋滥的原则，决不能为了完成招聘计划而降低标准。

正式录用时，一般要经过体检，采用聘用制、劳动合同制。企业应依据劳动法规与录用人员签订劳动合同，以明确双方的责、权、利关系，保证销售工作的连续性和稳定性。

第三节　销售人员的培训

在知识经济时代，企业取胜的关键在于员工的素质。企业招聘新的销售人员之后，往往就要对其进行相应的培训。培训就是帮助员工学到公司认为必备的素质和技能的过程。通过培训，销售人员可以了解公司的企业文化、战略目标，掌握完成任务所需要的方法和成功地销售公司的产品所必需的知识和技能。

实例11-3

在农夫山泉公司，员工培训被有意识地放在企业战略的高度进行规划。公司明确来年的企业战略后，将战略用几个细分目标表达出来，再根据细分目标将经验性或创新性的培训方法整合为培训计划。这样既能使计划紧紧围绕企业的战略方向，保证每一项培训计划的实施都有着充分的战略价值，又能够提高培训计划的灵活性，培养出能够适应市场变化的优秀销售人员。

农夫山泉将培训分为内部培训、公开课、内训、转训等多种形式，并且通过"三年计划"明确了每年培训费用占销售收入的比例，保证了培训投入的稳定性。由于销售网络分布广泛，农夫山泉将员工培训时间作为考核团队发展潜力的重要指标，并且面向全国员工统一规定了年度最低培训时长：普通员工每年接受不少于24小时的专业培训，城市经理级或总部经理级以上员工每年接受不少于36小时的专业及管理培训。农夫山泉希望通过这种方式最大限度地鼓励全国各分销网络的工作团队坚持自我革新，保证企业销售和服务网络源源不断的生命力和创造力。

（资料来源：https://zhuanlan.zhihu.com/p/403123247）

一、销售人员培训的作用

销售人员的销售技能不是天生就有的，是经过后天学习培养的。销售人员培训旨在培养销售人员的素质、传授销售技能、提高销售人员的信心和能力，从而为实现企业目标打下坚实基础，促进组织的发展。销售培训具有以下几种作用。

（一）提高销售技能，提升销售业绩水平

向销售人员传授一定的销售技能，以提高他们的销售业绩，是培训的基本目的之一。企业拥有再好的产品和服务，如果销售人员不能以很好的销售技能将产品的信息很好地传达给顾客，顾客也是不会购买的。通过培训，新的销售人员可以在很短的时间内就掌握老销售员的技能。同时，随着网络信息技术的迅猛发展，企业的营销手段和技术日新月异，销售人员必须不断学习才能完成任务。

（二）提高销售人员自信心，培养其独立工作的能力

由于销售工作的性质，销售人员经常会面对单兵作战的寂寞、客户的冷淡、销售目标的巨大压力。因此，销售人员必须具备坚强的意志和非凡的耐心，能够忍受孤独和压力，具有不怕吃苦的精神。面对销售职业的这些挑战，有些销售人员可能会缺乏自信，感到自卑和恐惧，特别是那些刚走出校门、没有工作经验的新人，甚至会对自己的职业选择产生怀疑。通过销售训练，销售人员对即将从事的工作会形成正确的认识，树立信心，掌握必要的销售技能，培养独立推销的能力，从而能够正确地面对工作中的挫折，克服自卑和恐惧的心理。

（三）提升职业素养，维护企业形象

销售人员在接触顾客、推销时，其所代表的是整个公司的形象。销售人员的知识、素质、着装和言谈举止决定了企业和产品在客户心目中的形象。优秀的销售人员以其较高的素质给客户留下深刻的印象，赢得客户的信任和尊重，从而树立企业在客户心目中的良好形象。而那些素质低劣的销售人员以一些不正当的行为毁掉企业的形象，损害企业利益。因此，在培训期间，加强对企业文化、经营理念的宣传，注重销售人员的着装、言谈举止的培训是非常有意义的。

（四）降低销售人员流失率，稳定销售队伍

培训可以增加销售人员的产品知识，提升销售人员的销售技能，从而提高其销售业绩，并使其产生成就感。同时，培训也可以加强销售人员对公司文化、经营理念的认同，使销售人员很好地融入企业，增强对企业的归属感。这样，必然会降低销售人员的离职率，稳定销售队伍。

（五）培养创造力，改善顾客关系

好的培训可以使销售人员掌握最新的营销理论、技术和方法，进一步增强销售人员服务于客户的创作力，从而给客户带来价值，增强客户满意度。客户是否满意是能否和客户建立长期稳定关系的基础，而良好的客户关系是企业产品稳定销售的保证。

二、培训的原则

（一）事前做好需求分析，并制订培训计划

销售工作中难免出现问题，如客户满意度低、销售人员工作积极性不高、销售队伍管理混乱等。这时，培训是一个解决问题的好办法。但是，在实际工作中，培训人员往往依据自己的经验和判断来确定培训的内容和方法，这样往往导致培训没有针对性，效果不佳。因此，培训主管人员应该在培训之前通过调查问卷、观察销售人员、同相关人员面谈等方式了解工作中实际存在的问题，

以此确定培训的内容和方法，然后按照一定的逻辑将这些内容整理为系统的培训计划。

（二）因材施教原则

由于销售人员的学历水平和身份背景不同，其业务水平与学识也有高有低，参差不齐，因此培训者必须根据受训者的基础和接受能力的不同来安排他们的学习内容与学习进程。对接受能力强、业务水平高的销售人员，应该安排有一定难度的、时间要求较短的培训内容；对接受能力差、经验不足的销售人员，应该安排一些难度低、时间要求较宽松的培训。

（三）注重实践、讲求实效原则

销售人员培训的目的在于解决销售工作存在的问题，所以其针对性、实践性较强，要求注重实效。例如，企业发展中需要解决什么问题，销售人员需要什么技能和知识，培训就应该以解决此问题为目的制订培训计划、确定培训内容。因此，培训中应该引导销售人员用理论知识联系实际问题，加强解决实际问题的能力。培训的效果不应该是考试成绩，而应该是销售人员在今后工作中的销售业绩。

（四）事后反馈的原则

培训课程的结束不意味着培训工作的结束。培训工作应该是一个从培训需求的分析—计划的制订—进行培训—效果反馈—新的一轮培训的开始这样一个不断循环的过程。培训效果的反馈是一个非常重要的环节，它不但是一个对本次培训工作效果的衡量和总结，而且是下一轮培训工作的开始。

（五）持续培训的原则

在当今竞争日益激烈的环境下，不论是企业面临的外部环境还是企业内部的组织、技术、产品都在发生变化，这就要求销售人员必须不断地学习、更新知识，而培训是解决这一问题的最好途径。因此，培训应该坚持持续性原则，根据新情况不断地制订新的培训计划，更新培训知识。只有这样才能保证销售人员在面对新情况时知道如何处理，从而完成企业目标。

三、培训的内容

销售培训工作是一个系统工作，涉及的内容较广。在培训的实际工作中，培训内容的确定应该根据工作需要和销售人员素质的高低而定。通常，销售培训工作包括以下几个方面的内容。

（一）职业道德的培训

每个行业都有其必须遵守的规则和必备的职业道德，销售工作也不例外。通过培训使销售人员具备良好的职业道德，培养勤奋敬业的工作态度，使销售人员以为客户提供优质的产品和服务作为自己的责任，在激烈的市场竞争中尊重竞争者、避免不正当竞争。

（二）企业知识的培训

企业知识的培训对于新招聘的销售人员至关重要，让他们了解企业的历史和使命、经营理念和企业文化、组织结构、营销战略、财务状况，以及企业开展销售工作的相关政策，可以让销售人员消除陌生感，更好地融入新的环境。公司政策是新销售人员最感兴趣的内容之一，因为它要涉及报酬制度、公司利益等有关敏感问题。另外，销售人员在面对顾客要求降价、修改产品、更快交货以及提供更优惠的信用条件等问题时，公司政策可以为其提供指导。

（三）产品知识的培训

销售人员做好销售工作的基本前提是对公司的产品有全面深刻的了解。产品知识的培训主要包括：产品的类型与组成、产品的品质与特性、产品的制造方法、包装情况、产品用途及其限制、生产技术的发展趋势、相关产品与替代品的情况等。通过对公司产品很好地掌握，销售人员可以有效地向顾客展示产品的优点，回答顾客提出的疑问，满足顾客的需求。

（四）竞争与产业知识的培训

销售人员通过了解所在企业和产品的知识可以掌握本企业产品销售的优势是什么，即企业在哪些方面最擅长。然而，在市场竞争激烈的情况下，只了解这些远远不够，还必须对公司的竞争者的情况有所了解。只有这样销售人员才能知道本公司的竞争优势是什么，即公司比竞争者在哪些方面做得更好，这种信息在劝说顾客购买时非常有说服力。

了解行业在宏观经济中如何运行对销售人员来说也是必备的。宏观经济环境对顾客购买行为产生非常大的影响。在经济高速发展和萎靡衰退的环境下消费者的购买特征会完全不同。销售人员应该关注宏观经济的发展，根据环境的变化不断调整销售的技巧。

（五）顾客知识的培训

对任何一家公司来说，客户是最重要的资产，所以销售人员需要在如何搜集客户信息、分析客户方面接受培训。销售人员需要了解客户的采购政策、购买模式、习惯偏好以及客户提出的产品服务。在某些情况下，销售人员还需要了解客户的服务对象。只有这样，销售人员才能发现潜在顾客，对他们做出相应的反应，满足顾客的需求，与顾客建立长期稳定的关系。

（六）销售技能的培训

当销售人员掌握了产品知识、行业知识和顾客知识之后，就应该加强销售技能的培训，因为产品销售的最终实现必须借助于一些基本的销售技能。具体的销售技能包括：如何识别目标顾客、如何编制访问计划、如何获得预约、如何展示产品、如何应对顾客异议以及如何达成交易等。

实例11-3

西柏思电梯集团一直坚持通过网络大学课程为员工们提供更多的学习机会，员工提交申请就可以在公司的学习平台上选修课程并获得学习证书。平台上的专业技术课程都由研发设计中心的专家进行讲解，帮助员工以更专业的视角理解公司的产品技术、产品组合和产品策略，使营销人员能够有效与供应商、渠道商以及消费者进行互动。

西柏思电梯集团还一直坚持以网络趣味课程的形式开展多样化的员工道德培训。课程一般包含五方面内容。

① 公司员工行为准则。
② 职业道德与社会道德。

③ 西柏思作为雇主的应尽职责。
④ 公司业务可能涉及的法律知识和安全知识。
⑤ 发现违反政策的行为时的处理机制。

公司还会定期安排一些知识或情景测试来帮助员工巩固所学知识并将其应用到实际工作中去。通过法律法规、道德素养和组织行为规范教育，西柏思的销售人员在团队协作、业务推进和客户服务过程中始终践行着诚信友善的价值倡导。这使得公司能够在激烈的竞争中保持优秀的市场口碑，并且以员工为媒介向社会传递了爱岗敬业、诚实守信、无私奉献的道德风尚。

(资料来源：https://3g.163.com/dy/article/GK1NDB4V05148759.html)

四、销售培训的程序

销售培训程序通常分为四个步骤，如图11-1所示。第一步是需求分析，第二步是制订培训计划，第三步是实施培训计划，第四步是效果考评。

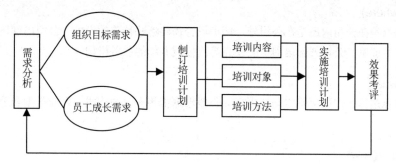

图11-1 销售培训程序

(一) 需求分析

需求分析就是对企业员工存在什么样的问题以及如何帮助员工实现组织目标所进行的分析。需求分析主要包括组织需求分析和员工需求分析两方面。

组织需求分析即组织的长期目标、营销战略、销售计划对销售人员提出的知识和技能要求，以及环境、组织的变化导致销售人员素质相对下降时确定哪些岗位员工素质相对下降或者在哪些方面出现下降的一种培训需求分析。

员工需求分析就是从销售员工的角度出发，分析谁需要培训以及需要哪些方面的培训。员工需求分析可以从两个方面进行：一是通过业绩评估等方法判断员工业绩差距存在的原因；二是判断员工是否需要培训。

(二) 制订培训计划

在进行培训需求分析之后，企业应制订培训计划。一个目标明确、系统有序、全面周密的计划将使企业培训减少盲目性，不但能够提升培训效果，还能使企业节省成本。

学者黄宪仁曾提出，企业制订销售培训计划时应使用5W1H法，即培训计划应包括5W与1H：为何(why)、何人(who)、何时(when)、何处(where)、什么(what)、如何进行(how)。

1. 为何(why)

培训的目的有很多，每次培训都要确定至少一个目的。培训目的包括：新招募销售人员的入职培训；改善销售人员工作态度的培训；提高销售人员工作技能的培训；改善销售人员沟通技能的培训；传授产品知识的培训等。明确的培训目的是销售培训工作成功的开始。

2. 何人(who)

公司必须确定接受培训的人员有哪些，他们是新进人员还是老员工，多少人需要接受培训，专家认为一般销售培训不超过十五人效果最佳。另一方面，需要确定培训师，是内聘还是外聘，是业务部门主管还是优秀的销售人员，是大学教授还是管理咨询公司的专家。

3. 何时(when)

培训时机一般根据接受培训的人员来确定。一般新员工在报到后即参加培训，而老员工培训则往往在公司业务的淡季进行。培训时间长短的确定需要考虑以下几方面：市场情况、产品性质、人员素质、要求的销售技能和管理要求。

4. 何处(where)

培训的地点是在公司内还是在公司外，培训场合需要哪些特殊的设施。公司内部培训一般在公司的会议室或培训室，公司外部培训一般在高等院校或专门的服务机构。

5. 什么(what)

培训的内容是什么，如何确定培训内容，一般根据销售人员的构成、行业类型和公司情况确定培训什么。

6. 如何进行(how)

销售人员的培训基本上分为公司内部培训与外部培训，培训方式有课题培训、现场培训、会议培训、上岗培训和模拟培训等。

（三）实施培训计划

要保证销售培训计划的顺利实施，应做好以下四方面的工作。

① 保证人员的落实。其主要包括日常管理人员、外聘的培训专家、师资人员、受训人员。

② 保证经费的落实。销售人员的培训需要付出一定的费用，主要包括人员的住宿、吃饭、培训资料、交通费用、场地租赁费等。

③ 保证时间的落实。培训往往需要集中在一段时间内进行，这就要求销售人员保证这个时间内不受其他因素的干扰。

④ 销售人员的训练应按照循序渐进的原则，有计划、分阶段地进行，注重理论与实践的结合。

（四）效果考评

销售培训工作效果的考评是培训工作必不可少的环节。通过对销售人员培训效果的考评，一方面可以对参加培训的销售人员的表现做出一个综合性的评价，另一方面可以发现培训工作中存在的问题，以便在以后的工作中加以纠正。培训效果的考评主要可以从四个方面进行：反应、学习、行为和结果。

(1) 反应

接受培训的人员对培训课程的喜爱和满意程度,可以通过课程意见表来了解对课程内容、教学方法、语言表达等方面的感受。

(2) 学习

接受培训的人员通过培训学得新知识、新技能的程度,可以通过测验或实际操作来衡量学员的学习效果。

(3) 行为

接受培训的人员将所学的知识和技能应用到工作上的程度,一般通过绩效评估表或观察法进行测试。

(4) 结果

结果评价主要是检查销售培训之后个人或组织销售业绩的改善情况。结果评价最能综合性地反映培训效果。这种评价可以依据个人或组织的销售量、生产率或业绩变化情况加以评价,具体可以采取"成本—利润"分析法。

本章小结

本章介绍销售人员的招募、甄选与培训。销售人员的招募主要有内部和外部两个途径。外部途径又包括广告招聘、内部职员推荐其他人员、人才交流中心、职业介绍所、行业协会、猎头公司、校园招聘和商业比赛招聘等途径。

销售人员的甄选主要经过接受申请表、组织面试、测试与书面考试和录用四个步骤。销售人员的培训包括:职业道德培训、企业知识培训、产品知识培训、竞争与产业知识培训、顾客知识培训和销售技能培训六个方面。培训工作需要经过需求分析、制订培训计划、实施培训计划及效果考评四个步骤。

案例分析

从"人才供应链"到"人才生态圈"——碧桂园的销售人才梯队建设

"人才、资金、土地"是碧桂园实现高速发展和领先的三大核心资源。从人才战略到人才吸引再到人才的培育和发展,碧桂园构建了人才管理生命周期的闭环。从资源整合到人才供应链再到人才生态圈,强大的销售人才梯队建设支撑着企业战略的落地和实现。

一、招聘——构建敏捷的招聘体系

为解决人才缺口问题,碧桂园通过多种途径引进和培育人才。一方面,碧桂园通过校园招聘、社会招聘广泛地进行人才引进,并基于招聘需求、岗位职能和人才评估,为员工规划合适的岗位及发展路径。另一方面,打造"超级碧业生"等校招培育一体化项目,推广其循序渐进的人才培养理念,吸引更多具备营销思维和专业素养的营销人才参与到企业的经营和建设之中。

二、培训——通过培训打造营销人才供应链

碧桂园积极健全员工培训体系,使人才得到充分有效的培育和滋养。为了提高销售人员的岗位胜任力,碧桂园品牌营销中心搭建"赢销将才"人才培养体系,包含四级人才培养项目,覆盖营销体系各层级员工。通过导师辅导、集中培训、轮岗学习等多样化培养机制及学习活动,全面提升参训营销人员的综合素质及业务能力，使其快速成长为营销专线主管，并向项目营销负责人的方向进行储备培养。

三、晋升——营销基层也能直通高管

碧桂园已形成以"领翔计划"为代表的领导力培训体系，和以"未来领袖计划"与"超级碧业生发展计划"为代表的关键人才培育体系。以"超级碧业生发展计划"为例，该计划采用挂职锻炼、轮岗学习、集中培训、挑战性关键任务等培养方式对企业销售人才进行全面培养。同时每年进行内部竞聘，大胆提拔任用优秀人才。截至2020年，碧桂园已有超400人成长为集团副总裁、区域总裁、项目总经理、职能总监，超1 200人发展成为经理级管理人员。完善的平台建设和体系化的培养方案让"碧业生"和"未来领袖"们能够在更广阔的舞台上大显身手。

四、发展——鼓励人才横向流动构筑生态圈

碧桂园拥有业内领先的"全产业链覆盖"能力，地产主业与上下游产业之间高效联动，逐步从人才供应链升级为人才生态圈。2020年，碧桂园提出职业网格化发展的概念，指出员工不但可以在地产主业纵向发展，也可以在全产业内部横向流动，实现跨领域、跨专业的多维发展。公司通过"新途计划"、人才路演等活动构建员工流动通道，促进新业务与地产主业共享人才资源，实现优秀人才"内循环"。截至2021年，碧桂园实现职业网格发展的员工人数达到6 698人。碧桂园相信员工的成长不会因职业而受限，优秀地产人的职业发展值得更多的可能。

(资料来源：https://www.sohu.com/a/453287965_120285954)

案例讨论题：
1. 碧桂园公司对销售人员的培训涉及哪些培训内容？有何作用？
2. 碧桂园的销售人员培训体系有哪些亮点？对于员工职业发展是否存在积极意义？
2. 你认为碧桂园公司对销售人员的培训工作还有哪些不足？应如何改进？

复习思考题

1. 招募销售人员要遵循哪些原则？
2. 销售人员的招募途径有哪些？
3. 如何进行销售人员的甄选？
4. 销售人员培训的原则是什么？
5. 销售人员培训的内容包括哪些？

思政大纲

章名	知识点	思政德育融入点
销售人员的招募、甄选与培训	销售人员的招募	蒙牛在2022秋招季联动各大院校，拍摄诚意十足的校园宣传片，开展形式多样的宣讲互动活动，并举办了以"环保创意"为主题的人才竞赛，生动地示范了现代企业如何通过广泛和多元的招募活动拓展人才资源，也展现出企业关心学生、关注环保、关怀社会的积极面貌；学生可以通过案例学习到企业社会责任感在销售人员招募过程中的表现形式，思考在人才选拔的目标之上，如何通过人才招聘向社会大众传达企业关心百姓福祉，助力社会发展的坚定信念
	销售人员的甄选	面对新冠感染疫情冲击，中原银行将AI智能技术引入人才招募过程中，高效地开展笔试和面试评估工作，节省了企业因招聘而消耗的时间和精力成本；通过案例，学生能够体会多样化的甄选机制和多层次的甄选流程对于人才选拔的重要意义，了解新冠感染疫情背景下企业如何利用技术创新和流程改良来实现人才评估和甄选的变革，培养学生应对市场环境变化的敏捷性及面对企业间激烈的人才竞争的宏观视野和创新精神
	销售人员的培训	通过介绍西柏思电梯集团全面的员工学习体系和多元的思想培育课程，展现了兼具客户服务意识和社会责任感的企业如何通过培训来实现员工专业知识、法律意识和思想道德的多重培育；在带领学生熟悉销售人员培训的方法和作用的同时，教育学生牢记法律科普和道德教育在销售人员培训体系中的重要地位，使学生深刻意识到公正法治、诚信友善的价值观在商业世界中起到的规范性和原则性作用

第十二章
销售人员的激励

学习目标

学完本章后，应当能够：
(1) 了解激励的概念；
(2) 理解激励的基本理论；
(3) 掌握激励销售人员的方式。

思政目标

(1) 了解激励的基本概念和原理，学习与销售人员激励相关的重要心理机制和有效管理手段，探索能够兼顾激励效果和人文关怀的企业销售人才管理制度，提升团队凝聚力和组织归属感。

(2) 思考企业社会责任感在员工激励问题中的表现形式和实现路径，掌握有利于提升人们生活幸福感以及社会整体福祉的企业员工激励政策，从而进一步实现商业效益和公共利益的协同发展。

导入案例

胖东来是河南本土最著名的零售品牌之一。除了过硬的产品质量以及贴心的服务表现以外，胖东来"对员工好，舍得为员工花钱"的员工激励政策也是闻名遐迩。

胖东来在物质激励上从不吝啬。作为董事长，于东来把更多的股份用于股权激励，自己持股不到10%。他还坚持每年拿出部分利润给员工分红。最高的一年，全年95%的利润都被分给了员工。除了薪资，员工还享有结婚贺金、生育贺金、育儿补助、丧事慰问等一系列福利。

胖东来不允许任何员工加班，发现一次罚款一次，而且还有各种放假和带薪旅游的机会。每周二都是胖东来严格规定的休息日，每年除夕到大年初四零售业生意最好的时候，胖东来也闭店给员工放假，算下来，每年胖东来的员工能拥有145天的休假时间。

胖东来还鼓励员工没顾客的时候能休息就休息，并且特意在门店内为员工上班时间休息设置了座椅。公司的员工休息室设有全景落地窗、头等舱级别的沙发,提供咖啡豆和手冲咖啡,还建有健身房、浴室,尽可能让员工拥有舒适和优质的工作体验。

胖东来"给钱+给时间+给关怀"的激励政策在帮助销售人员解决生活困难,改善工作环境的同时,也让员工们真切地感受到了公司的尊重和爱护。"自由与爱"作为胖东来的文化信仰一直引领着企业的销售人才管理,也将支撑着胖东来在未来与员工、消费者和社会产生更多良性的互动。

(资料来源:https://baijiahao.baidu.com/s?id=1707669850601761726&wfr=spider&for=pc)

对于企业而言,一线销售人员的销售活动通常在一定程度上影响着企业的整体运营;而对于销售人员自身来说,销售活动开展的效果往往取决于其工作动机的强烈程度。销售人员的激励就是通过各种有效的方法去激发和调动销售人员的积极性和创造性,使其产生超越自己和他人的欲望,将自身巨大的潜力挖掘出来,保额甚至超额完成企业的任务。

第一节 激励的原理与作用

激励在管理学中被解释为一种精神力量或状态,对员工起到加强、激发和推动的作用,并引导员工的行为指向目标。一般来说,任何组织中的员工都需要激励,销售人员更是如此。企业的管理者要想搞好销售人员的激励工作,首先必须了解、掌握一些有关激励的基本概念和一般理论。

一、激励及其相关概念

(一)激励的概念

所谓激励,就是组织通过设计适当的外部奖酬形式和工作环境,以一定的行为规范和惩罚性措施,借助信息沟通,来激发、引导、保持和规范组织成员的行为,以有效地实现组织及其成员个人目标的系统活动。这一定义包含以下几方面的内容。

① 激励的出发点是满足组织成员的各种需要,即通过系统地设计适当的外部奖酬形式和工作环境,来满足企业员工的外在性需要和内在性需要。

② 科学的激励需要奖励和惩罚并举,既要对员工表现出来的符合企业期望的行为进行奖励,又要对不符合企业期望的行为进行惩罚。

③ 激励贯穿企业员工工作的全过程,包括对员工个人需要的了解、个性的把握、行为过程的控制和行为结果的评价等。因此,激励工作需要耐心。

④ 信息沟通贯穿激励工作的始末,从对激励制度的宣传、企业员工个人的了解,到对员工行为过程的控制和对员工行为结果的评价等,都依赖一定的信息沟通。企业组织中信息沟通是否通畅,是否及时、准确、全面,直接影响着激励制度的运用效果和激励工作的成本。

⑤ 激励的最终目的是在实现组织预期目标的同时,也能让组织成员实现其个人目标,即达到组织目标和员工个人目标在客观上的统一。

(二) 激励产生的内因与外因

(1) 内因

内因主要是指人的认知知识(需求、价值观、行为准则、对行为对象的认知等)。

(2) 外因

外因主要是指自然环境和社会环境。自然环境包括气候、水土、阳光、空气、自然资源；社会环境包括社会制度、劳动条件、经济地位、文化条件等。

二、激励的过程

激励过程是一个从需要开始，到需要得到满足为止的连锁反应。首先，人会产生某种需要，而当这种需要得不到满足时就会产生一种紧张不安的心理状态，在遇到能够满足需要的目标时，这种紧张不安的心理就转化为动机；然后，在动机的驱动下，人会采取一定的行为朝目标努力；最后，目标达到后，需要得到满足，紧张不安的心理状态就得到消除；随后，满足的状态反馈回来，人又会产生新的需要，引起新的动机和行为。这就是整个激励过程。

可见，激励实质上是以未满足的需要为基础，通过各种目标诱因激发动机，驱使和诱导行为，促使目标实现，是一个不断满足需要的连续心理和行为过程。激励过程可以用图12-1表示出来。

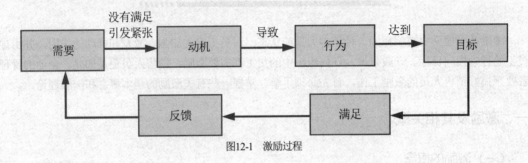

图12-1 激励过程

三、激励原理

激励的过程起始于未被满足的需要，但是，未被满足的需要通过激励是否会导致提高销售绩效往往取决于三个条件：首先，激励物是否是销售人员期望的，也就是，它能否满足销售人员的需要；其次，销售人员是否确信，报酬的多少取决于他们的业绩，而且他们是否明确知道需要什么样的绩效才能获得激励；最后，销售人员是否相信这样的绩效目标是可以达到的。

企业为了做好销售人员的激励工作，很有必要深入地学习和运用20世纪以来主要的激励理论成果。我们将激励理论分为内容激励理论和过程激励理论两大类。

(一) 内容激励理论

内容激励理论是从激励过程的起点——人的需要出发，研究是什么因素引起、维持并指导某种行为去实现目标。

① 从社会文化系统出发，对人的需求进行分类，通过提供一种未满足的需要的框架，寻求管理对象的激励效率——需要层次论。

② 从组织范围角度出发，把人的需要具体化为员工切实关心的问题——双因素理论。

③ 强调与后来需求相关的理论——后天需要论。

1. 马斯洛的需要层次理论

需要层次理论是马斯洛(A. H. Maslow)于1954年在他的代表作《动机与个性》里提出来的。他将人的各种需要归纳为五大类。这五类需要互相关联，按照其重要性和发生的先后顺序，可以排成一个需要等级，如图12-2所示。

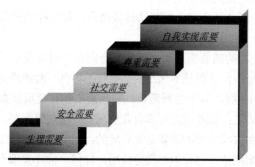

图12-2 马斯洛需要的五个层次

(1) 五个层次需要

① 生理需要。这是人类维持自身生存的最基本要求，包括饥、渴、衣、住、行等方面的要求。如果这些需要得不到满足，人类的生存就成了问题。从这个意义上说，生理需要是推动人们行动的最强大的动力。马斯洛认为，只有这些最基本的需要满足到维持生存所必需的程度后，其他的需要才能成为新的激励因素，而到了此时，这些已相对满足的需要也就不再成为激励因素了。

② 安全需要。这是人类要求保障自身安全、摆脱事业和丧失财产威胁、避免职业病的侵袭等方面的需要。马斯洛认为，整个有机体是一个追求安全的机制，人的感受器官、效应器官、智能和其他能量主要是寻求安全的工具，甚至可以把科学和人生观都看成满足安全需要的一部分。当然，当这种需要一旦相对满足后，也就不再成为激励因素了。

③ 社交需要。这一层次的需要包括两个方面的内容。一是友爱的需要，即人人都需要伙伴之间、同事之间的关系融洽或保持友谊和忠诚；人人都希望得到爱情，希望爱别人，也渴望接受别人的爱。二是归属的需要，即人都有一种归属于一个群体的需要，希望成为群体中的一员，并相互关心和照顾。社交上的需要比生理上的需要更细致，它和一个人的生理特性、经历、教育、宗教信仰都有关系。

④ 尊重需要。人人都希望自己有稳定的社会地位，要求个人的能力和成就得到社会的承认。尊重的需要又可分为内部尊重和外部尊重。内部尊重是指一个人希望在各种不同情境中有实力、能胜任、充满信心、能独立自主。换言之，内部尊重就是人的自尊。外部尊重是指一个人希望有地位、有威信，受到别人的尊重、信赖和高度评价。马斯洛认为，尊重需要得到满足，能使人对自己充满信心，对社会满腔热情，体验到自己活着的用处和价值。

⑤ 自我实现需要。这是最高层次的需要，它是指实现个人理想、抱负，发挥个人的能力到最大程度，完成与自己的能力相称的一切事情的需要。也就是说，人必须干称职的工作，这样才会使他们感到最大的快乐。马斯洛提出，为满足自我实现需要所采取的途径是因人而异的。自我实现的需要是在努力实现自己的潜力，使自己越来越成为自己所期望的人物。

(2) 马斯洛的需要层次理论的基本假设

① 已经满足的需求，不再是激励因素。人们总是在力图满足某种需求，一旦一种需求得到满

足,就会有另一种需要取而代之。

② 大多数人的需要结构很复杂,无论何时都有许多需求影响行为。

③ 一般来说,只有在较低层次的需求得到满足之后,较高层次的需求才会有足够的活力驱动行为。

④ 满足较高层次需求的途径多于满足较低层次需求的途径。

(3) 马斯洛的需要层次理论的基本观点

① 五种需要像阶梯一样从低到高,按层次逐级递升,但这样的次序不是完全固定的,可以变化,也有种种例外情况。

② 一般来说,某一层次的需要相对满足了,就会向高一层次发展,追求更高一层次的需要就成为驱使行为的动力。相应地,获得基本满足的需要就不再是一股激励力量。

③ 五种需要可以分为两级,其中生理需要、安全需要和社交需要都属于低一级的需要,这些需要通过外部条件就可以满足;而尊重需要和自我实现需要是高级需要,其是通过内部因素才能满足的,而且一个人对尊重和自我实现的需要是无止境的。同一时期,一个人可能有几种需要,但每一时期总有一种需要占支配地位,对行为起决定作用。任何一种需要都不会因为更高层次需要的发展而消失。各层次的需要相互依赖和重叠,高层次的需要发展后,低层次的需要仍然存在,只是对行为影响的程度大大减小。

④ 马斯洛和其他的行为科学家都认为,一个国家多数人的需要层次结构,是同这个国家的经济发展水平、科技发展水平、文化和人民受教育的程度直接相关的。在不发达国家,生理需要和安全需要占主导的人数比例较大,而高级需要占主导的人数比例较小;在发达国家,则刚好相反。

2. 双因素理论

双因素激励理论又叫激励—保健理论,是美国的行为科学家弗雷德里克·赫茨伯格(Frederick Herzberg)提出来的。双因素理论是他最主要的成就,在工作丰富化方面,他也进行了开创性的研究。

20世纪50年代末期,赫茨伯格和他的助手们在美国匹兹堡地区对200名工程师、会计师进行了调查访问。访问主要围绕两个问题:在工作中,哪些事情是让他们感到满意的,并估计这种积极情绪持续多长时间;又有哪些事情是让他们感到不满意的,并估计这种消极情绪持续多长时间。赫茨伯格以对这些问题的回答为材料,着手去研究哪些事情使人们在工作中快乐和满足,哪些事情造成不愉快和不满足。结果他发现,使职工感到满意的都是属于工作本身或工作内容方面的;使职工感到不满的,都是属于工作环境或工作关系方面的。他把前者叫作激励因素,后者叫作保健因素。

能带来积极态度、满意和激励作用的因素就叫作激励因素,这是那些能满足个人自我实现需要的因素,包括成就、赏识、挑战性的工作、增加的工作责任,以及成长和发展的机会。如果这些因素具备了,就能对人们产生更大的激励。从这个意义出发,赫茨伯格认为传统的激励假设,如工资刺激、人际关系的改善、提供良好的工作条件等,都不会产生更大的激励;它们能消除不满意,防止产生问题,但这些传统的"激励因素"即使达到最佳程度,也不会产生积极的激励。按照赫茨伯格的意见,管理当局应该认识到保健因素是必需的,不过它一旦使不满意中和以后,就不能产生更积极的效果。只有"激励因素"才能使人们有更好的工作成绩。

保健因素的满足对职工产生的效果类似于卫生保健对身体健康所起的作用。保健从人的环境中消除有害健康的事物,它不能直接提高健康水平,但有预防疾病的效果;它不是治疗性的,而是预防性的。保健因素包括公司政策、管理措施、监督、人际关系、物质工作条件、工资、福利等。当这些因素恶化到人们认为可以接受的水平以下时，就会产生对工作的不满意。但是，当人们认为这些因素很好时，它只是消除了不满意，并不会导致积极的态度，这就形成了某种既不是满意，又不是不满意的中性状态。

赫茨伯格及其同事以后又对各种专业性和非专业性的工业组织进行了多次调查，他们发现，由于调查对象和条件的不同，各种因素的归属有些差别，但总体来看，激励因素基本上都是属于工作本身或工作内容的，保健因素基本都是属于工作环境和工作关系的。但是，赫茨伯格注意到激励因素和保健因素都有若干重叠现象，如赏识属于激励因素，基本上起积极作用；但当没有受到赏识时，又可能起消极作用，这时又表现为保健因素。工资是保健因素，但有时也能产生使职工满意的结果。

赫茨伯格的双因素理论同马斯洛的需要层次理论有相似之处。他提出的保健因素相当于马斯洛提出的生理需要、安全需要、社交需要等较低级的需要；激励因素则相当于受人尊敬的需要、自我实现的需要等较高级的需要。当然，他们的具体分析和解释是不同的。但是，这两种理论都没有把"个人需要的满足"同"组织目标的达到"这两点联系起来。有些西方行为科学家对赫茨伯格的双因素理论的正确性表示怀疑。有人做了许多试验，也未能证实这个理论。赫茨伯格及其同事所做的试验，被有的行为科学家批评为是他们所采用方法本身的产物：人们总是把好的结果归结于自己的努力而把不好的结果归罪于客观条件或他人身上，问卷没有考虑这种一般的心理状态。另外，被调查对象的代表性也不够，事实上，不同职业和不同阶层的人，对激励因素和保健因素的反应是各不相同的。实践还证明，高度的工作满足不一定就产生高度的激励。许多行为科学家认为，不论是有关工作环境的因素或工作内容的因素，都可能产生激励作用，而不仅是使职工感到满足，这取决于环境和职工心理方面的许多条件。

但是，双因素理论促使企业管理人员注意工作内容方面因素的重要性，特别是它们同工作丰富化和工作满足的关系，因此是有积极意义的。赫茨伯格告诉我们，满足各种需要所引起的激励深度和效果是不一样的。物质需求的满足是必要的，没有它会导致不满，但是即使获得满足，它的作用往往是很有限的、不能持久的。要调动人的积极性，不仅要注意物质利益和工作条件等外部因素，更重要的是要注意工作的安排，量才录用，各得其所，注意对人进行精神鼓励，给予表扬和认可，注意给人以成长、发展、晋升的机会。随着温饱问题的解决，这种内在激励的重要性越来越明显。

3. 后天需要理论

后天需要理论是美国心理学家麦克里兰(David Mcclelland)经过长期研究提出的。他认为在生存需要基本得到满足的前提下，人最重要的需要有成就需要、权力需要和亲和需要三种。

(1) 成就需要

成就需要指追求优越感的驱动力，或者参照某种标准去追求成就感、寻求成功的欲望。成就需要高的人具有以下几个特点。

① 有较强的责任感。他们不仅把工作看作对组织的贡献，而且希望从工作中来实现和体现个人的价值，因此对工作有较高的投入。

② 喜欢能够得到及时的反馈，看到自己工作的绩效和评价结果，因为这是产生成就感的重要方式。

③ 倾向于选择适度的风险。他们既不甘于去做那些过于轻松、简单而无价值的事，也不愿意冒太大的风险去做不太可能做到的事，因为如果失败就无法体验到成就感。

在现实中，高成就需要者是那些倾向于成为企业家的人，他们在创造性的活动中更容易获得成功。

(2) 权力需要

权力需要指促使别人顺从自己意志的欲望。权力需要较高的人喜欢支配、影响别人，喜欢对人"发号施令"，十分重视争取地位与影响力。这些人喜欢具有竞争性和能体现较高地位的场合或情境。

研究表明，杰出的经理们往往都有较高的权力欲望，而且一个人在组织中的地位越高，其权力需要也越强，就越希望得到更高的职位。高权力需要是高管理效能的一个条件，甚至是必要的条件。如果权力需要强的人获得权力是为了整个组织的好处而去影响他人行为的，他们会成为优秀的管理者。具有这种需要的人如果是通过正常手段获取权力，通过成功的表现被提升到领导岗位，那么他们就能够得到别人的认可。但是，如果其目的仅仅是为了获得个人权力，则难以成为成功的组织领导者。

(3) 亲和需要

亲和需要是指寻求与别人建立友善且亲近的人际关系的欲望。亲和需要强的人往往重视被别人接受、喜欢，追求友谊、合作。这样的人在组织中容易与他人形成良好的人际关系，易被别人影响，因而往往在组织中充当被管理的角色。

许多出色的经理亲和需求相对较弱，因为亲和需要强的管理者虽然可以建立和谐的工作环境，能使员工真诚、愉快地工作，但是在管理上过分强调良好关系的维持通常会干扰正常的工作程序。

在对员工实施激励时需要考虑这三种需要的强烈程度，以便提供能够满足这些需要的激励措施。例如成就动机强的个人更希望工作能够提供个人的责任感、承担适度的风险以及及时得到工作情况的反馈。

(二) 过程激励理论

过程激励理论是在内容激励理论的基础上发展起来的，这类理论从人的动机产生到行为反应这一过程出发，研究影响人们行为的因素之间的关联以及相互作用的过程，其主要任务是了解对行为起决定作用的某些关键因素，掌握这些因素之间的关系，以达到预测和控制人的行为的目的。

1. 期望理论

期望理论是美国学者弗鲁姆(Victor Vroom)在1964年提出的。他认为，只有当人们预期到某一行为能给个人带来既定结果，并且这种结果对个人是非常重要的时候，才会被激励起来，去做某些事情。此理论的基本观点是：人的积极性被激发的程度，取决于他对目标价值估计的大小和判断实现此目标概率大小的乘积：

$$激发力量(M) = 目标效价(V) \times 期望值(E)$$

式中，激发力量(M)——个人受到激励的程度。

目标效价(V)——个人对其从事的工作将要达到的目标的效用价值的估计。

期望值(E)——个人根据过去的经验对自己达到某种目标、取得报酬的可能性的大小的估计。

由于每个人对某一目标的效价和期望值不尽相同，因此效价和期望值之间就可能有各种不同的组合形式，并由此产生不同的激励力量。一般来说，目标效价和期望值都很高时，才会有较高的激励力量；只要效价和期望值中有一项不高，目标的激励力量就会削弱。例如，对企业开展的安全技能考核工作，有的人认为这种考核对自己今后的工作很重要，同时经过努力取得好成绩的可能性很大，因此就会认真进行准备，积极参与；而另外有人认为此种考核对自己今后的工作或报酬没有多大关系，或者觉得再怎样努力也无法取得好成绩，这两种情况都会影响其参加这项工作的积极性。

这个公式实际上指出了进行激励时要处理好以下三个方面的关系。

(1) 努力—绩效的关系

一般情况下，人们总希望通过一定的努力能够达到预期的目标。当人们主观上认为达到目标的期望值很高时，就会有信心，就可能激发出很强的工作力量。但如果目标定得过高，难以实现，则人们就会对目标失去信心；当然，如果目标定得过低，很容易达到，则人们就会对目标失去兴趣。这两种情况都可能会使人们失去内在动力，导致工作消极。

(2) 绩效—奖励的关系

一般情况下，人们总是希望在达到组织要求的预期绩效后得到相应的报酬，包括奖金、晋升等。如果销售人员认为取得绩效后能够获得合理的奖励，就有可能产生工作热情。

(3) 奖励—个人需要的关系

一般情况下，人们总是希望自身所获得的奖励能满足自己多方面的需要，因而，只有那些能够满足人的需要的奖励才具有激发人们持续努力的刺激作用。但对于不同的人而言，采用同一种奖励能满足的需要程度是不同的，能激发出来的工作动力也就不同。所以，应当根据人们的不同需要设置不同形式的奖励，采取不同的激励机制，提高奖励的激励作用。

期望理论对企业人力资源管理具有启迪作用，它明确地提出职工的激励水平与企业设置的目标效价和可实现的概率有关，这对企业采取措施调动销售人员的积极性具有现实的意义。首先，企业应重视工作目标的结果及其奖酬对销售人员的激励作用，既充分考虑设置目标的合理性，增强大多数销售人员对实现目标的信心，又设立适当的奖金定额，使工作目标对其有真正的吸引力。其次，要重视目标效价与个人需要的联系，将满足低层次需要(如发奖金、提高福利待遇等)与满足高层次需要(如加强工作的挑战性、给予某些称号等)结合运用；同时，要通过宣传教育引导销售人员认识工作目标与其切身利益的一致性，提高销售人员对工作目标及其奖酬效价的认识水平。最后，企业应通过各种方式为销售人员提高个人能力创造条件，以增加他们对目标的期望值。

2. 公平理论

公平理论是美国心理学家亚当斯(J. S. Adams)于20世纪60年代提出的。该理论的基本要点是：人的工作积极性不仅与个人实际报酬多少有关，而且与人们对报酬的分配是否感到公平更为密切。人们总会自觉或不自觉地将自己付出的劳动代价及其所得到的报酬与他人进行比较，并对公平与否做出判断。人们进行比较的目的在于借此确定是否受到了公平的待遇，这种公平感直接影响职工的工作动机和行为。因此，从某种意义来讲，动机的激发过程实际上是人与人进行比较，做出公平与否的判断，并据以指导行为的过程。

亚当斯提出的公平理论可以用以下公平关系式来表示。假定当事人a和作为比较对象的人b，则当a感觉到公平时有下式成立：

$$\frac{Q_a}{I_a} = \frac{Q_b}{I_b}$$

式中，Q_a——自己对个人所获报酬的感觉。

Q_b——自己对他人所获报酬的感觉。

I_a——自己对个人所做投入的感觉。

I_b——自己对他人所做投入的感觉。

当一个人的所得与他的付出的比值同其比较对象的比值相等时，人们就会产生公平感。当上式为不等式时，人们就会感觉到不公平。当然，一般来说，不公平感大多属于以下情形，即认为自己比别人付出的多，却和别人获得相同的报酬；或者是认为自己与别人付出的一样多，但收入却比别人少。

公平理论给管理者带来了重要的启示：首先，影响激励效果的不仅有报酬的绝对值，还有报酬相对值；其次，管理者在激励时应力求公平，注意实际工作绩效与报酬之间的合理性，使等式在客观上成立，尽管有主观判断的误差，也不致造成严重的不公平感；最后，在激励过程中应注意对销售人员公平心理的引导，使其树立正确的公平观，当销售人员因判断不准而产生不公平的错觉时，管理人员应及时做好必要的说明和引导工作。

为了避免销售人员产生不公平的感觉，企业往往采取各种手段，在企业中造成一种公平合理的气氛，使他们产生一种主观上的公平感。如有的企业采用保密工资的办法，使销售人员相互不了解彼此的收支比率，以免他们互相比较而产生不公平感。

3. 强化理论

强化理论是美国的心理学家斯金纳(Burrhus Frederic Skinner)提出的一种理论。他认为，人为了达到某种目的，会采取一定的行为作用于环境。当这种行为的后果对他有利时，这种行为就会在以后重复出现；不利时，这种行为就减弱或消失。人们可以用这种正强化或负强化的办法来影响行为的后果，从而修正其行为，这就是强化理论，也叫作行为修正理论。

强化的主要功能，就是按照人的心理过程和行为的规律，对人的行为予以导向，并加以规范、修正、限制和改造。它对人的行为的影响，是通过行为的后果反馈给行为主体这种间接方式来实现的。人们可根据反馈的信息，主动适应环境刺激，不断调整自己的行为。

在管理上，正强化就是奖励那些组织上需要的行为，从而加强这种行为；负强化就是惩罚那些与组织不兼容的行为，从而削弱这种行为。正强化的方法包括奖金、对成绩的认可、表扬、改善工作条件和人际关系、提升、安排担任挑战性的工作、给予学习和成长的机会等。负强化的方法包括批评、处分、降级等，有时不给予奖励或少给奖励也是一种负强化。

不同的强化方式所起的效果是不一样的。我们在运用强化理论时，应当要注意强化的内容和方式，根据销售人员的不同需要采用不同的强化措施，并在实施时不断及时反馈和修正，以达到更好的效果。

四、激励的作用

在市场竞争日益激烈的今天，销售工作做得好与坏直接影响企业的经济效益，甚至关乎企业能否生存下去。而销售工作是一件非常辛苦的工作，需要持续不断的努力才能取得好的业绩。销售人员通常需要独立地工作，他们的工作时间也是无规律的，通常还会遇到挫折。销售代表经常被派到全国各地，远离亲人，会面临家庭和感情上的烦恼；他们时常面对极具竞争力的对手；为了赢得顾客，他们需要做出极大的努力，而他们通常掌握有限的权利和资源，有时还会失去即将到手的订单。所以，没有一套完善的激励机制是很难将销售人员的潜力发挥出来的；没有灵活全面的激励措施很难使销售人员的工作热情保持持久。

科学的激励能够针对销售工作的特性、销售人员的不同个性采取不同的措施，给予销售人员物质上的奖励、精神上的安慰和社会地位上的承认，从而能够最大限度地挖掘销售人员的潜力。每个销售人员都有自己的目标、优点和缺点，以及工作中面临的问题。公司根据每个销售人员的情况制定一个既符合整体需要又适应于不同个体需要的、具有弹性的激励组合，这样才能达到"量体裁衣"的效果。

随着市场的变化和销售人员的成长，公司现行的激励机制可能会失去原有的效果。因此，为了保证销售工作的顺利进行，不断提升销售人员的业绩，需要不断完善和调整现有的激励机制。一套不断发展的、具有灵活性的激励组合可以适应新的情况，促进销售人员的成长，培养销售人员的忠诚度，减少由于人员过度流动带来的损失。

企业的目标不是单一的，通常是多层次的、多元的。销售目标是实现企业战略目标的一个步骤，但销售目标有时可能和其他的目标相冲突。比如，企业产品的目标定位高档，这就需要制定较高的价格；而销售部门为了提高销售量往往希望把价格降低。这两个目标在一定程度上是相互冲突的，而一个好的激励机制会从企业的全局出发，协调不同的目标，最终实现企业的战略目标。

第二节 激励的方法

"销售是企业的龙头"，在市场经济条件下已成为企业的共识，如何激发销售人员的最大工作热情，使他们为企业销售更多的产品，回笼更多的资金，从而实现企业的最终目的——利润最大化，则是每一个企业管理者面对的重要课题。

一、激励销售人员的方式

企业要正确地对销售人员实施激励，除了有必要的理论指导之外，还必须根据销售人员所面对的客户情况、市场状况、竞争对手的情况和社会环境的现状，针对销售人员自身的特点采取不同的激励方式，以对其潜能进行有效的开发和引导。根据国内外许多学者的总结和企业实践，对销售人员进行激励的方式主要有以下几种。

（一）环境激励

环境激励是指企业创造一个良好的工作氛围，使销售人员能够心情愉快地开展工作。不同的企业对于销售人员的重视程度有很大的不同。有的企业只是把销售人员看作临时员工，很少考虑销售人员的工作环境；有的企业则认识到销售人员对于企业的意义所在，想方设法给销售人员创造有利的环境。企业可以通过以下方式实现环境对销售人员的激励作用：美化工作环境，消除不利于健康的因素，给员工提供一个舒畅的、健康的环境；给销售人员提供必要的物质条件，使销售人员更好地开展工作；在企业内部员工之间培养一种融洽的人际关系，尊重优秀的员工，使销售人员在一种和谐的氛围中工作；企业可以定期地召开销售会议和一些非正式会议，为销售人员提供一个社交的场所，增加他们与公司领导交谈的机会，提供给他们在更大范围内结交朋友、交流感情的机会；企业各级领导者重视对销售人员的激励，尊重、关心和信任他们，在精神方面经常给予鼓励。通过以上方式，一方面可以满足销售人员社交、感情、自尊方面的需要；另一方面，良好的环境可以形成一定的竞争压力和规范，推动销售人员努力工作，形成良性竞争的环境。好的环境氛围不但有利于销售人员个人的成长，而且有利于销售队伍的建设，提高销售团队的凝聚力。

（二）目标激励

目标激励是指为销售人员确定一些拟达到的销售目标，并根据目标的完成情况来激励销售人员的一种方式。企业应设立的目标可以有销售定额、毛利额、访问客户数、新客户数等。一般来说，制定销售量定额是企业的普遍做法。

实践表明,销售代表对销售定额的反应是不一致的。有的销售人员受到激励,因而发挥出最大的潜力;有的人没有受到激励,甚至有的销售人员由于没完成定额而感到气馁,自信心受到打击。因此,销售经理在制定销售定额时要注意到销售人员的个体差异,考虑到他们以往的销售业绩、所在地区的销售潜力、销售人员的潜力及对奖励的反应等多种因素。一般来讲,优秀的销售人员对于科学合理的销售定额将会做出积极的反应,特别是当年终的报酬水平是按销售业绩做出适当调整时他们受到的激励作用更大。

(三) 物质激励

物质激励是指对做出优异成绩的销售人员给予奖金、奖品和额外报酬等实际利益,以此来调动销售人员积极性的激励方式。物质激励往往与目标激励联系起来使用的,一定的目标与一定的激励挂钩。物质激励是最基本的激励手段,并且在各种激励方式中对销售人员的激励作用是最直接、最强烈的。因为工资、奖金、住房等可以满足人们最基本的物质需求;同时,收入水平的提高、物质条件的改善也可以影响销售人员社会地位、社会交往,满足其学习、文化娱乐等精神方面的需要。当然,在应用物质激励方式时一定要把握住奖励的力度,找到具有最佳激励效果的那个点。

(四) 精神激励

精神激励是指对做出优异成绩的销售人员给予表扬、颁发奖状、授予称号、发放象征荣誉的奖品和奖章等,以此来激励销售人员继续努力工作。企业管理的实践表明,物质激励必须同精神激励相结合。精神激励相对于物质激励是较为高层次的激励。当销售人员的物质需求被满足之后,精神方面的需要就变为主导需求,如自尊、成就、荣誉、受人尊敬的需求将变得较为激烈,此时精神激励是促使销售人员上进最为有效的手段。对于多数销售人员来讲,精神激励也是必不可少的,尤其是对那些学历较高的年轻销售人员更为有效。

(五) 培训激励

培训是企业发展的新动力。有些管理者错误地认为"培训是可有可无的事情,这几年企业一直未搞培训,企业还是一样照常运作"。这种观念实在可怕,当前市场竞争的关键是人才竞争,而人才的价值在于其积极的态度、卓越的技能和广博的知识。由于知识爆炸和科技高速发展,每个人的知识和技能都在快速老化,面对社会环境以及市场的快速变化,企业中的员工素质提高也就尤为重要。目前,管理理论家和实践家一致认为培训是一种投资,高质量的培训是一种投资回报率很高的投资。如今,销售人员面对的是一个市场变化迅速、商品更新换代快的时代,随着时间的推移,销售人员的销售能力下降,知识结构逐渐老化。因此,企业应该重视对销售人员的培训,建立一套完整的培训体系。这样不仅能够满足销售人员求知、求发展的需要,更新其知识结构,而且,这样会使销售人员在激烈的竞争压力之余感受到企业的关心与爱护,从而在精神上激励他们,使他们始终保持高昂的斗志。

开展销售人员培训的最佳时机是销售人员刚刚进入企业之时。企业对新招的销售人员要针对企业自身的特点通过专业授课培训、优秀销售人员的带领等形式对其进行相关产品、实际销售方法、技巧的培训,来消除其对未知领域的恐惧;通过管理者对新销售人员的鼓舞,以消除其心理上对销售的畏惧;也可以通过企业文化的培训使新销售人员更快地融入企业中,更早地进入工作状态。通过多方面的培训来激励销售人员，使他们对于企业的产品知识有很好的掌握，对企业逐渐形成认同感，有信心、有激情地投入自己的销售工作中。

（六）工作激励

说到激励，很多人就会想到薪水和奖金，这些固然重要，但是工作本身带给员工的乐趣和成就感对员工的激励作用更大。日本著名企业家稻山嘉宽说过"工作的报酬就是工作本身"，这句话深刻地道出了工作的完整性、丰富化这种内在激励的无比重要性。当前企业员工在解决了温饱的问题以后，他们更加关注的是工作本身是否有吸引力——工作内容是否有挑战性，是否能显示成就，是否能发挥个人潜力，是否能实现自我价值。因此，注重工作本身所具备的激励作用，并能卓有成效地在工作中运用，是尤为重要的。

在进行工作激励时首先应该了解每个销售人员的兴趣、专长和工作能力，然后再将任务合理地分配给他们。其次，在职务设计中，应该尽可能考虑到工作的多样性、完整性和独立性，建立通畅的反馈机制，使员工及时了解工作的结果，不断完善自身的行为，形成高质量的工作绩效和高度的工作满足感，培养员工的忠诚度。

（七）企业文化激励

狭义的观点认为企业文化属于意识范畴，仅仅包括企业的思想、意识、习惯和感情等领域。而广义的观点认为企业文化是企业在创业和发展过程中所形成的物质文明和精神文明的总和，把企业员工的构成状况、企业生产资料状况和物质成果特色等都看作企业文化的重要组成部分。企业文化的激励作用是指企业文化本身所具有的通过各组成要素来激发员工动机与潜在能力的作用，它属于精神激励的范畴。具体来说，企业文化能够满足员工的精神需要，调动员工的精神力量，使他们产生归属感、自尊感和成就感，从而充分发挥他们的巨大潜力。一旦员工对企业文化产生了强烈的共鸣，那么企业文化的激励功能就具有了持久性、整体性和全员性的特点和优势。

除了以上激励方式以外，企业还可以由管理者向下属授权，让销售人员承担更多的任务，享有相应的权利，激发其责任心，更大地发挥销售人员的潜能，从而达到授权激励的目的。对于那些销售业绩突出的销售人员还可以实行股权激励的措施，即允许销售人员将其提成和奖励转为其在公司的股份，可以享受公司年终的股份分红，有对企业的经营提出自己的意见和建议的权利，使其真正成为企业的主人，这样可以更大地激发他们的工作热情。

实例12-1

从年轻的初创公司到中国顶尖的独角兽企业，元气森林的飞速成长离不开高效开放的销售人员激励政策。在物质激励方面，元气森林主要采用奖金激励和股权激励的方式来提高销售人员的工作积极性。每年公司的部门主管和"战功评委会"将共同提名工作表现优异的销售人员进行"战功评比"，奖励金额从10万元到1 000万元不等，公司希望以此表彰那些有突破、有创新、有担当的团队和个人。此外，元气森林奉行全员持股政策。2021年，元气森林为销售战绩优异的"燃茶"团队颁发了特别奖项——"产品改变公司命运"奖，并给全部团队成员奖励公司股份。元气森林认为股权激励能够提高销售人员的组织归属感，使企业发展与员工利益实现深度挂钩。

元气森林还通过培训激励和精神激励来满足员工自我实现的需要。公司专门成立了销售管理"青训营"，通过岗前实践、导师带教等机制帮助新员工掌握业务技能，并将表现优异的学员视为储备主管来培养。公司重视"战功文化",销售人员的成就会被持续记录在企业的"战功簿"上,成为新员工学习企业历史的生动教材。在多种激励政策的协同作用下,元气森林销售表现持续向好。2021年,元气森林全年销售额达75亿元,较2020年同比增长150%。在《2021年中国新消费新国货品牌TOP100排行榜》中,元气森林荣获国货饮料酒水行业营收增速第一名。

(资料来源:https://zhuanlan.zhihu.com/p/377216377?ivk_sa=1024320u)

二、销售竞赛

(一)概念

销售竞赛是一种有效的激励方法。销售竞赛的目的是在一个时期内通过比赛的方式提高销售量和利润。竞赛的项目可以包含所有产品线,可以在销售延缓的期间内刺激业绩,或是针对某一特定地区开展竞赛。销售竞赛可以持续几个月或数周。激励的方式可以多种多样,包括商品、奖金、奖章、旅游等。这是提高士气很好的方法,因为销售人员觉得通过他们的努力可以赚些额外的东西。获得的奖励也是对销售人员工作成绩的认可,同时有助于内部竞争。

(二)销售竞赛设置的原则

销售竞赛的目的是鼓励销售人员在短时间内发挥更大的能力,创造出比平时更高的业绩,否则销售竞赛就失去了激励的意义。同时销售人员有一种自己的工作被认可的需要,而销售竞赛的最后的奖励正是对优秀销售人员出色成绩的赞扬和鼓励。所以销售竞赛要能够激发销售人员的销售热忱,鼓励销售人员不服输的拼劲。

要使销售竞赛能够达到其目的和实现其意义,必须遵循一定的原则,使销售竞赛工作的开展具有一定的计划性和条理性。一般来说,设计销售竞赛时应遵循以下原则。

① 奖励设置要宽,目标不宜过高。这样可以使大多数人通过努力达到目标,从而获得奖励。如果设置面太窄,并且目标过高的话,那么,会影响竞赛的参与程度,挫伤业绩中下水平的销售人员的积极性。

② 销售竞赛要和年度销售计划相结合,这样可以促进企业整体销售目标顺利完成。由于销售竞赛一般是在一个较短的时间内举行的,所以一定要保证这种短期的目标和长期的年度计划的一致性。

③ 超过一周的比赛,至少要保证相当一部分人能取得好成绩,否则会打击他们的自信心;同时,在各个奖励之间拉开档次,使表现不同的人得到不同程度的奖励,既保证了优秀者被激励,又能调动大部分销售人员的积极性。

④ 赛前建立一套具体的、透明的奖励标准,保证所有销售人员对此能够正确地理解,赛后严格按照实际业绩实施奖励,杜绝不公平的事情出现。

⑤ 竞赛的内容、规则、实施办法、奖励标准等要尽量简单明了、通俗易懂。

⑥ 赛前要组成专门负责销售竞赛的小组,做好竞赛活动的宣传、实施计划的安排活动;同时要以海报、快讯报道等形式对赛事的情况进行及时的跟踪报道,既可以使参赛者明白自己所处的位置,又可以渲染竞赛的激烈气氛,促进内部竞争。

⑦ 奖励的方式和内容应该是销售人员想得到但又自己不舍得花钱买的物品或服务,不能仅仅局限在金钱物质的奖励上,可以给获胜者多个选择,比如奖励全家旅行,这样才能真正

地调动他们的积极性。不能只给获胜者几句表扬或者光荣称号。

⑧ 竞赛结束后，马上组织评选，并举办一个特别的典礼用来宣布结果、颁发奖励。在典礼上组织一些员工互动的活动，不仅仅是颁奖，让员工参与进来，这样可以鼓舞员工的士气，增强大家参与下次竞赛的积极性。

（三）竞赛目标的设定

不管企业举行销售竞赛的目标有几个或者预期达到什么样的效果，在制定销售竞赛的各种规则、标准及奖励方式之前首先应该确立竞赛的目的，然后在确定办法、标准及方式时以目标为依据来确定，如果偏离或迷失目标就失去了意义。

根据企业的实际经验，一般可以设置一些竞赛目标及奖励方式，比如提高销售业绩奖、开发客户奖、新人奖、市场情报奖、最佳服务奖等。事实上，竞赛的目标及方式有几十种，具体如何运用，销售主管应该根据企业产品的情况，人员的心态及预算的多少来巧妙地组合运用。

（四）销售竞赛的实施

销售竞赛的实施包括对竞赛主题、参赛对象、入围和获奖标准、竞赛办法、评审过程的设置，乃至奖品的选择和设定等。

1. 竞赛主题

任何竞赛都必须设定一个主题，也就是一句标语，可以为销售竞赛渲染气氛、制造声势，如为了促进周末假日的销售增长，其主题可以是"周末大决赛"或"假期对抗赛"；为鼓励新人的新星奖、新秀赛，南北对抗赛等。

2. 参赛对象

在实施竞赛激励计划时，应当规定资格限制，即哪些人可以参加比赛。

3. 入围和获奖标准

获奖或入围的标准是总额累计或个人业绩增长比率，还是团体业绩总额？销售人员的基准是否一致？入围标准是否都能达到？有无必要考虑特殊情况？仅取前几名还是凡达到标准的都给予奖励？

4. 竞赛办法

制定详细的竞赛规则并加以解释或说明。

5. 评审过程

相关主管要对竞赛的全过程进行追踪记录，评审时要力求及时、公平、合理，防止漏洞和虚假现象的出现。

6. 奖品的选择和设定

奖品的内容有上千种，但最重要的是要能够吸引销售人员，也就是能满足其需求和喜好，这样才能给其带来动力、发挥激励的作用。目前较常使用的奖品有奖金、奖杯、奖章，还有购物券、汽车、电脑、国内外旅游等。

本章小结

所谓激励，就是组织通过设计适当的外部奖酬形式和工作环境，以一定的行为规范和惩罚性措施，借助信息沟通，来激发、引导、保持和规范组织成员的行为，以有效地实现组织及其成员个人目标的系统活动。激励的基本理论分为激励的内容理论和激励的过程理论。激励内容理论包括马斯洛的需要层次理论、双因素理论、后天需要理论。激励的过程理论包括期望理论、公平理论和强化理论。

激励销售人员的方式主要有：环境激励、目标激励、物质激励、精神激励、培训激励、工作激励和企业文化激励等。销售竞赛的实施包括对竞赛主题、参赛对象、入围和获奖标准、竞赛办法、评审过程的设置，乃至奖品的选择和设定等。

案例分析

雇主界的"造梦师"——小米公司员工激励政策研究

在员工激励方面，小米最近几年频频出圈。2022年3月，小米向4 931位基层员工授予约1.749亿股小米股票，股份总额价值约合人民币21.05亿元，这是小米自创立以来规模最大的一次股权激励。小米创始人雷军一直坚信："一个人可能走得快，一群人才能走得远。"近年来，小米不断完善公司的员工激励体系，在薪酬、培训、福利等多个方面为员工提供了充分的关怀与保障。

一、物质激励

与其他直接进行现金奖励的企业不同，小米公司选择用股权、基金、限制性股票等方式对员工进行物质激励，以满足企业中长期的人才需求。自2019年上市以来，小米集团共发布了14次股份奖励计划，激励对象由高管逐渐下沉至一线的研发、运营和销售人员，覆盖了公司上万名优秀基层员工。除了股权，小米也会授予员工限制性股票来进行激励和挽留，员工需要达到一定的工作年限或者实现某个工作目标，才能解锁股票并从中获取收益。还有一类则是基金回馈计划，公司会邀请员工投资小米发展基金，如果员工在投资后的5年内离职，仅能收取初始投资的本息。如能待满5年，可成为基金权益持有人，此后离职时可要求小米按公允价值回购股份。

二、员工福利与保障

小米不遗余力地关心员工生活。除法定的社会保障之外，小米还向员工提供年度体检、生日福利、结婚福利、生育福利和周年纪念等多种关怀政策。2021年，小米花费7亿元在北京兴建小米员工公寓，旨在减轻员工租房难、租房贵的压力。在工作上，小米为外派员工提供全球商务差旅保险，包含意外财产损失、医疗、航延等，保障员工在海外的人身财产安全。小米还推出了EAP援助计划，通过线上、线下方式对员工及其亲属提供免费的、专业的心理咨询，帮助其疏导心理问题。

三、培训激励

小米致力于为全球员工提供涵盖科学技术、管理技能、营销思维等不同知识类别的培训机会。2019年，小米公司成立了"清河大学"，目标是打造一所具有小米特色的企业大学。为了提升员工的职业胜任力，"清河大学"针对不同学员量身定制培训计划，包括针对应届生的入职培训，针对管理人员的领导力培训，针对营销人员的市场研究和销售管理培训，针对员工的通用力、专业力培训等。目前，清河大学学习平台共上线课程469门、学习项目103个，覆盖人数总计超过12 000。

四、晋升激励

小米重视员工发展、期待与员工共同成长。为了给员工提供公平透明的职业发展路径，小米每年都会按照职级体系来做答辩晋升，整个集团层面统一，所有部门都参加，晋升速度和个人经验、个人能力息息相关。同时，小米也为做出重大贡献的员工提供激励机制和奖励晋升通道。小米希望以人才梯队建设的形式培养年轻有潜力的员工，为公司的可持续发展打下坚实的人才基础。

五、工作与生活平衡

小米倡导工作与生活平衡，重视为员工创造休息和娱乐的机会，打造幸福暖心的职场氛围。小米有自己的食堂，品种丰富而且价格十分便宜，除了下午茶，小米公司售货机的饮料都是一两元一瓶。在公司内部，小米会不定期地举办纪念日庆典或主题娱乐活动，比如十周年庆典活动、小米达人秀、小米家庭日、小米卡丁车竞赛、小米科技园开园庆典等。同时，小米公司还在公司内部成立了篮球、羽毛球等不同主题的员工俱乐部，从而丰富员工的休闲和社交生活。

(资料来源：http://www.hrsee.com/?id=2643)

案例讨论题：

1. 本案例中，小米公司的员工激励政策涉及了本章第二节介绍的哪几种激励方法？
2. 小米公司的员工激励政策有哪些优势？存在的问题又是什么？你认为小米还可以从哪些方面完善自身的员工激励政策？
3. 你认为小米员工激励政策的哪些部分体现了雇主的人文关怀？这些措施能够为员工个人、企业组织和整个社会带来哪些重要的影响？

复习思考题

1. 什么是激励？
2. 激励的基本理论有哪些？
3. 对销售人员的激励主要有哪些方式？

章名	知识点	思政德育融入点
销售人员的激励	激励的原理与作用	通过介绍激励的基本概念和一般理论，引导学生了解企业销售人员激励的内在原理以及积极作用，使学生意识到在企业管理实践过程中，除了客户关系、销售绩效等常态化的考量因素，还需要重视对销售人员的激励，从而构建长期可持续的员工关系管理和销售绩效激励体系
	激励的方法	元气森林结合物质激励与精神激励的方法，将员工的收入、发展和成就与企业命运牢牢联系在一起，在达成组织绩效目标的同时也满足了员工自我实现的需求，实现了企业与员工"互助双赢"的良好局面；通过了解元气森林的销售激励体系，学生能够更加深刻地理解教材中介绍的多种激励方法在企业销售管理实践中的应用，重视人才激励在企业业务创新和组织文化建设过程中起到的积极作用，强调互帮互助、共同进步的集体意识

第十三章
销售人员的考评与报酬

学习目标

学完本章后，应当能够：
(1) 了解销售人员业绩考评的意义和原则；
(2) 掌握销售人员业绩考评的程序；
(3) 理解建立销售人员报酬制度的原则；
(4) 掌握销售人员报酬制度的目标模式。

思政目标

(1) 引导学生正确认识销售人员的工作价值，运用科学规范的标准进行业绩评估并在报酬中加以体现，以提高销售人员的公平感和获得感。
(2) 理解销售人员管理制度的合理制定能给员工和企业带来双重效益，从而创造出更大的社会价值。

导入案例

2022年开年财富管理业务经营数据惨淡，以深圳为例，辖区营业部经营数据下滑，尤其是金融产品销售"滑铁卢"式下降，仅为0.22亿元，环比骤降89.16%。真实数据折射出的更是一线营销人员的收入变化。在外部环境的变化下，总部是否会对各分支机构及一线投顾①等进行考核指标、考核序列的调整，是市场普遍关注的话题。部分券商近期陆续进行调整，优化业务导向，其中天风证券的改革较具特色。除行业通行的客户经理条线、财富管理条线外，天风证券近日新增投顾序列。

投顾的岗位职责包括为客户提供以资产配置为核心的全面理财业务、推介公司的各项业务和产品，并制作和推介证券投资顾问服务产品，提供线上证券投资咨询服务。对投顾的考核主要包括投顾产品签约数、日常投顾直播在线观看人数及专场主题

---
① 投顾：一般指投资顾问。

直播板块的加分。天风证券将投顾职位分为助理、投顾、高级、资深、首席五个级别，并实施差异化的薪酬与考核任务定级，其绩效考核重点在于付费投顾签约。前三个级别需要满足证券业协会对于注册投顾的基本要求，包括考取证券投资顾问资格，具备本科以上学历，两年以上证券从业经验。而对于资深和首席顾问，除了需要具备上述资质外，还要求达到研究生学历。这也说明券商对投顾的专业度以及个人综合素质也提出了更高的要求。与其他岗位不同的是，在投顾序列的薪资结构中，固定薪资将占大头。"重固定轻提成"，显示出了对投顾的呵护，对绩效薪酬考核等顶层设计的调整，也预示着公司在财富管理方向持续发力、进军付费买方投顾的决心。

(资料来源：http://finance.ce.cn/stock/gsgdbd/202204/15/t20220415_37499407.shtml)

通常来说，一个企业的经营业绩与其销售人员的销售业绩密切相关。企业管理者为了经营业绩的提升设置了各式各样的奖惩模式，以激励和督促销售人员保额甚至超额完成销售任务。但是，如果企业管理者在追逐利益上有一定程度的盲目性，并且缺乏科学的理论指导，其对于销售人员的激励和督促就有可能起不到应有的效果，甚至造成负面影响。此外，管理者还需要密切关注销售人员的反馈，及时对管理方案进行调整以保证销售人员的工作积极性。因此，对销售人员业绩的科学管理以及对人员自身的合理奖惩显得尤为重要，密切地影响着企业的经营业绩。

第一节　销售人员的业绩考评

销售人员的业绩考评是销售管理的一个重要环节，通过考评可以对员工的工作进行评价，同时考评也是给予销售人员报酬和提升的依据。业绩考评是一种正式的员工评估制度，是用过去制定的标准来衡量工作绩效以及将业绩结果反馈给员工的过程。业绩考评的有效实施，有助于激发销售人员的工作热情，提高其工作效率，通过不断地改善销售人员个人的业绩来提升企业的整体效益。

一、销售人员业绩考评的意义

销售经理对销售人员进行管理的基本内容之一，就是对销售人员进行考评。业绩考评可以提高企业的效率和竞争力。考评通过将销售人员实际的工作结果与组织为其设置的目标和指标相比较可以衡量管理计划的有效性及执行的质量，以便管理者能够及时采取必要的行动，使管理更富有效率，保证企业销售目标的完成。总体来说，业绩考评的意义体现在以下几个方面。

（一）考评有助于实现企业的销售目标

销售管理工作开始于销售目标的制定，它也是其他工作环节的最终目的所在。销售经理通过定期收集和分析销售人员完成销售工作的情况检验目标的实现程度。在对销售人员业绩的考评过程中，企业可以发现计划的不合理之处，从而进行改正；同时，企业可以发现实际情况与计划的差异，从而查找原因，给予销售人员有针对性的指导，引导销售人员的行为朝着有利于销售目标的方向努力，从而实现组织目标。

（二）考评有助于提高组织的生产效率和竞争力

销售人员个人工作效率的高低决定了组织的生产效率和竞争力的强弱，个人业绩的集合反映了组织整体效益。业绩考评通过对销售人员工作业绩的记录、工作行为的分析、工作态度的衡量，有针对性地提出措施去改善销售人员的态度、提高销售技能，从而提高工作效率和业绩，最终实现整个组织的工作效率和竞争力。

（三）考评是确定薪酬和奖惩的依据

科学的考评，公平的报酬，对激励销售人员有着重要的意义。有效的业绩考评方案是对销售人员的行为、态度、业绩等多方面进行全面而公正的考评，能够对销售人员的综合表现给出比较客观的评价，并将其与员工的薪酬、晋升、奖励、培训等挂钩。不同表现的销售人员最终得到不同的结果，有助于形成相互竞争、不断进取的组织氛围。

（四）考评有助于发掘和培养人才

通过业绩考评可以有效地衡量出销售人员的实际销售能力。业绩考评的结果能够对销售人员是否适合销售工作做出比较客观的判断。通过考评可以发现他们缺乏的知识和技能，从而进行有针对性的培训和改进；也可以发现他们没能充分发挥的潜力，给予他们更多的机会施展其才华。

（五）考评有利于加强对销售人员及其销售活动的管理

一般情况下，销售经理每个月都会对销售人员进行一次考评。定期的考评可以让销售人员及时了解自己的工作业绩情况，督促其不断地发现问题、改进工作技能、提高销售活动的效率，从而使各个销售区域的销售业务量不断增加。同时，考评会让销售经理随时监控销售人员的行动计划，及时发现偏差，帮助销售人员改正。

二、业绩考评的原则

有效的业绩考评必须遵守以下六大原则。

（一）实事求是原则

考评过程中采用的标准、数据、记录等必须建立在客观事实的基础之上，切忌主观武断。对于客观标准，如销售量、订单数量、平均每日访问次数，一般准确性比较高。但是，对于一些主观标准，如工作态度、倾听技巧、人际关系等，很难用定量化的指标衡量和描述，在对其进行评价时容易带有主观性和偏见。因此，为了保证考评的准确、有效，考评应该遵循实事求是、客观公正的原则。

（二）重点突出原则

在业绩考评的过程中，还要考虑到效率和成本的问题。为了提高考评的效率、降低考评成本，必须做到突出重点。在确定考评指标时，应着重影响销售利润和效率的指标，其他指标为辅。如果没有重点，采用涵盖销售岗位工作所有方面的指标，将会使考评工作耗费大量的时间和精力，还会误导销售人员今后的工作方向。因此，考评指标不宜过多，而应该突出重点，对不同的指标给予不同的权重。

(三) 公平、公开原则

在业绩考核的过程中,必须要坚持公平、公开的原则,在公开的基础上,保证业绩评估的全面性、公平性和权威性,取得上下支持,使得考评工作顺利进行。在考评标准制定时,应该使相关者尽量参与到其中,考评过程中应及时将考评工作的进展情况、结果公布出来,减少考评工作的神秘感。

(四) 定量与定性相结合原则

定量考评指标大多是以数据的形式考核,比较准确、科学、客观,能够把考核者的偏见和主观性降到最低的程度,最终有效地衡量销售人员的业绩。但是,与销售人员业绩相关的许多活动很难用定量的形式考核,所以有必要采用定性指标来考评销售人员的性格特点、工作态度、工作质量等重要因素。

(五) 积极反馈原则

业绩考评工作的结束并不是评估的终点,评估工作是一个不断循环的过程,本次评估工作的结束是下一次评估工作的开始。在业绩考评工作之后,企业应该组织相关人员进行各种方式的反馈,把结果反馈给考核者,好的做法应该坚持下来,不足之处应该改正。

(六) 可行性和实用性原则

每次评估活动都会受到客观条件的限制,如人力、物力、财力、时间等。因此,业绩考评方案应具有可行性,即各个考核指标能够容易获得。考评的方法和工具应具有实用性,即能够满足评估目的的要求。只有这样,考评工作才能顺利完成,实现考评目标。

实例13-1

2022年4月,中国裁判文书网披露了中信证券的一则劳动争议二审判决,展示了企业和员工围绕绩效考核发生的矛盾。

周某于2012年入职中信证券,担任研究部高级经理。2018年,由于周某绩效考核不合格,管理层将其调整至营业部,但周某并不认可。中信证券以周某拒绝到岗的行为系严重违反规章制度而解除劳动关系,并拒绝支付前几年的"忠诚奖"奖金。

中信证券表示,周某作为一名证券研究员,入职中信证券7年以来的年度绩效考核结果有4次仅为合格水平。对于研究员的考核的两个部分,即模拟组合和常规工作研究报告,周某在质量和数量上均属于研究员中较低水平。因此,绩效考核结果具有客观性与公正性。与此同时,周某认为中信证券系违法调整工作岗位,不同意公司主张的2018年度绩效考核结果,公司依据绩效考核结果对其进行的调岗亦不合理,中信证券需支付违法解除劳动关系的赔偿金等。

二审法院表示,中信证券上诉主张对周某调岗的原因是周某2018年的年度绩效考核结果为不合格,但中信证券并未提交公司员工年度绩效考核具体评分相关规章制度,根据其提交的周某2018年度《员工年度绩效考核结果确认单》,其中研究员考核分数、模拟组合收益得分、常规工作报告得分均无依据和制度来源,且周某亦明确表示不予认可该项考核结果。中信证券据此解除与周某的劳动关系系违法解除,一审法院认定中信证券应支付赔偿金并无不当。

最终,二审法院驳回中信证券上诉,中信证券需要向周某支付赔偿金、工资和奖金共计180.87万元。

(资料来源:https://finance.sina.com.cn/roll/2021-04-29/doc-ikmyaawc2439476.shtml)

三、业绩考评的程序

销售人员的业绩考评工作应按照一定的程序进行，一般包括五个步骤：收集考评数据和资料、建立业绩考评指标、选择考评方法、实施绩效考评、反馈考评结果。

（一）收集考评数据和资料

在进行销售人员业绩考评时，对销售人员的资料、信息收集一定要全面和充分。资料的来源主要有销售人员的销售报告、企业销售记录、顾客意见、企业内部职员意见等。其中，最重要的来源是销售报告，这是考评销售人员的主要依据。

1. 销售人员的销售报告

销售人员报告可分为销售活动计划报告和销售活动业绩报告两类。销售活动计划报告包括地区年度市场营销计划和日常工作计划等。一般来说，销售人员制订的年度市场营销计划中会提出发展新客户和增加与现有客户交易的方案。有些公司要求对销售区域的发展提出一般性意见；另一些公司则要求列出详细的预计销售量和利润估计。它们的销售经理将对计划进行研究，提出建议，并以此作为制定销售定额的依据。

日常工作计划由销售人员提前一周或一月提交，包括计划进行的访问和巡回路线。管理部门接到销售代表的行动计划后，有时会与他们接触，提出改进意见。行动计划可指导推销人员合理安排活动日程，为管理部门评估其制订和执行计划的能力提供依据。

销售活动业绩报告主要提供已完成的工作业绩，如销售情况报告、费用开支报告、新业务的报告、失去业务的报告、当地市场状况的报告等。

2. 企业销售记录

企业内的有关销售记录如顾客记录、区域的销售记录、销售费用的支出等，都是评估的宝贵资料。通过销售发票、客户订单、会计记录等可以得到许多关于销售人员的销售数量、毛利、平均订单规模等信息。顾客的销售记录则可以用来评估为客户服务的销售人员的销售情况。

3. 顾客意见

评估销售人员应该听取顾客的意见。有些销售人员业绩虽然很好，但在顾客服务方面做得并不理想，特别是在商品供不应求的时候。一般来说，收集顾客意见的途径有两种：一种是顾客的信件和投诉；另一种是定期进行顾客调查。

4. 企业内部职员意见

这　　资料的来源主要来自企业内部其他有关人员的意见，比如营销经理、销售经理、其他销售人员或其他人员的意见。这些资料可以提供一些有关销售人员的合作态度和人际关系技能方面的信息。

（二）建立业绩考评标准

销售人员业绩考评的标准包括定量标准和定性标准。一般来说，定量考评的标准能够最有效地用以考评销售人员的业绩，定性考评标准则主要用于考评销售人员的工作能力。在评估定性考评标准时，应当注意把考核者的个人偏见和主观性降到最低程度。常用的销售人员定量和定性考评标准如表13-1所示。

表13-1 销售人员定量和定性考评标准

定量标准			定性标准
投入指标	产出指标	比率指标	
1. 销售访问 • 访问次数 • 日平均访问次数 2. 工作时间 • 工作天数 • 销售时间与非销售时间 3. 直接销售费用 4. 非销售活动 • 广告展示 • 写给潜在顾客的信件 • 打给潜在顾客的电话 • 与经销商、分销商会见的次数 • 接受顾客抱怨的次数	1. 销售量 • 销售额 • 销售产品的数量 2. 销售量所占比率 • 定额 • 市场份额 3. 按产品和顾客划分的毛利 4. 订单 • 订单数量 • 评价订单规模 • 撤销的订单数量 5. 顾客 • 现有的顾客数量 • 新开发的顾客数量 • 流失的顾客数量	1. 费用比率 • 销售费用比例=费用/销售额 • 每次访问的平均费用=费用/访问次数 2. 客户开发与服务比率 • 客户渗透率=购货顾客数/所有潜在顾客 • 新顾客转化率=新顾客数/顾客总数 • 流失顾客的比率=未购货的老顾客/顾客总数 • 顾客平均规模=销售额/顾客总数 3. 订单比率 • 订单平均规模=销售额/订单总数 • 订单取消比率=被取消的订单数/订单总数 4. 访问比率 • 每天访问次数=访问次数/工作天数 • 顾客平均访问次数=访问次数/顾客总数 • 击中率=订单总数/访问总数	1. 个人努力 • 时间管理 • 拜访的规划和准备 • 处理顾客不满和成交的能力 • 销售陈述的质量 2. 知识 • 产品知识 • 企业和企业政策 • 竞争者的产品和战略信息 • 顾客知识 3. 顾客关系 4. 个人形象和健康 5. 个性和态度 • 自信心 • 责任感 • 逻辑分析能力 • 决策能力 • 合作精神

1. 定量指标

定量指标是销售组织对销售人员工作业绩量的方面的期望与要求。一般来说,用预先制定的定量指标进行考评更加客观、直接。定量指标主要可归为三类:投入指标、产出指标与比率指标。

(1) 投入指标

投入指标考察的是销售人员付出的努力,而不是这些努力所导致的结果。相对于结果来说,销售人员的努力行为更容易控制和改进。因此,在考评过程中通过发现导致销售业绩下降的个人努力因素,为销售管理提供改进的对象,从而提高销售人员工作的热情、质量和技能,最终提高销售业绩。

① 客户访问次数。影响销售业绩的一个重要因素就是访问客户的次数,访问次数在一定程度上与销售业绩成正比,也可以反映销售人员工作的勤奋程度。销售访问进一步分为计划内访问次数与计划外访问次数。计划内访问次数可以反映销售人员对客户的了解和掌控的程度,而计划外访问次数反映了服务客户过程中出现了意外情况或失误的次数。

② 工作时间和时间分配。工作时间和时间分配这两个指标能够直接用来考评销售人员与客户联系的程度。因而在许多企业,工作的天数以及每天访问的次数,已经成为评价销售人员工作努力程度的例行考评指标。通过对销售人员的工作时间以及其时间上的分配,可以判断该销售人员的工作效率。时间分配主要分为旅行时间、办公室时间和销售访问时间。

③ 销售费用。销售费用指标反映的是销售人员进行销售工作时在财务上的耗费。这个指标可用于衡量每次访问的成本等。许多企业将销售费用细分为各种类型，如交通费、住宿费、招待费等。企业既可以根据这些费用的总额来进行考评，也可以根据费用占其完成销售额的百分比来进行考评。通过将发生的费用与实际完成的销售业绩进行对比得到一个相对数，会更有考核价值。

④ 非销售活动。从长期来看，决定销售人员工作业绩的因素不只是销售人员与客户的直接接触，还应该包括一些非直接的努力。因此，企业有必要对销售人员的非销售活动加以考核。此类指标主要有：发出销售信件的数量、拨打销售电话的次数、向企业提出的合理销售建议的次数。另外，有一些宣传性工作也属于此类考核范围，比如举办促销或广告展示会的次数、召开经销商会议的次数、为经销商开办培训班的次数、访问经销商的次数、收到客户意见的数量等。

(2) 产出指标

产出指标是考评销售人员业绩的最为重要的指标。

① 销售量。销售量是绩效考评的重要指标，是销售工作重要的产出指标。考察销售量时不应该简单地以销售量的绝对数作为评价业绩好坏的标准。因为在实际工作中，不同地区、不同产品、不同顾客群所具有的潜在销售量是不同的。因此，应该根据不同地区、产品、顾客群的具体情况确定销售人员的销售定额，然后将销售人员的销售进行比较，以此相对数来判断任务的完成情况。

② 订单数量和规模。一般来说，订单数目的多少可以反映销售成功与否。订单规模的大小，通常更能反映出销售人员的工作能力、销售技巧及效率。如果每份订单的规模都比较少，说明销售人员可能时间管理不合理，将大量时间用于访问小客户上，而忽视了大客户。取消订单的数量可以衡量销售工作的有效性。如果一个销售人员的订单有很多被取消，则意味着他在进行销售的过程中可能过多地采用了强制性的战术，使客户在事后感到后悔而取消订单。

③ 客户数量。客户数量指标可以用来反映销售人员驾驭自己的销售区域的能力。现有客户数量反映了销售人员已控制市场的大小；新客户数量反映了销售人员开发新市场的力度和成效。客户流失数量可以用来考评销售人员在保持顾客忠诚度方面所做的努力和效果。逾期不付款的客户数量可以反映销售人员对客户信用考察的程度。预期的潜在客户数可以反映销售人员对潜在客户的判断能力的高低。

(3) 比率指标

常用的比率指标有以下几种。

① 销售目标完成率。销售定额一般是根据各个地区市场潜力的大小、往年的销售情况、不同的产品、顾客的类型以及公司的营销战略等因素确定的。

$$销售目标完成率=实际销售额/销售定额\times 100\%$$

② 销售费用比率。销售费用比率的计算公式为

$$销售费用比率=实际销售费用/实际销售额\times 100\%$$

销售人员发生的费用一般包括：出差费用、业务费用、薪酬等。销售费用比率高于平均水平，可能是销售人员工作效率低，也可能是其所在的地区市场潜力小。

③ 日均拜访客户数。日均拜访客户数计算公式为

$$日均拜访客户数=拜访客户总数/工作总天数\times 100\%$$

日均拜访客户数反映了销售人员工作的努力程度，通常与其工作业绩成正比。

④ 货款回收率。货款回收率计算公式为

$$货款回收率 = 已收货款 / 销售额 \times 100\%$$

通过此指标的评估,可以督促销售人员尽早收回货款,减少应收账款和坏账的比率,增加企业的现金流。

2. 定性指标

在建立定量考评指标时,也要建立定性指标,因为这类指标有时更反映销售人员工作的主动性、销售技巧以及个性特征等。定性指标考评的关键在于降低其主观性。定性指标一般包括以下几点。

① 销售技巧指标。其包括发现卖点、展示产品的技能、倾听技巧、克服客户异议、达成交易等。

② 销售区域管理指标。其包括销售访问计划、费用控制、销售记录、收集客户信息等。

③ 客户与企业关系指标。其包括对与客户、同事以及企业关系的处理。

④ 个人特点指标。其包括合作精神、工作态度、人际关系、个性、能力等。

(三)选择考评方法

销售人员绩效考评主要有以下几种方法。

1. 评分法

评分法就是考核人员对销售人员的销售行为进行打分,分值一般采用百分制。表13-2就是某公司对某销售人员的考核评分。

表13-2 某公司对某销售人员的考核评分

考评指标	分数/%
工作态度	90
创新能力	89
销售技能	85
外表和举止	82
沟通技能	81
进取心	80
计划能力	78
时间管理	73
产品知识	72
判断力	69
竞争知识	66
公司政策知识	59
报告准备和提交	59
顾客信誉	50
来自交易者和竞争者尊敬的程度	34
良好的市民形象	23

2. 图标尺度法

图标尺度法是指用图标尺度来衡量销售人员的销售行为。衡量销售人员沟通技能时可以采用如图13-1所示图标尺度。

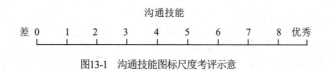

图13-1 沟通技能图标尺度考评示意

3. BARS法

BARS(behaviorally anchored rating scale，行为锚尺度)法是指以行为作为基础的分级法。BARS体系以行为为评价尺度，评价尺度上的每一个判断点，都可以由与工作有关的具体实际行为来说明。BARS体系认为各种影响销售业绩的因素的影响力是不同的，考评的关键就是找出主要影响因素。BARS体系的逻辑是：首先确定那些对销售成功起关键作用的行为；然后，恰当地描述这些行为，并给予一个分值(0~10)；最后，在此基础上再对销售业绩进行考评。整个考评过程一般应包括如下步骤：第一，由第一组专家确定销售业绩的具体表现形式；第二，由第二组专家回忆以前的好与坏的典型业绩实例，并进一步分析原因，确定哪些行为是决定业绩好坏的关键行为；第三，由第三组专家(或原来的第一组专家)将各种关键行为与相应的业绩表现联系起来，并根据业绩表现的有效性给予评分(0~10)，作为评价尺度；第四，用这一评价尺度来评价销售行为。表13-3就是一个用 BARS 法来衡量销售人员时间管理的例子。

BARS法具有评分法和图标尺度法没有的优点：第一，在实施过程中有多人参加，降低了考评结果的主观性；第二，当人们参与考评工作时，人们会愿意接受考评工作的结果；第三，详细地描述了特定的销售工作的有关行为。当然，BARS考评体系也存在不足之处，如它的开发成本比较高。

表13-3 用BARS法考评时间管理

时间管理绩效描述	行为评价标准
非常高：能非常好地进行时间管理	10 能很好地安排时间，能够按时完成和提交报告，按计划进行面谈 9 8 能很好地安排时间，提交报告很少迟到，并经常按计划进行面谈 7
中等水平：能达到时间管理的一般水平	6 大量工作能按计划去做，许多报告能按时提交，有时也能按计划进行面谈 5 4 没有在重要的顾客身上花足够多的时间，很少及时提交报告，很少按计划进行面谈 3 2 在低利润的客户身上花过多的时间，很少及时提交报告，很少按计划面谈
很差：不能使用时间管理原则	1 0 没有将客户进行等级划分，提交报告总是迟到，从不按计划面谈

4. 360°考核法

360°考核法就是由直接上级、其他部门上级、同事、下级和顾客对销售人员进行多层次、多维度的评价。这种方法避免了传统方法仅仅从一个人的角度考核所带来的主观性、片面性，使得考评结果更加全面和公正。360°考核体系示意如图13-2所示。

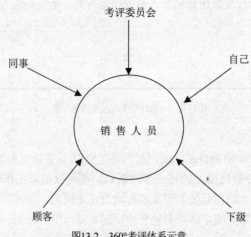

图13-2 360°考评体系示意

360°考评体系具有如下特点。

① 企业销售工作的完成越来越多地依靠销售团队的共同努力,个人更多地服从团队领导小组的领导,而不仅仅是对单个领导负责。因此,员工的工作业绩不应只由一名上级来评价,凡是了解销售人员工作情况的领导都可以参与销售人员业绩考评工作。

② 由于销售人员也会参与对管理者的工作考评,因此,在其对销售人员进行评价时会更客观。

③ 由于360°考评的结果来自于与销售人员工作有接触的任何的参与者,从不同的角度给予的评价会弥补单方面评价带来的片面性,使考评结果更加全面和真实。

(四) 实施绩效考评

这一步是绩效考评的具体实施环节,即对销售人员在某一绩效周期内的销售业绩与工作表现进行考评,将前面几个步骤中所涉及的指标、方法运用到考评工作中,比较他们实际绩效与考评指标所应达到的标准,得出销售人员绩效考评的结果。大多数企业按照固定的时间进行绩效评估。这一环节的成败主要取决于考评组织或考评人,如果前面几个步骤的准备工作做得很充分,这一环节只需要执行。这一阶段存在的最大问题是考评人难以避免的个人主观情感与偏见,比如考评人难免出现晕轮效应误差、近因误差、偏见误差、暗示效应误差、感情效应误差等问题,而这些误差也正是考评失真的常见原因。绩效考评毕竟是由人来执行和操作的,所以考评人的个人情感和主观偏见是无法完全避免的,只有对考评人员不断进行规范化的专门培训,才能减少考评中因主观偏见所造成的误差。

(五) 反馈考评结果

销售人员的绩效考评结束后,销售经理应就考评结果与销售人员进行绩效改进面谈与辅导,给予客观评价,并分析绩效优秀或不佳的原因、寻求解决方案、制订改进计划和下一个绩效周期的目标。

绩效考评之后,对被考评人进行考评意见反馈是很重要的,因为进行绩效考评的一个主要目的就是改进绩效,所以销售经理和销售人员应根据反馈结果安排绩效改进计划。销售人员的绩效考评结束后,销售经理应将考评结果通过面谈反馈给销售人员,这种面谈应在和谐的气氛中,是咨询性、讨论性面谈，通过面谈应当设法达到以下目的。
① 对被考评者的表现达成双方一致的看法。
② 使被考评者认识到自己的成就和优点。
③ 指出被考评者有待改进的方面。
④ 制订绩效改进计划。
⑤ 协商下一个绩效管理周期的目标与绩效标准。

第二节 销售人员的报酬制度

在社会主义市场经济条件下，企业要想在激烈的市场竞争中生存并发展壮大，关键在于能否建立一支能征善战的销售队伍。作为企业综合实力的一个重要体现，销售队伍建设被作为大多数企业销售管理工作的首要问题。而对于销售报酬制度的选择与确立，又是销售队伍建设中的关键。有人把销售报酬制度视为销售管理工作之"纲"，只要善于抓住和利用这个"纲"，就能使复杂的管理问题易于解决。正因为如此，企业销售报酬制度的确立，绝不是一个战术性的问题，而应该是一项长期的战略方针。我国企业要想拥有一批素质过硬、能力较强的销售人才，关键在于企业能否为他们建立一套科学的、合理的、有吸引力的报酬制度。

一、销售人员报酬的含义

从狭义的角度看，报酬是指企业员工获得的以工资、奖金以及以金钱或实物支付的劳动回报。从广义的角度看，报酬包括经济性报酬和非经济性报酬以及个人发展机会。经济性报酬指工资、奖金、福利待遇和带薪休假等；非经济性报酬指企业根据销售人员的业绩表现给予的一种精神方面的鼓励；个人发展机会指企业为有潜力的或业绩突出的销售人员提供一些培训、职位晋升的机会和发展空间。

销售报酬是指销售人员通过在某组织中从事销售工作而获得的利益，一般包括以下几个部分。

1. 基本工资

基本工资是据销售人员的销售技能、工作的复杂程度、责任大小以及劳动强度为依据，按员工完成定额任务(或法定时间)的实际劳动消耗而计付的工资。它是相对稳定的报酬部分，也是销售报酬的基础，它在销售人员的总报酬中所占的比例根据企业、职位、时期的不同而不同。

2. 津贴

津贴是工资的政策性补充部分，也是为了补偿和鼓励员工在恶劣工作环境下的劳动而计付的薪资，或对交通、通信等付出的补偿，例如，给予高级销售职称人员的职称津贴、岗位津贴、地区补贴、出差补贴等。

3. 绩效工资

绩效工资又被称作佣金或销售提成，它是根据销售人员的销售业绩给予的报酬，是销售人员销售报酬的主体，它的作用在于鼓励员工不断提升工作效率和工作质量。

4. 福利

福利通常指销售人员均能享受的、与其贡献关系不大的利益，是作为基本工资补充的一系列措施或实物的总和，如企业的体育文化设施、医疗保健、优惠住房、带薪休假等。福利一般是根据国家政策给予的。

5. 奖金

奖金是根据销售人员的工作业绩或企业经济效益的好坏发放的奖励，如超额奖、节约奖、销售竞赛奖、年终综合奖等。

6. 保险

保险是指企业在销售人员受到意外伤害或失去劳动能力以及失业时为其提供的一种补助，例如工伤保险、医疗保险、失业保险等。

另外，销售人员的报酬不仅限于经济方面的报酬，还包括精神的、自我发展方面的回报，如参加培训、获得职位的晋升等。

二、销售报酬的作用

销售报酬是一种激励，而受到激励的销售人员会更加积极、努力地做好销售工作，会促进销售业绩的提升，从而有利于企业目标的实现。因此，设计和实施一套科学、有效的销售报酬制度是非常重要的。

（一）激励销售人员，促进企业销售目标的顺利实现

销售报酬不仅给销售人员提供了生活需要的物质基础，也给予了他们在精神方面的鼓励，全面地满足了销售人员在生理、安全、社交、自尊以及自我实现的需要。报酬是否公平合理对销售人员的工作积极性起着决定作用。科学、合理的工作报酬能让销售人员以最大的热情投入工作中，促使他们超额完成任务，最终实现企业的销售目标。从企业的角度看，报酬是人力资源管理的一项重要工具，可以用来保护和激励销售人员的工作积极性。

（二）保证销售人员利益的实现

从报酬的内涵来看，报酬实际上是企业和销售人员之间的一种公平交易，它根据销售人员劳动付出的多少、工作业绩的好坏给予相应的补偿。这种补偿既有生活上的物质利益，又有精神层面的激励，如个人职业生涯的规划、职位的升迁以及个人价值的实现。因此，科学、合理、公平的报酬制度是销售人员利益实现的保障。

（三）协调关系、配置资源

报酬管理是企业管理的一部分，企业可以从全局出发，把报酬管理和其他的管理环节结合起来，可以有效地配置人力资源，实现资源的效用最大化。另外，企业可以根据环境的变化或者企业的战略目标不断地调整报酬制度，从而将管理者的意图有效地传达给销售人员，协调销售人员和企业之间的关系，促使个人目标与组织目标的一致化。

实例13—2

随着国有企业改革的推进,某大型金属加工企业遇到了人才流失、引入人才困难、现有员工积极性不足等问题。经过调研发现,问题发生的根源就是公司的薪酬体系。公司一直延续自公司成立以来的定薪制度,然而随着业务结构的重组,一些部门职位的职责不断增加,出现责权利不对等的问题,员工抱怨岗位工资相同但是工作量不同,出现"干多干少一个样"的心理认知。并且,员工普遍反映"只有熬年头升职才能加钱",并没有其他调薪途径。老员工根据初进公司定下的岗位分配薪酬,升职时间较漫长,而新招入的员工主要依靠学历等条件对应岗位等级发放薪资,便会存在干了几十年后专业技术较强的老员工却没有新入职员工的工资高的现象。

为此,该企业不断进行咨询改进,不仅优化现有薪酬结构,建立依据人员能力等级、岗位类型、业绩情况的不同而调整的现有薪酬机制,"以能力定薪、以业绩定薪、以责任定薪",保障各个环节的薪酬公平性和激励性;并逐步建立规范的薪酬调薪机制,确定科学的调薪依据、标准和规则,通过科学的工具和方法制定并且保证公开性,提升了员工的积极性和满意度。

(资料来源:https://zhuanlan.zhihu.com/p/497179819)

三、建立销售人员报酬制度的原则

市场销售作为一个特殊的行业,在现代市场经济条件下对企业的生存起着至关重要的作用,因此在销售报酬方式的安排上,应该结合行业的特点,建立具有特色化的报酬制度。但采取具有特色化的报酬制度,并不意味着无原则地进行。另外,随着市场环境的不断变化,企业现行的报酬制度也需要进行相应的改变。也就是说,目前情况下令人满意的报酬制度,经过一段时间之后可能不再适应企业的发展,变得效率低下甚至有碍于企业目标的实现。但是如果企业经常调整其报酬制度,不但会增加企业的运营成本,而且让销售人员产生不安全的感觉,影响其工作情绪。因此,销售人员的报酬制度的建立应该遵循一定的原则。

(一)公平性原则

常言道:"不患不均,而患不公。"企业员工对报酬的公平感,也就是对薪酬发放是否公正地认识和判断,是设计报酬制度和进行报酬管理时要考虑的首要因素。公平的赏罚是取得员工的信任、争取员工支持并为企业做出更大贡献的基础。当员工为企业努力工作、业绩突出时,无论他是企业的骨干,还是一般员工,也不论他以前曾有过什么过错,都应该公平地给予奖励。对于从事不同销售工作的人员,应该力求相对公平,不能让销售人员在付出相同努力的情况下获得不同的报酬,这样就给销售人员一种误导,使销售人员更加注重某些工作而轻视另外的一些工作。

一般来说,只有当销售人员感到他得到的报酬是公平时才会有满足感,报酬才会起到激励的作用,否则,他会通过减少工作投入或离职等措施来降低其不公平感。总之,只有保持销售报酬制度的公平性,才能保持销售人员的工作热情,最终实现企业的整体目标。

(二)目标一致性原则

销售人员的报酬制度的设计最终是为了企业销售目标的实现,因此要使销售报酬制度的建立与销售目标保持一致性,符合实现销售目标的基本要求,必须能够最大限度地促进销售目标的完成。销售报酬是激励销售人员的重要因素，是促使销售人员努力完成销售目标的保障。建立科学合理的销售报酬制度不是目的，而是实现目的的措施和手段，这是在销售管理工作中必须重视的原则。

（三）激励性原则

企业的销售目标最终靠销售人员来完成，销售人员只有在有效激励的情况下才能以最大的热情和动力去开拓市场，完成企业下达的销售任务。而报酬是企业对销售人员进行激励的重要手段。报酬能否起到激励作用和报酬的制度设计密切相关。在企业内部，不同职务、不同级别、不同销售业绩的销售人员之间的薪酬水平应该有一定的差距，从而不断地激励员工提高工作绩效，因为当他们因业绩突出时，将获得更高的薪酬水平。除此之外，适当拉开不同销售业绩的销售人员之间的薪酬差距，还可以吸引其他企业，甚至是竞争对手中的优秀销售人员到本企业来工作，不仅增强了自身的实力，而且削弱了对方的竞争力，从而使本企业在竞争中处于有利地位，不断扩大市场份额，不断成长。

（四）竞争性与经济性原则

竞争性是指在社会上和人才市场中，企业的报酬水平要有吸引力，才足以战胜竞争对手，招到企业所需的销售人员，同时也能留住优秀的销售人员。企业薪酬的竞争力直接和企业的外部报酬政策相联系。企业外部薪酬政策主要是处理企业与外部市场的关系。报酬政策的制定，反映了企业决策层是否将薪资作为提高企业竞争力的一个有效手段。在分析同行业的薪酬数据后，企业可以根据企业状况选用不同的薪酬水平。企业在制定报酬制度时要综合考虑各种因素，使企业的报酬相对竞争对手具有一定的竞争力。

提高销售人员的薪酬水平，可以提高薪酬的竞争性与激励性，但同时不可避免地导致企业销售费用的上升和销售利润的下降，这一点在销售类企业中非常明显。因此，销售人员薪酬水平的高低在一定程度上会受经济性的制约。这需要企业在销售业绩和薪酬水平之间找到一个合适的平衡点。原则上要保证报酬增长水平低于销售利润的增长水平。总之，要设计出科学合理的报酬制度，就必须认真研究各种报酬影响因素，兼顾竞争性和经济性。

（五）稳定性原则

稳定性原则具体表现在两个方面：一是不论企业面临的市场环境如何变化，销售人员的业绩如何波动，销售人员都应该得到一笔维持销售人员基本生活的稳定收入，不至于使他们产生不安全感，这笔稳定收入主要与销售人员所在销售工作岗位有关，而与其销售业绩的好坏无关；二是报酬制度在时间上要相对稳定。虽然随着时间的推移和环境的变化，报酬制度应该做出相应的调整，但是报酬制度已经建立，在一定时间内(至少一年)应当保持相对稳定。否则，经常变动的报酬制度会影响销售人员的士气，使他们不能安心从事销售工作，甚至消极怠工，不能完成企业的销售目标。

（六）灵活性原则

报酬制度的建立应该既能满足各种销售工作的需要，又能比较灵活地加以运用，即科学的报酬制度应该具有变通性，能适应和应用于不同的情况。不同的企业都有各自的组织文化、战略目标、经营情况，面临的市场环境也有很大的差异，导致不同的行业或同一行业内不同企业之间的报酬制度有很大区别。即使在同一个企业也应该根据不同地区、产品、销售人员的需要确定不同的薪酬方式。因此，企业在制定报酬制度时应综合考虑企业内外部多种因素做出科学的决策。这样确定的报酬制度具有灵活性，在执行中对销售人员的激励效果才能最佳。

（七）控制性原则

销售人员的报酬制度是一种激励手段，同时也应该是企业的一项有效控制的手段，即销售人员报酬制度的建立应该体现出组织对销售人员工作的导向性。这样的报酬制度是将销售人员的个人目标融入企业的大目标里，实现对销售人员的有效控制。企业制定具有激励性的报酬制度可以最大限度发挥销售人员的潜力，但是不能以牺牲必要的控制能力为代价，这样才能保持销售队伍的稳定和促进销售人员的健康成长，最终保证企业占有市场。为了实现这一点，企业必须承担必要的投入风险，而不能把绝大部分的风险转嫁给销售人员。

四、确定销售报酬水平时应考虑的因素

一般来说，销售管理人员在确定销售报酬水平时应该考虑以下因素。

（一）企业的特征

在考虑销售人员的报酬水平时，首先要考虑企业的特征，其中包括企业的战略目标、企业文化、销售策略、产品特点、成本构成以及未来发展方向等。

（二）企业经营策略和目标

企业在确定销售报酬水准时，应根据企业内外部环境，考虑企业的经营目标层次及优先次序。企业经营目标通常有：开拓市场或提高市场占有率；保证合理稳定的企业利润；提升企业的销售业绩；建设销售队伍，为未来发展打下基础。

在调整销售报酬水准时，企业通常要考虑以下因素：市场的发展的状况如何，是否景气？同行竞争对手目前的状况如何？本企业产品的市场份额有什么变化？销售费用和企业利润的变化情况如何？销售人员对企业现行的报酬制度和水平有什么看法？

（三）财务及成本因素

企业的财务状况如何？销售成本在销售收入中占的比重是否合理？现行销售报酬水平是否合理？企业信用政策如何，目前赊销所占的比重如何，对企业的现金流影响如何？

（四）行政及管理上的考虑

报酬计算的标准、方式是否容易理解和执行？宣布或调整销售水准是如何宣布，可能遇到哪些阻碍？在制定销售报酬方案之前，是否先征集销售人员和销售经理的意见？现行销售报酬水平对销售人员的激励作用有多大？有没有需要改进的地方？对不同年龄、职位、权责不同的销售人员各自采取什么样的报酬方式？

（五）其他因素的考虑

行业间的报酬水平差距如何，同一行业间不同企业的报酬差距如何？企业产品所在市场之间的地区差异大不大？企业销售人员的受教育程度如何，销售经验是否丰富？劳动力市场供求如何？国

家的相关法律和政策有什么限制?

五、销售报酬制度的类型

(一) 纯薪水制度

无论销售人员的销售额有多少,均可于一定的工作时间之内获得一种定额报酬,即所谓的"计时制"。此类薪水制度多用于销售文秘兼内勤,或适用于集体努力的销售工作。该制度的优点是:易于了解,计算简单;销售人员收入可获得保障,以使其有安全感;当有的地区有全新调整的必要时,可以减少敌意。该制度的缺点是:缺乏鼓励作用,不能继续增加成果;就报酬多寡而言,有薄待工作优良者及厚待工作恶劣者之嫌。

(二) 纯佣金制度

该报酬制度是与一定期间的销售工作成果或销售数量直接挂钩的,即按一定比率给予佣金。这样做的主旨是给销售人员以鼓励,其实质是奖金制度的一种。该类型的报酬制度适用于企业的产品刚上市,需要迅速开拓市场,雇用的销售人员为开拓型时采用,或销售人员为"推销型"人员时采用,它可以最大限度地激发销售人员的工作热情。佣金计算的基础是销售金额(如毛收入或净收入);其计算可以基于总销量,也可以是基于超过配额的销量,或配额的若干百分数。另一种较难计算的公式是根据销售人员的活动或表现来确定,这种方法较公平,但却较难实行,支付佣金的比率可以是固定的,也可以是累进的(即销量越大,佣金比率越高,比率也可以递减,即销量越大,比率越低)。佣金比例也应顾及产品性质、顾客、地区特性、订单大小、毛利额、业务状况的变动等。

该制度的优点是:富有激励作用;销售人员可以获得较高的报酬;控制销售成本较容易。该制度的缺点是:有销售波动的情况下不易适应(如季节性波动及循环波动);销售人员的收入欠稳定;增加了管理方面的人为困难。

(三) 薪水加佣金制度

薪水加佣金制度调和了纯粹薪水制度和纯粹佣金制度两者的不足。薪水加佣金制度是以单位销售额或总销售额金额的较少百分率做佣金,每周连同薪水支付,或年终结束时累积来支付。在企业的产品已进入成长期,销售较为稳定时,可考虑使用此种报酬制度。该制度的优点是与奖金制度相类似,既有稳定的收入,又可获得随销售额增加的佣金。其缺点是佣金太少,激励效果不大。

(四) 薪水加奖金制度

即销售人员除了可以按时得到一定的薪水外,还可获得许多奖金。当企业的产品已进入成熟期,市场需要维护和管理时,企业所雇用的销售人员多为管理型人员时可以考虑采用这种报酬制度。该制度的优点是可鼓励销售人员兼做若干涉及销售管理的工作,缺点是不重视销售额的多少。

(五) 薪水加佣金再加奖金制度

该报酬制度兼顾了上述三种方法,以薪水维持稳定,给销售人员以安全感,利用佣金及奖金激发其提升工作成效。该制度融合了上述三种方法的优点,在企业产品进入成长期、成熟期,销售人员为"开拓型"或"管理型"时均可考虑采用这类报酬制度。只是在采用这种报酬制度时一定要考虑到行政及管理上的因素。该制度的优点是收入稳定,管理方面也能有效地控制销售人员,缺点是实行此制度需要较多有关记录及报告,因此提高了管理费用。

(六) 特别奖励制度

特别奖励制度是规定报酬以外的奖励,即额外给予的奖励。此项额外奖励分为钱财奖励及非钱财奖励两种。钱财奖励包括直接增加薪水或佣金或间接的福利(如假期加薪、保险制度、退休金制度等)。非钱财奖励的方式很多,例如,通过销售竞赛给予销售人员一定的荣誉,如记功、颁发奖章及纪念品等。该制度的优点是鼓励作用更为广泛有力,常常可以促进滞销产品的销售,缺点是奖励标准基础不够可靠,容易使销售人员感到不公平,带来管理困扰。

六、销售报酬制度的目标模式

根据上面对销售报酬类型的分析,对多数企业而言,理想的销售报酬模式应该采用"薪水(工资)+奖励(提成)"的方式,即确保销售人员有一个稳定的薪水(工资)收入,并根据其贡献大小获得额外的奖励(提成)。薪水主要包括基本工资和福利,奖励包括佣金、奖金和荣誉等。这种报酬制度保持了较大的灵活性,可以根据具体情况的差异,进行相应的变通性调整。从薪水(工资)与奖励(提成)的关系来看,大体上存在四种具体的模式,适合于不同的企业或企业的不同经营时期。

1. 高薪水与低奖励组合模式

这种模式比较适合于实力较强的企业,或具有明显垄断优势的企业。这样的企业通常建立了比较良好的企业文化,并为销售人员提供了良好的福利和各项保证,销售人员具有强烈的归属感和荣誉感。由于企业的性质和销售岗位的特点,销售人员的岗位薪水通常高于其他行业或企业,从而使销售人员在社会公平的比较中获得明显的优越感。正因为如此,即便企业所提供的额外奖励幅度较小(通常相当于岗位工资的20%~50%),该报酬方式亦能具有较大的激励作用。

2. 高薪水与高奖励组合模式

这种报酬模式通常适合于快速发展的企业。由于其迅速成长的特性,需要不断加强对销售队伍的刺激力度,以扩大对市场的占有和击败竞争对手。同时,处于发展中的企业又必须加强对销售人员的行为控制,以确保企业战略的实现。实行这种报酬模式的企业往往具有较大的凝聚力和团结作战的能力,要求销售人员具有较高的文化素质,能准确理解公司的战略意图。但应该警惕未来发生风险的可能性,因为蓬勃发展的局面并不总是伴随着企业。该报酬模式除了其岗位工资高于其他行业或企业外(甚至高于公司内其他岗位的员工),其额外奖励的幅度通常大于岗位工资的50%,甚至数倍。

3. 低薪水与高奖励组合模式

这种报酬模式具有准佣金制的性质,销售人员的薪水不仅低于其他行业或企业,也可能低于公司内其他岗位的职工。这些薪水主要用于正常的生活费用,甚至仅仅相当于部分促销补贴。在一些企业,其数额仅仅相当于企业平均工资的1/4~2/3。但在奖励幅度上比较大,可以达到其销售业务额的1%~5%。该报酬模式通常适合处于夕阳时期的企业或产品,有助于企业收回应有的收益,或减少可能的损失。在市场竞争比较激烈、企业具有一定优势而管理力量较为薄弱的情况下,也可以采用这种方式。

4. 低薪水与低奖励组合模式

实行这种报酬方式的企业,经营状况一般不是太好,或者正处于企业创业的困难时期。尽管从社会比较的角度来看,这种报酬方式处于劣势,但由于该报酬方式很可能依据企业的实际而确定,因而如果做好宣传说明工作,也会得到销售人员的谅解。但需要说明的是,企业实行这种报酬方式的时间不宜太久,在条件改观时要适时进行调整,否则会使销售人员失去一定的耐心,而转向为其他企业效力。

七、销售人员报酬制度的实施

通常情况下,企业的报酬制度一经确定,就应该向全体销售人员进行详细说明与宣传,确保他们了解和掌握公司的报酬制度,避免产生误解。在实施销售报酬制度的过程中,一般做好以下几方面的工作。

(1) 工作价值评估

工作价值评估是销售经理在对各个工作岗位进行工作描述和职责确认的基础上帮助企业确定不同工作的价值。在某些情况下,销售经理被邀请作为企业工作评价委员会的成员。

(2) 协商起始薪水

在大多数情况下,企业在雇佣销售人员时要协商起始薪水。销售经理应该重视新进销售人员的起薪问题,坚持公平和同工同酬的原则,根据同行业的情况和企业自身的发展战略确定合适的起始薪水。

(3) 建议加薪和提升

销售经理通常会对加薪和提升提出建议,此时,科学、公正的绩效评估非常重要。带有偏见和不准确的绩效评估将会导致不公平的报酬决策,从而会打击销售人员的积极性,导致销售业绩下降,甚至会引发跳槽和有关法律争端问题。

(4) 把销售人员工作变动情况及时通知人力资源管理部门

销售经理在调整他所主管的销售人员工作的内容和职责时要及时地通知人力资源管理部门。人力资源管理部门根据最新的工作状况重新评价薪金水平。

(5) 帮助销售人员获得应得津贴

销售经理应该对企业的津贴政策非常熟悉,并将这些政策规定传达给销售人员。销售经理有责任帮助销售人员得到应得的津贴,即使是对即将离职的销售人员。

本章小结

业绩考评可以改善和提高企业的效率和竞争力。业绩考评的意义体现在:有助于实现企业的销售目标;有助于提高组织的生产效率和竞争力;业绩考评是确定薪酬和奖惩的依据;有助于发掘和培养人才;有利于加强对销售人员及其销售活动的管理。销售人员的业绩考评工作应按照一定的程序进行,一般包括五个步骤:收集考评数据和资料、建立业绩考评指标、选择考评方法、实施业绩考评、反馈考评结果。

销售报酬是指销售人员通过在某组织中从事销售工作而获得的利益,一般包括:基本工资、津贴、绩效工资、福利、奖金和保险等。一般来说,销售管理人员在确定销售报酬水平时应该考虑以下因素：企业的特征；企业经营策略和目标；财务及成本因素；行政及管理上的考虑和其他因素的考虑。销售报酬制度的目标模式有高薪水与低奖励组合模式、高薪水与高奖励组合模式、低薪水与高奖励组合模式和低薪水与低奖励组合模式。

案例分析

A集团有限公司是全国大型零售企业之一，旗下拥有两家子公司和多家控股公司，业务领域涉及综合大型超市、精品超市、百货店、商业地产及广告代理等。凭借一流的产品质量和服务，该公司获得了迅速发展，到目前为止，该公司总资产约1.2亿元，在全国20多个重点城市拥有80多家大型超市，建立了覆盖全国范围的连锁零售网络，员工人数近万人。

自成立以来，该公司领导在企业管理，特别是人力资源管理方面，投入了大量的精力，并明确了以资产为纽带、以市场为导向、以人力资源管理为核心的发展战略规划，希望能通过商品结构、产业结构、组织机构和业务流程的连接与再造，迅速壮大企业规模，提高企业的核心竞争力。随着企业的逐步发展，其管理体系的漏洞也逐渐显露出来，其中，薪酬管理问题一直是困扰企业管理者的难题。

经过专家深入的访谈和分析，发现A集团的薪酬管理存在以下几个问题。

① 缺乏内部公平性，同工不同酬现象较为严重。目前，该公司员工的薪酬水平缺乏明确的标准依据，员工工资水平多是参照外部单位的薪酬水平和员工的学历、工作年限等因素制定，即使是同一岗位的员工，其基本工资也可能因为员工学历不同、工作经验不同，甚至是因为入职时间不同而产生差异。部分职能部门员工与业务部门员工的工资水平又相差无几，尽管其承担的责任和风险相差很大，不同的付出却得到近乎相同的回报，员工对此抱怨也很多。

② 薪酬结构单一，缺乏激励性。目前，该公司的薪酬结构如下：工资总额=基本工资+月度奖金，其中基本工资为固定值，月度奖金根据公司业绩进行调整，为变动值，且大多职位工资的浮动相同或相差不大，固定工资部分占全部工资的绝大部分，而浮动工资的比例则很小。在这样的工资结构下，员工贡献与工资水平的关系不大，加上公司没有严格的绩效考核制度，奖金的发放也趋于平均化，只要工作中不出现重大错误就可以拿全奖，这样没有人愿意承担责任和风险，尤其是一线业务人员只是按部就班地开展工作，严重影响了员工的工作积极性和企业业绩的提升。

③ 薪酬水平的确定及调整缺乏必要的依据。目前，该公司缺乏科学、合理的绩效考核体系以及工作分析和岗位评价体系，也就无法为薪酬水平的确定及调整提供必要的依据，导致该公司确定或调整薪酬水平的随意性较大，多依照员工直接上级的主观评价，这就使得员工不能专注于自身素质的提高，反而热衷于职场政治，通过在上级面前的各种"表现"来实现工资水平的提高。优秀员工的才能得不到施展和发挥，良好的工作氛围被破坏，制约了企业的长远发展。

(资料来源：https://www.hrloo.com/lrz/14581274.html)

案例讨论题：

1. 该企业的薪酬结构存在哪些问题？请为其设计一个合理的报酬制度。
2. 如果你是该企业的销售管理负责人，你将如何建立该公司的绩效考评体系？
3. 利用本章所学知识，提出针对各项问题的解决方案。

复习思考题

1. 销售人员业绩考评的意义和原则是什么？
2. 销售人员业绩考评的程序有哪几步？
3. 建立销售人员报酬制度的原则有哪些？
4. 销售报酬制度的目标模式有哪些？

思政大纲

章名	知识点	思政德育融入点
销售人员的考评与报酬	销售人员的业绩考评	通过券商财富管理人员面临的困境阐明了业绩考评对于企业的重要意义，并指出在进行业绩考评时需要遵循的各项原则；企业必须合理制定和更新销售人员的业绩考评制度，不断适应市场情况，从而科学评价销售人员的工作能力，保障员工的企业忠诚度
	销售人员的报酬制度	以某金属加工企业为例，提出报酬制度需要达到的目标和需要遵循的原则；报酬制度并不能随心所欲地制定，它直接影响到了员工的获得感和幸福感，从而影响企业绩效

第七篇　销售控制管理

➤ 第十四章　销售诊断、分析与评价

第十四章
销售诊断、分析与评价

学习目标

学完本章后，应当能够：
(1) 了解销售诊断的步骤；
(2) 熟悉销售诊断的内容；
(3) 了解销售分析与评价的作用和步骤；
(4) 掌握销售活动分析的方法；
(5) 掌握销售分析与评价的指标。

思政目标

(1) 明确企业在销售管理中对销售现状进行诊断与分析的重要性，从而不断调整销售计划使之更加适应市场。

(2) 马克思主义哲学指出，客观世界是不断发展变化的，如果忽视外界的发展变化，即使原来的真理也会成为谬误。因此，及时对销售计划进行反思是十分必要的，本章内容为企业提供了方法论的指导。

导入案例

瑞幸咖啡在外卖平台上推出"超低价格"，两杯咖啡只要6元，动作迅速的消费者已经成功下单。随后，瑞幸解释称，由于饿了么后台价格设置问题，导致瑞幸椰云套餐价格短时内出现错误。但外卖平台不认账，称通过技术排查发现这次的乌龙价格并非饿了么平台方的设置错误。近年来，经营者标价出错问题频频发生，商家究竟是"无心之失"，还是刻意营销，引发了各界质疑。

即便只是工作失误，但缺乏充分透明的证据证明经营者标注超低价格确属"操作失误"，也难免让它看起来更像一次故意营销。经营者在后续处理时，应当尊重消费者的合法权益和诉求，适当予以补偿，把可能的恶意对垒转变为善意的对话。无论是系统出错还是营销手段，企业都要有一份对消费者的责任，这份责任才是企业生存和获利的源泉。

(资料来源：https://finance.sina.com.cn/esg/sr/2022-04-28/doc-imcwipii6950263.shtml)

对于企业而言，随着时间的推移，其销售活动并不总是一帆风顺的，可能会出现消极的波动。这种波动产生的原因可能是多方面的，需要企业管理者及时对企业的销售活动进行审查和思考。对销售活动的淡漠和忽视对于企业的危害是巨大而深远的。因此，企业管理者应该掌握科学的策略和方法，应对企业的销售危机，确保企业营销战略的实施。

第一节　销售诊断

销售诊断借用了医疗学说的一个名词，非常形象地诠释了这一企业的经营活动。社会学中把企业称之为"法人"。同"自然人"一样，"法人"也有自己的生命周期，也有"生老病死"。当一个企业的销售业绩停滞不前，甚至下滑不止时，或者希望自己的业绩进一步提升但又找不到良方时，企业就需要借助营销专家进行销售诊断。销售诊断就好像给企业"看病"一样，即找出症结所在，这样才能对症下药，帮助企业恢复健康。

一、销售诊断的步骤

销售诊断是一项复杂的综合性工程，它涉及企业销售的方方面面。在进行销售诊断的时候，我们往往会尽可能地将自己与企业和市场融合，力争在最短的时间里使自己成为一个行业专家。一旦开始投入销售诊断，我们便会保持高速运行的状态，并且时时交流、汇总、分析、探讨。一般来说，销售诊断可以分为预备诊断阶段和正式诊断阶段。

（一）预备诊断阶段

预备诊断是指诊断人员进入企业后听取企业领导介绍企业情况、视察企业经营现场、进行职工意见调查、深入了解企业营销状况等活动。在预备诊断阶段，初步找出企业营销活动中存在问题的基础上，要确定企业诊断的重点诊断方向和关联课题，以便制订出切实可行的诊断计划，为正式诊断做好准备。这个阶段，需要合理安排两至三天时间的工作程序和步骤，以确保工作的科学性、有效性。

这个阶段的具体步骤如下。

第一，听取详细的企业情况介绍，整理分析数据资料。在这一过程中，企业经营管理者应向诊断小组介绍企业的发展历史、生产结构、产品销售状况、经营方针、目标、战略以及企业对诊断小组的要求等。同时，企业人员应向诊断人员说明企业内部对诊断的安排情况及联络人员和有关管理人员，并且将已备的数据资料递交诊断小组。

第二，亲临企业经营现场，按照销售流程，对企业进行有目的、有针对性的现场考察。在这一过程中，需要利用目标捕捉法和诊断中的"望"字诀，捕捉到问题及其要害，为选定销售诊断课题提供依据。

第三，调查、了解员工的想法和意见。在这一过程中，为了解员工的想法和意见，常用调查问卷式方法、小组会、面对面访谈等全面了解企业现行的经营状态和员工的思想动态。

第四，选定诊断课题。诊断小组要将企业经营中最关键、最迫切的问题作为企业诊断的重点、设立正式的诊断目标、选定诊断课题。

第五，组成课题小组、制订主体诊断计划。当确定的课题相对复杂时，就需要组成课题小组。为使工作顺利进行，就需要制订正式的诊断计划。诊断计划完成后，需与受诊方沟通协商，双方达成共识。

（二）正式诊断阶段

正式诊断是整个诊断工作的关键环节，它是对企业营销活动深入研究的过程，也是改善方案的设计和形成过程。正式诊断的工作面宽、工作量大，更主要的是这个过程实际上是在努力地寻找和挖掘最根源的东西，诊断者必须具有敏锐的思维和善于发现问题的眼光，随时发现和抓住一些关键问题。

这个阶段的具体步骤如下。

① 专题调查分析。诊断小组根据已确定的专题，深入企业现场调查研究，进行定量解析和实际测定工作，为诊断报告的形成提供充实的客观依据。例如，专题诊断的项目可根据诊断目标的需要而设立，如专题调查分析项目可包括销售产品、销售价格、分销渠道、促销分析等。

② 综合分析。它是整个诊断过程的核心部分，其质量的好坏直接决定了整个诊断水平。综合分析，一般是在专题分析的基础上，由诊断企业的特点和诊断的范围决定的。

③ 制定改善方案。诊断小组在进行专题综合分析后，基本掌握了企业的经营状况，明确了改进方向。在此基础上，要研究和制定企业诊断的改善方案。

④ 筛选最佳改善方案。诊断小组在制定了改善方案的基础上，还要进一步提供方便企业管理者筛选的依据，依据应包括方案目标、预期效果、成本因素、可行性、优点和缺点。

⑤ 撰写诊断报告。经过论证修改并征得用户同意后的诊断方案，要认真进行文字整理，写成销售诊断报告。

二、销售诊断的内容

销售诊断是一项复杂的系统工程。销售组合诊断可分为产品诊断、价格诊断、促销诊断、渠道诊断等。

（一）产品"问题"诊断

产品是营销的对象和载体，是企业市场营销活动的主体。对市场中产品的分析是企业销售诊断的主要组成部分。常用的产品检查表如表14-1所示。

表14-1　产品检查表

1. 产品的销售量是否在逐渐减少？
2. 产品的价格是否在下跌？
3. 产品的市场占有率是否降低？

(续表)

4. 现有产品的品质、价格是否比竞争者产品有优势？
5. 竞争对手是否推出改良产品？
6. 生产设备是否运作良好？
7. 生产人员是否认真尽职？
8. 推出的改良品是否成功？
9. 季节变化是否会缩减销售量？
10. 产品的原料供应是否发生变化？
11. 产品的经销商是否提出要求？
12. 产品的成本是否在上涨？

通过检查分析，常见的产品"问题"有以下方面。

① 产品质量不佳。产品的质量是企业生存的首要条件，也是消费者购买产品的首选因素。产品质量包括产品的功能、寿命、安全性、可靠性、经济性等几个方面。产品质量的好坏，是企业生产过程中多种因素共同作用的结果。在深入分析时，可以从企业质量管理、员工的技术水平、设备的先进程度、原材料的质量、生产工艺等多方面寻找原因，从而及时发现影响产品质量的薄弱环节，采取措施，提高产品质量。

② 产品造型、包装有缺点。良好的产品造型、包装可以引起消费者的购买兴趣。然而现在有许多产品不是外观太粗糙，就是包装过于精细。包装过于粗糙的产品不能给消费者以美感，而产品包装过于精细，比如层层包装，这也会令消费者有华而不实的感觉。

③ 产品上市太久或是已逐渐成为夕阳产品。现代社会，生活水平不断提高，对产品的求新心理很强烈。如果产品一直不更新换代，消费者会对其逐渐失去兴趣，特别是在如今科技日新月异的社会中，新产品不断涌现，某种产品不经意间就会被淘汰，如电子产品的更新换代相当快。

④ 消费者的消费需求趋势转变。消费者的消费需求是不断向前发展的，当低层次的需求得到满足后，就会向更高层次的需求发展，产品要适应消费者需求的变化。新产品的开发是企业不断满足复杂多变的市场需求的物质基础，因此，为了满足消费者消费需求趋势的改变，企业应重视新产品的开发。

⑤ 公司某一产品线种类太少，没有给顾客充分选择的机会。所以，为了满足顾客需求，企业应在研究与开发方面加强，多开发新产品。

⑥ 竞争厂家推出新产品，其技术、品质或造型等方面胜过该公司产品。

⑦ 新产品的功能不符合顾客的实际需要。如某些多功能产品并不符合实际需要，其功能往往是"多余"的。

（二）价格"问题"诊断

价格是产品竞争力的关键因素之一。价格直接影响着产品能否为顾客和市场所接受、市场需求量和市场占有率的高低、市场竞争力的强弱以及企业的利润水平。

对价格策略的诊断，应该在深刻认识影响和制约定价的各种因素的前提下，从定价程序、项目等多方面全面展开，如表14-2所示。

表14-2　价格检查表

1. 价格决定权属于谁？
2. 定价充分考虑成本因素了吗？
3. 定价充分考虑竞争因素了吗？
4. 定价充分考虑消费者心理因素了吗？
5. 新产品的定价是否有完整而科学的程序？
6. 采用了哪些定价技巧？
7. 是否考虑产品的生命周期而制定合适的价格？
8. 定价的依据是什么？
9. 销售的折价是否考虑购买数量的多寡？
10. 价格是否随淡旺季的变动而有适当的伸缩？
11. 有地区及销售情况差别价格吗？
12. 产品的价格是否因货款支付周期的长短而异？
13. 是否有减价制度？
14. 在什么条件下实施价格变动？
15. 如何实施价格变动？

通过检查分析，价格"问题"包括以下几个方面。

① 价格过高使顾客无法接受。产品定价应该让普通老百姓都买得起。一些产品不畅销的原因，往往就是价位太高，消费者无法或很难接受。

② 价格太低，反而使顾客认为该产品的技术、品质不高或品牌信誉不好，产生不想买的想法。

③ 定价过于强调成本，而不考虑消费者的需求、市场状况。定价太死板，没有配合市场的变化而做价格上的调整，没有随产品项目及细分市场的不同而有所差异。

④ 产品未同时推出高价位、中价位和低价位的款式以争取较多的消费阶层。

⑤ 当发生通货膨胀、经济萧条及利率调整等经济情况时，产品价格没有随时调整，以符合消费者对该产品的价格与价值的感受，以符合经销商的利润要求。

⑥ 付款条件不当，分期付款或量多优惠的方式没有运用或没有运用好。

⑦ 价格高出国内同类产品太多，但彼此的技术差距很少，以致销量太小。

⑧ 业务员因竞争、定额压力等原因轻易对部分客户最大限度让价，致使该公司供货价格节节下降。

（三）销售渠道"问题"诊断

销售渠道是销售过程中一个不容忽视的重要因素，它直接影响着其他营销要素的实施效果，并最终影响着企业的整个营销战略和经营战略的实现。常见的销售渠道检查表如表14-3所示。

表14-3　销售渠道检查表

1. 销售渠道是怎么定的？是出于经验、习惯还是战略的考虑？
2. 假如销售渠道是依据战略考虑的，那么是基于什么战略？

(续表)

3. 销售渠道的合理性如何？
4. 销售渠道的层次有几个？
5. 与销售商的关系是什么样的？长期合作还是视情况而定？
6. 如何激励销售商？
7. 如何控制销售商？
8. 销售渠道是否与经营品种相适应？
9. 供货速度怎么样？
10. 是否需要开发更有利的销售渠道？
11. 有几个销售点？
12. 各销售点的平均成绩如何？
13. 各销售点店员的平均年龄、销售能力如何？
14. 现行的销售渠道有无可能扩大市场？
15. 现有渠道是否完善？

通过检查分析，常见的渠道"问题"如下。

① 销售渠道系统不适合当地的市场状况和经营状况，不能满足消费者的服务需求，比如消费者不能就近买到公司的产品。公司应在消费者的服务需求，符合需求的成本、价格，还有消费者的偏好间达到平衡，来设计销售渠道。

② 渠道成员间不能和谐、密切地合作。每个渠道成员在整个渠道中都扮演一个特定的角色，当每个渠道成员皆依其能力而被指派以最适当的任务时，整个渠道最具有效率。然而，各个渠道成员往往缺少总体性的眼光，只关心自己的短期利益，常常各行其是，甚至造成渠道的冲突。

③ 没有考虑到产品特性对渠道设计的影响。一般来说，体积庞大的产品，如建筑材料等，在安排渠道时，应使生产者至消费者之间的搬运距离减至最短。

④ 未能针对不同销售渠道的不同特性制定相应的销售策略，比如不同的中间商在促销、信用贷款方面的能力是不同的，企业应根据不同的中间商制定相应的策略。

⑤ 销售渠道成员之间的条件与责任不明确，他们未达成关于价格政策、销售条件、地区分销权等的协议。

⑥ 没有合理地激励渠道成员，使其竭尽所能，比如没有给中间商较高的利润、额外的赠品等，导致其向心力和销售力不足。

（四）促销"问题"诊断

促销活动是营销组合中最富变化、最具活力的部分，良好的促销活动可以让企业起死回生，让企业瞬间开拓出市场，从而创造出销售奇迹。然而，促销活动也是企业销售中较易出现问题的方面。常见的促销检查表如表14-4所示。

表14-4 促销检查表

1. 是否制订了广告计划？
2. 是否因产品特性及顾客对象而选定某种广告工具？
3. 广告的重点在哪里？

(续表)

4. 是否有专门负责广告的部门?
5. 广告计划是否已下达到销售部门?
6. 是否制定了用于广告的预算?
7. 业务员的基本素质如何?
8. 如何选用业务员?
9. 业务员有没有得到良好的培训?
10. 如何激励业务员?
11. 推销工作是按什么方式组织的? 如是按销售区域, 或是产品种类, 还是顾客组成?
12. 经常倾听业务员的反馈吗?
13. 是否制订了年度促销计划?
14. 有无宣传计划? 是否周密地制订了日程计划和费用计划?
15. 对消费者采用了何种促销方法?
16. 对中间商采用了何种促销方法?
17. 促销计划的预算是怎样计算的?
18. 是否会因市场状况或季节变动而举行促销活动?

通过检查分析，常见的促销"问题"如下。

① 企业在确定广告预算时，没有考虑到相关因素，导致广告促销的成本投入过高，或者广告促销的成本投入过低。通常，企业在确定广告预算时，应考虑产品在其市场生命周期中所处的阶段，产品市场占有率的高低，某一行业对广告促销方式的依赖程度等。

② 没有因产品特性及顾客对象而选定某种广告工具，从而导致广告效果不佳。例如，销售玩具的企业，在把学龄前儿童作为顾客对象的情况下，在杂志上做广告的效果肯定不会太好。

③ 推销人员的素质不高，没有受过良好的培训或指导，不能与客户建立长期而稳定的关系。

④ 企业不重视公关宣传和建立公司形象，甚至对危机事件也未做出积极、恰当的公关反应。

⑤ 在竞争激烈或销售旺季，未抓好全方位促销工作，导致促销活动的效果极为短暂，在建立品牌方面效果不好。

实例 14-1

薇诺娜是中国知名的功效性护肤品牌，自2010年成立以来便发展势头强劲，获得了消费者的青睐。其母公司贝泰妮坚持以线下渠道为基础、以线上渠道为主导的销售模式，然而这一渠道模式后劲不足的态势已然显现。

贝泰妮的销售场景主要集中在线上电商渠道。2021年，公司通过天猫、唯品会、京东、微信四大平台实现销售收入32.99亿元，占公司营收比82.34%；线下渠道不足18%，基本全部依靠经销代销渠道。在电商崛起的大浪下，依靠线上渠道无疑能迅速拉动薇诺娜的营业收入，但过度依赖线上渠道也是一把双刃剑。线上渠道确实可以让企业销售额快速提高，但同时随着各竞品品牌均来争夺线上销售份额，竞争日益激烈，线上渠道的红利逐渐消失，带来的是高速增长的平台运营费、高销售费用，对利润水平造成了一定的侵蚀。

值得一提的是，薇诺娜还是某超级头部主播直播间的常客，该主播曾多次凭一己之力带动薇诺娜冲击直播间成交额前十品牌榜。不过，大主播意味着更高的坑位费、佣金，在这样的流量打法中，砸钱可以赚来销量，但却不一定能换来复购、用户和品牌，议价权掌握在主播手里，自身产品自然不占优势。离开大主播后，薇诺娜在市场中的销量表现并不尽如人意。

(资料来源：https://baijiahao.baidu.com/s?id=1729797311871315688&wfr=spider&for=pc)

第二节　销售分析与评价

销售分析与评价，就是利用计划资料、核算资料、历史资料以及同行业资料等，结合调查研究，采用一定的方法，分析检查销售计划的完成情况和实际销售效果，其目的在于控制销售业务的开展，保证销售活动正常有序地进行，从而提高销售效率。一个企业如果不能经常分析检查企业的实际绩效与计划目标之间的偏差，就会使企业的销售陷于盲目性，或使销售活动失去控制，无法完成销售任务和提高销售效率，妨碍销售业务的发展。此外，销售分析和评价多在一个时间段后进行，其结果会影响下一个时间段的销售管理工作。

一、销售分析与评价的作用

现代商品市场瞬息万变，竞争十分激烈。企业更加强调留住顾客，搞好关系销售，并发展与顾客的长期合作关系。因此，销售分析与评价显得越发重要，它是完善销售管理体制的重要一环。

总体来说，销售分析与评价的作用体现在以下几个方面。

（一）通过销售分析与评价，有利于企业经营管理水平的提高

销售分析与评价作为销售管理的重要方法，可以帮助销售管理人员明确影响销售活动的各种因素，找出销售过程中存在的关键问题。这就为销售措施的改进和新的销售战略的制定提供了科学依据。销售分析与评价，既可监督、检查销售战略的实施情况，又能考察销售战略是否有效。因此，通过对销售活动有效的分析评价，可以大大提高企业销售活动的效率，提高企业的经营管理水平。

（二）通过销售分析与评价，有利于目标管理的推行

企业根据市场需要，实行目标管理，做到目标到人，责任到人，不能出现人浮于事或有事无人做的现象。企业在实现目标的过程中，离不开销售分析与评价，需要经常检查计划目标的完成情况、分析影响计划完成的原因，找出有利于完成计划的积极因素和阻碍计划完成的消极因素，正确评价企业各项销售工作，从而为制定改进措施或调整计划目标提供依据。同时，开展销售分析与评价，可以查清各责任单位对销售成果的影响，从而分清责任和贡献大小，有利于把经济责任和经济利益结合起来。

实例14-2

吉姆是一家知名健康保险公司的资深销售高管。我们坐在他的办公室里讨论销售定额过程以及该过程对销售团队有多么"不公平",他开始大谈"数字""定额"和"目标"。他告诉我们他负责的部门今年业绩不错,有些销售代表还做得非常出色。

然而在我们一起设想下一财年的销售定额时,他告诉我,他和他的团队正因去年的卓越绩效反而遭受到惩罚。"你知道吗?马克,"他说,"我们的业绩非常棒,可我们得到了什么奖励呢?那就是明年更高的定额。"

(资料来源:Mark Donnolo. 销售绩效与薪酬奖励体系设计全书[M]. 北京:中国人民大学出版社,2018.)

(三)通过销售分析与评价,有利于目标利润的实现

企业开展销售分析与评价,通过对影响利润形成的各种因素的分析比较,可以衡量企业销售活动取得的成果与存在的差距,判断各项销售措施的得失。同时,通过对人力、物力、财力等资源利用情况的分析,可以找出提高资源利用率的方法,这对企业不断提高经济效益、实现目标利润具有重要作用。

实例14-3

跻身千亿阵容之后,正荣地产权益销售占比低一直受到业界诟病。2021年,根据"看重权益销售规模"的策略,正荣地产有了新的调整,新增的24个项目里21个都有合作方,下半年新增的土地也会保持50%左右的合作比例,由此年初制定下1 500亿元的销售目标。虽然正荣地产一直通过频繁发债来"拆东墙补西墙",并进行信托融资压低公司的负债水平,但现金流还能勉强维持增长现状。最终基本完成销售目标,实现了同比2.64%的增长,达到1 456.43亿元的销售额。

2022年,正荣地产销售不及预期、融资放款收紧,以往"借新还旧"的应对策略不再适用,导致公司现金流不断恶化。最终,正荣地产股价闪崩、境内三只债券暴跌,公司主动承认无法兑付到期的2亿美元永续债,将展开境外债务重组。正荣地产没有进行正确的销售评估和分析,脱离企业自身情况,在制定销售目标时过于乐观,最终导致了消费者信任的丧失。

(资料来源:http://finance.ce.cn/stock/gsgdbd/202108/25/t20210825_36846118.shtml)

(四)通过销售分析与评价,有利于促进销售人员的成长

通过销售分析与评价,可以为销售人员的自我管理提供帮助。因为在对销售活动进行分析和评价时,可以发现销售人员在销售活动中存在的问题和需要改进的地方,进而使销售人员意识到自身的不足,从而不断提高自身的能力。

二、销售分析与评价的步骤

销售分析与评价作为销售工作的重要一环,要有组织、有秩序地进行,因此应遵循一定的程序。具体说来,一般有以下几个步骤。

(一)制订销售分析与评价的计划

为了提高销售分析与评价的准确性和有效性,销售分析与评价应有计划地进行,最好能形成一种有规律、周期性的管理行为。计划中要确定分析与评价的目的和要求、分析与评价的内容和范围、分析与评价工作的组织和分工、分析与评价的资料来源、分析与评价的方法等。在分析与评价计划的执行过程中,如果出现新的问题、新情况,应及时加以调整,提高分析与评价质量。

(二)收集分析与评价所需要的资料

分析资料是进行销售评价的重要依据,评价人员应全面收集各方面的资料。一般来说,分析资料主要包括:各项销售计划、销售预算、销售定额、责任指标等计划资料,各项业务核算资料,各种内外部报表资料,同行业有关资料,有关合同、协议、决议等文件报告资料,以及各种环境状况、市场状况、顾客意见等销售调查资料。

(三)整理、分析、研究资料

资料收集之后需要对其进行整理、分析和研究。对不正确的或失真的资料应剔除,对于不可比的资料要予以调查或淘汰。对符合实际的、有用的资料,进行归纳、分类和整理,运用不同的分析方法进行比较分析,找出实际与计划、与上期、与先进水平的差距,确定应当研究的重点问题。然后,分析形成差距的各种原因及影响程度,从而找到问题的关键,为解决问题提供思路。

(四)做出销售分析与评价的结论

进行销售分析与评价主要是为了肯定成绩、总结经验、发现问题、吸取教训、挖掘潜力、制定最佳销售组合、实现更多的利润。在做出分析与评价的结论时,对各项销售业绩的评价应当切合实际,并对其中的问题提出切实可行的改进措施、建议和实施方案。

(五)编写销售分析与评价的报告

销售分析与评价报告是销售人员向销售主管部门及有关领导汇报分析与评价情况的书面资料。分析与评价报告的编写因分析与评价的内容不同而有所区别,如有的是全面分析,有的是专题分析。虽然侧重点都是不一样的,但其基本要求是一致的。基本要求就是要做到实事求是、重点突出、真实准确、具体可行等。另外,销售分析报告应及时送达有关部门和人员,提高其时效性。

三、销售活动分析的方法

销售活动分析的方法很多,这里仅选择几种常用的分析法来进行说明。

(一)绝对分析法

绝对分析法是通过销售指标绝对数值的对比确定数量差异的一种方法,它是应用最广泛的一种方法,其作用在于揭示客观存在的差距,发现值得研究的问题,为进一步分析原因指明方向。

依据分析的不同要求主要可做三种比较分析,即将实际资料与计划资料对比,与前期资料对比,与先进资料对比。

① 与计划资料对比,可以找出实际与计划的差异,说明计划完成的情况,为进一步分析指明方向。如计划2019年5月完成销售额60万元,实际完成了80万元,这就说明了实际情况好于计划

水平。

② 与前期资料对比，如与上月、上季、上年同期对比可反映销售活动的发展动态，考察销售活动的进展情况。如2019年5月实际完成销售额80万元，而4月实际完成销售额55万元，这就说明了本月情况好于上个月的情况。

③ 与先进资料对比，可以找出同先进水平的差距，有利于吸收和推广先进经验，挖掘潜力，提高工作效率和利润水平。

在运用绝对分析法时，要注意对比指标的可比性，指标内容、计算方法以及采用的计价标准和时间单位应当一致。在与其他企业比较时，还要考虑各种不同因素的影响。

（二）相对分析法

相对分析法是指通过计算、对比销售指标比率，确定相对数差异的一种分析方法。利用这一方法，可以把某些不同条件下不可比的指标，变为可比指标，进行对比分析。依据分析的不同目的要求，可计算出各种不同的比率进行对比。

(1) 相关比率分析

这是将两个性质不同而又相关的指标数值相比，求出比率，从销售活动的客观联系中进行分析研究。相关比率的计算公式为

$$相关比率 = \frac{某一指标数值}{另一性质不同而有联系的指标数值} \times 100\%$$

比如，将纯利润与企业全部投资相比，求出投资收益率；将销售费用与销售收入额相比，求出销售费用率等。然后利用这些经济指标再进行对比分析。

(2) 构成比率分析

这是计算某项销售指标占总体的比重，分析其构成比率的变化，掌握该项销售指标的变化情况。构成比率的计算公式为

$$构成比率 = \frac{总体部分数值}{总体全部数值} \times 100\%$$

如将某一种产品的销售额与企业总的销售额相比，求出它的构成比率，然后将它的前期构成比率和其他产品构成比率相对比，能发现它的变化情况和变化趋势。

(3) 动态比率分析

这是将某项销售指标不同时期的数值相比，求出比率，以观察其动态变化过程和增减变化的速度。由于采用的基期数值不一样，计算出的动态比率有两种，即定基动态比率和环比动态比率。

定基动态比率是指以某一时期的数值固定为基期数值计算的动态比率。定基动态比率的计算公式为

$$定基动态比率 = \frac{比较期数值}{固定基期数值} \times 100\%$$

环比动态比率是指以每一比较期的前期数值为基期数值计算的动态比率。环比动态比率的计算公式为

$$环比动态比率 = \frac{比较期数值}{前期数值} \times 100\%$$

(三) 因素替代法

因素替代法是指通过逐个替代因素，计算几个相互联系的因素对经济指标变动影响程度的一种分析方法。

在运用因素替代法时要保持严格的因素替代顺序，不能随意改变。分析前必须研究各因素的相互依存关系。一般来说，有实物量指标和货币量指标，应先替换实物量指标，后替换货币量指标，因为实物量指标的增减变化一般不会改变货币量指标的变化。就数量指标和质量指标而言，应先替换数量指标，后替换质量指标。这是因为数量指标的增减变化，在其他条件不变的情况下，一般不会改变质量指标的变化。如果同类指标又有各种因素，则应分清主要和次要的因素，依据其依存关系确定替代顺序。这样有利于分清各个因素对销售指标变动的影响程度，判断有关方面的经济责任，公正评价销售管理部门的工作。

下面举例说明因素替代法的应用。

假定某销售部门某月计划以单价1元的价格销售某种小商品4 000件，销售额为4 000元。到了月末，只以单价0.8元售出3 000件，销售额为2 400元，销售实绩与计划差额为1 600元，完成了计划的60%。那么，销售实绩的差额有多少是由于降价引起的？有多少是由于销售量下降而引起的？运用因素替代法分析计算如表14-5所示。

表14-5 影响销售额变动因素分析表

计算顺序	替换因素	影响因素		销售额/元	与前一次计算差异/元	各因素的影响程度/%
		销量/件	单价/元			
计划数	—	4 000	1	4 000	—	
第一次替代	销量	3 000	1	3 000	−1 000	62.5
第二次替代	单价	3 000	0.8	2 400	−600	37.5
合计					−1 600	100

由表14-5可见，销售额的下降有62.5%是由销售量的目标没有达到造成的，有37.5%是由于降价引起的。

(四) 本、量、利分析法

本、量、利分析法是对成本、销量、利润之间相互关系进行分析的一种简称，也称CVP分析(cost-volume-profit analysis)。

本、量、利三者之间的关系是：销售收入与销售成本之间的差额为利润(或亏损)。销售成本包括固定成本和变动成本两类。固定成本，不随销售量的增减而变动，但每个单位产品的固定成本随销售量的增减而变动。变动成本随销售量的增减而增减，而每个单位产品的变动成本不变。

盈亏临界点的确定是本、量、利分析中非常重要的内容。盈亏临界点有多种称谓，如盈亏分歧点、保本点、两平点等，即指利润为零时的销售量或销售额；盈亏临界点的分析就是根据成本、销售收入、利润等因素之间的函数关系，预测企业在怎样的情况下达到不盈不亏的状态。盈亏临界点的分析所提供的信息，对于企业合理计划和有效控制经营过程极为有用，如预计售价、销量、成本水平的变动对利润的影响等。运用本、量、利分析法，首先测算保本点即盈亏临界点，然后在此基础上进行分析。如果销售量大于盈亏临界点就能获得一定的利润，如果销售量小于盈亏临界点就发生亏损。

盈亏临界点分析是以成本形态分析和变动成本法为基础的，在变动成本法下，利润的计算被描述为如下公式：

$$利润 = 销售收入 - 变动成本 - 固定成本$$

盈亏临界点就是利润为零的销售量，即

$$销售收入额 = 盈亏临界点的变动成本总额 + 固定成本$$

或

$$销售量 \times 单价 = 销售量 \times 单位变动成本 + 固定成本$$

这就是盈亏临界点的基本计算模型。

公式可以演变为

$$盈亏临界点销量 = \frac{固定成本}{单价 - 变动成本}$$

假设：Q_0——盈亏临界点销售量。

SP——单位产品价格。

VC——单位商品变动成本。

FC——固定成本总额。

则盈亏临界点的计算模型可以表示为

$$Q_0 \times SP = Q_0 \times VC + FC$$

整理得

$$Q_0 = \frac{FC}{SP - VC}$$

例如，某企业生产和销售某种产品，该产品的单价为每件50元，单位变动成本为30元，固定成本总额为50 000元。根据量、本、利分析法，可计算出盈亏临界点的销售量。

$$Q_0 = \frac{FC}{SP - VC} = \frac{50\ 000}{50 - 30} = 2\ 500(件)$$

当企业的销售量超出盈亏临界点时，可以实现利润。盈亏临界点分析是在假定企业的利润为零的经营状况下来研究问题的。企业的目标当然不是利润为零，而是尽可能多地超越盈亏临界点而实现利润。所以，实现利润是盈亏临界点分析的延伸和拓展。为了便于分析和预测目标利润，需建立实现目标利润的计算模型。

假设：Q_t—— 实现目标利润的销售量。

SP—— 单位产品价格。

VC—— 单位商品变动成本。

FC—— 固定成本总额。

P_t——目标利润。

则有

$$实现目标利润的销售量 = \frac{目标利润 + 固定成本}{单价 - 单位变动成本}$$

即

$$Q_t = \frac{P_t + FC}{SP - VC}$$

例如，某企业生产和销售某种产品，该产品的单价为每件50元，单位变动成本为25元，固定成本总额为50 000元，目标利润定为40 000元，可计算出实现目标利润的销售量。

$$Q_t = \frac{P_t + FC}{SP - VC} = \frac{40\ 000 + 50\ 000}{50 - 25} = 3\ 600(件)$$

这就是说实现目标利润要完成3 600件该产品销售。

单位售价变动对目标利润的影响也是比较直接的。假设上例中的产品单价由50元下降到45元，其他条件不变，则可实现利润22 000元（即[3 600×(45-25)-50 000]=22 000），即比目标利润少18 000元。此时实现目标利润的销售量应为

$$实现目标利润的销售量 = \frac{40\ 000 + 50\ 000}{45 - 25} = 4\ 500(件)$$

如果销售量可以超过预计的3 600件而达到4 500件，则目标利润尚能实现，否则就无法实现。

以上所讲的是几种常用的分析方法。各部门应根据自己的具体情况选择不同的分析方法。

四、销售分析与评价的指标

一般来说，管理人员可从销售业绩、市场占有率、盈利能力、顾客满意程度等指标来分析与目标的差异，并进一步分析造成差距的原因，从而提高销售管理的水平。下面从以下几个指标进行分析。

（一）销售业绩的分析与评价

销售业绩的分析与评价可分为以下几个方面。

1. 总销售额的分析与评价

总销售额是企业所有地区、所有产品、所有客户销售额的总和。这一数据可以表现出一个企业的整体运营情况。总销售额分析与评价用于全面地分析公司的销售业绩。表14-6说明该公司销售额在2010—2014年期间处于增长趋势的情况，且增幅呈递升的态势。但在此期间，整个行业的销售额也持续增长，而且增长速度快于该企业，因此该企业的市场占有率总体来说下降了。

表14-6 销售额情况

年 度	企业销售额/万元	行业销售额/万元	企业市场占有率/%
2014	210	3 000	7.00
2015	220	3 200	6.88
2016	230	3 600	6.39
2017	250	3 900	6.41
2018	270	4 100	6.58

总销售额分析一般可以看出销售部门在给定销售期限内的销售成果，不过，更重要的是，要看总销售额的发展变化趋势，这往往比其总量更重要。通常，企业可以从本企业销售额的增长率的变化趋势以及本企业占整个行业市场占有率的变化趋势来确定企业的销售发展趋势。总销售额的分析与评估一般是一年做一次，这也是所有销售分析与评估中最容易做的一项内容，它只需企业过去几年的历史销售数据和同行业的历史销售数据即可。

2. 按区域分类的销售分析与评价

企业进行销售总量的分析与评估通常会很容易，不过，它并不能反映企业销售业绩的具体情况，因此，还需要进行深层次的分析与评估。按区域进行销售量的分析与评价则可以了解哪些区域销售情况不良，为进一步分析销售不良的原因提供思路。

进行区域销售量评估可遵循如下四个步骤。

① 确定每个区域的市场指数。当然，这个市场指数要相对准确，它反映的是该区域对企业销售的贡献或战略分量大小，企业所有销售区域的市场指数加起来应该等于1。

② 用市场指数乘以企业的销售目标就得到各个销售区域的销售目标。

③ 明确每个销售区域在分析时期内的实际销售额或销售量指标，这些数据可以从销售报表中获得。

④ 用实际销售额除以销售目标得到各销售区域的偏差程度。

下面举例进行说明，如表14-7所示。

表14-7　某公司某年按区域核算的销售额

地区	市场指数/%	销售目标/万元	实际销售/万元	业绩完成率/%	销售额偏差/万元
A	17	300	340	113	+40
B	24	420	500	119	+80
C	15	280	200	71	−80
D	21	390	320	82	−70
E	23	440	480	109	+40
合计	100	1 830	1 840		

从表14-7可以看出，五个地区的总销售额是1 840万元，计划销售目标是1 830万元，所以企业的计划目标已经超额完成。但是，五个地区的实际完成情况却与计划出现了较大的偏差。其中，A区、B区、E区超额完成了计划目标，而C区、D区销售业绩不理想，没有达到预计目标。所以，该企业的销售管理人员应了解A区、B区、E区成功的经验，分析其成功的经验是否适合改善C区、D区的情况。

3. 按产品分类的销售额分析与评价

当企业在市场上销售的产品不止一个时，就需要按产品进行销售分析与评价。一般而言，企业会有一些产品的销售额占销售总额的比重大，而有些产品却只能占到一小部分的比重。与按地区分析销售额一样，按产品分类分析企业销售额对企业管理层的决策也是很有帮助的。下面举例说明，如表14-8所示。

表14-8 某企业产品销售额分析

产品	目标销售额/万元	实际销售额/万元	偏差/万元
A	170	216	+46
B	100	45	−55
C	80	76	−4
D	40	42	+2
合计	390	379	−11

从此表可以看出，该企业的销售偏差为−11万元，也就是比计划销售目标低11万元，通过表中的数据反映，销售额不达标是由B产品和C产品造成的，尤其是B产品，它是降低销售业绩的主要产品，所以销售管理人员应该看到这个产品的销售不足，改进销售工作。至于是否要放弃该产品的经营，需要销售管理人员结合其他方面进行更多的分析。

产品销售分析还可以与行业内同种产品销售量比较，如果两者变化同步，销售业绩正常。如果变化不同步，就要分析原因，加强该产品的销售工作。

此外，还可以根据公司的需要，按顾客类型、分销渠道、订单大小、销售方法，或时间排列分析销售量，进行纵向横向的比较，从而分析出总体趋势，发现其中问题，并抓住机会，改进工作，从而进一步提高销售业绩。

（二）市场占有率的分析与评价

一般来说，企业的销售绩效并未反映出相对于其竞争企业的经营状况如何。如果企业销售额增加了，可能是由于企业所处的整个经济环境的发展，或可能是因为其市场营销工作较之其竞争者有相对改善。市场占有率正是剔除了一般的环境影响来考察企业本身的经营工作状况。如果企业的市场占有率升高，表明它较其竞争者的情况更好；如果下降，则说明相对于竞争者其绩效较差。

所谓市场占有率是指在一定时期内，企业产品在市场上的销售量或销售额占同类产品的销售总量或销售总额的比重。市场占有率可以揭示企业的竞争实力，反映企业在市场的地位和业绩。市场占有率高，说明企业在市场竞争中所处优势明显，适应市场能力强；市场占有率低，说明企业在市场竞争中处于劣势，适应市场能力弱。然而，这一指标却不能反映与竞争对手的表现情况，因此，我们可运用相对市场占有率表明企业市场竞争地位的高低和竞争力的强弱。相关计算公式为

$$市场占有率 = \frac{本企业某产品在该市场的销售量}{该市场该产品的销售总量} \times 100\%$$

$$相对市场占有率 = \frac{本期本企业市场占有率}{本期主要竞争对手的市场占有率} \times 100\%$$

当所处行业有多家竞争对手时，企业的相对市场占有率在100%以上，则具有较强竞争能力；相对市场占有率在65%～100%，企业具有一定的优势；如果企业的相对市场占有率在65%以下，则要谨防被对手击败。

当所处行业竞争对手只有少量时，企业的相对市场占有率在150%上时，才具有较强的竞争能力；而在100%～150%，则具有一定的优势；如果在100%以下，则有被挤出市场的危险。

在研究市场占有率问题时，有必要根据引起市场占有率变化的具体原因进行全面分析，然后对

企业的市场营销过程实施不同的营销策略。有时，企业销售额增加，单从这一项来看，似乎业绩很好，但市场占有率却下降，这说明行业竞争强度加大，企业应加强工作，保持市场地位。另一种情况，企业销售额几年内保持不变，但市场占有率却上升了，这说明在行业不景气时，企业销售工作很努力。

（三）盈利能力分析与评价

对于一个企业而言，获利是其最重要的目标。因为只有能够最大限度地获得利润，企业才有其存在的价值。增加盈利是最具综合能力的目标，也是最基本的目标。盈利不但能体现企业的出发点和归宿，而且有助于其他目标的实现。

所谓盈利，就是使企业投入的资产通过运转而获得超出其投入资产的回报。销售部门应该特别注重企业的盈利能力。销售部门作为取得收入的最直接的部门，肩负着尽力扩大销售、压缩费用，以取得最大盈利的重任。因此，销售部门工作业绩的好坏，会在很大程度上影响企业的盈利能力。一般来说，企业的盈利能力可用一个综合性指标——资产净利率表示。资产净利率又可分解为销售净利率和资产周转率。

资产净利率是指企业得到的净利润与平均资产总额的百分比。其中，净利润指的是税后利润，即企业的全部收入扣除所有的成本费用后可用于分配的利润；平均资产总额是指企业本年度或月度一开始时拥有的资产数与一个营业期间结束时企业所拥有的资产数的平均数。

资产净利率指标的计算意义在于将企业一定营业时期获得的净利润与企业的全部资产相比较，来了解企业资产的利用效率。该指标高，表明资产的利用效率高，说明企业在增加收入、节约开支以及最大限度地充分运用资产方面取得较好的效果；相反，该指标低，表明资产的利用效率低，说明企业在增加收入、节约开支以及最大限度地充分运用资产方面做得不好，存在的问题很多。

一般来说，影响资产净利率的因素有：产品的价格、产量和销售的数量，产品单位成本的高低以及资金占用量的大小等。这个指标还可以用以下公式来表示：

$$资产净利率 = 销售净利率 \times 资产周转率$$

通过对销售净利率和资产周转率的分析，可以了解其变动如何影响资产净利率。

1. 销售净利率

销售净利率是指净利润与销售收入的百分比，用公式表示为

$$销售净利率 = \frac{净利润}{销售收入} \times 100\%$$

这个指标反映的是，当一个企业实现1元钱的销售收入时可以为企业带来多少钱的净利润，从而体现了销售收入的收益水平。从它的计算公式来看，净利润与销售净利率呈正比例关系，而销售收入与销售净利率呈反比例关系，因此，这个指标一般是越高越好。如果该指标偏低，则说明销售人员在销售收入扩大方面做得不够，或者只注意扩大收入而未能注意压缩费用。因此，只有通过分析销售净利率的升降变动情况，才能促使销售部门在扩大销售的同时，注意改进经营管理，开源节流，提高企业的盈利能力。

销售净利率用销售毛利率、销售成本率、期间费用率和销售税金率来计算。通过对这些指标的计算，可以帮助企业进一步分析检查影响销售净利率的因素，从而提高企业的盈利水平。

$$销售净利率 = 销售毛利率 - 销售成本率 - 期间费用率 - 销售税金率$$

$$销售毛利率 = \frac{销售毛利}{销售收入} \times 100\%$$

$$销售成本率 = \frac{销售成本}{销售收入} \times 100\% = 1 - 销售毛利率$$

$$期间费用率 = \frac{期间费用}{销售收入} \times 100\%$$

$$销售税金率 = \frac{销售税金}{销售收入} \times 100\%$$

总之，销售净利率的变动是由多种因素引起的，所以我们必须对每种因素都做出分析，才能确切地查明变动的原因，寻找出问题的症结所在。

2. 资产周转率

资产周转率通常被认为是有关资产管理方面的指标，虽然它与盈利能力之间不体现直接关系，却能在很大程度上影响盈利能力。

(1) 总资产周转率

总资产周转率指的是销售收入与平均资产总额的比值。这个指标又可称为总资产周转次数，表示总资产在1年内可以周转的次数。

$$总资产周转率 = \frac{销售收入}{平均资产总额} \times 100\%$$

$$平均资产总额 = \frac{期初资产总额 + 期末资产总额}{2} \times 100\%$$

该项指标反映的是资产总额的周转速度，周转越快，周转次数越多，反映其销售能力越强；相反，该指标越低，说明企业资产的运作越差，更新越慢，因而带来的效益也越低。企业可以通过薄利多销等方法加强资产的周转，带来利润绝对额的增加，从而提高销售净利率。

(2) 流动资产周转率

流动资产周转率是指销售收入与全部流动资产的平均余额的比值。这个指标也称为流动资产周转次数。

$$流动资产周转率 = \frac{销售收入}{平均流动资产} \times 100\%$$

$$平均流动资产 = \frac{期初流动资产 + 期末流动资产}{2} \times 100\%$$

这个指标反映的是流动资产的周转速度。周转速度快，将会相对节约流动资产，增强了企业的盈利能力；而周转速度越慢，则需要补充更多的流动资产参加周转，造成资金浪费，从而降低了企业的盈利能力。

流动资产周转率又可分解为存货周转率、应收账款周转率、货币资金周转率等指标，其中存货周转率、应收账款周转率对资产的管理至关重要。

存货周转率指的是销售成本与平均存货的比值。由于存货主要由原材料、在产品和产成品三部分构成，所以存货周转率又可以分解为原材料周转率、在产品周转率和产成品周转率。原材料周转率和在产品周转率主要由进货及生产部门加强管理，而产成品周转率是由销售部门控制的，对销售部门而言，了解这个周转率相当重要。这个周转率越高，周转天数越短，说明销售人员的工作做得越好；如果这个比率过低，则要从产品是否适销对路，产品质量是否存在问题，销售人员工作是否得力等几个方面入手，寻找问题存在的原因，并及时制定对策。

应收账款周转率是指销售收入与期初、期末应收账款余额的平均数的比值。一般来说，应收账款周转率越高，平均收账时间越短，说明应收账款的收回越快，管理工作做得越好；相反，应收账款周转率越低，平均收账时间越长，则说明应收账款回笼率越低。销售人员如果发现该指标过低，应立即采取措施，尽量避免赊销，采用现销来保证资金的正常运转。如果进行赊销，也必须调查清楚对方单位的信誉。在赊销之后，要及时催账，并且可以适当采用一定的现金折扣政策来鼓励对方及时还款，以加速资金的回笼速度。

（四）顾客满意分析与评价

现代市场竞争激烈，企业即使与自己的顾客建立了良好的关系，做到了有效地处理顾客与企业之间的矛盾，但仍然无法确保自己的顾客不被竞争对手抢走。因此，怎样使自己的顾客长时间地保持对本企业的青睐，如何提高顾客对本企业的满意度是企业应该重视的问题。

许多公司除了上述因素的控制分析外，也要定期检查顾客对公司产品与服务的满意程度。既然满意本身存在不同的层次，那么顾客满意的程度不同给企业的信息是不同的。企业有必要对顾客满意程度做出合理的评价，以确定下一步的工作。企业可以借助调查问卷、电话访谈等对顾客满意度进行调查。比如根据企业的规模确定问卷发放量，以重要性为权重计算出满意度综合得分。此外，也可以每月进行电话访问，调查顾客对公司的态度。如果调查结果对公司产品或服务满意的比率下降，意见增加，就有可能表示不久之后公司的销售额将下降，公司就应当及早采取纠正措施，以提高顾客对公司的满意程度。

五、撰写销售活动分析报告

销售活动分析是人们认识经济活动的一种重要手段，是企业进行销售管理的一项重要方法。销售活动分析报告是企业根据销售活动的各项计划指标、销售活动开展情况的各种统计资料、会计核算资料以及调查研究所掌握的情况，对本企业的销售活动状况进行分析评价而写出的书面报告。

（一）销售活动分析报告的作用

销售活动分析报告对于实际工作的作用主要有以下三个方面。

1. 促进销售计划的完成

企业通过销售活动分析报告来检查销售计划执行的进度和结果，计划指标完成的好坏。根据检查的结果，从薄弱环节入手，进一步加强工作，从而全面地促进各项销售计划的顺利完成。

2. 为提高经济效益服务

企业在经营管理中的成绩与教训在分析报告中也要通过具体的事实和分析反映出来。这样，企业就可以针对经验教训，进一步研究提高经营管理的手段，充分挖掘潜力，调动各方面的积极性，有效地使用人力、物力和财力，不断提高经济效益。

3. 为制订新的销售计划提供依据

销售活动分析报告不仅能够反映计划指标的完成情况，而且能够反映促进计划完成的积极因素和阻碍计划完成的消极因素，反映出进一步开展销售活动的新问题、新情况，特别是能够反映出进一步开展销售活动的新意见、新措施，这就为领导制订新的销售计划提供重要的依据。

(二) 销售活动分析报告的特点

1. 专业性

销售活动分析报告大多是销售人员结合自己的业务工作，根据所掌握的销售指标、各类业务报表以及调查材料而写成的，具有一定的专业性，不具体从事这一方面的业务工作，就很难写出这种报告。

2. 定期性

销售活动分析报告常常要作为定期的报告资料上报。当销售活动进行到一定时期，比如一个月、一季度或一年，就要及时写出这一时期的分析报告，以便上级部门及时了解情况。

3. 注重数量描述

销售活动分析报告非常注重使用数字，往往要引用相当多的数据对销售状况进行定量分析或定性分析。有时，为了更清楚地说明问题，还采用数据表格的形式。

(三) 销售活动分析报告的结构与写法

1. 标题

一般要写明分析的单位、分析的时限和分析的内容，最后加上"分析"或"分析报告"等字样，如"2019年某地区灯具销售情况分析"。有时，也可省略分析单位和分析时限，突出分析报告的主要内容。

2. 正文

正文一般包括销售活动情况概述、销售活动状况分析和改进工作的意见三方面内容。

① 销售活动情况概述是分析报告的开头，一般要针对分析的对象，列举主要指标完成情况，概括说明销售活动的基本情况，说明该系统、该部门、该单位经营管理的效果。有的分析报告还要说明一下分析的目的。

② 销售活动状况分析是分析报告的主体部分。这部分要对开头概述的情况加以分解，进一步针对分析对象，运用数据、资料和事实，对销售活动展开具体分析。

这部分要根据分析的目的和报告的种类灵活安排分析的内容。综合分析报告，应对各项重要销售指标的完成情况逐项进行分析；专题分析报告，则要针对专门分析的问题从不同方面、不同角度展开分析；简要分析报告，应抓住几个主要指标或一两个重点问题加以分析。

一般情况下，分析时既要分析销售活动的成效，又要揭示问题。当然，有的专题分析报告可以专门对问题进行分析。在分析论证时，还要分清主次，突出分析的重点。

从文字表达形式看，包括列举数据和进行文字分析两种。列举数据在分析报告中一般都占有相当的比例，它能够从量的角度说明销售活动状况的优劣。文字分析，是指对销售活动效果的主客观因素及其相互关系，对不同管理手段优劣的探究。

对销售活动进行分析，还应灵活运用不同的分析方法，如对比分析法、因素分析法和动态分析法等。

③ 改进工作的意见是分析报告的结尾。销售活动的开展，不可能十全十美，总是有不足。这些不足，在分析中应明确地指出来。但指出问题不是最终目的，而是要改进工作，推动销售活动的进一步开展。因此，分析报告的结尾往往要提出改进工作的意见和建议。

3. 署名和填写日期

正文写完后，在正文右下方写上作者(单位或个人)的姓名(名称)，然后填上日期。

本章小结

当一个企业的销售业绩不佳或者想进一步提升业绩但又找不到良方时，企业就需要借助营销专家进行销售诊断。销售诊断包括预备诊断阶段和正式诊断阶段。预备诊断是指诊断人员进入企业后听取企业领导介绍企业情况、视察企业经营现场、进行职工意见调查、深入了解企业营销状况等活动。正式诊断是整个诊断工作的关键环节，它是对企业营销活动深入研究的过程，也是改善方案的设计和形成过程。

销售诊断是一项复杂的系统工程。销售组合诊断可分为产品诊断、价格诊断、促销诊断、渠道诊断等。常见的产品问题包括：产品品质不良；产品造型、包装有缺点；产品上市太久或是已逐渐成为夕阳产品等。常见的价格问题包括：价格过高使顾客无法接受；价格太低；定价过于强调成本等。常见的渠道问题包括：渠道成员间不能和谐、密切地合作；销售渠道系统不满足当地的市场状况和经营状况；不能满足消费者的服务需求；没有考虑到产品特性对渠道设计的影响等。常见的促销问题包括：广告促销的成本投入过高；没有因产品特性及顾客对象而选定某种广告工具；推销人员的素质不高等。

销售分析与评价，就是利用计划资料、核算资料、历史资料以及同行业资料等，结合调查研究，采用一定的方法，分析检查销售计划的完成情况和实际销售效果。销售分析与评价有利于企业销售管理水平的提高，有利于目标管理的推行，有利于目标利润的实现，有利于促进销售人员的成长。销售分析与评价应遵循一定的程序。首先，确定销售分析与评价的计划；其次，收集分析与评价所需要的资料；然后，整理、研究分析资料；最后，做出销售分析与评价的结论。销售分析与评价的方法很多，常用的分析法包括绝对分析法，相对分析法，因素替代法以及本、量、利分析法等。此外，管理人员可从销售业绩、市场占有率、盈利能力、顾客满意程度等指标来分析与目标的差异，进一步分析造成差距的原因，从而提高销售管理的水平。

销售活动分析报告是企业根据销售活动的各项计划指标、销售活动开展情况的各种统计资料、会计核算资料以及调查研究所掌握的情况，对本企业的销售活动状况进行分析评价而写出的书面报告。销售活动分析报告可以促进销售计划的完成，为提高经济效益服务，为制订新的销售计划提供依据。销售活动分析报告具有专业性、定期性、注重数量描述等特点。

销售活动分析报告的书写一般包括标题、正文、署名和填写日期。

案例分析

恒瑞医药是一家大型民族制药企业，一直专注于仿制药市场。2022年4月，恒瑞医药公布了2021年年报，公司实现营收259.06亿元，同比下降6.59%；净利润45.3亿元，同比下降28.41%。这成了恒瑞医药自2000年上市以来，营收利润首次双双负增长的一年。

恒瑞医药认为，低迷的市场形势主要跟报告期内加快研发投入、集中带量采购和国家医保谈判产品大幅降价导致毛利率下降等因素有关。随着集采大刀落下，仿制药市场一片哀号，由于从仿制到创新转型步伐过慢，如今即便用焦头烂额来形容恒瑞医药也并不为过。

集中带量采购对恒瑞医药带来的业绩压力在2021年体现得尤为明显，累计跌幅约45%。随着仿制药带量采购逐步踏入深水区，涉及品种不断增加，公司存量仿制药销售收入加速下跌。医保谈判加速创新药进入医保目录，但销售和利润空间被进一步压缩，加上创新药同质化竞争日益加剧，公司发展遭遇较大业绩压力和转型挑战。恒瑞医药何时可以走出业绩阵痛期，受到市场的广泛关注。

为了对冲仿制药业绩下降，恒瑞医药正在加大布局创新药业务。2021年，公司已上市的创新药数量增加至10款，但创新药业务对公司业绩的拉动，尚需要时间。2021年，公司累计研发投入62.03亿元，比上年增长24.34%，研发投入占销售收入比重达到23.95%，创公司历史新高。加大研发投入，可以为公司长远发展提供有力支撑，但也不可避免影响到了当期利润。

面对业绩压力和转型挑战，恒瑞医药大力推进销售改革。在过去的2021年，公司对组织架构进行了整合提效，撤销区域层级架构，大幅减少低绩效省区及办事处，整合销售运营、营销财务、支持部门职能，精简销售人员，销售人员由年初的17 138人优化至13 208人，进一步降低销售运营成本。公司表示，2022年，公司销售系统要健全干部管理机制，合情合理设定考核指标，以考核指标为导向，加强定期考核，优胜劣汰，确保全年目标顺利实现。

另外，恒瑞医药也试图从国际化中寻求突围。截至2022年一季度，公司开展近20项国际临床试验，其中，国际多中心Ⅲ期项目7项，并有10余项研究处于准备阶段。报告期内，公司海外研发投入共计12.36亿元，占总体研发投入比重达19.93%。但从具体细化营收数据来看，恒瑞医药的海外市场营收占比仍处于较低的状态。

尽管如此，仿制药仍是恒瑞医药的收入主力，创新药实现销售收入52.07亿元，占整体销售收入比重仅为39.15%，创新药增长显然仍很难弥补仿制药带来的业绩减少压力，恒瑞医药已然辉煌不再。

（资料来源：https://baijiahao.baidu.com/s?id=1731256156862245741&wfr=spider&for=pc）

案例讨论题：
1. 根据案例中恒瑞医药面临的困境，可以从哪些方面进行销售诊断？
2. 你认为恒瑞医药在转型中推进的三点举措能够挽回局面吗？请查阅相关资料具体分析。
3. 除了案例中体现的依据销售额进行分析，销售分析还可以从哪些方面进行？

复习思考题

1. 销售诊断包括哪些步骤？
2. 从产品（价格、促销、渠道）方面进行诊断需要考虑哪些方面？
3. 销售分析与评价的目的是什么？

4. 如何进行销售分析与评价？
5. 撰写销售活动分析报告需要注意哪些方面？

思政大纲

章名	知识点	思政德育融入点
销售诊断、分析与评价	销售诊断	以薇诺娜为例，介绍销售诊断中需要关注的渠道方面的问题，随着电子商务发展，线上平台的市场竞争愈发激烈，原有优势逐渐消退，企业需要谨慎考虑，找到线上与线下、投入与产出的双重平衡点
	销售分析与评价	通过正荣地产销售额虚高、频发债券融资的例子，阐明销售分析的重要作用；错误的销售分析不但会使企业利益受损，还会给企业的利益相关者带来损失，丧失对企业的信任；无论是对于企业还是我们自身，及时全面地进行总结评价都有利于后续的进一步发展

参考文献

[1] 拉尔夫·W. 杰克逊，罗伯特·D. 希里奇. 销售管理[M]. 北京：中国人民大学出版社，1999.

[2] 罗伯特·J. 卡尔文. 周洁如，译. 销售管理[M]. 北京：中国财政经济出版社，2003.

[3] 杜泉. 销售管理[M]. 2版. 北京：中国人民大学出版社，2020.

[4] 李先国，杨晶，梁雨谷. 销售管理[M]. 5版. 北京：中国人民大学出版社，2019.

[5] 顾金兰，肖萍，尚德萍. 销售管理[M]. 大连：东北财经大学出版社，2019.

[6] 杜琳，邹惠芬，卢晶，刘洋，李玮. 销售管理实务[M]. 北京：清华大学出版社，2019.

[7] 李先国，杨亮. 销售管理[M]. 北京：中国人民大学出版社，2017.

[8] 李祖武，汪飞燕，田玉来，陶锐. 销售管理实务[M]. 2版. 北京：清华大学出版社，2015.

[9] 熊银解. 销售管理[M]. 北京：高等教育出版社，2001.

[10] 黄沛. 销售管理[M]. 武汉：武汉大学出版社，2000.

[11] 孙在国. 销售管理[M]. 重庆：重庆大学出版社，2002.

[12] 欧阳小珍. 销售管理[M]. 武汉：武汉大学出版社，2003.

[13] 张启杰. 销售管理[M]. 北京：电子工业出版社，2005.

[14] 孙玮林. 销售管理[M]. 杭州：浙江大学出版社，2004.

[15] 张平淡. 销售管理[M]. 2版. 北京：企业管理出版社，2002.

[16] 韦文. 销售管理[M]. 北京：华夏出版社，2004.

[17] 傅浙铭. 营销诊断实务[M]. 广州：广东经济出版社，1999.

[18] 元凤江. 市场营销学[M]. 天津：天津大学出版社，1996.

[19] 徐鼎亚. 市场营销学[M]. 上海：复旦大学出版社，1997.

[20] 彭书华. 市场营销管理[M]. 上海：立信会计出版社，2005.

[21] 何敏，郑长鸣. 市场营销基础[M]. 成都：电子科技大学出版社，2007.

[22] 黄金火，邱华，吴怀涛. 市场营销学[M]. 武汉：华中科技大学出版社，2005.

[23] 应斌. 市场营销学(双语)[M]. 武汉：武汉理工大学出版社，2005.

[24] 杜伟，曾令秋. 市场营销学[M]. 成都：四川大学出版社，2005.

[25] 姜玉洁，宗清辉，陈静宇. 促销策划[M]. 北京：北京大学出版社，2005.

[26] 耿成林. 促销与整合营销[M]. 北京：中国电影出版社，2005.

[27] 董方雷，李弢，王云. 从销售新人到销售冠军[M]. 北京：人民邮电出版社，2004.

[28] 张广玲. 分销渠道管理[M]. 武汉：武汉大学出版社，2005.

[29] 李小红. 分销渠道设计与管理[M]. 重庆：重庆大学出版社，2006.

[30] 张传忠. 分销管理[M]. 武汉：武汉大学出版社，2000.

[31] 邹树彬. 决胜销售渠道[M]. 深圳：海天出版社，2000.

[32] 郝雨风. 渠道100战·最佳制胜之道[M]. 北京：中国经济出版社，2006.

[33] 李先国. 分销[M]. 北京：企业管理出版社，2003.

[34] 冯丽云. 分销渠道管理[M]. 北京：经济管理出版社，2002.
[35] 雷培莉，李五四，孟繁荣. 分销渠道管理学[M]. 北京：经济管理出版社，2003.
[36] 李小红. 分销渠道设计与管理[M]. 重庆：重庆大学出版社，2006.
[37] 郝雨风. 大客户销售管理[M]. 北京：中国经济出版社，2005.
[38] 章瑞华. 推销的艺术[M]. 上海：复旦大学出版社，2004.
[39] 张崇礼，张变枝. 推销秘诀[M]. 北京：中国审计出版社，1993.
[40] 常文志，杨晓东. 现代推销学[M]. 北京：科学出版社，2004.
[41] 易开刚. 现代推销学[M]. 上海：上海财经大学出版社，2004.
[43] 吴金法. 现代推销理论与实务[M]. 大连：东北财经大学出版社，2002.
[44] 吴键安. 现代推销学[M]. 大连：东北财经大学出版社，2006.
[45] 李旭. 实用推销学[M]. 北京：中国社会科学出版社，2004.
[46] 李桂荣. 现代推销学[M]. 3版. 北京：人民大学出版社，2003.
[47] 尚丰. 推销的艺术[M]. 北京：北京师范大学出版社，2007.
[48] 姚书元. 现代实用推销学[M]. 上海：复旦大学出版社，1998.
[49] 柳思维. 现代推销学[M]. 北京：中国商业出版社，1997.
[50] 李桂荣. 现代推销学[M]. 2版. 广州：中山大学出版社，1998.
[51] 孟昭春. 成交高于一切[M]. 北京：机械工业出版社，2006.
[52] 安贺新. 推销与谈判技巧[M]. 北京：中国人民大学出版社，2006.
[53] 王成. 私营公司销售管理与控制精要[M]. 北京：中国致公出版社，2001.
[54] 沈小静. 销售费用管理[M]. 北京：经济科学出版社，1998.
[55] 高建华. 2.0时代的赢利模式——从过剩经济到丰饶经济[M]. 北京：京华出版社，2007.
[56] 黄宪仁. 营销管理实务[M]. 广州：广州经济出版社，2000.
[57] 陈正侠. 新编销售管理必备制度与表格[M]. 北京：经济科学出版社，2005.
[58] 孙茂竹，文光伟，杨万贵. 管理会计学[M]. 4版. 北京：中国人民大学出版社，2005.
[59] 卜妙金. 分销渠道决策与管理[M]. 大连：东北财经大学出版社，2001.
[60] 李先国. 分销渠道管理[M]. 北京：清华大学出版社，2007.
[61] 郑锐洪，赵志江. 分销渠道管理[M]. 大连：大连理工大学出版社，2007.
[62] 彭建仿. 分销渠道管理学[M]. 广州：中山大学出版社，2009.
[63] 周莹玉. 营销渠道与客户关系策划[M]. 北京：中国经济出版社，2003.
[64] 《计算机产品与流通》编辑部. 渠道管理[M]. 北京：企业管理出版社，2004.
[65] 王桂奇. 窜货[M]. 北京：中国经济出版社，2006.